教育部高校环境与规划实验教学中心建设经费支持
中原经济区“三化”协调发展河南省协同创新中心支持项目
河南省高校科技创新团队（编号：16IRTSTHN012）支持项目

中原经济区“五化”协调发展的状态评价与优化组织

A STUDY ON STATUS EVALUATION AND OPTIMIZATION ORGANIZATIONS OF FIVE-IZATION COORDINATION DEVELOPMENT OF ZHONGYUAN ECONOMIC REGION

丁志伟 ◎著

中国经济出版社
CHINA ECONOMIC PUBLISHING HOUSE
北京

图书在版编目（CIP）数据

中原经济区"五化"协调发展的状态评价与优化组织/丁志伟著.
北京：中国经济出版社，2017.5
ISBN 978-7-5136-4670-3

Ⅰ.①中… Ⅱ.①丁… Ⅲ.①区域经济发展—协调发展—研究—河南 Ⅳ.①F127.61

中国版本图书馆 CIP 数据核字（2017）第 069915 号

责任编辑 丁 楠
责任印制 马小宾
封面设计 久品轩

出版发行 中国经济出版社
印 刷 者 北京艾普海德印刷有限公司
经 销 者 各地新华书店
开　　本 710mm×1000mm 1/16
印　　张 23.25
字　　数 417 千字
版　　次 2017 年 5 月第 1 版
印　　次 2017 年 5 月第 1 次
定　　价 78.00 元
广告经营许可证 京西工商广字第 8179 号

中国经济出版社 **网址** www.economyph.com **社址** 北京市西城区百万庄北街 3 号 **邮编** 100037
本版图书如存在印装质量问题，请与本社发行中心联系调换（联系电话：010-68330607）

序

1950年代初，新中国提出了“为了完成国家工业化，必须发展农业，并逐步完成农业社会化”的工农业发展思路。这是我国关于现代化战略最早的论述，蕴含着工业化与农业现代化协调发展的战略思想。

1980年代，我国学者关于城镇化与农业现代化关系的研究不断深入，并涉及了两者与市场化、产业化、城乡一体化等方面的关系。

1990年代，工业化、城镇化、农业现代化“三化”协调发展的现代化战略逐渐被政府部门和学者所倡导，并确定该“三化”为21世纪现代化建设的三大方略。

21世纪以来，伴随着工业化“资源节约、循环经济、工业绿色化”等理念的提出，新型工业化的思想出现，中共的十六大报告提出了“走新型工业化道路”的经济发展战略。在该战略导向中，工业化与信息化融合的命题十分突出，特别强调了其作为经济社会发展动力支撑的重要性。与此同时，“规模扩张、城镇化率提升、GDP导向”等城镇化展模式经受着种种考验，传统城镇化出现诸多难题。

2005年之后，提升城镇化质量、追求大中小城镇协调发展、以人为本等新型城镇化理念不断出现，新型城镇化道路成为继新型工业化道路之后的第二个新型的现代化战略导向。

2012年，中共十八大报告提出了新型城镇化的指导思想与建设导向，新型城镇化建设进入崭新阶段。同时融入了重视农村社会发展、缩小城乡差距、促进城乡一体化、改善农村生产生活环境等理念，新型农业现代化概念逐步形成。这意味着，新型工业化、新型城镇化、新型农业现代化的新型“三化”逐渐被政府部门与学者接受，成为我国现代化建设的新导向。

若干年以来，信息化对经济社会发展的支撑作用日益重要，成为各项事业推进的重要保障。中共十八大报告中19处表述提及信息、信息化、信息网络、信息技术与信息安全，信息化在现代化建设中的重要性不言而喻。更重要的是，十八大报告明确把“信息化水平大幅提升”纳入全面建成小康社会的目标之一，并提出了走中国特色新型工业化、信息化、城镇化、农业现代化道路，促进“四化”同步发展。

这几年，在资源问题日益严峻、生态环境恶化频发的背景下，国家又从战略层面提出了“既要金山银山，又要绿水青山”“绿水青山就是金山银山”的绿色化价值导向，成为现代化建设的重要支撑和发展方向。

上述的60年回顾不难发现：从新中国关于工业化、农业现代化道路的论证，到1990年代关于城镇化、工业化、农业现代化协调发展的提出，到十八大融入信息化后的“四化同步”，到近期绿色化发展理念的不断深入，中国的社会主义现代化战略逐渐演变为“五化”协调发展——工业化、城镇化、农业现代化、信息化、绿色化协调发展。可以说，在社会现代化建设不断推进下，各“化”的时代内涵不断发生变化。新型工业化、新型城镇化、新型农业现代化的提法先后出现，“新三化”与“老三化”的对比式概念也不断呈现，这些都打上了中国特色社会主义道路下的时代印迹。如何客观地看待现代化战略的不断演变，如何从理论的高度解读“五化”协调发展的运转机理，如何定量评价“五化”协调发展的状态，如何从战略的高度推进“五化”协调发展等，皆成为当下重要的研究课题。

中原经济区是以全国主体功能区规划明确的重点开发区域为基础、中原城市群为支撑，涵盖河南全省、延及周边地区的经济区域，地理位置重要，粮食优势突出，市场潜力巨大，文化底蕴深厚，在全国改革发展大局中具有重要战略地位。2011年9月28日，国务院颁布了《关于支持河南省加快建设中原经济区的指导意见》（以下简称《指导意见》），标志着中原经济区正式上升为国家战略；2012年11月，国务院正式批复《中原经济区建设规划(2012—2020)》（以下简称《规划》），标志着中原经济区建设进入了全面实施、整体推进的新阶段。关于中原经济区建设的核心主题，《指导意见》与《规划》都明确指出：积极探索不以牺牲农业和粮食、生态和环境为代价的新型城镇化、新型工业化、新型农业现代化“三化”协调发展之路。在信息化技术日益融入现代化建设的全球化背景和绿色化逐渐成为中国经济发展导向的时代背景下，城镇化、工业化、农业现代化、信息化、绿色化“五化”协调发展成为新形势下中原经济区发展的必然选择。因此，研究中原经济区“五化”协调发展的现实问题、状态水平和推进路径，对河南省实现决胜全面建成小康社会、让中原在实现中华民族伟大复兴中国梦的进程中更加出彩意义重大。

本书作者丁志伟博士，正是基于社会主义现代化建设的时代背景和中原经济区建设的核心主题任务展开这项研究的。作者读硕士阶段专攻城市-区域系统整合研究，读博士期间，恰逢《指导意见》《规划》出台，就顺理成章地参与了中原经济区建设的重大理论问题研究，可说是具有写这部书的“天时、地利、人和”的综合优势。

该书首先通过对城市—区域系统理论中“五化”协调发展关系的客观分析，结合中原经济区“五化”协调发展的具体情况，构建城市—区域系统整合下的中原经济区“五化”协调发展的社会系统工程模式。然后，基于城市—区域系统整合理论，分析中原经济区“五化”协调发展的必然性。接着，从状态评价的内涵出发，从基本状态与耦合状态两个层面定量分析中原经济区“五化”的状态水平。最后，基于城市—区域系统整合理论与状态评价结果，结合中原经济区“五化”协调发展的趋势状况，提出中原经济区“五化”协调发展的优化组织。

《中原经济区“五化”协调发展的状态评价与优化组织》一书具有重要的理论价值和现实意义。在理论方面，该书从城市—区域系统整合视角论述了“五化”协调发展的内在机理，构建了“五化”协调发展的理论模式，解答了“五化”协调发展的实现路径，进一步补充了城市—区域相互作用与整合发展的机理与演变规律。在实践方面，从基本状态和耦合状态两个层面评价了中原经济区的“五化”协调发展的状态，诊断了中原经济区“五化”协调发展面临的难题与困境，提出了中原经济区“五化”协调发展的优化组织路径，对中原经济区核心战略主题任务的实现意义重大。该书的出版，一方面建立了经济区建设——城市—区域整合——五化“协调”发展的有机融合的共生互控机制，对城市地理学、经济地理学中城市与区域互动理论有重要的理论贡献；另一方面深入剖析了中原经济区建设的核心战略主题，能为从事经济区建设、城镇体系优化、新型城镇化推进等方面的科研人员和相关政府职能人员提供理论支撑，也能为中原经济区建设的相关问题解决提供实践支撑。

作为作者的硕士、博士生导师，我为年轻的中原学者丁志伟感到自豪。他完成了一部河南大学环境与规划学院“城市—区域综合发展”学术团队极具代表性的成果，在攀登学术阶梯的过程中达到了一个新的高度。字里行间，我读出了一份沉甸甸的“五化”协调发展的中原答案，读出了一份情深深的“五化”协调发展的中原担当，更读出了一份浓浓的中原崛起的河南儿女情。

值此《中原经济区“五化”协调发展的状态评价与优化组织》付梓，特为之序。

王发曾*

2017 年 1 月于河南大学

王发曾：河南大学原副校长。

目录
CONTENTS

序 …… 001

第一章　绪论 …… 001

一、研究背景与研究意义 …… 001

（一）研究背景 …… 001

（二）研究意义 …… 007

二、研究区域与数据来源 …… 008

（一）中原经济区范围的相关界定 …… 008

（二）本书关于中原经济区范围的界定 …… 011

（三）研究区概况 …… 013

（四）数据来源与说明 …… 014

三、研究目标与拟解决的关键问题 …… 014

（一）研究目标 …… 014

（二）拟解决的关键问题 …… 015

四、研究思路与主要内容 …… 016

（一）研究思路 …… 016

（二）研究内容 …… 016

五、研究方法与技术路线 …… 017

（一）研究方法 …… 017

（二）关键技术 …… 018

（三）技术路线 …… 019

第二章　国内外研究述评 …… 021

一、相关概念 …… 021

（一）“五化”的概念辨析 …… 021

（二）协调与耦合、融合、整合 …… 028
（三）“三化”协调、“四化”协调与“五化”协调 …… 029
（四）“五化”协调发展的状态 …… 031
二、国外研究述评 …… 031
（一）工业化、城镇化和农业发展的模式 …… 032
（二）城镇化、工业化和农业发展的有关理论模型研究 …… 034
（三）城镇化、工业化的不同影响因素分析 …… 037
（四）国外研究的评析与启示 …… 040
三、国内研究述评 …… 041
（一）“五化”协调发展的内涵 …… 041
（二）“五化”互动的机理与实现途径 …… 042
（三）“五化”协调发展战略的过程分析 …… 043
（四）“五化”协调与城乡一体化 …… 044
（五）“五化”协调与农村劳动力转移 …… 044
（六）“五化”协调与全面建成小康社会 …… 045
（七）“五化”协调的定量评价 …… 045
（八）国内研究的评析与启示 …… 050
第三章　理论支撑与框架设计 …… 053
一、基础理论 …… 053
（一）系统理论 …… 053
（二）城乡一体化理论 …… 054
（三）区域整体理论 …… 054
（四）城市相互作用理论 …… 055
（五）城市—区域综合发展理论 …… 055
二、核心理论——城市—区域系统理论 …… 055
（一）城市—区域系统的结构与功能 …… 055
（二）城市—区域系统整合 …… 059
（三）城市—区域系统整合与“五化”协调发展 …… 062
三、框架设计 …… 066
第四章　中原经济区“五化”协调发展的基本状态 …… 069
一、中原经济区“单化”的发展水平 …… 069
（一）新型城镇化的发展水平 …… 069

（二）新型工业化的发展水平 …………………………………… 085
（二）新型农业现代化的发展水平 ……………………………… 097
（四）信息化的发展水平 ………………………………………… 109
二、中原经济区“双化”协调发展的状态 …………………………… 123
（一）评价理念与评价方法 ……………………………………… 123
（二）新型城镇化与新型农业现代化“双化”协调发展的状态 …… 124
（三）新型城镇化与新型工业化“双化”协调发展的状态 ………… 131
（四）新型城镇化与信息化“双化”协调发展的状态 ……………… 138
（五）新型工业化与新型农业现代化“双化”协调发展的状态 …… 144
（六）新型工业化与信息化“双化”协调发展的状态 ……………… 150
（七）信息化与新型农业现代化“双化”协调发展的状态 ………… 156
三、中原经济区“三化”协调发展的状态 …………………………… 162
（一）评价方法 …………………………………………………… 162
（二）新型城镇化、新型工业化、新型农业现代化“三化”协调发展的状态 ………………………………………………………… 164
（三）新型城镇化、新型农业现代化、信息化“三化”协调发展的状态 ………………………………………………………… 170
（四）新型工业化、新型农业现代化、信息化“三化”协调的状态…… 177
（五）新型城镇化、新型工业化、信息化协调发展的状态 ………… 183
四、中原经济区“五化”整体的协调发展状态 ……………………… 190
（一）评价理念与方法 …………………………………………… 190
（二）状态评价 …………………………………………………… 192
五、小结 ……………………………………………………………… 200
第五章 中原经济区“五化”协调发展的耦合状态 ……………… 203
一、“五化”耦合的内涵与主要内容 ………………………………… 203
（一）“五化”耦合的内涵………………………………………… 203
（二）“五化”耦合的主要内容…………………………………… 204
二、城镇与城镇的耦合状态 ………………………………………… 206
（一）城镇体系等级层次结构的状态 …………………………… 206
（二）城镇体系规模序列结构的状态 …………………………… 210
（三）城镇体系职能类型结构的状态 …………………………… 213

（四）城镇体系空间布局结构的状态 …… 222
三、城镇与产业的耦合状态 …… 229
（一）基本发展状况 …… 229
（二）耦合状态分析 …… 235
四、城镇与区域的耦合状态 …… 241
（一）评价方法 …… 241
（二）结果分析 …… 243
五、城镇与乡村的耦合状态 …… 246
（一）基本发展状况 …… 246
（二）基于单指标的城乡统筹发展状态 …… 251
（三）基于综合指标的城乡统筹发展状态 …… 255
六、经济—社会—资源环境的耦合状态 …… 259
（一）基本理念 …… 259
（二）评价模型 …… 260
（三）结果分析 …… 264
七、小结 …… 269
第六章　中原经济区“五化”协调发展的优化组织 …… 271
一、中原经济区“五化”协调发展的控制论证 …… 271
二、基于“五化”基本状态的优化组织 …… 274
（一）“五化”协调发展的时序定位和整合 …… 274
（二）“五化”协调发展的空间定位与整合 …… 280
三、基于“五化”耦合状态的优化组织 …… 287
（一）总体优化组织理念 …… 287
（二）优化城镇体系的功能组织 …… 290
（三）推动城镇与产业的融合发展 …… 311
（四）增强城镇带动区域发展的能力 …… 314
（五）推动城乡经济社会的一体化发展 …… 318
（六）促进经济—社会—资源环境系统的可持续发展 …… 321
第七章　结语 …… 324
一、主要结论 …… 324
（一）“五化”在城市—区域系统中的运行机理 …… 324

（二）“五化”协调发展的基本状态 …… 325
（三）“五化”协调发展的耦合状态 …… 327
（四）“五化”在城市—区域系统中的优化组织 …… 328
二、研究特色与创新之处 …… 330
三、不足与展望 …… 330
参考文献 …… 332
索 引 …… 355
致 谢 …… 356

第一章

绪论

中原经济区是以全国主体功能区规划明确的重点开发区域为基础、中原城市群为支撑、涵盖河南全省、延及周边地区的经济区域，地理位置重要，粮食优势突出，市场潜力巨大，文化底蕴深厚，在全国改革发展大局中具有重要战略地位。2011 年 9 月 28 日，国务院颁布《关于支持河南省加快建设中原经济区的指导意见》（以下简称《指导意见》），标志着中原经济区正式上升为国家战略；2012 年 11 月，国务院正式批复《中原经济区建设规划（2012—2020）》（以下简称《规划》），标志着中原经济区建设进入了全面实施、整体推进的新阶段。关于中原经济区建设的核心战略任务，《指导意见》与《规划》都明确指出：积极探索不以牺牲农业和粮食、生态和环境为代价的新型城镇化、新型工业化、新型农业现代化“三化”协调发展发展之路。在信息化技术日益融入现代化建设战略和绿色化逐渐成为中国经济发展导向的时代背景下，城镇化、工业化、农业现代化、信息化、绿色化“五化”协调发展成为新形势下中原经济区发展的必然选择。

一、研究背景与研究意义

（一）研究背景

1. 中原经济区建设背景

中原经济区建设是河南省中原崛起战略的持续、延伸、拓展、深化，是全面实施国家《促进中部地区崛起规划》《全国主体功能区规划》的重大举措，是凸显中原在全国发展大局中地位和作用的战略选择。中原经济区是加快中原崛起、河南振兴、富民强省的载体，是河南扩大对外开放、加强交流、实现互利共赢的载体。中原经济区是探索一条“五化”协调发展的理论与实践的平台，是寻求建立经济区建设与城市群融合发展的理论与实践的平台。

从2010年3月18日河南省委、省政府组织课题组研究中原崛起问题到2010年7月2日河南省委常委扩大会议正式提出中原经济区战略，从2010年7月初开始编制《中原经济区建设纲要（试行）》到2010年12月底省委全会研究通过并上报国务院，从2011年1月26日中原经济区建设进入《全国主体功能区规划》到2011年9月28日国务院《指导意见》的正式印发，中原儿女为中华复兴再做贡献的愿望终于得以实现。可以说，“中原经济区建设”上升为国家战略，是一次理论与实践相结合、决策与研究相结合、学术与实务相结合的成功典范；是政府部门、学术界与社会力量的共同努力和践行科学发展观的一次胜利，这为以后重大决策的科学支撑提供了范例。

2011年以来，中原经济区建设成为我国区域经济研究的一个热点平台，各种论坛、会议、文献以及新闻等，与日俱增。但是，如何推动中原经济区的宏伟蓝图成为美好现实？如何在保证粮食生产的同时实现富民强省？如何实现新形势新背景下“五化”协调发展的时代命题？探求中原经济区的科学发展之路，为我国区域经济研究提供了宽阔的平台，也给笔者参与这一重大课题研究注入了热情与动力！

2. “五化”协调发展的战略和政策背景

近些年来，针对“五化”协调发展问题，党的重要会议、国家的工作发展报告都对其有明确的政策指示。2007年党的十七大报告明确提出，要统筹中国特色的新型工业化、城镇化与农业现代化建设。2010年党的十七届五中全会提出，在城镇化、工业化深入发展中同步推进农业现代化的重大战略要求和历史任务。2010年党中央一号文件进一步指出，协调推进新型城镇化、新型工业化和农业现代化，努力形成城乡经济社会发展一体化新格局。2011年国务院政府工作报告强调，坚持走中国特色新型工业化道路，推动信息化和工业化深度融合，改造提升制造业，培育发展战略性新兴产业。2011年我国《国民经济和社会发展第十二个五年规划》指出：要同步推进新型城镇化、新型工业化和农业现代化，坚持工业反哺农业、城市支持农村和多予少取放活方针，充分发挥新型城镇化、新型工业化对发展现代农业、促进农民增收、加强农村基础设施和公共服务的辐射带动作用。2012年党的十八大报告指出，要在全面实现小康社会目标基础上基本实现工业化，信息化水平大幅提升，城镇化质量明显提高，农业现代化和社会主义新农村建设成效显著，推动“四化”同步发展。2013年党中央十八届三中全会强调，加快完善城乡发展一体化体制机制，着力在城乡规划、基础设施、公共服务等方面推进一体化，促进城乡要素平等交换和公共资源均衡配置，形成以工促农、以城带乡、工农互惠、城乡一体的新型工农城乡关系。2014 年党中央、国务院印发的《国家新型城镇化规划（2014—2020 年）》指出，努力走出一条以人为本、四化同步、优化布局、生态文明、文化传承的中国特色新型城镇化道路。2015 年 3 月，党中央、国务院《关于加快推进生态文明建设的意见》首次提出“绿色化”，要求协同推进新型工业化、城镇化、信息化、农业现代化和绿色化。在绿色化价值导向的生态文明建设背景下，“五化”协调发展成为经济社会健康、持续发展内在要求。因此，开展“五化”协调发展研究，不仅具有重要的理论意义，而且对于积极推进区域经济社会的现代化建设具有重要的现实意义。

中原经济区是人口大区、粮食和农业生产大区、新兴工业大区，解决好现代化战略中的“五化”协调发展问题具有典型性和代表性。河南省委、省政府在组织大量调研、广泛讨论和系统研究的基础上，逐步提出并完善了中原经济区新型城镇化、新型工业化、新型农业现代化协调发展的重大决策。2009 年底河南省委经济工作会议上提出，把加快新型城镇化、新型工业化与推进农业现代化结合起来，努力促进三者的协调发展。2010 年 1 月河南省《政府工作报告》进一步指出，坚持把加快新型工业化、城镇化作为扩大内需的战略重点和解决“三农”问题的根本途径，以工促农、以城带乡，推动城镇化、工业化、农业现代化的相互促进、协调发展。2010 年 7 月河南省委开始编制《中原经济区建设纲要（试行）》，把中原经济区建设的首要重要战略定位确定为全国新型城镇化、新型工业化、新型农业现代化协调“三化”发展示范区。2010 年 11 月河南省委八届十一次全会提出：中原经济区是探索一条不以牺牲农业和粮食、生态和环境为代价的新型城镇化、新型工业化、新型农业现代化“三化”协调科学发展路子的载体和平台。2010 年 12 月河南省委办公厅正式印发《中原经济区建设纲要（试行）》并上报国务院。该纲要明确指出要发挥新型城镇化的引领带动作用，在加快新型城镇化、新型工业化进程中保障国家粮食安全，推进新型农业现代化，率先走出一条不以牺牲农业和粮食、生态和环境为代价的新型城镇化、新型工业化、新型农业现代化“三化”协调科学发展的路子。

2011 年 4 月印发的《河南省国民经济和社会发展第十二个五年规划》指出，要按照区域自然条件、资源环境承载能力、经济社会发展基础，落实促进中部地区崛起规划和主体功能区战略，强化主体功能分区开发与建设，协调推进中原城市群与粮食生产核心区、生态功能区建设，以空间布局的优化推动新型城镇化、新型工业化、新型农业现代化协调科学发展。2011 年 8 月时任省委书记卢展工在各地调研时提出：河南新型城镇化是不以牺牲农业和粮食、生态和环境为代价的新型城镇化、新型工业化、农业现代化"三化"协调科学发展的路子的结合点和切入点。同时指出：走不以牺牲农业和粮食、生态和环境为代价的新型城镇化、新型工业化、新型农业现代化"三化"协调科学发展之路，将是贯穿整个中原经济区建设的主线。2011 年 9 月 28 日国务院颁布《指导意见》，明确指出积极探索不以牺牲农业和粮食、生态和环境为代价的新型城镇化、新型工业化、新型农业现代化"三化"协调发展的路子，是中原经济区建设的核心任务。2011 年 10 月中共河南省第九次代表大会报告强调：持续探索不以牺牲农业和粮食、生态和环境为代价的新型城镇化、新型工业化、新型农业现代化"三化"协调科学发展的路子，是从根本上破解发展难题的必然选择，是河南省加快转变经济发展方式的具体实践，是中原经济区建设的核心任务。

2012 年 1 月河南省第十一届人民代表大会第五次会议批准了《河南省建设中原经济区纲要》。该纲要明确指出：加快建设中原经济区，是促进新型城镇化、新型工业化、新型农业现代化"三化"协调科学发展，为全国同类地区创造经验的需要；加快建设中原经济区，建立以工促农、以城带乡、产城融合的长效机制，探索走出一条不以牺牲农业与粮食、生态与环境为代价的新型城镇化、新型工业化、农业现代化"三化"协调科学发展的路子，不仅是实现这一地区又好又快发展的内在要求，而且可以为全国同类地区推进现代化探索路子、积累经验。2012 年 11 月国务院正式批复《规划》。该规划明确对中原经济区的战略定位：国家重要的粮食生产和现代农业基地，全国新型城镇化、新型工业化、新型农业现代化"三化"协调发展示范区与重要的经济增长板块，全国区域协调发展的战略支点和重要的现代综合交通枢纽，华夏历史文明传承创新区。2013 年 1 月，《河南省政府工作报告》进一步提出，要在加快信息化进程中实现更高水平的新型城镇化、新型工业化、新型农业现代化"三化"协调发展。2013 年 12 月，中共河南省第九届委员会第六次全体会议通过的《科学推进新型城镇化的指导意见》指出：要充分发挥城镇化建设对经济社会发展和造福人民群众的乘数效应，加快中原崛起、河南振兴、富民强省。2014 年河南省人民政府印发《河南省主体功能区规划》指出：要持续探索不以牺牲农业与粮食、生态与环境为代价的"三化"协调、"四化"同步的路子。上述河南省现代化战略中的三个"新"字，就蕴含着信息化、绿色化的内在要求，也体现了落后农区求发展的紧迫感和压力感。2015 年以来，"绿水青山就是金山银山"的理念深深地融入河南省经济社会发展的各项要求，绿色化成为中原经济区建设新的价值导向。

综上，“五化”协调发展已成为河南省区域实践建设中亟须解决的重大课题。破解“五化”协调发展难题，对河南省落实国务院《指导意见》、整合城市—区域与城乡发展、转型发展城市经济、提升产业发展水平、提高城市群竞争力、培育区域增长极等问题意义重大。中原经济区作为欠发达经济类型区域，要实现“五化”协调这一目标，就必须落实科学发展观，以协调发展的理念提升“五化”发展的综合水平，以“五化”联动谋求城乡统筹发展，提高区域整体发展水平。为此，在城市地理学、经济地理学、区域经济学、城市规划学等学科理论的指导下来研究中原经济区“五化”协调发展之路，对于发挥河南省的后发技术优势，促进区域经济结构的优化升级，提高区域城镇化健康水平，实现中原崛起、河南振兴、富民强省等具有重要的理论价值和现实意义。

3. “五化”协调的城市—区域整合背景

20 世纪末 21 世纪初，我国城镇化进程步入高速增长时期。2011 年，我国人均 GDP 超过 5400 美元，城镇化率超过 50%，这标志着城镇化进程跨上了一个重要台阶。随着城镇化的快速推进，大城市集聚区日益增多，城市与区域、城市与城市、城市与乡村之间的相互作用日益加强，城镇发展中的许多问题需要共同解决。加之日益激烈的竞争格局也迫使城市之间加强合作，以适应经济全球化、区域经济一体化下的国际市场竞争形势。因此，在城市相互作用过程中实现城市—区域系统整合发展是“五化”协调发展的重要保障。

可以说，在以郑州为主核、洛阳为副核的中原经济区地域生产综合体范围内，中原城市群是其内聚本体的核心增长板块，主体区河南省的现代城镇体系是其外联周边的骨架支撑，较雄厚的经济发展基础、相对独立的区位空间、密不可分的经济协作、便捷的交通枢纽、丰富的矿产资源和相同的历史渊源是其共同发展的基础保障。在上述优势条件的支撑下将该地域生产综合体各个城市—区域系统单元结合成为一个整体，实现该区域范围内部各种发展要素的优化配置，经济与社会结构的优化调整，各项功能的优化组织，经济、社会、环境等效益和效应的高度和谐，促进“五化”协调发展，必将在更大的区域发展范围内发挥重要的牵引与推动作用。因此，要实现中原经济区“五化”协调发展就必须达到城市—区域系统的整合。然而，中原经济区各城市发展既具有一系列共同性特征，又表现出由于社会经济结构以及人文类型多样性所塑造的异质性特征。这种异质性特征的存在是整合的内在基础，差异的整合是推进实现中原经济区城市之间相互作用从无序到有序、从低级到高级、从不完善到完善的最佳发展方式。鉴于此，以城市—区域系统整合作为中原经济区建设的框架，在理清“五化”协调的发展机理、寻找“五化”协调实现途径的过程中达到城市—区域系统整合，就实现了经济区建设与城市—区域整合的良性互动。

新型工业化是发展中国家和区域走向繁荣富强的必由之路，对促进新型城镇化和新型农业现代化发展、提高社会整体就业发展水平、带动经济发展具有重大的现实意义；新型城镇化可以直接带动基础设施建设和房地产等产业发展，对国民经济发展具有较强的拉动作用，能有效地促进工业与第三产业的发展；新型农业现代化是随着我国农村经济改革深化和农村生产力发展应运而生的农业经营运作机制，顺应了农业生产社会化、农业经营产业化、农业服务市场化、产城融合、城乡一体化的发展趋势，是解决我国“三农”问题的根本出路。在新的时代下，信息化成为畅通城乡之间、城市之间、城市与区域之间联系的重要力量，推动着现代化进程不断加快；绿色化成为经济高效发展、社会和谐发展、生态美丽发展、资源节约发展的长期导向目标，倒逼着城市—区域系统的进一步整合发展。可以说，在城市—区域系统整合视域下，只有实现“五化”的有机互动和协调融合，才能达到城市与区域的高效互动、综合发展之目的。也就是说，城市—区域系统整合是“五化”协调发展的基础，只有以城市—区域系统整合为目标才能正确理解“五化”的互动关系与剖析“五化”协调的机理，才能找出“五化”协调的推进方式和实现途径。

4. 研究主题选择的知识脉络背景

2010年以来，河南省委、省政府组织一些科研单位、高等院校的研究人员投入中原经济区研究，为中原经济区上升为国家战略做出了突出贡献。笔者在此期间，围绕自己的研究核心“城市—区域系统”，结合中原经济区建设实践，参与了几部著作的编写并完成了一系列论文。伴随着2011年9月28日国务院《指导意见》的出台，中原经济区更成为中原学者的重要研究平台，笔者也更加坚定选择中原经济区作为研究对象。

在不断的知识求索过程之中，笔者发现研究领域的选择对于研究对象的深入研究至为关键。在学习国务院《指导意见》《中原经济区规划（2012—2020）》等重大战略和纲领性文件，研读《中原经济区科学发展研究》《解读中原经济区》《中原经济区研究》《中原经济区策论》《中国特色社会主义道路河南实践系列丛书》《新型城镇化引领三化协调科学发展》等专著和大量文献的基础上，笔者逐渐将研究脉络理顺起来——将自己的研究核心“城市—区域系统”与中原经济区“五化”协调发展结合起来，探究中原经济区“五化”协调的机理和实现途径。在确定上述研究主题的基础上，笔者进一步深入研读了“城市—区域系统”和“五化”关系的相关文献，逐渐得到这样一个认识：在厘清“五化”协调的发展机理、评价“五化”的状态水平、寻找“五化”协调实现途径的过程中达到“城市—区域系统整合”。至此笔者确定了研究领域“‘五化’协调发展的状态评价与优化组织。

（二）研究意义

1. 理论意义

第一，有助于完善城市—区域系统的理论体系。城市间的整合发展确实能促进区域经济社会进步，但几个城市间的协调并不能代表区域系统整体的协调，就如同核心城市的发展不能代表整个城市群、区域的全面发展一样，甚至有些时候几个城市的整合会损害其他城市或区域的整体利益。因此，城市—区域系统的整合不仅是城市之间、城乡之间的局部的、阶段性的相互协调，而且是一种跨行政区的高层次政府行为，是区域可持续发展的组成部分，是长远的、持久的过程和目标。本书试图在研究中原经济区“五化”协调发展的基础上，提出组织“五化”协调发展的城市—区域系统整合框架，试图为“五化”协调发展搭建平台和载体。这将有可能加深“五化”协调发展的理论研究深度，并且是对经济区健康发展和城市—区域系统整合理论的进一步补充与完善。

第二，有助于厘清“五化”协调的内在机理。以往关于“五化”研究局限于“单化”的孤立挺近、“双化”的局部整合、“三化”与“四化”的耦合协调测度，对于“五化”互动的内在机理和实现途径研究得不够深入。本书试图在厘清“单化”“双化”“三化”“四化”“五化”作用机理的同时，构建“五化”协调发展的社会系统工程，诠释“五化”在城市—区域系统中的互动机制，进而提出“五化”协调发展的实现途径。这将有助于实现城市—区域系统整合与“五化”协调发展的谐振共鸣，有助于论证并解析“五化”协调的内在机理。

第三，有助于完善经济区内城市—区域系统整合的理论体系。城市—区域的良性互动和综合发展是促进区域协调发展的重要组成部分，因此形成城市—区域的持续、协调发展对于区域内经济、社会、文化、科技等方面的全面发展意义重大。“五化”协调发展是中原经济区建设中的一个关键环节，那么如何破解“五化”不协调的难题？本书试图从城市—区域系统的视角出发，以跨省域尺度的地域为锲入点，研究经济区“五化”协调发展的协调状态和实现途径，预期可能为完善城市地理学的理论体系，建立经济区与城市—区域系统共生互控的理论脉络，以及探索“五化”协调发展之路做出学术贡献。

2. 实践意义

第一，对河南省决胜全面建成小康社会、让中原在实现中华民族伟大复兴中国梦的进程中更加出彩有重要意义。本书从城市—区域系统视角出发，试图构建城市—区域系统整合的理论体系，这将有助于明晰城市—区域系统中新型城镇化、新型工业化和新型农业现代化、信息化、绿色化的作用机理，也可为中原经济区“五化”协调发展提供重要的理论依据。也就是说，加强城市—区域系统整合理论的理论探讨，明晰“五化”协调的整合途径和推进策略，对于更好地发挥中原经济区的后发优势，促进区域经济结构的优化升级，为决胜全面建成小康社会、让中原在实现中华民族伟大复兴中国梦的进程中更加出彩具有非常重要的战略意义。

第二，有助于解决中原经济区发展的关键问题。基于城市—区域系统视角对中原经济区“五化”协调发展中核心城市、都市区、城市群、城镇体系进行合理定位和优化组织，有利于提升中原经济区核心城市、都市区、城市群的综合竞争力，也有利于中原经济区城市—区域的整合发展和综合水平提升。这也将为解决中原经济区核心增长极的培育、城乡统筹发展、现代城乡体系建设等关键问题提供很好的思路。

第三，可对其他同类地区发展提供借鉴。通过理论与实证相结合的方式对中原经济区“五化”协调发展展开研究，有助于科学地推进“五化”协调发展进程，有助于合理调控区域经济的协调、持续发展，有助于推动中原经济区城市—区域系统的良性互动和综合发展。这将为“积极探索不以牺牲农业和粮食、生态和环境为代价的新型城镇化、新型工业化、新型农业现代化‘三化’协调发展的路子”提供政策支撑，也可为其他同类地区的“五化”协调发展提供案例支撑。

二、研究区域与数据来源

（一）中原经济区范围的相关界定

“中”与“原”连在一起作为单词使用，最早出现于《诗经》，指宽广平坦之地即平原或原野，是一个通用的地理名词。大约在春秋时期出现了特指的中原地域概念，逮至魏晋，中原地区作为一个相对完整、固定的地理概念逐渐为人们所接受。历史上，中原地理范围变迁较大的主要有七个时期：史前时期（裴李岗文化——夏代时期）、夏商周时期、秦汉时期、魏晋南北朝隋唐时期、宋金时期、元明清时期、近现代时期（喻新安，2010；王发曾，2012）。

作为特定地域概念的中原，历史所指范围并不一致。依据中原地区历代政区的变迁和文化影响，大致可以将中原的四至界定为：西临华山，北至太行山—漳河一线，南界沔水—淮河一线，东达泰山—泗水一线（喻新安，2010；窦莹莹，2011）。有学者以此为基础，界定出了“中原”的大致范围，主要包括现在的河南省全部，河北邯郸以南，湖北枣阳、襄樊、郧县以北（襄阳以北与南阳联系密切，曾属南阳管辖），陕西华山以东（包括洛南），山西临汾以南（运城地区），山东菏泽、聊城以西，安徽亳州市、宿州市以及江苏徐州市、宿迁市所辖区域（喻新安，2010）。

2100 多年前，司马迁依据社会经济的共生关系在《史记·货殖列传》中提出了全国经济上的四大分区——山西区、山东区、江南区和龙门、碣石以北地区，其中的“山东区”，就是指的“战国、秦、汉称华山或崤山以东”地区，正与中原地区大致相吻合。1978 年改革开放以来，在共同的地缘文化背景下，中原地区的经济协作更加广泛，20 世纪 80 年代以河南为核心的中原地区就已形成了多形式、多层次的区域经济合作。例如 1982 年，晋东南、冀南、鲁西北以及豫北等接壤地区的 13 个市自发形成了区域性经济合作组织“中原经济协作区”；1985 年，河北省邯郸市和河南省新乡市倡议并协商兄弟地、市同意，在平等自愿的基础上成立中原地区经济技术协调会；1986 年，河南省周口市、商丘市与江苏省徐州市、淮安市、安徽省阜阳市、山东省菏泽市等豫皖苏鲁接壤地区的 20 个市组成了“黄淮经济协作区”；同年，河南省三门峡、山西运城市、临汾市和陕西省渭南市建立了“晋陕豫黄河三角经济协作区”。

2010 年以来，河南省建设“中原经济区”的战略构想日益清晰，并得到社会各界的广泛认同。2011 年 1 月 26 日国务院印发《全国主体功能区规划》，首次将中原经济区纳入国家层面的重点开发区域，中原经济区正式上升到国家战略层面。该规划明确提出，中原经济区作为国家层面重点开发区域，位于中国“两横三纵”城镇化战略格局中陆桥通道横轴和京哈京广通道纵轴交汇处，包括河南省以郑州为中心的中原城市群部分地区。2011 年 9 月 28 日国务院出台《指导意见》进一步指出：中原经济区是以全国主体功能区规划明确的重点开发区域为基础、中原城市群为支撑、涵盖河南全省、延及周边地区的经济区域。

目前，已经有许多学者和科研单位研究了中原经济区的区域范围，如河南省社会科学院根据中原地区历代政区的变迁和文化影响提出，中原经济区的空间范围涉及7省29个市，具体包括河南省的全部区域，河北的邯郸市，山西的长治市、晋城市、运城市，江苏的徐州市，山东菏泽市，湖北的襄樊市，安徽的淮北市、阜阳市、宿州市、亳州市。河南省科学院地理研究所从郑州与周边省份省会城市的综合影响力出发，基于断裂点理论提出了由晋冀鲁豫组成的4省29市的范围，具体包括河南省的全部区域，河北省的邯郸，山西省的长治、晋城、运城，山东省的菏泽、聊城，安徽省的淮北、阜阳、宿州、亳州。河南大学环境与规划学院课题组基于全国287个地级市的综合实力得分，运用扩展断裂点模型，从定量和定性两个角度提出了5省24市的范围，具体包括河南省的全部区域，河北的邯郸市，山西的长治市、晋城市、运城市，山东的菏泽市，安徽的亳州市。也有学者提出由豫鄂皖晋鲁冀6省25市组成的地域范围，具体包括河南省的全部区域，山西的长治、晋城、运城，河北的邯郸、邢台，山东的菏泽，安徽的淮北、宿州、亳州和阜阳。此外，还有一些范围界定的方案，在这里就不一一赘述。

从“中原”的历史定位和有关范围界定方案看，以上论述均为中原经济区的范围界定提供了有力的支撑。因此有学者认为：“中原”有大中原与小中原之分，大中原包括河南省的全部、安徽省的西北部、山东省的西南部、河北省的南部和山西省东南部的广大中原地区；小中原主要是指河南省。甚至有学者认为按照经济运势形成的经济区是不断处于变化发展当中的，很难有固定的界线，建议中原经济区应有一个“弹性的边界”（陈隆文，2012）。

2012年《规划》的出台，在已有《指导意见》中对中原经济区范围界定的基础上，界定了30个省辖市3个县（区）的规划范围。具体规划范围包括河南省全境，河北省邢台市、邯郸市，山西省长治市、晋城市、运城市，安徽省宿州市、淮北市、阜阳市、亳州市、蚌埠市和淮南市凤台县、潘集区，山东省聊城市、菏泽市和泰安市东平县。

基于上述中原经济区地域范围界定的研究成果，考虑到中原的历史定位和扩展断裂点模型计算的定量化结果以及经济区核心城市郑州的辐射范围，结合《指导意见》中“以全国主体功能区规划明确的重点开发区域为基础、中原城市群为支撑、涵盖河南全省、延及周边地区的经济区域”的空间定位，参考《规划》确定的30个省辖市3个县区的规划区范围，笔者在博士学位论文中将中原经济区的地域研究范围如下：以豫晋冀鲁皖鄂陕的31个省辖市（河南省18省辖市，山西省的长治、运城、晋城，河北省的邯郸、邢台，山东省的菏泽、聊城，安徽省的亳州、阜阳、蚌埠、宿州、亳州，湖北省的随州）为主干，外加山东省泰安市的东平县，安徽省淮南市的凤台县，安徽省六安市的霍邱县、金寨县，湖北省黄冈市的红安县和麻城市，湖北省孝感市的大悟县，湖北省襄樊市的市辖区、枣阳市、老河口市，湖北省十堰市的丹江口市、郧县，陕西省商洛市的洛南县、丹凤县和商南县，陕西省渭南市的潼关县（丁志伟，2014）。

（二）本书关于中原经济区范围的界定

虽然关于中原地区的范围界定不一，中原经济区研究范围的界定不一，但在《规划》出台之后，绝大多数研究将中原经济区的范围界定为 30 个省辖市 3 个县区，并且在同类研究中具有对比价值。需要指出的是，国家统计层面的《中国区域经济统计年鉴》中对中原经济区的统计范围也界定为 30 个省辖市 3 个县区，并对区域的主要统计指标进行了统计。基于此，考虑研究范围整体数据统计的准确性，考虑研究成果的可对比性，本书将中原经济区的范围界定为 30 个省辖市 3 个县区，研究单元的具体界定见表 1－1。

表 1－1　研究单元的界定（2014）

序号	市域尺度的研究单元	县域尺度的研究单元
1	郑州市	郑州市区
		巩义市、新郑市、新密市、登封市、荥阳市、中牟县
2	开封市	开封市区
		杞县、开封县、尉迟县、兰考县、通许县
3	洛阳市	洛阳市区
		偃师市、孟津县、汝阳县、伊川县、洛宁县、嵩县、宜阳县、新安县、栾川县
4	平顶山市	平顶山市区
		舞钢市、汝河市、宝丰县、叶县、郏县、鲁山县
5	安阳市	安阳市区
		林州市、安阳县、滑县、内黄县、汤阴县
6	鹤壁市	鹤壁市区
		浚县、杞县
7	新乡市	新乡市区
		卫辉市、辉县市、新乡县、获嘉县、原阳县、长垣县、封丘县、延津县
8	焦作市	焦作市区
		孟州市、修武县、温县、武陟县、博爱县

续表

序号	市域尺度的研究单元	县域尺度的研究单元
9	濮阳市	濮阳市区
		濮阳县、南乐县、台前县、清丰县、范县
10	许昌市	许昌市区
		禹州市、长葛市、许昌县、鄢陵县、襄城县
11	漯河市	漯河市区
		临颍县、舞阳县
12	三门峡市	三门峡市区
		义马市、灵宝市、渑池县、卢氏县、陕县
13	南阳市	南阳市区
		邓州市、桐柏县、方城县、淅川县、镇平县、唐河县、南召县、内乡县、新野县、社旗县、西峡县
14	商丘市	商丘市区
		永城市、宁陵县、虞城县、民权县、夏邑县、柘城县、睢县
15	信阳市	信阳市区
		淮滨县、息县、新县、商城县、固始县、罗山县、光山县
16	周口市	周口市区
		项城市、商水县、淮阳县、太康县、鹿邑县、西华县、扶沟县、沈丘县、郸城县
17	驻马店市	驻马店市区
		确山县、新蔡县、上蔡县、西平县、泌阳县、平舆县、汝南县、遂平县、正阳县
18	济源市	济源市（由省直管）
19	邯郸市	邯郸市区
		武安市、邱县、鸡泽县、曲周县、永年县、肥乡县、邯郸县、涉县、馆陶县、成安县、广平县、磁县、魏县、大名县、临漳县
20	邢台市	邢台市区
		南宫市、沙河市、清河县、新河县、内丘县、宁晋县、邢台县、广宗县、临西县、任县、柏乡县、隆尧县、临城县、威县、南和县、平乡县、巨鹿县
21	聊城市	聊城市区
		临清市、茌平县、东阿县、冠县、阳谷县、莘县、高唐县、东平县
22	菏泽市	菏泽市区
		曹县、定陶县、成武县、单县、巨野县、郓城县、鄄城县、东明县
23	淮北市	淮北市区
		濉溪县

续表

序号	市域尺度的研究单元	县域尺度的研究单元
24	亳州市	亳州市区
		利辛县、蒙城县、涡阳县
25	宿州市	宿州市区
		灵璧县、泗县、萧县、砀山县
26	阜阳市	阜阳市区
		界首市、临泉县、太和县、颍上县、阜南县
27	蚌埠市	蚌埠市区
		五河县、固镇县、怀远县、凤台县
28	长治市	长治市区
		潞城市、长治县、长子县、襄垣县、壶关县、屯留县、平顺县、黎城县、武乡县、沁源县、沁县、
29	晋城市	晋城市区
		高平市、沁水县、陵川县、泽州县、阳城县
30	运城市	运城市区
		河津市、永济市、夏县、绛县、新绛县、芮城县、稷山县、临猗县、闻喜县、万荣县、平陆县、垣曲县
31	—	东平县（泰安市）
32	—	凤台县（淮南市）

（三）研究区概况

中原经济区作为全国主体功能区规划中的重点开发区域，位于全国“两横三纵”城镇化战略格局中陆桥通道和京哈、京广通道纵轴的交会处，是以河南省为主体，延及周边省份的一个综合经济区域。中原经济区是对沿海经济带发展的重要支撑，也是中部崛起的重要承载平台和建设区域，更对我国的经济发展格局有承东启西、联南通北的过渡作用。该区域的战略定位为全国重要的粮食生产和现代农业基地，全国新型城镇化、新型工业化和新型农业现代化“三化”协调发展示范区，全国的重要经济增长板块，全国区域协调发展的战略支点和重要的现代综合交通枢纽，华夏历史文明传承创新区。截至 2013 年底，中原经济区国土面积 28.9 万平方千米，年末常住总人口 16065.9 万人，城镇人口 7040.4 万人，乡村人口 9100.9 万人，城镇化率 43.8%；国民生产总值 49997.5

亿元，三次产业结构比重为 13.2 ∶ 54.4 ∶ 32.4，人均国内生产总值为 27609.2 元。值得说明的是，由于 2015 年《中国区域经济统计年鉴》尚未获取，因此该部分的数据仍采用 2014 年《中国区域经济统计年鉴》中的数据。

（四）数据来源与说明

研究时段为 1995—2014 年，数据主要来自于 1996—2015 年的《河南统计年鉴》《河北经济年鉴》《山西统计年鉴》《山东统计年鉴》《安徽省统计年鉴》《湖北统计年鉴》《中国统计年鉴》《中国城市统计年鉴》《中国区域经济统计年鉴》《中国分县市社会经济统计年鉴》《中国分县市人口统计资料》，以及中原经济区所辖地市的统计年鉴、统计公报、官方统计网站、政府工作报告等资料，部分数据通过实地调研、问卷分析获取。

数据选取与处理的原则：第一，遵循数据的可获得性、可比性、可操作性和简便易行原则，选取制度比较规范完善、数据来源比较可靠、数据质量较高并能够反映“三化”特点的主要指标，建立量化指标体系。第二，以重要时间点为时间标准，并结合数据的可比性，进行时间尺度的纵向比较。第三，对于有统计误差或者突变的数据进行对比分析，必要时进行整合处理。第四，对有重要影响的政策、战略进行前后时期的对比分析。

三、研究目标与拟解决的关键问题

（一）研究目标

本书在基础理论和核心理论的支撑下，通过多种方法与手段，运用改进的综合指标拟合、“五化”协调度模型、整体协调评价、GIS 空间分析、容量耦合系数模型等具体方法与技术，在城市—区域系统整合下重点研究中原经济区“五化”协调发展的机理与实现途径。本书研究努力实现如下目标：①建立“五化”协调发展的理论与方法论体系，在城市—区域系统整合、“五化”协调发展的机理与途径等方面取得新的理论成果。②为中原经济区建设完成“五化”协调发展这一核心任务提供科学支撑和实务平台，为我国中西部地区的“五化”协调发展提供借鉴。③完善有中国特色的经济区、城市与区域互动研究的理论和方法论体系，为丰富城市地理学、经济地理学、区域经济学、城市规划学等学科体系做出贡献。

（二）拟解决的关键问题

第一，剖析城市—区域系统整合下“五化”的互动关系。在城市—区域系统中，“五化”如何影响城市—区域系统的运转？本书试图在总结前人研究的基础上，完善城市—区域系统的理论体系，进一步展开“五化”在城市与区域相互作用过程中的运行机理研究，这是本书进行“五化”协调发展的重要依据。因此，将城市—区域系统理论进行充实、深化，是本书要解决的第一个关键科学问题。

第二，论证“五化”协调发展的内在机理。研究“五化”协调发展的内在机理，关键在于厘清“五化”之间的关系、明晰“五化”协调的标志、定位“五化”在协调发展中各自的作用，以及建立城市—区域系统整合下“五化”的耦合机制。在“五化”协调前期研究中发现：产业关系协调、产城关系协调、城乡关系协调、城市与区域关系协调、人—地关系协调，是判识“五化”是否协调发展的重要标志；现代化都市区、省域城镇体系与城市群紧密层，是组织城市—区域系统内“五化”协调发展的骨干。沿着这条理论线索，论证并实证令人信服的“五化”协调发展的内在机理，是本书要解决的第二个关键科学问题。

第三，构建科学的“五化”协调发展的定量评价方法。定量研究“五化”协调的表现形式、变化规律和未来趋势，是提高预期成果可信度的关键，也是本书要解决的第三个关键科学问题。本书拟建立两个核心指标：一是协调度，度量状态的契合程度，包括“单化”“双化”“三化”“四化”“五化”的协调度；二是耦合度，度量行动的契合程度，包括城镇与城镇的耦合、城镇与产业的耦合、城镇与区域的耦合、城镇与乡村的耦合以及经济—社会—资源环境的耦合。本书从三个方面分析：①运用灰色关联模型分别计算“单化”的综合水平，分析“五化”的时空变化规律。②根据协调度的评价维度，分别测度发展水平、差异水平、关联水平，并合成“五化”协调度综合指标，分析“五化”协调的时序特征和空间差异特征。③根据“五化”耦合的内涵，通过多种评价手段分析城镇与城镇、城镇与产业、城镇与区域、城镇与乡村、经济—社会—资源环境的耦合状态。

第四，提出中原经济区“五化”协调优化组织的实现路径。基于城市—区域系统理论剖析“五化”协调的机理，定量评价“五化”协调的状态水平，都是为该关键问题准备的。因此，本书从两个方面进行重点分析：①基于“五化”基本状态的定量分析结果，从时空两个维度进行定位推进，提出优化组织的具体途径；②基于“五化”耦合状态的评价结果，从优化组织理念、城镇体系的功能组织、城镇与产业的融合发展、城镇带动区域发展的能力、城乡经济社会的一体化发展等方面提出功能优化的组织方案。

四、研究思路与主要内容

（一）研究思路

首先，通过对城市—区域系统理论中“五化”协调发展关系的客观分析，结合中原经济区“五化”协调发展的具体情况，构建城市—区域系统整合下的中原经济区“五化”协调发展的“三位一体”社会系统工程模式。其次，基于城市—区域系统整合理论，分析中原经济区“五化”协调发展的必然性。再次，从状态评价的内涵出发，从基本状态与耦合状态两个层面定量分析中原经济区“五化”的状态水平。最后，基于城市—区域系统整合理论与状态评价结果，结合中原经济区“五化”协调发展的趋势，提出中原经济区“五化”协调发展的优化组织。

（二）研究内容

城市—区域系统理论与实践的研究目的是试图从理论上揭示城市—区域相互作用与整合发展的机理与演变规律，从实践上解决城市与乡村、城市与区域之间有序关系的建立和整合调控及优化调整等问题，进而探索中原经济区经济、社会、文化等方面综合发展之路。本书从“五化”协调的内涵出发，以区域经济社会发展需要为宗旨，以城市地理学、经济地理学、区域经济学、城市规划学等学科的相关理论为基础理论，以城市—区域系统整合理论为核心理论，分析中原经济区“五化”协调发展之路。在明晰中原经济区“五化”协调的历史过程、现状特征和存在问题的基础上，解释城市—区域系统整合视域下中原经济区“五化”协调的内在机制，评价城市—区域系统整合下的中原经济区“五化”协调度的基本状态、耦合状态及发展趋势，提出中原经济区“五化”协调优化组织路径。因此，论文的主要内容包括如下四大部分。

第一部分，基础理论研究。①运用城市地理学、区域经济学等相关理论分析“五化”协调发展的理论基础。②从要素、结构、功能等方面阐释城市—区域系统整合理论。③基于城市—区域系统整合的功能要求，结合中原经济区经济社会发展的实际状况，分析中原经济区“五化”协调发展的必然性。

第二部分，城市—区域系统整合与中原经济区“五化”协调发展的关系研究。①城市—区域整合与“五化”协调发展的关系辨析。②城市—区域系统整合下的“五化”协调发展的内在机理。③城市—区域系统整合下的“五化”协调的优化组织途径。

第三部分，中原经济区“五化”协调发展的状态评价。①中原经济区“五化”协调度的基本状态评价，包括“单化”“双化”“三化”以及总体协调状态。②中原经济区“五化”协调的耦合状态评价，包括城镇与城镇、城镇与产业、城镇与区域、城镇与乡村、经济—社会—资源环境5方面耦合状态。

第四部分，中原经济区“五化”协调发展的优化组织。①中原经济区“五化”协调发展的趋势分析与控制论证。②中原经济区“五化”协调发展的时空定位推进。③中原经济区的“五化”协调的城市—区域系统功能组织。④中原经济区“五化”协调发展之路对我国中西部地区的启示意义与示范效应。

五、研究方法与技术路线

（一）研究方法

本书采用理论分析与统计分析并行，规范分析与实证分析并重，长期分析与短期分析互补，静态分析与动态分析结合的研究方法，综合运用多种计量手段对中原经济区“五化”协调发展的状态进行系统研究，主要采取如下研究方法：

（1）文献法与调研法相结合。广泛搜集、浏览国内外相关研究文献，掌握该研究领域的发展过程、重要学术观点、最新科学思想和方法，以及存在的主要问题。深入中原经济区具有代表意义的城市、乡镇、新型社区进行认真的调查与分析，获取翔实的数据、图件和资料，为论文的写作打下坚实基础。

（2）数理分析和建模分析。为了更清楚地认识中原经济区“五化”协调的现状、耦合机制和未来发展趋势，本文借助于数理统计工具（SPSS17.0）、数学模型进行定量化分析与模拟。

（3）图上作业法与综合归纳法相结合。将上述分析结果转绘在空间图件或数据图件上，从中找出规律性的内在联系。站在整体的高度，系统性地对分析结果进行理论与方法论总结，在城市—区域系统整合的基础上，厘清“五化”协调发展的内在机理，进而提出实现“五化”协调发展的途径。

（4）信息反馈法。在技术路线流程的各个环节中不断进行正反馈和负反馈，及时调整或修改研究方案与分析结果，初步成果出来以后再对所选取的评价模型进行反馈。

（5）GIS 技术。各种 GIS 软件为管理与处理空间数据与属性数据提供了非常便捷的工具，同时借助于强大的空间分析功能，并适当与定量模型分析相结合，是深入认识区域空间结构特征的重要研究方法。

（二）关键技术

（1）综合指标评价法。根据新型城镇化、新型工业化、新型农业现代化内涵可发现，每一“化”都由多方面要素相互影响组成，仅通过单项典型指标是无法反映其真实情况的。因此，根据每一个“化”各自的内涵，按照目标层、准则层、指标层逐步细化，建立综合指标体系进行评价，能更全面地反映“单化”真实的发展情况。

（2）熵权灰色关联模型。熵权法可根据数据本身之间的关联计算出各指标的权重，为计算“单化”等综合发展水平提供依据。通过建立指标体系、进行标准化处理、计算第 j 项指标的熵值 e_j 和偏度值后可得出各项指标的权重，之后建立增广矩阵计算灰色关联系数，最后通过熵权灰色关联模型可得出综合评价指数。

（3）协调度评价模型。根据“五化”协调发展的内涵，本书从发展水平、差异水平和关联水平三个维度构建“五化”的协调度模型。协调度 Z 值在 0 ~ 1 之间，且当 $Z=1$ 时，系统的协调度最佳。通过定量化计算“五化”的协调度，可进一步判断中原经济区“五化”协调发展所处的阶段和水平。

（4）耦合度分析方法。根据“五化”耦合的内涵，本书从城镇与城镇、城镇与产业、城镇与区域、城镇与乡村、经济—社会—资源环境 5 个方面进行耦合状态分析。采用城市体系四大结构的定量分析方法等对城镇与城镇的耦合状态进行评价分析；采用结构偏离度、钱纳里 H B—塞尔奎因 M（Chenery H B and Syrquin M）对比分析模式等对城镇与产业的耦合耦合状态进行评价分析；采用综合指标评价法、扩展断裂点模型等对城镇与区域的耦合状态进行评价分析；采用城乡基尼系数、等级分类方法、克里格空间插值等方法对城镇与乡村的耦合状态进行评价分析；采用综合指标评价、复合系统的耦合模型等对经济—社会—资源环境的耦合状态进行评价分析。

（5）Arc GIS 空间分析与 ESDA 分析法。根据单项指标、综合指标的空间位置关系，借助于 Arc GIS 软件可进行空间分类、空间计算分析、地理统计分析，可分析不同地域单元在空间上的相互作用状况。ESDA 分析方法能对空间数据的相关关系进行探索分析，因而本文运用 Geo-Da 软件与 Arc GIS 软件相结合，对“五化”协调的相关数据进行全局、局部的空间自相关分析。

（三）技术路线

为完成本书的研究内容和研究目标，找到解决中原经济区“五化”协调发展的有效途径，制定了如下的技术路线（图 1－4）。首先，通过收集中原经济区经济社会数据、各级城镇等所需数据，获取部分实地调研、问卷调查数据，并对各种资料进行归纳总结，从而建立空间数据库、属性数据库和文献资料库，为论文写作打下基础支撑；其次，在基础理论和核心理论的支撑下，解析“五化”协调在城市—区域系统中的内在运行机理、实现途径，为后续研究铺好理论基石；再次，通过 SPSS17.0 统计分析软件、Arc GIS 空间分析软件、数理统计建模等对中原经济区的“五化”协调发展的基本状态与耦合状态进行评价与分析，了解中原经济区“五化”协调发展的状态水平；最后，基于城市—区域系统整合理论，结合中原经济区“五化”协调的状态评价与实现途径分析，提出中原经济区“五化”协调发展的优化组织路径。

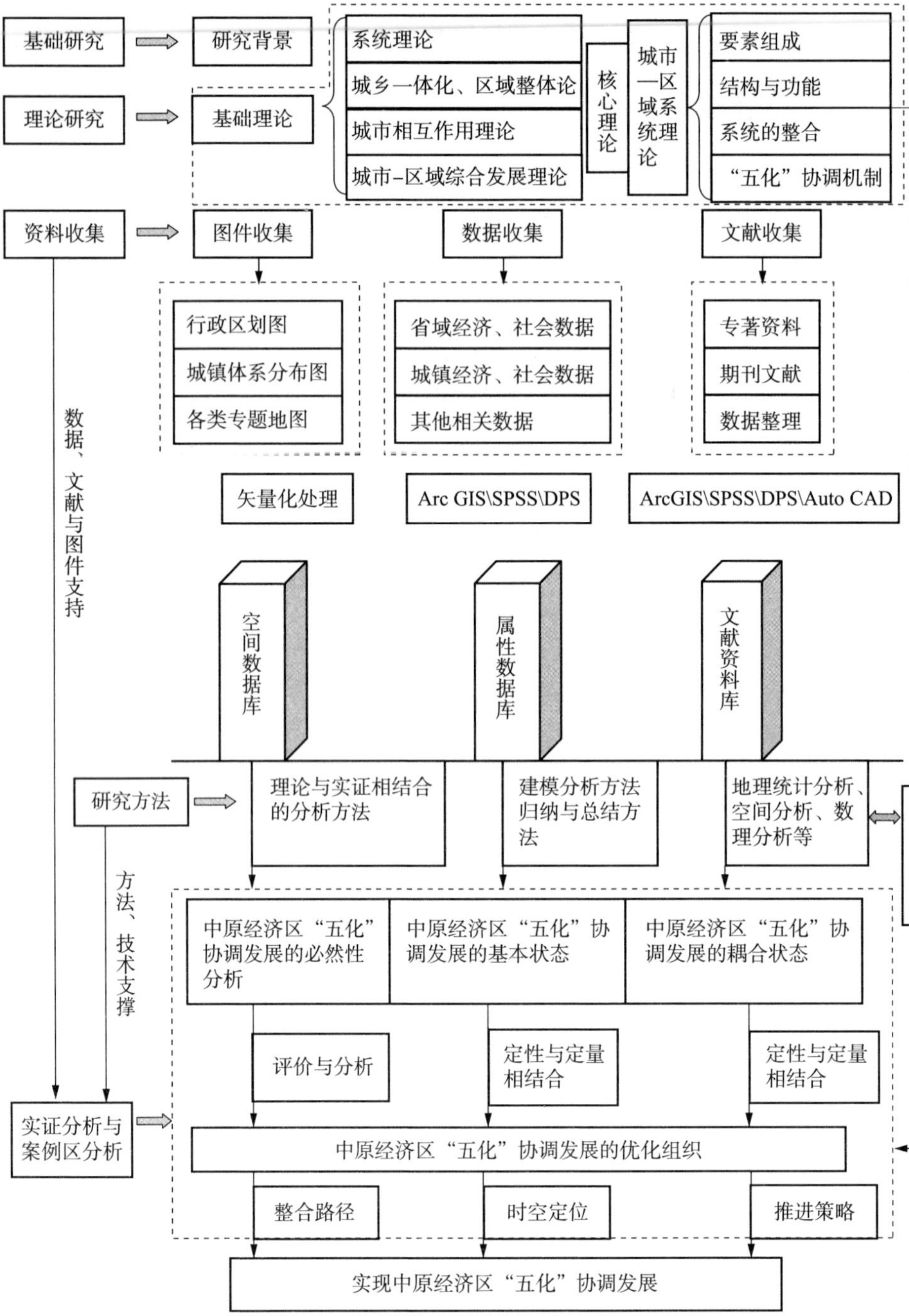
基础研究
研究背景
理论研究
基础理论
系统理论
城乡一体化、区域整体论
城市相互作用理论
城市-区域综合发展理论
核心理论
城市—区域系统理论
要素组成
结构与功能
系统的整合
“五化”协调机制
资料收集
图件收集
数据收集
文献收集
行政区划图
城镇体系分布图
各类专题地图
省域经济、社会数据
城镇经济、社会数据
其他相关数据
专著资料
期刊文献
数据整理
矢量化处理
Arc GIS\SPSS\DPS
ArcGIS\SPSS\DPS\Auto CAD
数据、文献与图件支持
空间数据库
属性数据库
文献资料库
研究方法
理论与实证相结合的分析方法
建模分析方法归纳与总结方法
地理统计分析、空间分析、数理分析等
理论支撑
方法、技术支撑
中原经济区“五化”协调发展的必然性分析
中原经济区“五化”协调发展的基本状态
中原经济区“五化”协调发展的耦合状态
评价与分析
定性与定量相结合
定性与定量相结合
实证分析与案例区分析
中原经济区“五化”协调发展的优化组织
整合路径
时空定位
推进策略
实现中原经济区“五化”协调发展

图 1-4　技术路线图

第二章

国内外研究述评

“化”本义改变、变化，在名词或形容词之后则表示“使变成、使变化为”之意。从字意不难理解，城镇化、工业化、农业现代化、信息化、绿色化不仅是一个过程，也是“使变化为”一种美好状态的目标。因此，冠之以“新型”二字的“化”不能仅仅作为社会主义现代化建设的一种“标签”或“口号”，而应从其科学内涵出发调控各个“化”的演进状态，以更好地为社会主义现代化建设服务。国内外学术界关于城镇化、工业化、农业现代化、信息化、绿色化的相关研究较多，可为“五化”协调发展研究提供很好的理论借鉴。因此，本章首先从“单化”的本源出发，辨析相关概念的内涵；其次系统梳理前人关于“五化”研究的理论成果，分析“五化”协调发展的影响因素和作用机理；最后，总结国内外研究的优势与不足，对今后“五化”协调发展研究的重点进行展望。概括之，通过归纳总结“五化”研究的理论成果和实践经验，透析“五化”协调发展的内在规律，为中原经济区“五化”协调发展提供基础理论支撑。

一、相关概念

（一）“五化”的概念辨析

1. 城镇化与新型城镇化

城镇化，或称城市化（urbanization）是当今世界上经常提及的“词语”和重要的经济、社会现象之一。尽管国内外学术界视城镇化为研究热点和研究重点，但是，由于各个学科对城镇化的概念内涵理解不一，迄今为止，关于城镇化的概念尚没有一个完整而统一的解释。

一般而言，城镇化指一个地区农业人口向非农业人口转化、农村地域向城镇地域转化的过程，该过程包含了城市对农村影响的过程、全社会人口接受城镇文化的过程、人口集中的过程和城镇人口比重不断上升的过程（许学强、周一星、宁越敏，2006）。美国学者弗里德曼 J（Friedmann J）将该过程分为城镇化Ⅰ和城镇化Ⅱ。城镇化Ⅰ过程包括人口和非农业活动在规模不同的城市环境中的地域过程、非城镇型景观转化为城镇景观的地域推进过程；城镇化Ⅱ过程包括城镇文化、城镇生活方式和价值观在农村的地域扩散过程。也就是说，城镇化Ⅰ过程是物化的实体化的过程，而城镇化Ⅱ过程是抽象的、精神上的过程。从简要角度看，中国城镇化，是指城镇数量的增加和城镇规模的扩大，导致人口在一定时期内向城镇聚集，同时又在聚集过程中不断地将城市的物质文明和精神文明向周围扩散，并在区域产业结构不断演进的前提下衍生出崭新的空间形态和地理景观（顾朝林、于涛方、李王鸣等，2008）。根据地域空间的相互作用过程，又可将该过程分为“正统城镇化”“假城镇化（pseudo-urbanization）”“过度城镇化（hyper urbanization or over-urbanization）”“郊区城镇化（suburbanization）”“逆城镇化（counter-urbanization）”“乡村城镇化（rural urbanization）”等等（许学强、周一星、宁越敏，2006）。

20 世纪 90 年代之后，世界科技经济发展出现了巨大变化，新的科技革命突飞猛进，高新技术特别是信息技术广泛应用，新型工业化成为经济社会发展的强大推动力，而且使人类生活活动和社会活动开始进入信息化、智能化、自动化时代。伴随着这个过程，在以新型工业化、信息化为动力的支撑下，我国的城镇化过程逐渐向社会化、集群化、生态化和集约化发展，城镇化发展道路向科学发展、集约高效、功能完善、环境友好、社会和谐、个性鲜明、城乡一体、大中小城市和小城镇协调发展的路子转变。

随着城镇化建设的不断推进，新旧城镇发展问题不断出现，人们开始思考我国应该走一条什么样的中国特色城镇化之路（仇保兴，2008），于是学者的研究视野已经从传统的城镇化转向新型城镇化（杨焕彩，2010）。主要表现在几个方面：第一，新型城镇化的界定。新型城镇化是以科学发展观为统领，以工业化和信息化为主要动力，资源节约、环境友好、经济高效、文化繁荣、城乡统筹、社会和谐，大中小城市和小城镇协调发展、个性鲜明的健康可持续的城镇化道路（彭红碧，2010；王发曾，2010；张占仓，2010；冯煜雯，2011）。新型城镇化的实质是：能够适应和推动生产力提高与社会进步的城镇生产、生活方式以及城镇性质、状态不断扩展与深化的发展进程（王发曾，2010）。李小建（2014）对新型城镇化中的协调思想进行了探讨，认为协调发展的本质是城乡协调，协调发展的核心是内部协调，协调发展的机制强调市场协调，协调发展的实施强调上下协调。第二，不同区域新型城镇化的发展道路选择。分别研究了国家（罗煜，2008；姚士谋、陆大道、王聪等，2011；宁越敏，2012）、省（张占仓，2010；高峰，2011；张岭峻、笪晓军，2010）、市县（张协嵩、郑庆昌、刘其赟，2013）、社区（李政新、白玉，2011）等行政单元的城镇化进程，经济区（冯煜雯，2011；王发曾，2010）、城乡统筹改革示范区（冉启秀、周兵，2008）、城市群（唐娅娇、李晓燕，2011）等不同类型区域的城镇化进程。第三，新型城镇化的推进模式（卢科，2005；徐建华，2010；李政新、白玉，2011），发展动力（中共绍兴县委党校课题组，2007）。第四，不同路径下的新型城镇化发展（张洁云，2011；刘维新，2009；唐娅娇、谭丹，2011）。第五，新型城镇化的区域响应（张岭峻、笪晓军，2010；苏荣，2008；黄亚平、陈瞻、谢来荣，2011；仇保兴，2010）。第六，新型城镇化的定量评价及与其他“单化”的协调性评价（李国平，2008；冉启秀、周兵，2008；刘涛、曹广忠、边雪等，2010；孙平军、丁四保，2011；王洋、方创琳、王振波，2012；曾志伟、汤放华、易纯等，2012；牛晓春、杜忠潮、李同昇，2013）。第七，新型城镇化与其他领域的耦合关系（方创琳、杨玉梅，2006；宋超山、马俊杰、杨风等，2010；李剑，2011；吴玉鸣、柏玲，2011）。

结合上述分析，本书认为新型城镇化的概念本质包括以下四个层次：①有序推进的人口城镇化、土地城镇化过程；②以工业化和信息化为主导动力的经济结构优化过程；③以现代城镇体系为支撑的大中小城市、城镇及新型社区协调发展过程；④努力实现资源节约、环境友好、经济高效、文化繁荣、城乡统筹、社会和谐的发展目标。

2. 工业化与新型工业化

一般而言，工业化指工业（特别是其中的制造业）或第二产业产值（或收入）在国民生产总值（或国民收入）中比重不断上升的过程，以及工业就业人数在总就业人数中比重不断上升的过程。

中国共产党第十六次全国代表大会报告指出：“坚持以信息化带动工业化，以工业化促进信息化。走出一条科技含量高、经济效益好、资源消耗低、环境污染少、人力资源优势得到充分发挥的新型工业化路子”。新型工业化战略提出后，国内学者对中国新型工业化道路的概念内涵进行了深入挖掘，并形成了系统的认识。根据比较对象的不同，中国的新型工业化有如下特征：①与发达国家的工业化相比，中国的新型工业化是以信息化带动的跨越式的工业化，是以充分就业为先导，以可持续发展为基础，把公有制经济与非公有制经济相结合，以政府为主导的工业化（任保平，2003）。②与中国传统工业化相比较表现为：在实现机制上强调市场机制的作用，以政府职能得到切实转变为前提，以可持续发展为基础，以集约型经济增长方式为主要的经济增长方式，以完成工业化的任务和实现工业的现代化为双重目标，整个过程伴随着农业的工业化过程，以对外开放为典型特征（吕政，2003；简新华，2003；曹建海、李海舰，2003；郭克莎，2004）。

国内学者对新型工业化的研究，主要集中在一系列关系问题上。这些问题主要包括：新型工业化与信息化（黄范章，2003；吕政，2003；郑英隆，2003；夏兴园，2004；米增渝，2012）、新型工业化与产业发展、产业结构（洪银兴，2003；任保平、洪银性，2004；慈福义，2006；庞瑞芝、李鹏，2011）、新型工业化与人力资源开发（朱廷春、王德忠，2004；肖石英，2008）、新型工业化与城镇化（崔向阳，2003；叶裕民、黄壬侠，2004）以及新型工业化与可持续发展等五个领域。

关于新型工业化的定量分析，不同学科的学者基于对新型工业化水平的认识和理解，对新型工业化的指标体系和评价标准进行了构建和评价。陈佳贵（2003）提出了以工业增长效率、工业结构和工业环境三个方面作为工业现代化的标志；基于此，构造了一套评价工业现代化水平的指标体系，并依据这套指标体系对我国工业的现代化水平进行了初步评价。之后不同学科的学者构建了新型工业化的指标评价体系，基于主成分分析、因子分析、熵权法等多元统计分析方法对我国不同级别的地域单元展开了评价分析（谢德禄、李琼、王小明，2004；渠爱雪，2006；卢华丽，2007；王秉建、程久苗，2008；李飞、宋玉祥、潘志，2009；吴一洲、吴次芳、王琳等，2009；杨建仁、刘卫东，2011；杨丽、孔令英，2011；罗永乐，2012）。这些评价成果为衡量我国不同区域的新型工业化的阶段和效果提供了科学的定量参考依据。

自2002年新型工业化战略提出以来，我国各级政府结合区域实际，纷纷开始了各自的新型工业化实践，提出了发展新型工业化的具体政策和措施。例如：以市场化加速工业化；以集约化支持工业化；创新生产方式、集约化经营企业；实行积极的产业组织政策；扩大地域分工、集约经营区域，包括强化农业区域布局、培育城市产业集群、协调区域布局政策（李斌、陈军，2007）。另外，各地还主张以绿色化保障工业化。表现为：加强监督管理、发展产权交易、有效利用资源促进清洁生产，发展绿色农业、推进绿色制造、开发清洁能源培育绿色产业，建设环保设施、治理自然灾害、增加绿色植被加强生态保护等等。

关于工业化与信息化，李文强、陈宪（2011）认为：中国的新型工业化是将传统工业化与信息化结合起来的社会发展演进过程，是尚未完全实现工业化的后发展国家跟上发达国家的现代化步伐，在实现工业化的同时步入信息时代的一个新的历史发展阶段。为了确保新型工业化道路的顺利实施，应当实施科教兴国战略，优先发展以信息技术为先导的高新技术产业；实施信息化带动工业化战略；全面发展先进制造业，并不断推进制造业向服务型制造业转型；实施可持续发展战略，广泛采用节能技术，大力发展环保产业，形成工业化与资源能源、环境保护的良性谐振的可持续发展。

综合国内学者有关新型工业化的理论成果，结合不同区域对新工业化战略的部署安排，本文认为新型工业化的概念本质包括以下三个层次：①以科技化、信息化为动力支撑，促进资源的优化配置与产业结构的优化升级；②基于循环经济和可持续发展理念，形成科技资源消耗低、科技含量高、经济效益好、环境污染少的产业与产品价值链；③经济全球化与本地化相结合，充分发挥我国人力资源优势参与产业转型与升级。

3. 农业现代化与新型农业现代化

国外关于农业发展的理论研究更多地关注于传统农业如何转向现代农业，即“农业转型”问题（康芸、李晓鸣，2000），并没有“农业现代化”的概念。农业现代化是具有中国特色的农业发展概念，自 20 世纪 50 年代我国提出这个概念以来，许多学者便从不同的角度对农业现代化的内涵作了阐释。

从国内农业现代化的研究历程来看，20 世纪五六十年代学者一般将其概念概括为农业的“四化”，即农业机械化、农业化学化、农业水利化和农业电气化。由此可见，当时提及的农业现代化基础就是现代工业技术在农业中的应用，概念本身强调的是农业现代化就是工业技术对农业的装备过程。20 世纪八九十年代，学术界一般认为，农业现代化的实质就是运用现代科学技术、现代工业提供的物质装备和现代科学管理方法，把传统农业转变为现代农业的过程，突出了农业现代化是把传统农业转变为现代农业的过程（孟秋菊，2008）。20 世纪 90 年代末，学术界对农业现代化的内涵进行了深入剖析，提出了农业现代化的“过程和手段”论，其中宣杏云（1991）认为：①农业现代化是一种过程。它是以直观经验和手工工具为基础的传统农业转变为以现代科学技术、生产手段和经营管理方法为基础的现代农业的过程；它又是从自给自足农业向商品农业转变和发展的过程。②农业现代化又是一种手段，即一国为适应工业化迅速发展的需要，使其落后的农业生产部门尽快实现现代化的各种手段的总称。

21 世纪以来，又有学者从生产力、生产关系和上层建筑三个层面来研究农业现代化的内涵，认为农业现代化不仅是技术发展过程，而且是技术、经济、社会条件互相促进又互相制约的发展过程。赵景阳等（2007）认为：①农业生产力的现代化即农业生产资料、农业劳动者、农业科技和农业管理的现代化；②农业生产关系现代化即农业生产市场化、农业经营产业化；③农村上层建筑现代化即农村政治民主化、农村管理法律化等。这一内涵诠释仍然强调农业现代化的“过程”论，但其优点在于从技术、经济、社会的相互关系中来把握农业现代化的内涵，并且把农业现代化的内涵从经济领域拓展到政治领域。张术环（2004）从广义和狭义的角度研究农业现代化的内涵，指出农业现代化是一个从传统农业向现代农业转变的过程。狭义农业现代化是指农业这个产业的现代化，广义的农业现代化包括狭义的农业现代化、农村现代化和农民现代化。该观点的优点在于从“三农”问题，即从“农业、农民、农村”三个维度与农业现代化展开相互关系研究，透视农业现代化的内涵。

河南在中原经济区建设过程中，全面总结河南经济社会发展经验，从地区发展实情出发，提出了具有区域特性的“新型农业现代化”——以粮食优质高产为前提，以绿色生态安全、集约化标准化组织化产业化程度高为主要标志，基础设施、机械装备、服务体系、科学技术和农民素质支撑有力的农业现代化（卢展工，2012）。原丰（2011）总结新型农业现代化的概念内涵，认为其体现在“四新”：①新在不简单就农业现代化谈农业现代化，而是与其他“双化”相融合，与其他“双化”形成有机整体，不可分割，不争资源，互促共进，协调发展。②新在有力推动农业社会化大生产，从根本上提高农业劳动生产率、资源利用率和土地产出率，为新型工业化提供原料和劳动力，拓展新型城镇化的发展空间，加快现代化进程，改变全社会发展的面貌。③新在通过新型城镇化发展有效减少农村人口，推进适度规模经营、集约化标准化生产，提高农业效益。充分利用新型工业化强大的技术和物质生产能力、信息化优势，为新型农业现代化提供有力支撑。④新在为转变农业发展方式指明了方向。更加凸显粮食安全、突出农产品质量、重视综合生产能力提升，走的是数量质量效益并重之路，建设的是可持续农业，实现的是社会化大生产，目标是盈仓富农、强基固本。

综上，本书认为农业现代化的概念意涵包括以下五个层次：①以现代工业装备、现代科学技术为支撑，促进农业走向机械化、集约化、规模化、产业化；②不断提高农民的科学文化素质，培育有文化懂技术会经营的现代新型农民；③以现代化管理、经营方法升级农业，建立优质高效的现代农业生产、经营体系；④在不断提高农业综合生产能力的过程中，不断缩小城乡居民的收入差异；⑤从“生产发展、生活富裕、乡风文明、环境优美、管理民主”的社会主义新农村建设要求出发，建设美丽、富裕、和谐农村。

4. 信息化

信息化的概念起源于20世纪60年代的日本，最早是由日本学者梅棹忠夫提出来的，而后被译成英文传播到西方，西方社会普遍使用“信息社会”和“信息化”的概念是20世纪70年代后期才开始的。20世纪80年代以后，信息化这个概念也开始普遍应用。国内政府部门和学术界对信息化进行较长时间的争论。一种观点认为，信息化就是计算机、通信和网络技术的现代化；一种观点认为，信息化就是从物质生产占主导地位的社会向信息产业占主导地位的社会转变的发展过程；还有观点认同，信息化就是从工业社会向信息社会演进的过程，如此等等。1997年召开的首届全国信息化工作会议，对信息化和国家信息化定义为：“信息化是指培育、发展以智能化工具为代表的新的生产力并使之造福于社会的历史过程。国家信息化就是在国家统一规划和组织下，在农业、工业、科学技术、国防及社会生活各个方面应用现代信息技术，深入开发广泛利用信息资源，加速实现国家现代化进程。”

20世纪90年代以来，随着信息技术进步与应用领域的拓展，人类开始从工业化时代向信息化时代过渡。而今，在经济全球化快速发展的背景下，信息化水平已经成为衡量一个国家以及区域竞争力发展水平的重要标志之一。近年来，党和国家高度重视信息化建设。在《中共中央关于制定国民经济和社会发展第十个五年计划的建议》中指出：信息化是当今世界经济和社会发展的大趋势，也是我国产业优化升级和实现工业化、现代化的关键环节。要把推进国民经济和社会信息化放在优先位置，大力推进国民经济和社会信息化，是覆盖现代化建设全局的战略举措。2012年11月8日，中共第十八次全国代表大会报告指出：坚持走中国特色新型工业化、信息化、城镇化、农业现代化道路，推动信息化与工业化深度融合、工业化和城镇化良性互动、城镇化和农业现代化相互协调，促进工业化、信息化、城镇化、农业现代化同步发展。2014年，习近平总书记在主持召开中央网络安全和信息化领导第一次会议中指出：“没有信息化，就没有现代化。”

根据信息化概念的来源以及当前国家的信息化战略，本书认为信息化不仅体现在现代化通信基础设施建设水平的不断提升，计算机和智能化设备逐渐普及等“硬”设施的变化；还应体现出在“互联网+”“工业4.0”等新理念下，电子商务业对经济社会发展的贡献日趋增加，对“大众创业、万众创新”的信息化支撑不断优化的“软”环境改变。当然，信息化也是一种进程，其不仅表现在信息化技术对经济社会发展的贡献不断增强的过程，而且还表现为信息化与城镇化、工业化、农业现代化的融入不断加深的过程。

5. 绿色化

如前面的研究背景所述，在中共中央政治局审议《关于加快推进生态文明建设的意见》中提到的。绿色化已经成为经济新常态下的新任务、推进生态文明建设的新要求。在近阶段，“既要金山银山，也要绿水青山”“绿水青山就是金山银山”的绿色化战略深入人心，更体现出以习近平同志为核心的党中央对生态系统建设、绿色 GDP 提升、环境问题治理、资源环境开发等方面的重视。究其绿色化的内涵，本书认为包含以下方面的维度：①绿色风貌。推进城市和乡村绿化、亮化工程，促进绿色植物、绿色景观等在“绿量”的增多。②绿色格局。整治区域生态环境并推动国土空间开发格局优化，促进资源节约高效利用，推动整个区域生态环境的优化，形成“绿水青山”的区域生态格局。③绿色发展。不断推进绿色发展、循环发展、低碳发展，形成科技含量高、资源消耗低、环境污染少的产业结构和生产方式，实现经济的绿色化发展。④绿色风气。倡导绿色生活方式和绿色消费模式，形成人人、事事、时时崇尚生态文明的社会新风，推进生态文明建设不断上升为新高度。

（二）协调与耦合、融合、整合

从字面上看，协调与耦合、融合、整合三词关系非常密切，所以有必要从词义本源上进行辨析。耦合一词来源于物理学，指两个或两个以上的体系或两种运动形式之间通过各种相互作用而彼此影响以至联合起来的现象。融合是指将两种或多种不同的事物合成一体，并蕴含“调和、融洽”之意。整合一词最初用来表达地层之间的空间接触形态，现指将各个部分结合成一个整体，意含在一定约束框架下的动态的、可调控的可持续发展过程。协调具有和谐、统筹、均衡的含义，意指“配合得当、和谐一致”。追根溯源，我国道家思想中的“行道”以及儒家中庸思想中的“允执其中”“过犹不及”“和而不同”均为协调的意思（吴一平、陈素云、孙德中，2012）。从系统理论看，协调是指在各种要素相互作用下，系统要达到的一种均衡状态。综合上述的词义认知，本文认为耦合与融合表达着实体要素之间的相互作用程度，整合表达着在一定框架下使各种实体要素相互作用朝着和谐、协调目标的调控过程，协调则表达着在某种参照标准下的状态水平。也就是说，整合是促进事物或系统协调发展的调控手段，而耦合、融合反映事物或系统内部主要实体内容相互作用的程度表征或形式表现。

（三）“三化”协调、“四化”协调与“五化”协调

1. “三化”协调

国内最早关于“三化”的研究，主要是指农村城镇化、农村工业化、农业现代化与城乡发展的关系（郭书田，1989），之后逐渐泛指区域内城镇化、工业化和农业现代化的协调发展问题。21世纪以来，伴随着科技信息革命浪潮，国内学者将目光转向新型城镇化、新型工业化与城乡统筹发展方面的研究，新型农业现代化也就“应运而生”。在新型城镇化、新型工业化的带动下，农业现代化日益注入“新”的发展动力，在新技术、新信息、新市场的支持下与工业结构升级、城镇健康发展融为一体，三者逐渐形成相互联系、相互促进的良性循环体系（王发曾，2012）。基于此，本文所指的“三化”协调发展特指新型城镇化、新型工业化和新型农业现代化“三化”协调发展。

《指导意见》明确提出：积极探索不以牺牲农业和粮食、生态和环境为代价的“三化”协调发展的路子，是中原经济区建设的核心任务（国发〔2011〕32号）。所以，新型城镇化、新型工业化和新型农业现代化“三化”协调发展成为河南政府决策部门和中原学者的研究热点，“三化”的理论与实践研究在中原大地开展得如火如荼。但由于国家政府部门、各级地方政府对“三化”的战略定位和诠释不同，城市地理学、城市经济学、经济地理学、区域经济学、城市社会学等学科对“三化”的学科认识不一，学者基于自身的知识结构对“三化”的理解也不尽相同，所以关于“三化”的实质并没有统一的认识。《指导意见》《规划》《河南省建设中原经济区纲要》《河南省国民经济与社会发展第十二个五年规划》等文件多次提及“‘两不三新’三化协调”“‘三化’协调科学发展”“新型城镇化新型工业化新型农业现代化‘三化’协调科学发展”等概念，但均未对“三化”协调发展的内涵进行深入剖析。

2. “四化”协调

胡锦涛（2012）在中国共产党的十八大报告提出：“坚持走中国特色新型工业化、信息化、城镇化、农业现代化道路，推动信息化和工业化深度融合、工业化和城镇化良性互动、城镇化和农业现代化相互协调，促进工业化、信息化、城镇化、农业现代化同步发展。”从文字表述看，在该报告中提出的是

“四化”同步，而不是“四化”协调。但从实际意义看，所提出的同步并非指齐步走、同步发展之意，而是强调“四化”要处在合理的发展节拍之内，实现内在的协调发展。因此，“四化”同步的本质依然是强调“四化”协调发展之意。

从文字表述看，“三化”协调与“四化”同步意思有所不同：“三化”协调中隐含了信息化，“四化”同步则明确显示出信息化；前者将城镇化放在“三化”的最前面，并赋予新时代意义，后者将工业化置于其首，并在其后加入信息化；前者在“三化”之前均冠以“新型”二字，后者只在工业化前加上“新型”。

从本质上看，“三化”协调与“四化”同步完全契合，二者的实质都是“化”的互动发展、和谐发展与整体发展。工业化创造供给，城镇化创造需求，工业化、城镇化带动和装备农业现代化，农业现代化为工业化、城镇化提供支撑和保障，而信息化推动其他三化，二者的发展观念契合。

3. “五化”协调

在习近平总书记提出的“两山论”和绿色发展理念的引领下，我国将生态保护和环境质量提升上升至生态文明建设的高度，绿色化发展成为时代发展的价值导向和长期要坚持的目标。正如环境保护部部长陈吉宁在2016年全国环境保护工作会议上的讲话所论述：“绿色化发展从根本上更新了关于自然资源无价的传统认识，打破了简单把发展与保护对立起来的思维束缚，指明了实现发展和保护内在统一、相互促进和协调共生的方法论，使我们深刻认识到，保护生态就是保护自然价值和增值自然资本的过程，保护环境就是保护经济社会发展潜力和后劲的过程，把生态环境优势转化成经济社会发展的优势，绿水青山就可以源源不断地带来金山银山。绿色发展是一场涉及生产方式、生活方式、思维方式和价值观念的重大变革，着重解决的是人与自然和谐问题，将超越和扬弃现有的工业化、现代化模式，改变经济腿长、环境腿短的状况，引导企业家主动采取绿色生产方式，鼓励公众自觉践行绿色生活方式，推动形成人人节约资源、保护环境的社会风尚。”《中华人民共和国国民经济与社会发展第十三个五年规划纲要》明确指出要贯彻绿色发展理念，并对生态文明建设和环境保护做出一系列重大部署。

上述的发展理念和战略方向明确将绿色化作为国家经济社会发展的重要指导思想，与城镇化、工业化、信息化和农业现代化一起成为新时期的现代化战略，即“五化”协调发展。从本质上讲，新型城镇化强调的经济高效发展、资源环境友好发展就是体现绿色化的内在诉求；新型工业化强调的资源节约、循环经济、减少污染等就是绿色化发展的内在要求；新型农业现代化强调的改善区域生态环境、治理农村各类污染等就是“绿色青山就是金山银山”的生态要求。可以说，“五化”协调发展是原有“四化”协调战略的进一步延伸，是体现绿色化战略的具体要求，是推动国家经济社会健康发展的新的时代要求。

（四）“五化”协调发展的状态

结合上述分析和以往研究成果，本书认为“五化”协调发展包含三层含义。第一层是指新型城镇化、新型工业化、新型农业现代化、信息化、绿色化“单化”本身的协调发展；第二层是指“化”与“化”之间相互配合、协同与发展；第三层是指新型城镇化、新型工业化、新型农业现代化、信息化、绿色化相互制约、相互影响、相互作用、相互促进，以城镇体系关系协调、产业关系协调、产城关系协调、城乡关系协调、人—地关系协调为主要标志，以城镇体系整合发展、产业集群发展、产城融合发展、城乡统筹发展、经济—社会—资源环境协调发展为主要途径，“五化”形成协同运转、互促共进的发展关系。

（1）基本状态。根据“五化”协调发展的内涵诠释，本书认为其基本状态包括三个层面。第一层是新型城镇化、新型工业化、新型农业现代化、信息化、绿色化“单化”本身的发展状态；第二层是“化”与“化”之间相互配合、协同发展的状态；第三层是“五化”整体协调发展状态。

（2）耦合状态。根据“五化”协调发展的主要标志（城镇体系关系协调、产业关系协调、产城关系协调、城乡关系协调、人地关系协调），本文认为“五化”协调发展包括另外一种重要状态，即耦合状态。耦合状态为“五化”协调进程中城镇与城镇、城镇与产业、城镇与区域、城镇与乡村、经济—社会—资源环境耦合发展的协调状态。也就是说，耦合是“五化”协调发展的一种状态，耦合状态和基本状态的评价共同构成了“状态评价”。

二、国外研究述评

由于“五化”协调是具有中国特色的研究领域，因而在搜索“Science Direct”“Springer”“EBSCO”“万方外文”等数据库以及“Google 学术搜索”时发现，没有相应的“五化”协调主题词，至今也没有一个现成的词组与之对应。搜索与“五化”相关的“coordination”文献时，呈现出来的大多是中国学者研究中国农业与工业、产业与产业、城市与乡村之间的协调研究，较少涉及

“五化”协调实质内容的研究。为此，将搜索词修改为“industrialization and urbanization”“industrialization，urbanization and economic development”“industrialization and agriculture development”“industrial structure and urbanization”“urban rural coordination”等，从产业结构变化、农村人口流动与迁移、现代农业发展、城乡关系等方面透视工业化、城镇化与农业现代化进程。搜索结果显示，19 世纪之前的大多数文献集中于农村地区的城镇化与工业化、城乡关系的演进以及农业生产方式的转变，19 世纪之后有关城镇化、工业化、农业现代化等实质内容的相关文献才逐渐出现。因此，本书以 19 世纪为时间节点，对之后代表性学者的相关研究展开述评。

（一）工业化、城镇化和农业发展的模式

国外经济发达国家的工业化、城镇化起步较早，在推进工业化、城镇化基础上的农业发展道路选择上也各具特色。其中较为典型的国家是英国和美国、日本和韩国。

1. 英国、美国的发展模式

英国的城镇化是最初以乡村工业化的高度发展为前提的，后来，相当一部分村庄通过产业化、规模化、城镇化演化为城镇（Morris R J and Rodger R，1993）。18 世纪初期，由于地少人多，英国贵族通过著名的《公有地围圈法》，以暴力形式强制农业人口向第二、第三产业转移。同时工业化、城镇化需要的资源通过国外进口解决。可以说，英国的城镇化不是建立在农业高速发展的基础上，从某种意义上讲是以牺牲农业为代价的。美国国土面积广阔，且人少地多，而国际人口迁移却满足了其城镇化、工业化对劳动力的需求。美国与英国城镇化道路最大的不同点在于，美国是在城镇化、工业化的同时实现农业现代化的（McKelvey. B，1973），其农业生产率的迅速提高解决了粮食和原料问题，而农产品的出口则为工业化和城镇化提供了大量的积累资金。此外，交通革命在美国城镇化进程中发挥着巨大作用。最初美国依靠修筑收费道路的方式从陆路开始了交通革命。铁路运输网的完善又促进了西部开发和城镇发展，对工业化和城镇化的发展起到了关键作用。

2. 日本的发展模式

日本现代农业发展道路是从 20 世纪 50 年代中期开始的。当时日本经济正从第二次世界大战后的恢复期向高度成长期过渡，急速发展的工业化、城镇化进一步扩大了城乡收入差距，导致农村劳动力大量外流，出现了膨胀的城市与

凋敝的农村并存的现象（Yamada H and Tokuoka K，1991）。这时日本政府将实现农村繁荣作为稳定农业生产、增加农民收入和实现现代农业的对策之一被提上日程。日本发展现代农业的主要特点是通过政府强有力的宏观调控，推动农村工业化迅速发展。日本政府制定了一系列的政策鼓励城市工业向农村转移，积极向农村导入工业，促进农村产业结构的转变；提出了利用大规模建立新据点的方式，扩散城镇工业来振兴地方经济，同时把全国分为工业过密地区、工业准备地区和工业开发地区，鼓励工业向后两类地区发展（Mosk C，2001）。同时，日本政府还相继制定了一系列的法规，对工业开发地区进行大力扶持，优先分配公共投资，修建机场、铁路、高速公路、港口等公共福利设施及通信系统，改善投资环境和生活条件，增大对大企业和人才的吸引力。

3. 韩国的发展模式

20 世纪 60 年代之前韩国在工业化、城镇化基础上进行的农村、农业发展之路也颇有特色，走出了一条由政府强有力推进的、扩散型的发展道路。但韩国在该过程中一度忽视了农村、农业的发展，使城乡差距过于悬殊（Mills E S and Song B N，1977）。自此之后，韩国开始调整农村、农业发展，首先该国政府调整集中在两个方面：一是通过工业扩散减轻工业在首都地区的集中程度；二是加强农业和农村地区的经济发展。韩国政府制定了许多政策措施以促进工业化、城镇化过程中的农村发展。首先是实行“新农村工厂”计划，吸引工业企业家到农村地区投资，政府对那些到 2 万人以下的农村社区办工厂的企业经营者提供优惠贷款和税收减免，还在电力、通讯、交通、管理、技术上提供方便和指导。其次是 1967 年提出的农户副业企业计划，该计划要求 10 户以上农户组成一个副业企业，并规定从生产到销售都由集体经营。政府同样给予贷款支持，对副业企业全年所得收入不超过某一最低年度的家庭免征全部所得税（Kim K S and Pak C，1985）。再者是 1983 年之后开始制订的“农村工业园区”计划，目的在于进一步推行农村工业化。该计划强调“农村工业园区”应建在农村人口聚居中心，而不是像“新农村工厂”那样是把工厂扩散到农村地区的农庄附近，旨在通过建设“农村工业园区”，发展农村非农产业，增加农民收入，实现城乡地域之间的均衡发展（Kim K S and Pak C，1985；Collins S M，1990）。

综上，国外发达国家的工业化、城镇化过程中解决农村发展的重点是农村地区的工业化。它不仅是发展农村经济、缩小城乡差距，而且是实现城乡共同繁荣的重要手段。政府在农村工业化过程中发挥着重要作用，可以为农村工业发展提供多种鼓励和优惠政策措施。同时，城镇化是通过工业化带动起来的，当工业化发展到一定阶段的时候，以城镇为依托，以乡镇企业为载体，转移农村剩余劳动力，达到工业化、城镇化和农业发展的协调，城镇人口的增长与人均国民收入的增长比较一致，农村人口城镇化的数量与经济发展提供的就业量大体平衡，城镇化的发展与农业提供的剩余农产品基本适应。

（二）城镇化、工业化和农业发展的有关理论模型研究

自近代工业革命以后，西方城市学者和社会学者面对在经济社会发展过程中所出现工业化、城镇化和农业发展问题，提出了各自的观点。具有代表性的理论模型有二元体系理论、二元经济理论、人口流动模型、结构变革理论和聚集经济理论。

1. 二元体系理论

20 世纪 40 年代荷兰经济学家鲍埃克 J H（Boeke J H，1946）在分析殖民统治时期印度尼西亚的经济社会发展问题时指出，当时出现的经济问题、社会矛盾是由发达的资本主义体系与本土落后的前资本主义农业体系共同构成的社会制度和土生土长的另一种社会制度之间的冲突。这也决定着二元体系中的工业化和农业发展必将是一个由大众发动的小规模进行的缓慢过程。之后希金斯 B（Higgins B，1959）在鲍埃克研究的基础上提出技术二元化体系论。他认为在二元体系中，由于先进领域和传统领域有着不同的生产函数，从而对劳动就业产生了不同影响。当二元经济中的人口增长时，工业化、城镇化过程中创造的就业机会的能力不能够全部吸收增加了的劳动力，剩余劳动力不得不滞留在农业部门，形成隐蔽性失业。这样又会阻碍传统农业的产业化、现代化、信息化的进程。

2. 二元经济理论

20 世纪 50 年代美国经济学家刘易斯 W A（Lewis W A，1954）在一篇题为“劳动力无限供给下的经济发展”的文章中就提出了二元经济发展模型，其中也间接体现了工业化与城镇化的关系。该理论模型假定工业是市场导向和技术先进的城市现代产业部门，农业是以庞大落后和自给自足为代表的传统经济部门。在假定农业劳动力边际生产率为零的前提下，农村中的剩余劳动力会向城镇中的工业部门流动，随着城市工业生产规模的不断扩大，新产生的工业部门会将农村剩余劳动力完全容纳。同时生产要素流向各个产业并与之配置，这个过程是工业化过程，也是一个城镇化过程，劳动力不仅在各个产业部门之间移动，也向各个城镇进行了转移，所以说工业化与城镇化是同时进行的；只要进

行工业化，不断扩大工业的生产规模，就能大量地容纳农村剩余的劳动力，使社会经济的发展处于一种平衡状态。

3. 人口流动模型

托达罗 M P 和哈里斯 J R（Todaro M P，1969；Harris J R and Todaro M P，1970）通过对发展中国家的失业问题进行研究发现：人口流动的主要原因是预期收入，而不是现在的实际收入。也就是说，只要人们认为迁移者的预期收入大于他们在农村的收入，流动就发生了。上述现象表明很多发展中国家城市中虽然存在大量失业，但乡村人口向城镇的流动并未停止，在某种意义上可以说城市的高失业率是城乡经济发展不平衡造成的必然结果，也解释了发展中国家存在大量非正规就业的原因。在该过程中，托达罗 M P 解释了没有工业化的城镇化发展模式（或者称过度城镇化模式），并提出了一些对策建议，如改善农村的经济发展环境、在农村创造就业条件、缩小城乡经济差距、注重公平就业等等。但托达罗未对工业化、城镇化和现代农业发展的协调推进过程展开研究。

4. 结构变革理论

钱纳里 H B 和赛尔奎因 M（Chenery H B and Syrquin M，1975）在《发展的格局（Patterns of development），1950—1970》一书中指出，一个联系均衡的国民经济中，城镇化可能是各种表现相互作用的结果，以引发工业化的交易和需求改变为开始，以农村的剩余劳动力向城镇转移为结果。他们进一步指出，除了把城镇化看作可能是各种表现相互作用的结果以外，还要把它看作是多种事件的发展过程。由于该过程是多种因素集中的过程，因此他们给出了劳动力转移的解释模式：随着人均收入水平的上升，工业化发展促进了产业结构地改变，从而加快了城镇化进程，使大量农村剩余劳动力向城镇转移。他们基于 101 个国家 1950—1970 年间的历史数据资料，揭示了部门的产出结构和就业结构之间的关系，勾画出了经济增长过程中结构转变的“标准型式”（表 2－1），即随着人均 GDP 的增长，城镇化率与工业化率都呈上升趋势，并且同一时期的城镇化率要高于工业化水平（Chenery H B etal.，1992）。1986 年钱纳里 H B 运用投入产出分析方法、一般均衡分析方法和经济计量模型，通过比较研究，考察了二次大战后发展中国家的工业化进程，分析了结构转变同经济增长的一般关系，并按人均 GDP 的不同将经济发展分为 3 个阶段：初级产品生产阶段、工业化阶段、发达经济阶段（表 2－2），剖析了不同发展阶段影响工业化和经济增长的各种因素。

表 2－1　多国模型的量化指标

人均 GDP（美元）＊	城市人口占总人口的比重（%）	制造业占 GDP 的比重（%）	工业劳动力份额（%）
小于 100	22.0	12.5	7.8
200	36.2	14.9	16.4
300	43.9	25.1	20.6
400	49.0	27.6	23.5
500	52.7	29.4	25.8
800	60.1	33.1	30.3
1000	63.4	34.7	32.5
大于 1000	65.8	37.9	36.8

＊人均 GDP 按 1964 年美元计算。

表 2－2　人均经济总量与经济发展的阶段

<table>
<tr><th>人均 GDP
（1970 年美元）</th><th>人均 GDP
（1980 年美元）</th><th>时期</th><th colspan="2">经济发展阶段</th></tr>
<tr><td>140—280</td><td>300—600</td><td>1</td><td colspan="2">初级产品生产阶段</td></tr>
<tr><td>280—560</td><td>600—1200</td><td>2</td><td colspan="2">初级阶段</td></tr>
<tr><td>560—1120</td><td>1200—2400</td><td>3</td><td colspan="2">中级阶段工业化阶段</td></tr>
<tr><td>1120—2100</td><td>2400—4500</td><td>4</td><td colspan="2">高级阶段</td></tr>
<tr><td>2100—3300</td><td>4500—7200</td><td>5</td><td>初级阶段</td><td rowspan="2">发达经济阶段</td></tr>
<tr><td>3300—5040</td><td>7200—10800</td><td>6</td><td>高级阶段</td></tr>
</table>

5. 聚集经济理论

城市经济学家巴顿 K J（Button K J，1976）认为，城镇化的形成和进一步的发展都离不开工业化，工业化对城镇化的发展起到促进的作用。18 世纪后期受当时出现的工业高潮所支配英国北部的城镇增加了许多，以前那里曾经是城镇化最低的地区，“原料分布不均，地方气候恶劣”的特点，高昂的运输费用促使工业集中在一些有利的地区。扩大工业劳动力需要有住房和其他的服务事业，这些只有在城市环境中才能提供。结果，工业城镇发展了，伴随这种发展就要求进一步扩大商业和零售活动，也满足了当地居民和企业增长的需要。反过来城镇化使得经济效益聚集，促进了工业化的发展，同时对城市规模的扩展有一定的促进作用。

（三）城镇化、工业化的不同影响因素分析

1. 城镇化、工业化与农业劳动力转移的关系

德国著名的学者、社会学家、现代区位论的创始人韦伯 A（Weber A）开启了工业化与城镇化相互关系研究的先河，奠定了工业化发展向城镇集聚的理论基础。1909 年他在《工业区位理论：论工业区位》专著中指出生产场所的位置由区位因子决定，在工业配置时应考虑尽量降低成本，尤其是运费因子，才能获取最大的企业利益。1929 年韦伯 A 进一步研究城市的布局和企业的发展认为，城镇化是由工业化所产生的劳动力分工在空间上的反映。这一理论从工业集聚的视角解释了农业人口流动与城镇化、工业化的关系。之后学者基于不同的理论模型和统计数据分析，从经济转型（Taeuber I B，1951；Henderson J V，1985；Becker C M and Morrison A R，1999；Henderson V，2003；Michaels Getal.，2012；Suzuki H etal.，2013；Gollin D etal.，2013）、城市产业结构演进（Duggan E P，1974；Henderson J V，2010；Basile R etal.，2013）、经济发展和城乡关系变化（Nunes B F and Wilson R H，1979；Henderson J V and Wang H G，2005；Young A，2013；Li Y etal.，2014）、非农产业劳动力结构变化（Moomaw R Land Shatter A M，1996；Pandy S M，1997；Bertinelli L and Black D，2004；Lindley J and Machin S，2013）等方面解释城镇化、工业化过程中的劳动力转移机制。范登贝格 L 等（Van den Berg L etal.，1982）通过研究发现，欧洲国家的城镇化、工业化发展可以分为四个阶段：一是城镇化阶段。该阶段劳动力从农村迁移到城市快速成长的工业部门，中心城市人口增加，外围人口减少。二是城镇化及少数城镇郊区化阶段。该阶段主要表现为少数居民移居郊区现象。三是城镇郊区化阶段。郊区人口持续增加，逐渐拥挤。四是后城镇化阶段。中心城市以外的卫星城镇迅速发展。该理论从人口移动、人口集聚、人口变迁视角解释了城镇化、工业化过程中的城镇化发展历程。

2. 城镇化、工业化与农村经济发展的关系

一般而言，城镇化、工业化过程初期和中期，城市发展与经济增长之间呈现一种非常显著的正相关，而农村的经济发展速度则相对落后于城市，并出现一系列农村、农业发展问题（LamPard E E，1955；Abente D，1987；Turok I and McGranahan G，2013；Christiaensen L etal.，2013）。哈格多恩 R B、米勒 J P（Hagedorn R B and Miller J P，1971）等对前工业化时期、工业化时期、后工业化时期的农村经济发展战略进行了分析，认为生产力提升、技术进步、社会

组织变革是提高农业经济发展水平的重要因素。可以说，在持续的工业化、城镇化的过程中，农业发展只有以先进生产力为基础、以先进技术手段作支撑和以民主政治环境为保障时，农业的经济发展水平才能进一步提升（Hofmann A and Wan G，2013）。另有学者从区域的制造业水平、农村区域的工业类型、城市与乡村地区的劳动力的工资水平和技能进行了对比研究，发现农村区域中制造业水平较高、劳动力工资水平适中、劳动者技能多元化的地区，城镇化、工业化与农村经济发展的协调性较好（Smith Jr D F and Florida R，1994；Cottrell P L，2013）。

3. 城镇化、工业化与产业发展的关系

从世界上100多个国家的人均GNP和城镇化率的关系看，人均GNP与城镇化存在一定的数量关系：当人均GNP从250美元增加到1500美元时，人口的城镇化率一般会从25%上升到50%，当人均GNP达到5000美元时，城镇化率会上升到75%以上（Renaud B，1981）。从三次产业分类的角度看，在经济发展的低发展水平阶段，城镇化与第二产业联系更为紧密。而在发达国家，第三产业的劳动力份额与城镇化之间的关系更加密切（Moir H，1976）。从不同行业的发展与城镇化的关系看，制造业和服务业对城镇化的不同影响可以从城市规模的大小上表现出来，金融、商业等现代服务业发达的城市在规模上较大，而制造业发达的城市则规模相对较小（Black D and Henderson J V，1997）。亨德森J V（Henderson J V，2003）研究发现，在一个成熟的城市系统里，经济活动更趋分散，标准化的制造业生产往往是分散到较小的和中等规模的城市，而大型都市区则侧重于服务，研究和开发以及非标准化的制造业。戴维斯J C和亨德森J V（Davis J C and Henderson J V，2003）进一步研究发现，在一个国家主导产业由农业转向工业和现代服务业时，劳动力也随之从农业转移到制造业和服务业，从而使企业和工人聚集到城市中，以获得要素聚集和人口集中的规模效益，因而促进了城镇化发展。以上研究为解析城镇化、工业化与不同产业、行业的相关关系提供较好的理论参考。

4. 国家与地区的城镇化、工业化的机理和格局分析

为解释国家与地区城镇化、工业化的运行过程和影响因素，不同学科的学者从不同的维度进行了解析。从研究尺度而言，涵盖洲、国家、地区等不同级别的地域单元。在洲际和国家尺度层面，主要是对工业化作用下的城镇化发展阶段分析，以及对不同阶段内城镇化运行状况的剖析（Abente D，1987；Persky J，1973；Walton J and Sween J A，1971；Seward and Rudy R，1976；Morgan P，

1989；Zhong Yan，2000；Kim Sukkoo，2005；Ling Tzen and Ying Jenny，2009；Ouyyanont P，2012；Voigtländer N and Voth H J，2013；Armstrong W and McGee T G，2013）。研究发现，工业化、城镇化、要素集聚和制度变迁存在相互关系，工业化是城镇化的根本动力，要素集聚是城镇化的根本力量之一，制度要素是影响工业化、城镇化的最重要影响因素之一（Xuc-chuan S U，2004）。另有学者从宏观层面（经济增长）、中观层面（三次产业）、微观层面（各种作用要素）对工业化、城镇化进行机理分析（Renaud B，1981；Moir H，1976；Henderson J V，2002；Ouyyanont P，2012；Lewis B D，2013；Erkut G and Sezgin E，2014）。从各国的不同地区研究看，既有从政府、市场、产业、制度等多要素的相互作用的定性分析，又有基于面板数据的多种定量分析方法的定量化分析，还有定性与定量相结合的综合分析（Pandy S M，1997；Hartdog R，1999；Kim Sukkoo，2005；Shafizadeh Moghadam H and Helbich M，2013；Alsharif A A A and Pradhan B，2013）。以上不同尺度地域单元的城镇化、工业化过程与机理研究，为国家与地区的城镇化、工业化实践提供了历史借鉴和理论参考。

城镇化、工业化格局是城镇化、工业化的时空规律的外在特征和表现形式。透过时空格局的特征分析，可更清楚地分析不同区域的发展水平和演进趋势。国外对于城镇化、工业化格局的研究，一般侧重于划分时间阶段进行特征分析和分区域进行空间差异分析，且以空间的城镇化、工业化格局研究较多。在进行城镇化、工业化空间格局研究分析时，一般以单指标城镇化率（城镇人口/总人口或非农人口/总人口）、工业化率（工业增加值/总产值或非农产值/总产值）研究不同区域尺度的格局特征，以综合指标研究中观尺度的综合水平空间格局变化规律。在应用单指标进行空间格局分析时，较多的学者应用空间自相关方法来测度各区域间的集聚和分散状态，在进行综合水平分析时较多采用多元评价模型予以分析。

5. 城镇化、工业化过程中的不同社会现象研究

在城镇化、工业化的社会现象研究中，既有分析工业化、城镇化过程中的居民生活方式、家庭职业结构、工人工作效率、社会秩序变化、道德沦丧、社会隔离等方面的研究（Walton J and Sween J A，1971；Peterson L，1975；Shelley L I，1981；Morgan P，1989；Bruinsma G J N，2007；Essoh P A and Ukwayi J K，2013；Amini Aet al.，2014），也有从城镇化、工业化及其关联的社会系统和制度进行分析，认为该系统和制度不会持续发展，到一定时期必然会出现崩溃（Wallimann I，1994）。有学者从城镇化、工业化在现代社会中的作用、城镇化

的利弊、城镇化的历史背景、政府主导下的经济增长方式转变、城市发展的内涵变化等方面，解析了工业化、城镇化的政府政策变化和居民的政治态度变化（Kim Yong-Woong，1999）。此外，还有学者研究了城镇化、工业化过程中企业家精神、技术创新、学习型产业、多样化发展方式、制度影响等方面的变化，为企业的创新发展和产业结构调整提供了有益的发展建议（Duggan E P，1974；Peterson L，1975；Ling Tzen and Ying Jenny，2009；Boix C and Abramson S F，2013；Sadorsky P，2013）。

（四）国外研究的评析与启示

梳理国外研究可发现，国外学者较多地关注于产业结构与工业化、城镇化的关系协调研究，从韦伯 A、巴顿 K J 到库兹涅茨 S（Kuznets S，1955）、卢卡斯 R E（Lucas R E，1988）再到现代的戴维斯 J C 和亨德森 J V，已从早期的描述分析转变为三者内在机制的研究。在实证分析方面，钱纳里 H B 运用投入产出分析方法、一般均衡分析方法和经济计量模型，通过多形式的比较研究分析了产业结构转换与工业化、城镇化的关系，并提出对比分析的参照模型。但总体而言，国外研究较少涉及城镇化、工业化与农业现代化的协调机理与实现途径。因此，根据上述国外评析，对我国研究“五化”协调问题有如下启示：

第一，深入“五化”协调发展的理论剖析。借鉴国外相关研究成果，结合中国“五化”协调发展的时代要求与地域特色，剖析“五化”协调的动力机制和实现途径，可为推动我国“五化”协调进程提供重要支撑。当前，我国面临着传统产业改造任务重、城镇化建设问题多、农业产业化水平低等难题，更有保障农业与粮食、生态与环境的发展压力，区域现代化进程阻力重重。因此，因地制宜地探索新时期产业、产城、城乡、人地协调关系，提出具有地域特色的“五化”协调理论架构，对于我国现代化方略的实现意义重大。

第二，加强产业发展与“五化”的关系研究。从国外产业研究可发现，既有从经济水平、三次产业、产业门类等方面的量化分析，又有从要素集聚、劳动力转移机制、工资水平变化等视角的微观透视。而我国“五化”的产业研究，多从产业结构演进、经济集聚发展、人口就业结构等方面切入，而对产业门类的分化、要素集聚机理的阐释、地方生产网络构建等方面的研究略显不足。因此，融入多元化要素从微观视角透视“五化”协调进程的产业演进规律，对强化我国“五化”协调的产业支撑、产城融合大有裨益。

第三，探索“五化”协调与城乡统筹的互动途径。国外在推进“五化”发展的进程中，一方面重视农村人口转移机制的解析，另一方面也重视城乡变革中的农民权益保障、制度变迁效应、城镇化问题等方面的研究，也探讨了城镇化工业化进程中的城乡互动的土地统筹、产业衔接、规划管制、空间融合、生态保护等问题。因此，我国“五化”进程中的城乡统筹，一方面要科学审视城乡统筹建设的时序性、执行性和地域性等问题，理清建设思路和发展方向；另一方面要加强城乡建设与当地发展的关系研究，注重城乡经济社会诸方面的统筹谋划和农民切身利益保障，让城乡居民共享现代化发展成果。

三、国内研究述评

工业化和城镇化的相关文献从中华人民共和国成立以来就不断涌现，其重要性毛泽东早在 1945 年的《论联合政府》中就已经有比较系统的论述。他指出：中国要富强，就必须走工业化道路。没有工业，便没有巩固的国防，便没有人民的福利，便没有国家的富强，便没有人民的一切。在新民主主义的政治条件获得之后，中国人民及其政府必须采取切实的步骤，在若干年内逐步地建立重工业和轻工业，使中国由农业国变为工业国。

20 世纪 90 年代之前关于“三化”的研究主要集中在“城镇化与工业化的关系”“城镇化与农业现代化的关系”“工业化、城镇化与产业化的关系”“工业化、城镇化与市场化的关系”“工业化、城镇化与产业结构变化”“城镇化、工业化与信息化的关系”“城镇化、工业化与市民化的关系”等方面的研究，但较少涉及“城镇化、工业化、农业现代化、信息化、绿色化的协调发展”研究。下面就从 1990 年为时间节点，对代表性学者的相关研究成果展开述评。

（一）“五化”协调发展的内涵

从 1945 年毛泽东在《论联合政府》中关于工业化道路的论证，到中国 1964 年“四个现代化”中关于城镇化与工业化道路的论证，到 20 世纪 90 年代关于城镇化、工业化、农业现代化协调发展的提出，到十八大融入信息化后的“四化同步”，到近期绿色化发展理念的不断深入，中国的社会主义现代化战略逐渐演变为“五化”协调发展——工业化、城镇化、农业现代化、信息化、绿色化协调发展。在社会现代化建设不断推进下，各“化”的时代内涵不断发生变化，新型工业化、新型城镇化、新型农业现代化的提法先后出现，“新三化”与“老三化”的对比式概念也不断呈现，这些都打上了中国特色社会主义道路下的时代印迹。从内涵上看，新型城镇化、新型工业化、新型农业现代化中蕴含着转变经济发展方式、注重节能减排、倡导循环经济、提升信息化水平、追求科技创新、强调资源环境保护等信息化与绿色化的发展诉求，因此王发曾（2013）、简新华等（2013）认为“四化”同步与“五化”协调发展的追求目标是一致的，都强调以科学发展观为统领，坚持发展是第一要义，以人为本，按照全面、协调、可持续的基本要求，统筹兼顾，努力实现经济、社会、环境和人的协调发展。

上述文字阐释了城镇化与工业化协调、“三化”协调、“四化”同步、“五化”协调等的时代演进，也从侧面反映了中国“五化”研究内容多样。国外研究多数不以国家战略、规范性框架为依据，也较少涉及城镇化、工业化、农业现代化、信息化协调评价之类的研究，而主要从农业劳动力转移、人口集聚、农村经济、社会现象等不同领域的细部环节透视“五化”之间关系的演进（丁志伟，2014）。可以说，“五化”协调研究是具有中国特色的研究领域，这也反映了中国学者与国家政策结合紧密的特点。综观已有的研究成果，“五化”协调定量研究的内容多样、评价方法差异很大，主要源于不同的时代意涵理解以及不同学科学者界定概念内涵的差异。

（二）“五化”互动的机理与实现途径

随着我国经济社会的不断发展和新型工业化战略的逐步实施，传统追求城镇化规模扩大、城镇化率提升的城镇化已不再适应城乡统筹、城乡一体的城市—区域综合发展需求，农业现代化也亟须改变经营方式和实现规模化、机械化、产业化发展，为此，新型城镇化新型工业化新型农业现代化“三化”协调发展便成为新的研究主题。“三化”协调发展在新形势下，与传统“三化”在发展背景、发展目标、发展主题、发展重点、发展方式上有着根本的不同（王发曾，2011；王发曾，2012）。基于新型城镇化、新型工业化和新型农业现代化的内涵解释，从“五化”的互动关系出发，学者对“五化”协调的概念内涵进行了界定与剖析。一般认为：新型城镇化在“五化”协调中起引领、先行和带动作用，并为其他“化”提供载体平台；新型工业化是“五化”协调的主要动力并起主导作用，为其他“化”发展提供力量源泉；新型农业现代化是“五化”协调的基础和现实保障，支撑其他“两化”的顺利前行；“三化”协调运转推动整个区域的经济、社会、文化、科技等方面的综合发展（郭书田，1989；夏春萍，2010；耿明斋，2010；伍国勇，2011；王永苏，2011；秦耀辰、苗长虹、梁留科等，2011；贺叶玺，2011；王发曾，2012；陈江龙、高金龙、卫云龙，2013）；信息化对“五化”协调起加速助推的作用，为其他“化”提供技术和手段支撑；绿色化在“五化”协调发展起价值导向作用，是其他“化”的内在要求。

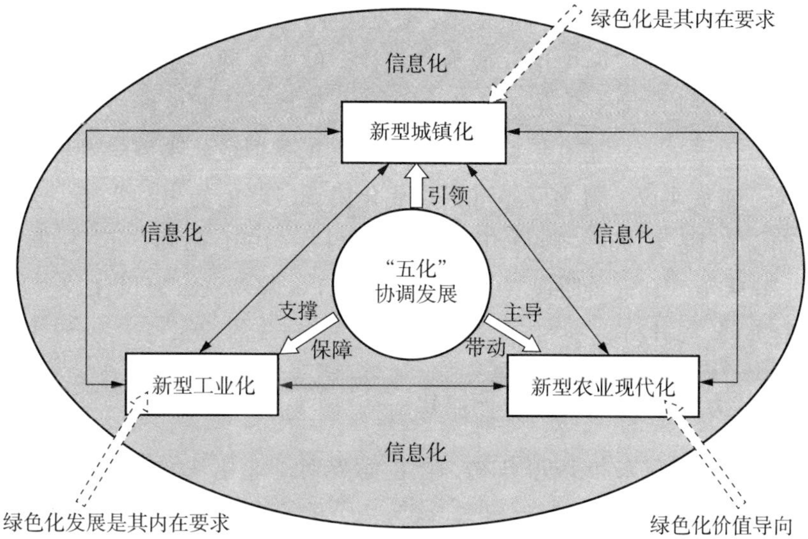

图 2-1　"五化"互动的机理与实现途径

（三）"五化"协调发展战略的过程分析

任何科学决策和区域发展战略的实施，都需要有顶层的构想和设计。在"五化"协调战略的顶层决策中，也有其初始提出、不断发展和逐步完善的过程。1978 年以来，我国以经济建设为中心，大力发展社会主义市场经济，取得了一系列建设成果。然而，由于市场竞争无序、地方保护主义盛行，城乡差距拉大、产业结构趋同、利益冲突加剧等现象相当普遍，传统工业化道路受到严重冲击。面对这种局面，2002 年党的十六大报告明确提出走新型工业化之路，即坚持以信息化带动工业化，以工业化促进信息化，就是科技含量高、经济效益好、资源消耗低、环境污染少、人力资源优势得到充分发挥的工业化。科学发展观与新型工业化道路的提出，为我国经济发展方式转变指明了方向，同时迫切要求对传统的城镇化推进方式进行相应调整。在党的十六大报告提出"中国特色的城镇化道路"基础上，党的十七大报告进一步将新型城镇化道路纳入"中国特色社会主义道路"的重要内容。2007 年 5 月，国务院总理温家宝在上海主持召开长江三角洲经济会议进一步明确提出："不仅要走新型工业化道路，而且要走新型城镇化道路。"近年来，在科技化、信息化浪潮的推动下，农业现代化也注入了新的时代元素和发展动力，新型农业现代化也就"应运而生"。至此，新型城镇化、新型工业化、新型农业现代化、信息化"四化"协调发展战略正式形成。针对"四化"协调发展问题，党的十八大报告、党的十八届三中全会进一步提出要全面融入信息化，促进“四化”同步。2015 年以来，绿色发展理念深入人心，“两山论”成为经济社会健康发展的重要支撑，绿色化与新型城镇化、新型工业化、新型农业现代化、信息化协调发展成为新时期新背景下的时代要求——“五化”协调发展的战略正式形成。中原学者根据国家的相关政策、重大决议，将中原经济区现代化协调战略的提出和实施，分为四个阶段：萌芽阶段（1984—1990 年）、雏形阶段（1991—1997 年）、形成阶段（1998—2004 年）和完善阶段（2005—2011 年）（喻新安、完世伟、王玲杰等，2012；吴海峰，2012）。

（四）“五化”协调与城乡一体化

20 世纪 80 年代末和 1990 年初，国内学界对工业化、城镇化、农业现代化和城乡一体化的实现道路进行分析，认为一个国家和地区实现现代化的内涵应包括实现农村工业化、农村城镇化、农业现代化、城乡一体化四方面内容，指出工业化是城镇化的基础，城镇化是工业化的必然趋势，农村工业化、城镇化必须带动农业现代化，城乡一体化既是一个国家和地区现代化总体目标又是发展过程（农业部经济政策研究中心“农村工业化城镇化”课题组，1988；郭书田，1989；郭书田，1992；马恩成，1995）。结合我国现代化的主要制约因素、“二元”结构形成的原因和各地促进工农业和城乡协调发展的实践出发，学者提出了切实把发展乡镇企业作为战略重点、引导农业形成和完善规模经营、重点建设区域中的小城镇等城乡一体化发展的发展思路（郑重，2005）。在上述关系研究和思路的启示下，结合国内外的历史经验和区域现实状况，我国学者从国家、经济区、省域、市域、县域等不同尺度分析了农村城镇化、农村工业化、农业现代化和城乡一体化的规律，探讨了农村农业的现代化和城乡一体化的实现路径，提出了推进“三化”发展的政策建议（农业部经济政策研究中心“农村工业化城镇化”课题组，1988；马恩成，1995；云德奎，2001；徐国春、谢振华，2006；王永苏，2011；董栓成，2011；李海玉，2012；王发曾，2012；蔡世忠，2013）。

（五）“五化”协调与农村劳动力转移

从农村工业化、农业产业化、农业现代化和农村城镇化的同步和联动发展出发，“五化”协调发展无疑是解决农村剩余劳动力转移和实现农业现代化的重要途径（万邦合，1996；王立华、罗怀玉，2000；孙政才，2009；胡建锋，2013）。一方面，加快新型城镇化、新型工业化是促进农村劳动力转移，发展适度规模经营，建立现代化农业的重要途径；另一方面，解决农村的剩余劳动力转移，可以提高农村社会分工水平和农业商品率，实现农业的机械化、产业化经营。通过新型城镇化、新型工业化提供的载体平台，为农业剩余劳动力提供了充分的就业岗位和就业空间，使得农村剩余劳动力向大中城市、第三产业转移，加快了新型农业现代化进程（王立华、罗怀玉，2000；孙政才，2009；喻新安、完世伟、王玲杰，2012；王发曾，2012）。另外，增加对第三产业的投入，可使第三产业能够吸纳大量的剩余劳动力，对加快新型城镇化、新型工业化进程意义重大，同时还能够推动产业结构向着现代型方向发展。

（六）“五化”协调与全面建成小康社会

促进新型城镇化新型工业化与新型农业现代化互动发展，是实现全面建设小康社会的基本途径（刘建铭，2004）。一方面，“五化”协调发展有利于保障区域经济平稳运行，创建两型社会，推行循环经济、低碳经济，促进区域经济，是全面建设小康社会、加快实现国家现代化建设的重大战略（秦耀辰、苗长虹、梁留科等，2011）。另一方面，实现全面建成小康社会的目标，必须以推进农村经济振兴，提高农民收入为核心，建立现代农业为突破口，大力推进“五化”协调发展，以现代农业为基础，以产业化经营为纽带，以农村工业为支撑，以小城镇为载体，使“五化”相互促进，才能早日实现城市—区域系统的良性运转（赵山，2001；刘建铭，2004；王克勤、唐才敏，2005；曾宪初、张洁燕、路志宏等，2005；王发曾，2012）。

（七）“五化”协调的定量评价

1. 指标选择

由于对“五化”中“单化”的概念理解不一，因而在指标选取时差异很大。为便于分析，从单指标与综合指标两个方面进行总结。城镇化单指标选择方面，一般选用城镇化率（常住人口城镇化率）、非农化率（相对城镇化率或者户籍城镇化率）进行计算（朱传耿、孙姗姗、李志江等，2008；刘彦随、杨忍，2012；朱宇，2012；罗奎、方创琳、马海涛，2014），较少采用土地城镇化指标（李昕、文婧、林坚，2012）；城镇化综合指标选择方面，多数研究包含人口城镇化、经济城镇化、社会城镇化三个维度（王洋、方创琳、王振波，2012），也有研究从人口、空间、经济社会三个维度评价（孙平军、丁四保、修春亮等，2012），还有评价包含除上述维度外的城乡统筹、居民生活、基础设施建设、生态环境等方面内容（陈忠暖、高权、王帅，2014）。工业化单指标方面，基本上以工业化率（工业增加值/GDP、第二产业增加值/GDP）和二、三产产业增加值之和占 GDP 的比重为主进行分析，也有从三次产业结构变化、三次产业从业（就业）人口比重变化进行分析（张文忠、王传胜、吕昕等，2003）。工业化综合指标方面，新型工业化提法未兴起之前多数研究从进程、结构、效益、质量等方面建立指标体系（刘耀彬、王启仿，2004），近年来冠之以“新型”的指标体系较多，反映科技创新含量、经营效率、资源环境保护、人力资源利用、信息化带动等指标的研究越来越多（渠爱雪，2006；吴一洲、吴次芳、王琳等，2009；罗永乐，2012；王瑜炜、秦辉，2014）。农业现代化单指标方面，主要有机械化动力、机械化水平、人均农业生产效率等（王贝，2011；石涛，2014）；农业现代化综合指标方面，主要从农业内部结构、农业投入—产出效率、农业基础设施投入、农业生态环境营建等方面构建（姜会明、王振华，2012），伴随着新型农业现代化的提出综合指标中融入了农村社会发展现代化、科技与信息化、城乡统筹发展、与城镇化协调等内容（丁志伟，2014；龙冬平、李同昇、苗园园等，2014；于正松李同昇、龙冬平等，2014）。信息化单指标方面，一般选择人均邮电业务量、互联网普及率、移动电话普及率等指标（石涛，2014；李君茹，2015）。信息化综合指标研究较少，基本上从信息技术指数、信息技术应用指数、信息技术技能指数、信息可持续发展等方面构建（李斌、刘琳，2009；宋周莺、刘卫东，2013；王瑜炜、秦辉，2014）。绿色化是近年来结合国家战略中强调生态环境保护、生态环境也是生产力、“既要金山银山，也要绿水青山”等理念提出的，因而定性的理论研究分析居多，定量研究偏少。王宜虎、陈雯（2008）从绿色化意识、绿色化管理、绿色化绩效三方面构建综合指标，对江苏省沿江各市工业发展的绿色化程度进行评价，并提出了促进该地区绿色化发展的对策建议。张旺、周跃云、谢世雄等（2013）从环境绿色化、设施低碳化、经济低碳化、社会低碳化、资源低碳化、环境友好化 6 个方面构建了低碳绿色指数，分析了中国 GDP 110 强城市的低碳绿色发展格局。

2. 权重计算

根据已有的研究成果，可分为“单化”内部各指标权重的计算和若干“化”综合水平中各“化”所占权重的计算。“单化”内部各指标的权重多数研究采用熵权法、复相关系数法进行确定（丁志伟，2014；张琳、邱少华，2014；李君茹，2015；徐维祥、陈国亮，舒季君等，2015），少数研究采用专家打分法、层次分析法计算获得（李裕瑞、王婧、刘彦随等，2014）。究其原因，熵权法根据各指标之间反映熵值的大小确定，按照标准化处理、归一化处理、计算熵值、计算偏离度等步骤要求很容易获得；专家打分法、层次分析法等需要针对问题设计层次判断矩阵、经过专家打分、汇总平衡之后求得，所需时间和人力相对较大，因而主观评价法相对不多。当然，为避免受权重的影响，郭俊华、卫玲、孟楠（2014），任志安、赵静静（2014），黄祥芳、陈建成、周伟（2015）直接采用主成分评价法计算“单”化综合得分，这不失为一种计算综合水平的方法。计算若干“化”中“单化”所占的权重，采用等值赋权法的较多，如计算“四化”或者“三化”综合发展水平，“单化”所占的权重为1/4或1/3（李裕瑞、王婧、刘彦随等，2014；林倩茹、罗芳、许凡，2014；胡艳兴、潘竟虎、陈蜒等，2015；徐维祥、陈国亮、舒季君等，2015）。采用专家打分法对综合水平中“单化”赋权的相对较少。由于主观赋权受人为影响较大，客观赋权法受数据本身取值影响较大，因而采用主客观结合的方法更为科学。丁志伟（2014）按照主客观结合的原则，采用熵权法、主成分定权法、层次分析法三种方法结合，建立了评价中原经济区新型“三化”中“单化”权重获取的方法体系。

3. 协调水平的评价方法

“双化”协调、“三化”协调、“四化”协调或同步、“五化”协调等评价时，最重要的还是协调度、同步度等协调水平的评价，因此有必要对协调水平评价所采用的方法进行总结。综观以往研究，可将有关协调度或者同步度的相关研究方法分为以下几类：综合指数法、关系拟合与趋势预测法、耦合度模型、耦合协调度模型、偏离理想空间位置的同步度模型、拆分法、DEA动态效率+HR模型、同步度模型、“发展—差异—互动”综合评价模型等。从定量评价采用的频数看，耦合度与耦合协调度采用的最多，其次是关系拟合与趋势预测法，之后还有偏离空间理想位置的同步度模型、DEA动态效率+HR模型、同步度模型等，“发展—差异—互动”综合评价模型与拆分法最少见。从全面性看，“发展—差异—互动”综合评价模型与同步度模型较为复杂且系统性强，能全面地反映协调发展状况。从单指标评价看，关系拟合与趋势分析预测法最多。从简便性看，综合指数法与偏离理想空间位置方法相对简单。鉴于各种方法都有优缺点，因此，多种研究方法交叉使用将成为一种选择。多种研究方法的综合应用，既可以克服已有方法的缺点，也可以在数据充足的前提下进行相互印证，从而使得研究结果更为科学。

表1　“五化”定量研究的主要评价方法

方法	简述	优点	缺点	研究代表
综合指数法	将若干“化”视为一个综合系统，通过主成分评价或者熵权灰色关联模型计算综合发展指数，将其视为协调水平	通过综合思维评价若干“化”的发展状况，便于评价地区各“化”的综合水平	没有考虑协调的本质内涵，“化”与“化”之间的协调状况难以反映	郭俊华、卫玲、孟楠等（2014）
关系拟合与趋势预测法	采用单指标或者综合指标，借助于经济学统计方法，通过单方根检验、格兰杰检验、脉冲反应等分析“化”与“化”之间的拟合及趋势状况	通过经济学的检验、响应等判断“化”与“化”之间的线条状的互动变化	需要进行严格的数据筛选、检验，太过数量化的追求	王贝（2011）任志安、赵静静（2014）
耦合度模型	首先借助于熵权灰色关联或者其他综合评价方法计算“单化”的综合得分，之后借助于物理学中的耦合容量系数模型计算若干“化”之间的耦合关系	可判断若干“化”之间的综合互动程度	只能判断两种物体或者“现象”之间的相互作用状态，是一种强度的表征	李君茹（2015）
耦合协调度	该模型是耦合度模型的进一步延伸。在计算得出若干“化”综合发展水平与耦合度的基础上，通过耦合协调度公式计算整体的协调状况	是常用的计算方法。借助于物理学的耦合度、耦合协调模型进行计算，可判断若干“化”之间的耦合协调状况	是一种模糊的判断方法，只能判断协调的整体高低情况	李裕瑞、王婧、刘彦随等（2014）胡艳兴、潘竟虎、陈蜒等（2015）
偏离理想空间位置的同步度模型	通过评价“单化”偏离在某一时刻理想空间位置的计算，之后构建若干“化”偏离理想空间位置的综合模型进行评价	可判断偏离理想空间位置的协调状况	“化”与“化”的协调状态反映的不够准确	林倩茹、罗芳、许凡等（2014）徐维祥、陈国亮、舒季君等（2015）
拆分法	不评价整体的协调状况，评价若干“化”协调涉及的主要内容，对产业协调、产城协调、城乡协调进行评价	可更清楚评价一个地区内部具体要素的协调状况	无法判断“化”与“化”之间的整体协调状况	丁志伟、张改素、王发曾（2013）

续表

方法	简述	优点	缺点	研究代表
DEA 动态效率 + HR 模型	首先运用 DEA 模型计算“单化”的动态效率，之后借助于 HR 模型计算协调度	从投入—产出的角度分析“四化”运行的效率状态	对单一年份若干“化”的协调状态难以运算	朱琰洁（2014） 石涛（2014）
“发展—差异—互动”综合评价模型	首先，评价利用熵权灰色模型计算“单化”综合发展水平，之后计算“单化”偏离理想值的差异水平，再利用耦合度模型计算“化”与“化”的互动水平，之后将发展水平、差异水平、互动水平通过加权求和以反映综合协调水平	考虑了发展状况、偏离理想状态的水平以及若干“化”之间的互动水平，能较全面地反映协调水平	虽然系统性较强，但计算相对费时、换算较为复杂	丁志伟（2014）

4. 空间分析方法

将“五化”中若干“化”的协调发展状态进行定量评价之后，将其进行空间表达和格局演变分析成为很多研究的选择。一般情况下，将协调度划分为极度失调、严重失调、中度失调、轻度失调、濒临失调、勉强协调、初级协调、中级协调、良好协调、优质协调（李裕瑞、王婧、刘彦随等，2014；胡艳兴、潘竟虎、陈蜓等，2015；黄祥芳、陈建成、周伟，2015；李君茹，2015），或划分为严重失调、中度失调、勉强协调、中度协调、良好协调（祖佳嬉、叶长盛、雷慧敏，2015），或划分为高水平区、较高水平区、中等水平区、低等水平区，或将其定义为Ⅰ类型区、Ⅱ类型区、Ⅲ类型区、Ⅳ类型区、Ⅴ类型区、Ⅵ类型区（丁志伟，2014），或根据标准差或者其他方法划分为若干类（林倩茹，2014；石涛，2014；张琳、邱少华，2014；范辉、刘卫东、张恒义，2015），按照分类标准分析空间格局特点及其演变。探索性空间数据分析（ESDA）是探索地理单元之间空间关联特征的一种方法，能探索定量化评价结果在空间上的集散状态，因此，很多研究据此进行了全局、局部的空间自相关分析，通过 HH 区、HL 区、LL 区、LH 区或者热点区、次热点区、温点区、冷点区进行空间格局特征分析（丁志伟，2014；李裕瑞、王婧、刘彦随等，2014；胡艳兴、潘竟虎、陈蜓等，2015；祖佳嬉、叶长盛、雷慧敏，2015）。徐维祥、陈国亮、舒季君等（2015）在分析空间分布特征和空间关联特征的基础上，采用非参数核密度估计和重心曲线方法对中国“四化”协调的动态演进进行了深入分析。

5. 时空分异格局的机理分析

根据定量化评价结果的时空分异状态，很多研究对“五化”协调发展时空格局变化的机理进行分析。总结以往研究成果，机理分析主要以定性解读为主，定量化模型较少。在定性解释方面，丁志伟（2014）从经济发展水平、城乡统筹、战略与政策、政府调控等方面展开，进而构建解释性机理分析框架，解释了中原经济区“三化”协调发展水平的时空分异原因。在定量化模型的机理分析中，具有代表性的有两类，一类是通过多元线性回归模型进行原因分析（范辉、刘卫东、张恒义，2015），一类是考虑空间因素影响进行空间计量模型分析。李裕瑞、王婧、刘彦随等（2014）将社会经济、交通、自然条件作为主要影响因素，不仅运用了多元线性回归模型进行分析，而且借助于 Arc GIS、GeoDa 软件并考虑空间影响因素进行了 OLS、SLM、SEM 空间回归分析，较为详尽地分析中国“四化”协调格局的影响因素。胡艳兴、潘竟虎、陈蜒等（2015）则采用 GWR 模型对中国市域“四化”协调发展的影响因素进行回归分析，并与 OLS 回归模型的结果进行比较，认为中国“四化”协调的主要因素依次为：城乡人均固定资产投资比、人均社会消费品零售额、人均 GDP、人均教育支出、城乡收入比、城乡消费比。此外，祖佳嬉、叶长盛、雷慧敏等（2015）引入障碍因子诊断模型，深入分析了影响江西县域“三化”协调发展的障碍因子，评估了各指标的障碍影响度，为该地区的区域经济社会协调发展提供了决策依据。总体而言，时空分异格局的机理分析以影响因素的分析为主，“化”的过程、阶段性的分析不足，“化”与“化”协调发展的转折点及转型机制的分析不足。

（八）国内研究的评析与启示

总结而言，国内“五化”协调发展的评价方法主要为耦合协调度和几种典型的协调度模型，系统化的评价方法也开始显现，但由于“五化”协调发展内涵的丰富性以及具体要素涉及诸多领域，因而真正测度协调发展的成功案例尚不多见，其复杂性是目前现有的手段和技术难以全面解释的。中国各区域的“五化”协调发展的程度不一，不同地区的发展基础、所处阶段与演化路径不同，因而测度的方法也应有所不同。对于具体省域、经济区、城市群、都市区内部的“五化”协调发展评价，应该加强从微观研究尺度和多样化视角透视，以把握准、解释清阻碍“五化”协调发展的影响因素。基于此，本文提出在今后具体地域“五化”协调发展评价应注意的方面：

1. 加强“五化”协调发展的内在机理与评价维度分析

“三化”协调、“四化”同步、“五化”协调是当今时代的提法，“六化”

协调、“七化”齐飞、“八化”协同等概念未来也可能提出，这些都是时代发展概念内涵深化的产物。因此，伴随认识的深化和实践的需求，“化”与“化”之间的协调发展机理须进一步厘清，理论研究的深度应不断增强，评价的维度应不断丰富。根据上述研究，今后应重点从“化”与“化”之间的交织影响和复杂作用、互动机理的分析，应重点加强不同聚落单元之间的协调、产业之间的协调、城镇与产业的协调、人地关系的协调、经济—社会—资源环境的协调等方面的内涵解析和定量评价，着力探求“化”与“化”协调发展的运转方式和协调效应，为具体地域经济社会的持续、健康发展提供理论依据。

2. 加强指标体系构建和权重设置的合理性

根据反思中综合指标构建出现的问题，在今后研究中，一方面要加强概念内涵维度的解析，分层次分领域合理设置具体指标，力求做到所选指标具备科学性、主导性、典型性，避免指标之间的共线性，真正实现指标反映了内涵本质；另一方面要从城镇化、工业化、农业现代化、信息化、绿色化等在不同发展阶段、不同地域扮演的角色重要性不同设置“单化”系统在整个协调发展中所占的份额，尽量采取主客观赋权相结合的方法进行权重设置，力求使“五化”协调评价符合真正的设置目的，从而避免均值赋权带来的各种解释不清问题。总之，指标体系构建和权重设置是定量化评价的基础工作，只有保证该部分设置的科学性，才能确保定量化评价有真正的意义。

3. 采用多元的“五化”协调度评价方法

从多维度透视“五化”动态变化过程以及趋势演进状态，能更好地为“五化”协调发展提供可靠支撑。因此，在今后研究中，一方面要建立系统、全面的定量化评价模型，对“单化”“双化”“三化”“四化”“五化”协调的基本表现状态进行综合评价，为判断具体地域“五化”协调发展所处的健康水平提供依据；另一方面，要深入评价“五化”协调的内在支撑状态，准确判断聚落单元之间的协调、产业之间的协调、城镇与产业的协调、人地关系的协调、经济—社会—资源环境的协调的状态水平，为具体地域“五化”的推进方式和实施策略提供定量支撑。同时，今后研究还应加强“单化”的变动对其他“化”的响应分析，也需要加强“五化”协调发展的未来预测和调控研究，以期为具体地域“五化”协调发展提供未雨绸缪的规划控制支撑。

4. 加强空间分析技术的综合应用

空间格局特征的分析和空间格局的探索性分析是分析时空分异规律的基础，只有综合应用多种手段才能避免单一解释的片面性。因此，在今后研究中，一方面要加强空间自相关模型、空间重心演进分析、空间趋势分析等探索性和预测性分析，为系统分析区域“五化”协调发展格局提供可视化支撑；另一方面应结合定量化评价结果与实际情况的调研论证，使得定量化评价结果能真正测度实际情况，从而为不同空间尺度下典型地域单元的空间格局优化提供定量支撑，为具体区域“五化”协调发展问题提供诊断方案。

5. 促进定量解释与定性解释的结合

伴随着地理信息科学、计量地理学、空间计量经济学的繁兴，影响因素分析的定量化趋势日益明显。然而，定量化分析必须建立在科学的定性设置、定位之上，否则定量解释就没有定性支撑，定量化的解释也就不能反映真正的问题。由于定性解释一直是地理学者分析空间现象的有力支撑，也是人文地理学、城市地理学综合思维方式的体现，因而加强定性与定量的融合解释是分析时空格局演变机理非常重要的一环。因此，在今后研究中，一方面要加强影响因子筛选的科学选择，必要时引入专家系统进行打分判断，形成有根有据的筛选流程；另一方面要加强空间探测器模型、空间回归模型、空间加权回归模型等对影响因子的遴选与检验，使得影响因子的筛选更具针对性。此外，根据选择出来的影响因子，采用定性解释分析各影响因子的作用机理，形成全面的解释分析框架，也是未来研究的一个方向。

第三章

理论支撑与框架设计

“五化”协调发展涉及经济、社会、文化、政治、科技、生态、环境等多方面内容，是一项庞大而复杂的系统工程，因此需从多维度进行统筹协作才能达到协调发展之目的。可以说，“五化”协调发展涉及多学科相关理论，需要综合各种理论进行全面深入研究方能解读协调发展之内涵。从系统理论看，“五化”协调发展本身就是一个复杂的社会系统工程，所以其理论支撑可从系统论进行阐释；从城乡一体化、城市—区域整体论看，“五化”协调发展需依托一定的地域单元对其进行统筹安排，那么城乡一体化理论和城市—区域整体论可为“五化”协调发展提供很好的地域系统综合体方面的理论支撑；从城市相互作用理论看，“五化”协调发展是依托城市之间、城市和区域之间不断进行的物质、能量、人员和信息交流进行的，因此城市相互作用理论可为“五化”协调发展提供该方面的理论支撑；从发展目的看，“五化”协调发展的最终目标就是促进城市—区域系统经济、社会、科技、文化等方面的全面发展，所以城市—区域综合发展论可为其提供较好的理论支撑。本书结合人文地理学尤其是城市地理学“综合”的特点，以上面提及的理论为基础支撑，以城市—区域系统理论为核心支撑，分析“五化”互动的作用机理和实现途径，并以城市—区域系统整合为出发点和落脚点，提出研究的框架设计。

一、基础理论

（一）系统理论

当前，关于系统的定义和概念的表述多种多样，尚无统一的表述。“一般系统论”的创始人冯·贝塔朗菲 L（Von BertalanffyL，1956）的定义影响大，他认为：“系统是处于相互联系中并与环境发生联系的各个组成部分的整体”。同时他还强调在研究系统时应当把系统看作是“整体”或者“统一体”。1982 年，我国著名的科学家钱学森认为：“系统是由相互作用和相互依赖的若干组成部分结合的具有特定功能的有机整体。”由此可知，系统的本质特征是整体性，系统论的核心是整体论，系统论的基本原理就是其整体性、有机性原理。另外我们经常用到的系统论原理就是开放性，这个原理其实是以系统的不完全性为支撑，以耗散结构理论为基础而演化出来的。“五化”协调发展本身就是一项复杂的系统工程，因此必须从“有机体”的整体理念出发，促使“五化”组成的系统结构向合理有序的状态转化，进而使系统整体的状态达到最优。

（二）城乡一体化理论

“五化”的良性互动、协调发展是通过城镇和乡村之间资源和生产要素的自由流动、相互协作、优势互补实现的。城乡一体化就是以城乡地域系统整体发展为目标，以城带乡，以乡促城，让城镇和乡村两个聚落形式在区域范围内实现融合发展。也就是说，城乡一体化把城镇和乡村看作是一个整体，物质、能量和信息等要素在城乡范围内自由流动，城乡经济、社会、文化相互渗透、相互影响，相互依存。城乡一体化的理想目标是打破城乡对立的二元经济结构，实现城镇和乡村资源的优化配置和城乡经济、文化、社会、生态等方面的协调发展，实现城乡整体的内涵式发展。总之，城乡一体化是把城镇和乡村两者统一为一个区域综合体，促使着“五化”协同运转，不仅让城市居民享受到城市文明带来的好处，也使乡村居民共享城市文明带来的好处，同时可以避免“城市病”带来的困境，追求整体化的“紧凑型城市、开敞型区域”的空间网络，发展与交通轴相结合的城镇聚落。

（三）区域整体理论

区域整体论是美国建筑理论家和城市规划家芒福德 L（Mumford L，1961）在 20 世纪初期提出的。他认为区域是一个整体，而城市是整个区域中的一部分，所以“真正成功的城市规划必须是区域规划”，必须从区域的视角研究城市。区域整体性主要就是城乡的一体性，或者说区域整体性的关键在于城乡之间的协调发展。城市及其周围区域之间存在着各种物质和能量交换，他们具有高度的统一性，因此不能把城市脱离开其所在乡村区域进行单独研究。“五化”的各种作用都是通过城乡之间的良性互动完成的，因此，要实现“五化”协调发展，必须从区域整体视角出发，强调城乡的协调发展。随着城乡之间、城镇之间、城市—区域之间的互动不断增强，区域整体发展问题将成为“五化”协调发展要面临的关键问题之一。

（四）城市相互作用理论

任何一个城市都不可能孤立地存在与发展。为了保障生产、生活的正常运行，城市与城市、城市与区域之间总是不停地进行着各种物质、能量、信息等方面的交流与互换，我们把这些交流与互换称之为空间相互作用。正是在这种相互作用的影响下，才把空间上彼此分离的城市结合成为具有一定结构、功能的有机整体。乌尔曼 E L（Ullman E L）提出城市空间相互作用发生的互补性、中介机会、可运输性三个基本条件。城市相互作用强度是通过不同城市之间引力与斥力这对矛盾的吸、斥情况决定的。要实现区域范围内的“五化”协调发展，只有城市之间的引力、斥力保持平衡，区域的空间结构才会处于静止状态。因此，“五化”协调发展就是在两个作用力不断变化中得到调整与优化的。

（五）城市—区域综合发展理论

城市—区域系统是由各种经济、社会、科技、文化与自然物质要素组合而成的复杂、开放的巨系统，其发展不仅仅是规模的扩张，而且包括结构优化、质量提升在内的全面改善，即经济、社会、文化、科技、环境等各个方面“综合发展”（王发曾，1991）。综合发展论注重地域系统的整体综合效应最优，当城市—区域系统的“五化”发展关系处于相对稳定状态时才能正常运行，而一旦关系失调或发生急剧的变化，系统就会失去平衡，就会出现各种问题和矛盾，而且没有一个问题和矛盾是孤立存在的，它们之间相互关联、相互依存、相互制约。因此，“五化”协调发展必须坚持整体性、综合性、协同性等原则，不能头痛医头、脚痛医脚。

二、核心理论——城市—区域系统理论

（一）城市—区域系统的结构与功能

1. 城市—区域系统的构成

结合系统论、协同理论、景观生态学理论的观点，从城市影响力出发，中心城市是区域的互动核心，城市边缘区和乡村是其影响范围和腹地，各种廊道

是其辐射的通道和载体，整个区域基质是其支撑平台，这样城市与其牵引区域构成了一个系统单元（unit）。两个单元之间存在一条界线，这个界线就是两个城市相互作用的影响边界（丁志伟，2011；丁志伟、王发曾，2012）。一般而言，城市—区域系统的单元边界与中心城市的综合实力有关，较大的城市影响范围较广，将这条边界推得较远，较小的则相反。系统单元的有机组合就形成了城市—区域系统（图3－1）。借助于城市—区域系统的框架结构（图3－2），可将城市—区域系统进行一个全面认识。第一，城市—区域系统包括实体要素、地域组织要素、要素流三个组成部分，这三个部分相互联系，密不可分。第二，城市—区域系统具有一定的结构，一定的结构具有一定的功能。随着结构不断优化、完善，城市—区域系统的结构也将日趋稳定、合理。第三，城市—区域系统还是一个时空动态变化的综合体，可以通过时空体系来描述其要素的分布与结构。

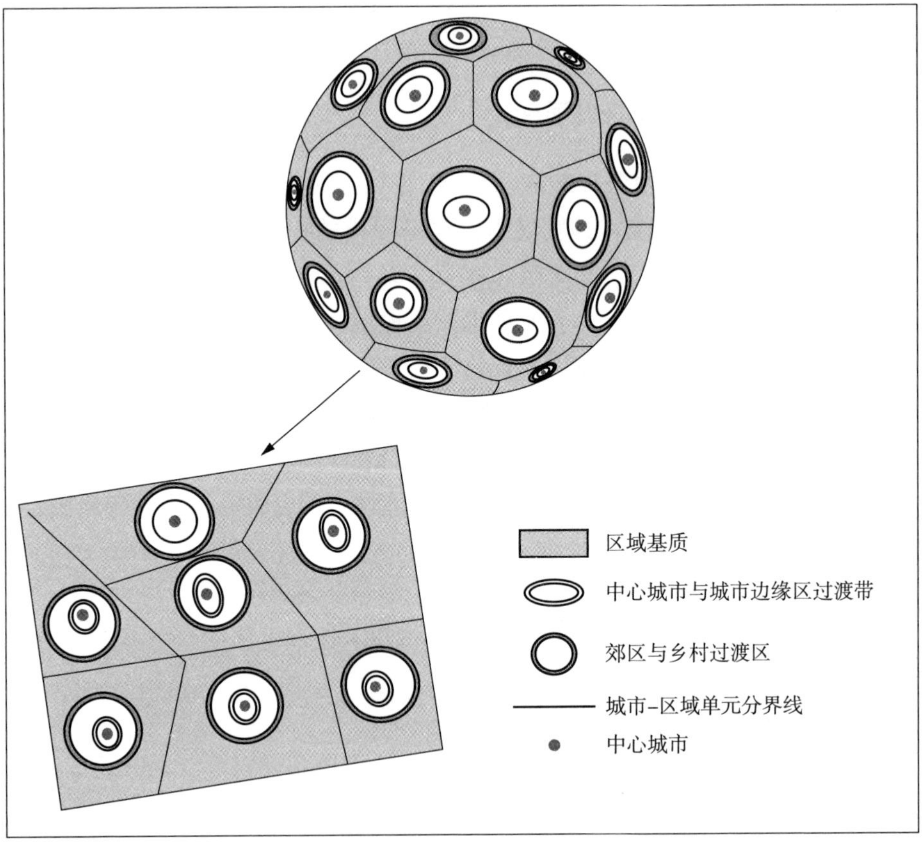

图3－1　城市—区域系统示意图

城市—区域系统

- 时空变量（x，y，z）
- 要素
  - 实体要素
    - 城市及其影响区域
    - 区域基质平台
    - 交通、电力、水源等动力源
  - 地域组织要素：中心—外围的各种廊道与通道
  - 要素流：人流、物流、资金流、信息流等
- 功能
  - 核心组织：提高中心城市竞争力，增加械市—区域互动
  - 内聚组织：营建现代化都市区，促进城市间良性竞争
  - 外联组织：构建现代城镇体系，形成合理的纵向序列
  - 区域支撑：提高区域基质承载力，优化区域发展环境

图 3－2　城市—区域系统构成

2. 城市—区域系统的单元模型

按照增长极理论，中心城市通过乘数效应、涓滴效应不断地向外围逐步扩散，区域中的各种产业将以中心城市为增长极建起区域经济发展的产业区。该区域是城市生产、生活和各项功能的组织区和协调区，也是对中心城市的补充和向外围进一步扩散的地带。为满足城市发展的需要，城市必然要进一步向外扩展。城市边缘区也就成为城市各种要素流的交汇地带，其中既有城镇郊区化的溢出流，又存在郊区城镇化的增长流。由于各种流的相互碰撞和各种流的等级不一，所以这一带往往形成混杂区、过渡区和边缘区。城市边缘区之外是广大的乡村基质，它既是满足中心城市、城市边缘区经济发展所需物质的基础平台，又是城市中各种要素流的延展平台（图 3－3）。从城市生态学视角看，城市—区域系统单元就是以人为核心，包括其他生物与周边自然、人文环境通过物质循环、能量流动、社会活动等通道相互作用形成的经济—社会—资源环境复合生态系统。

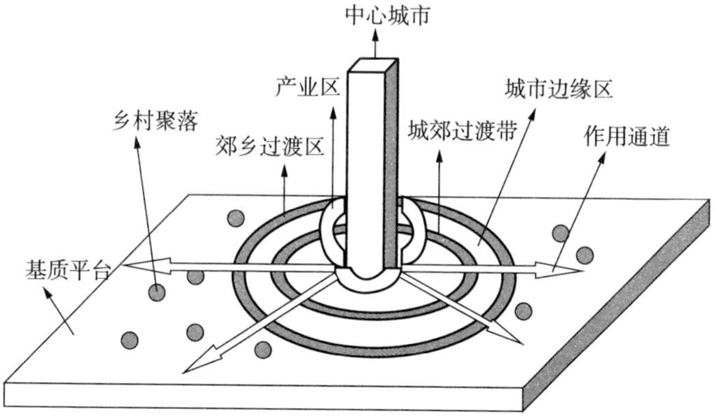

图 3－3　城市—区域系统的单元模式示意图

3. 城市—区域系统的层级

关于层级问题首先要弄清楚城市—区域系统边界如何确立。城市影响区相互作用的范围边界确立方法较多，如断裂点理论、引力模型、场强模型等都是常用的测度方法。但这些方法都具有一定局限性，特别是对于综合指标的应用较难。闫卫阳等（2009）学者基于 voronio 图对城市间的相互作用的范围边界进行了理论创新，提出了基于断裂点理论的加权 voronio 图。该方法可利用综合指标进行计算并结合了计算机制图自动生成的优点，是一种科学测度城市相互作用影响范围的新方法。因此，城市—区域系统可以中心城市为发生元，以综合实力为权重，通过加权 voronio 图来确立城市—区域系统的单元边界。按照城市—区域系统边界的确立方法，以城市体系为纵向结构支撑，以加权 voronio 图为水平结构来确定每一层级城市具体的影响范围，两者共同构成了系统的层级结构。

4. 城市—区域系统的空间结构

空间结构是从城市与区域相互作用的空间角度来研究城市的空间形态、组织结构和空间变化的动态过程。城市与区域组成的地域综合体的空间结构概念，学者们见解不一。本文较认同王士君的理解，即在城市与区域相互作用和整合的发展过程中，各种要素以某种或多种形式相互作用形成了自然地理空间、社会经济空间、区域空间的城市—区域系统空间结构。同时他还指出其空间结构还包括：①城市与区域空间要素、空间变量及其他相关的地理事物在空间中所表现的基本状态、组合关系及时空规律；②城市间相互作用与整合的地理空间结构特点；③城市相互作用与整合发展的地理过程和所带来的效应空间（图 3－4）。

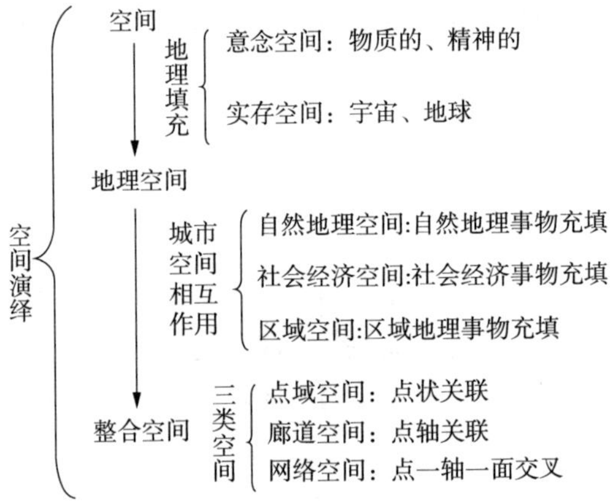

图 3－4　城市相互作用外部空间结构框架图

资料来源：王士君：《城市相互作用与整合发展》，科学出版社，2009 年，第 98 页。

5. 城市—区域系统的功能

根据城市与区域相互作用的方向、强度和整合程度，其功能表现如下：第一，提高中心城市竞争力，增强城市—区域互动。即通过找到技术创新点、提高要素利用率、优化产业结构、畅通联系通道等方面的整合，不断提升中心城市的竞争力，从而进一步发挥中心城市在系统中的辐射带动作用，增强城市—区域互动。第二，营建现代化都市区，促进城市间良性竞争。在城市群战略、经济区建设的时代背景下，使得中心城市的空间影响范围与附近的郊区、城镇相互结合，从而形成了都市区类型的地域模式，成为当今区域发展的新型地域空间组织形式。所以，一方面可通过在城镇密集、城镇相互作用强度大的地区营建现代化都市区，增强区域增长极的辐射范围；另一方面可通过引导都市区内城市的合作发展，促进城市间的良性竞争，提高城市—区域系统的整体竞争力。第三，构建现代城镇体系，形成合理的纵向序列。现代城镇体系是“五化”协调发展所依托的城市—区域系统的骨架，可为各种物质循环、能量流动提供合理的“脉络”。构建现代城镇体系，形成合理的纵向序列结构，可为城市—区域系统的整合发展提供了合理的结构模式，进而带动整个功能地域的全面发展。第四，提高区域基质承载力，优化区域发展环境。即通过吸收中心城市带来的各种溢出效应，建立与中心城市互补的支撑体系，加强区域基础设施的共建共享，以提高区域基质承载力和优化区域发展环境，从而促进区域支撑平台与中心城市的良性循环。

（二）城市—区域系统整合

1. 整合的必要性

城市—区域系统中各城市发展既具有一系列共同性特征，更表现出由于社会经济结构以及人文类型多样性所塑造的异质性特征。上述差异的存在是整合的内在基础，差异的整合是城市之间相互作用从无序到有序、从低级到高级、从不完善到完善的最佳发展方式（王发曾、刘静玉、徐晓霞等，2007；史雅娟，2013）。也就是说，整合是城市—区域系统的切入点和最终目标，是对现存城市—区域互动关系格局的一种突破、调控与优化。城市—区域系统中各城市并不是孤立的发挥作用，而是由各种空间联系通道以及各种“流”联成网络，各城市被限定在一个相互依存的状态中，不同性质、等级与规模的城镇是联通网络上的节点，城市与城市、城市与城镇、城镇与乡村之间合理分工，彼此联系、协调运转，在空间上表现为一定地域范围内的点—轴—面系统的融合（王士君，

2009）。需要注意的是，城市间的整合发展确实能促进区域经济社会进步，但几个城市间的协调并不能代表区域系统整体的协调，就如同核心城市的发展不能代表整个城市群、省域的全面发展一样，甚至有些时候几个城市的整合会损害其他城市或区域的整体利益（王士君，2009）。只有从区域全局的角度出发，着眼于城市—区域系统的共同利益，进行统一的社会经济和生态环境建设，才能真正实现区域的全面发展，才能使区域系统运动进入良性循环。鉴于此，以城市—区域系统整合作为中原经济建设的框架，在厘清“五化”协调的发展机理、寻找“五化”协调实现途径的过程中达到城市—区域系统整合，就实现了经济区建设与城市—区域整合的良性互动。

2. 整合的途径

（1）城市竞争力整合。城市是经济全球化和区域一体化的载体和基本单元，其繁荣与否对于一个国家和地区乃至全球经济的盛衰有着重大意义。以全球商品价值链、全球产业链为支撑的经济全球化浪潮，一方面加剧了城市的国际化进程，使城市之间的相互作用程度加强，另一方面也使国家之间的竞争向城市—区域系统之间、经济区之间、城市群之间、城市之间的竞争转变。不同级别的城市—区域系统的优势与劣势、互补与互动、分工与合作、繁兴与衰落等无不与城市竞争力紧密相连。同时，伴随城市间的竞争力与协作，经济区、城市群和城镇密集区凭借着在区域中的强大发展空间，在国家财富增长中的战略平台作用，其协调发展日益受到重视。强化城市—区域系统内部城镇之间的相互协作，完善竞合机制，从而在提升各自城镇竞争力的同时促进系统状态的进一步优化，进而提升系统的整体竞争力。因此，加强中原经济区城市—区域系统内不同级别城市的竞争力整合，既有助于正确认识和评价城市与区域整合的现状和潜力，制定恰当的竞合战略，实现城市之间的优势互补和良性竞争，又有助于区域系统整体参与国内外的竞争和合作。

（2）城镇体系整合。一个相对完整的区域或国家内，由不同职能分工、不同级别规模的城镇所组成，通过促进城镇功能的发育和完善，形成结构清晰、功能互补、协调发展的城镇集合体，就形成了城镇体系。中原经济区与我国其他跨省域、省域经济区的差距，除了根本的历史、经济和社会基础因素外，其城镇体系结构和功能上的差距是其重要原因之一，而城镇体系功能差距是其结构差距产生的必然结果。城镇体系内部结构不合理，缺乏合理的城市分工，城市性质、功能大体相似，城市职能同构性强而互补性差，相互联系不够密切，尚未形成有序化、网络化体系结构，必然导致中原经济区系统整体功能降低，发展相对缓慢。因此，加强中原经济区城镇体系的整合，逐步缩小中原经济区城镇体系在规模、职能、功能等方面与其他经济区的差距，进而实现整个经济区的有序推进，最终形成等级层次优化、规模结构有序、职能类型明确、功能互补的区域城镇体系结构，促进中原经济区城市、城镇与区域的整合发展，进而带动中原崛起、河南振兴、富民强省乃至中部地区的经济与社会的快速发展。

（3）产业整合。当前，我国经济区建设过程中产业不整合现象比较突出。例如，随着经济区的组建与发展，地区经济中竞争的内耗问题和发展的外部性问题没有减少反而增多了；经济区内部各城市产业发展的行政干预性强，出现了内部重复投资和产业结构趋同，通过行政壁垒造成产品的不正当竞争；经济区内部的港口、航空港、铁路场站等基础设施建设缺乏整体意识，致使经济区内部基础设施布局不协调，导致了不同地区之间争夺客货源的恶性竞争和基础设施的巨大浪费等。这种不整合状况导致了经济区城市—区域系统整体功能“1 +1 <2”和资源的大量损耗以及整体实力有所下降等后果，系统内部城市之间的低效博弈也大大阻碍了我国经济区整体竞争力的提升。产业不整合在中原经济区内部也不同程度的存在，也正是这些不整合导致了系统内部城市经济竞争力较弱，从而影响了中原经济区在区域经济发展中应该发挥的作用。因此，加强中原经济区的产业整合，优化系统内部的产业结构，对提升中原经济区的整体经济实力和发挥其在中原崛起、河南振兴、富民强省中的增长板块作用大有裨益。

（4）空间整合。经济区城市—区域系统的空间布局结构是城市在区域空间上的投影，也是区域自然、经济社会条件空间分异的表现形式。从我国经济区的空间布局看，城市群的发展不可能是空间的均衡发展，经济区空间整合是我国城镇化过程中必须解决的重大战略问题。通过经济区空间整合，将其空间发展的潜在优势转化为竞争优势，引导经济区城镇体系在空间上的协调有序发展，无疑具有十分重要的理论和实践价值。经济区空间整合一般是从空间视角来考虑经济区发展的战略性问题，旨在对现状空间发展进行研究的基础上，分析空间发展的潜力和局限性，明确提出空间未来的发展趋势和总体构架并进行整合。中原经济区空间整合的方向是：以郑汴都市区核心增长极为主导，带动区域内大中小城市和小城镇的发展，形成若干以特大（超大）城市为核心，以大中城市为重点，以小城市和城镇为基础，以社会主义新农村建设为切入点，以广大农村为腹地，协调联动发展的城市群区。

（5）城乡生态环境整合。在经济社会快速发展时期，发展目标往往集中于产业结构、经济过程及社会功效，而忽视生态资产的流失和生态服务功能的退化——中原经济区的发展必须从现在开始注重生态环境系统的优化。中原经济区主体区国有大中型企业基本上是20世纪50年代以来为适应计划经济的需求建立起来的，其产品结构单一、技术装备落后、管理体制缺乏创新、企业活力低下，亟须进行各方面改革以适应当前经济全球化发展的要求。20世纪80年代以来蓬勃兴起的非公有制企业机制灵活、市场竞争力强，但技术装备相对落后、物耗能耗大、环境污染严重，对生态环境破坏显著。在中原经济区经济总量快速增长、基础设施大规模建设的状况下，处理不好密集的人类活动、快速的结构性增长和高物耗、高污染严重的产业对城乡生态环境的胁迫效应将成为该区域"三化"协调和可持续发展的主要限制性因素。因此，加快信息化进程中持续探索两不三新"三化"协调之路，坚持发展低碳经济和循环经济，对城乡生态环境进行科学整合，探索实现经济社会与生态环境协调发展的现代化之路，是中原经济区城市—区域系统良性循环迫切要解决的任务。

(6) 支撑平台整合。城市—区域系统是一个由自然、经济、社会、历史、科技、信息技术在内的各种因素组成的一个开放的复杂局巨系统。系统内部不同级别城镇之间、不同或者相同等级的地域单元之间由于政治因素、经济利益、历史渊源、文化传统等因素存在着不同层次的、不同等级的矛盾，城市的整合发展、城市群内部的协调发展、区域"五化"的协调发展等问题都成为城市—区域系统要解决的重大问题。另外，由于城市—区域系统是一个多种发展成分、多个地域单元组成的城市—区域综合体，其内部的交通、能源、物流、信息等基础设施很难有组织的发挥整体效应，基础设施往往成为城市—区域综合发展的瓶颈。可以说，区域协调机制和基础设施共同构成了城市—区域系统整合的"支撑平台"。在中原经济区的未来整合中，如果建立不了良好的协调机制和完善各级别基础设施的建设，城市竞争力整合、城镇体系整合、经济整合、空间整合和生态环境整合就无从谈起，城市—区域系统的高度互动状态也将是一个漫长甚至是难以实现的过程。同时，上述的整合发展都是建立在土地基础上进行的，土地整合是发展的客观整合，所以支撑平台的建设，必须考虑这三方面的内容。

(三) 城市—区域系统整合与"五化"协调发展

1. 二者的关系辨析

"五化"协调发展涉及经济、社会、政治、文化、生态、环境等诸多方面难题，是一项庞大而复杂的系统工程。根据吴良镛提出的复杂问题有限求解思路，可通过抓住问题的关键点进行突破，将其分解成若干方面进行逐步解决。而“五化”协调发展要解决的关键点就是产业结构调整、城镇体系建设、产城融合发展、城乡统筹发展，而这些方面也恰恰是城市—区域系统整合的主要内容。因此，以城市—区域系统整合为基础与重要切入点，对“五化”耦合的主要内容进行分析与优化组织，能有效地促进“五化”的健康发展。在此基础上，本书认为“五化”协调的状态评价不仅包括对其基本状态（“单化”协调发展水平、“双化”协调状态、“三化”协调状态、整体协调状态）的评价，而且包括对其涉及主要内容（五个耦合层面）的状态评价，两者相互补充共同组成了对“五化”协调发展状态的全面评价。

2. 城市—区域系统整合下“五化”协调发展的内在机理

在城市与区域互动的初期，中心城市生产力水平较低，产业结构层次低，主要表现为以农业加工业、手工业为主集镇贸易发展模式。随着农业生产技术的提高和商品流通的不断深入，中心城市的工业化进程逐渐加快，人口、资源、资金、经济等要素加速向中心城市汇聚并形成区域经济发展的增长极，工业化的集聚效应开始显现，并成为推动城市规模扩张和空间结构演化的主要动力。中心城市通过乘数效应、涓滴效应不断地向外层影响并逐步推移，区域中的各种产业将以中心城市为核心组建起区域经济发展的产业部门区，其涵盖工业、居住、商业、金融、科技、信息等各企事业部门。

在城市与区域互动的中期，当中心城市的工业化发展出现集聚不经济、门槛效应、基础设施超负荷、环境污染等问题时，为满足城市发展的需要，城市必然要进一步向外扩展。各种产业园区、科技教育园区以及行政办公中心等城镇化与产业互动的地域形态逐渐形成，中心城市的空间增长能力增强，并推动工业化成果向城市边缘区和乡村基质扩散。同时，随着城市交通廊道、基础设施建设条件不断改善，人口、经济、文化、社会城镇化等方面的渗透增强，中心城市与城市边缘区的互动联系更加密切，促使城市空间发展形成圈层式扩散发展模式，由此进一步形成城市区域化空间格局。

在城市与区域互动的高级阶段，在工业化、城镇化的带动下中心城市的综合影响区的延展范围更广，直至中心城市影响力扩散的乡村腹地边界。随着中心城市经济活动范围的延展，在城市—区域系统内会产生明显的空间经济梯度，构成了联系紧密、职能定位明确的层级结构和相应的产业结构空间形态。从区域承载力来看，该阶段农业现代化进程加快，乡村基质为中心城市、城市边缘区、产业部门组织区的支撑作用空前加强，即通过不断地提供土地、资源、劳动力、市场等要素以满足中心城市的各种物质、能量需要，从而支撑中心城市进一步的成长壮大。

如图3-5所示，在城市—区域系统组成的区域内，新型城镇化、新型工业化和新型农业现代化、信息化、绿色化五个方面相互联系、相互支撑，共同支撑系统的协同运转并组成的社会系统工程。中心城市是城市—区域系统的核心和发动机，承担着区域经济增长、技术进步和创新灵魂，其工业化成果为农业现代化提供技术、生产力资源和农产品加工支撑，为城镇化提供产业链动力、城市建设资金和就业容量；中心城市的各种物质、能量和信息要素通过乘数、涓滴效应，通过城镇化作用沿廊道载体向城市边缘区、乡村地区扩散，为农业现代化、工业化提供强大的区域中心带动机能和群体带动机能；广大的乡村基质平台为城市—区域系统城镇化、工业化提供土地、资源、环境、生态等方面的保障，使中心城市的发展能力进一步增强，整体功能更强大，进一步提升中心城市的发展及在城市—区域系统中的核心作用。信息化在城市与区域的互动中，全面融入城乡、产业发展等各个环节，加速推进其他“化”的健康发展。绿色化是城市—区域系统整合发展的重要目标，是其他“化”健康发展的价值导向和内在要求。

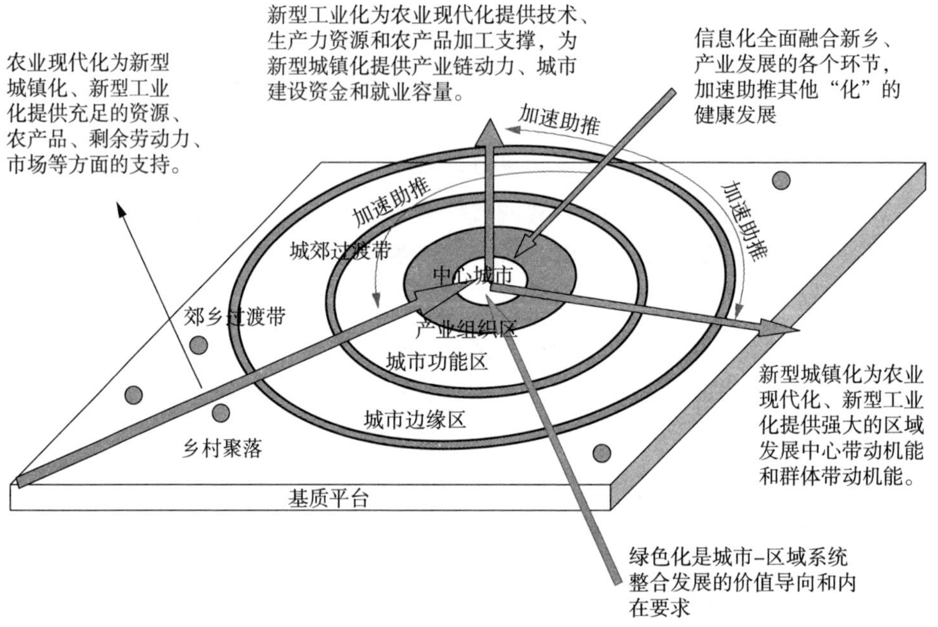

图3-5 “四化”在城市—区域系统中的定位与功能

3. 城市—区域系统整合下“五化”协调发展的基本原则

（1）整体发展原则。在城市—区域系统整合视域下，新型城镇化、新型工业化与新型农业现代化、信息化、绿色化是一项“三位一体”的社会系统工程，“五化”协调发展必须以整体发展作为基本原则。围绕中原经济区建设这个核心任务，“五化”协调发展的着眼点与落脚点的设计，突破口与具体抓手的探寻，大政方针与政策机制的确立，以及实施方略与工作思路的谋定等，都要通盘考虑、全面规划、统一部署，避免画地为牢、顾此失彼、扬此抑彼。该原则的先决条件是：不以牺牲农业和粮食、生态和环境为代价，也就是要重视农业现代化和绿色化。

（2）协调发展原则。在城市—区域系统整合的大框架下，“五化”协调发展应力争做到：粮食增产、多种经营与土地整理协调，农业发展、农村繁荣与农民富裕协调，保障耕地、满足建设用地需求与盘活土地资源协调，提高农业产业化水平、巩固工业主导地位与发展新型服务业协调，新型社区建设、城镇建设与基础设施建设协调，土地利用规划、城镇规划与产业集聚区规划协调，提高城镇化水平、提高工业化水平与提高经济综合实力协调，促进现代城镇体系协调，市场调节与政府宏观调控协调，发展经济、繁荣文化与城乡社会保障协调，资源开发、经济增长与生态环境保护协调。

（3）融合发展原则。在城市—区域系统整合视域下，“五化”协调力争达到以下方面的融合发展：第一，三大产业融合发展。农业支持工业，工业反哺农业，工农业带动第三产业，第三产业支撑、服务工农业，构建多重产业链，建设以产业链为线索的产业集聚区。第二，产业与城镇融合发展。产业发展融入城镇化进程，城镇发展与工业化、农业产业化同步，产业结构调整顺应城镇性质与职能，产业集聚区布局与建设纳入城乡规划范畴。第三，城镇与乡村融合发展。乡村支持城镇，城镇反哺乡村，统筹兼顾城乡利益，建立城乡沟通的资源、产业、商品、市场、文化、科技、基础设施、公共服务的通道。

（4）可持续发展原则。在城市—区域系统整合视域下，努力实现以下四个方面的可持续发展：第一，新型工业化可持续发展。切实转变经济发展方式，持续调整产业结构，构建循环经济链条，在信息化支撑下发展高新技术产业，以技术改造和产品换代升级促进传统加工工业全面更新。第二，新型城镇化可持续发展。培育推进城镇化的动力机制，搭建多层次的城镇化承载平台，扩充城镇吸纳农民工的就业容量，加快农民转市民的步伐，创造乡村地区剩余劳动力就地转化的条件和机制。第三，新型农业现代化可持续发展。

强力推进农田基本设施建设，设立农田保护基金和粮食生产基金，促进农业科学技术推广，加大对农业机械、良种培育、农药化肥的扶持力度，提高农业产业化水平，建设农业产业园区，保护农民的生产积极性。第四，信息化可持续发展。加强信息化基础设施建设，推进信息化与其他“化”的深度融入，提升信息化对科技进步的贡献力，为电子服务业的大发展创造优越环境和平台支撑。第五，绿色化可持续发展。强调经济社会发展与资源环境的协调发展，注重经济发展的绿色支撑，重点整治大气污染等环境问题，形成低碳、循环、绿色的经济发展模式，促进区域生态格局的优化，真正做到不以牺牲生态与环境的可持续发展。

4. 城市—区域系统整合下“五化”协调发展的主要通道

在上述四项原则的基础下，城镇体系整合发展、产业协调发展、产城融合发展、城乡统筹发展、“人—地”协调发展是中原经济区“五化”协调发展的主要通道。具体而言，城镇体系整合发展包括规模序列、等级结构、职能类型、空间布局等方面的优化调整。产业协调发展包括：构建循环经济体系和新型产业结构；推动以加工业和现代服务业为支撑的农业产业化；建设一、二、三产业集聚平台；实施区域基础设施建设一体化。产城融合发展包括：更新城镇产业结构；建设城镇产业集聚区；构建城镇产业创新、服务体系；构建城镇产业投、融资平台。城乡统筹发展包括：构建现代城镇体系；搭建城镇化本土承载平台；推进社会主义新农村建设；构建城乡资源共享平台和社会保障体系。“人—地”协调发展包括经济社会的健康发展与资源环境系统的承载力的不断增强，最终实现经济—社会—资源环境系统的协调发展。

三、框架设计

根据研究思路与研究内容，本书的研究框架设计如下（图3-6）：在理论脉络方面，首先基于城市—区域系统理论对“五化”协调机理进行解析，其次从协调发展的基本状态、耦合状态、发展趋势等方面对城市—区域系统内“五化”协调的状态进行评价，最后结合城市—区域系统整合理论与定量评价结果，提出城市—区域系统整合下的中原经济区“五化”协调发展的优化组织。在实证研究方面，首先结合城市—区域系统下“五化”协调发展的内涵，对中原经济区“单化”发展水平、“双化”协调、“三化”协调及整体协调状况进行评价与分析，以了解中原经济区“五化”协调发展的基本状态；其次分析“五化”协调发展中城镇与城镇、城镇与产业、城镇与区域、城镇与乡村、经济—社

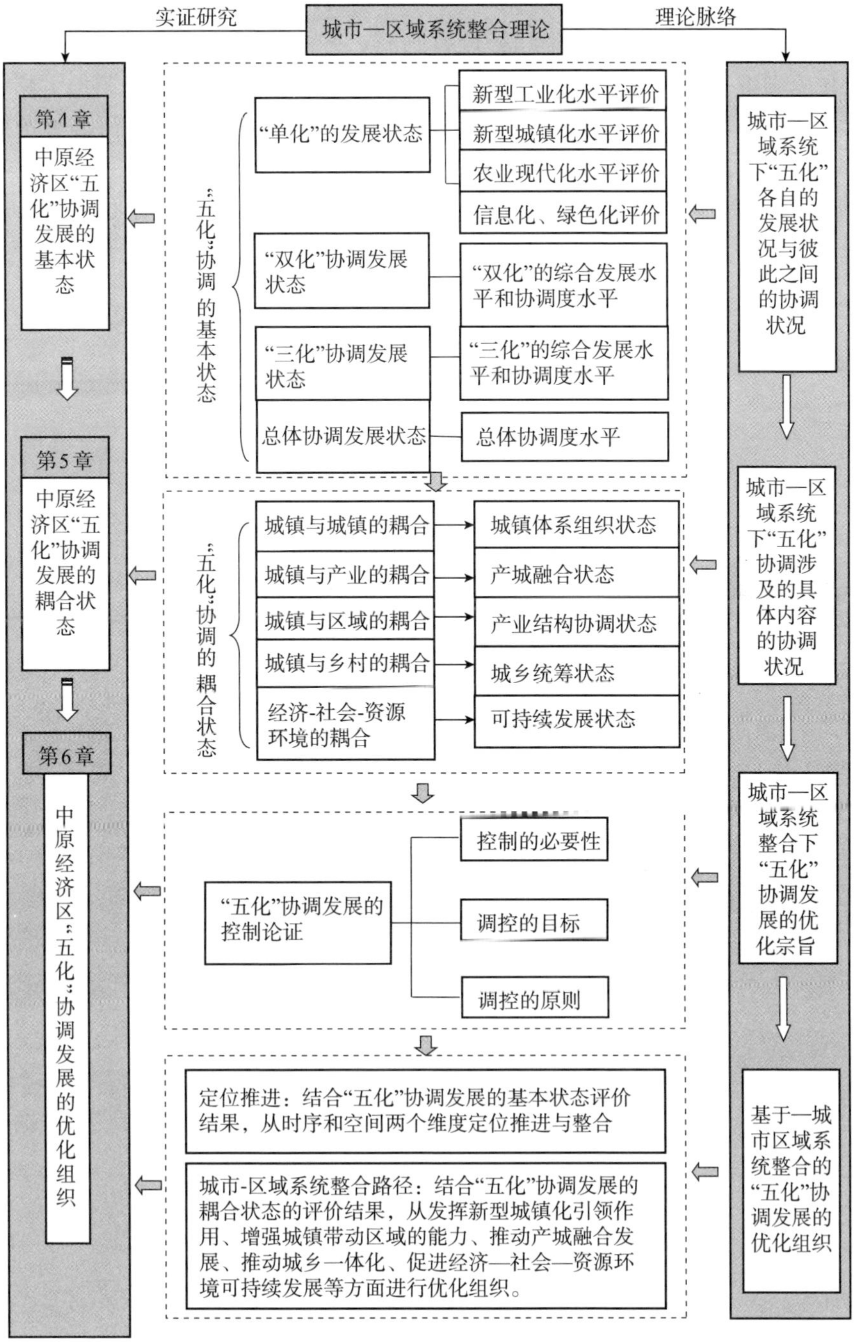
实证研究
城市—区域系统整合理论
理论脉络
第4章
中原经济区“五化”协调发展的基本状态
“五化”协调的基本状态
“单化”的发展状态
新型工业化水平评价
新型城镇化水平评价
农业现代化水平评价
信息化、绿色化评价
“双化”协调发展状态
“双化”的综合发展水平和协调度水平
“三化”协调发展状态
“三化”的综合发展水平和协调度水平
总体协调发展状态
总体协调度水平
城市—区域系统下“五化”各自的发展状况与彼此之间的协调状况
第5章
中原经济区“五化”协调发展的耦合状态
“五化”协调的耦合状态
城镇与城镇的耦合
城镇体系组织状态
城镇与产业的耦合
产城融合状态
城镇与区域的耦合
产业结构协调状态
城镇与乡村的耦合
城乡统筹状态
经济-社会-资源环境的耦合
可持续发展状态
城市—区域系统下“五化”协调涉及的具体内容的协调状况
第6章
中原经济区“五化”协调发展的优化组织
“五化”协调发展的控制论证
控制的必要性
调控的目标
调控的原则
城市—区域系统整合下“五化”协调发展的优化宗旨
定位推进：结合“五化”协调发展的基本状态评价结果，从时序和空间两个维度定位推进与整合
城市-区域系统整合路径：结合“五化”协调发展的耦合状态的评价结果，从发挥新型城镇化引领作用、增强城镇带动区域的能力、推动产城融合发展、推动城乡一体化、促进经济—社会—资源环境可持续发展等方面进行优化组织。
基于一城市区域系统整合的“五化”协调发展的优化组织

图 3－6　研究框架设计图

会—资源环境系统的耦合作用状况，分析中原经济区“五化”协调发展的耦合状态；再次对“五化”的未来趋势进行判断，并结合城市—区域系统对调控的目标和原则进行分析，以明晰中原经济区“五化”的发展趋势和调控方略；最后基于状态分析结果和城市—区域系统整合理论，提出“五化”协调发展的城市—区域系统组织路径。

根据框架设计的阐述可知，其中城市—区域系统理论是剖析机理、评价状态和优化组织的基础，剖析机理和评价状态又是提出优化组织的基础，而剖析机理、评价状态和优化组织的最终目的是实现城市—区域系统的整合发展。

第四章

中原经济区“五化”协调发展的基本状态

根据第二章对“五化”协调的内涵剖析可知，“五化”协调发展的基本状态包含三个层面：第一，“单化”本身的发展状态；第二，“双化”之间的协调状态；第三，“三化”整体发展的协调状态；“五化”整体的协调状态。通过熵权灰色关联模型、协调度模型等定量评价方法，对中原经济区“五化”协调进行状态评价和原因解读，可更深入地了解“五化”协调发展的基本状况，为合理调控“五化”协调发展进程提供基础支撑。

一、中原经济区“单化”的发展水平

（一）新型城镇化的发展水平

1. 基本状况

1995 年以来，中原经济区各项经济社会事业水平不断提高，城镇化进程不断推进，城镇化率由 18.30% 提高至 2014 年的 44.87%，年增 1.33 个增长点（图 4－1）。近年来，河南省委、省政府大力推动现代城镇体系建设和社会主义新农村建设，提出了以新型城镇化引领“三化”协调科学发展的现代化道路，有力地推动了中原经济区新型城镇化的发展水平。然而，中原经济区是人口大区和农业大区，城镇化率依然较低，更面临着经济结构转型、承接产业转移、保障粮食生产和破解新老“四大难题”等任务和挑战，城镇化面临如下问题：

（1）城镇化总体水平依然较低，滞后于经济发展水平。2014 年，中原经济区城镇化率低于全国平均水平（54.77%）9.90 个百分点，城镇化综合水平与沿海发达城市差距较大。其主体区城镇化率低于全国平均 9.57 个百分点，居全国倒数第五，中部地区倒数第一。

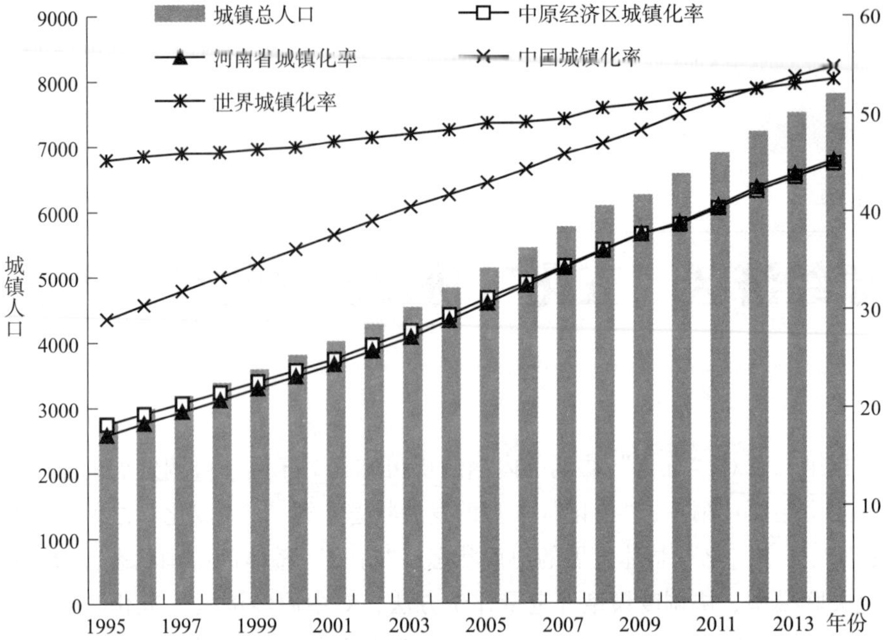

图 4-1　1995—2014 年中原经济区及其他区域城镇化率的变动情况

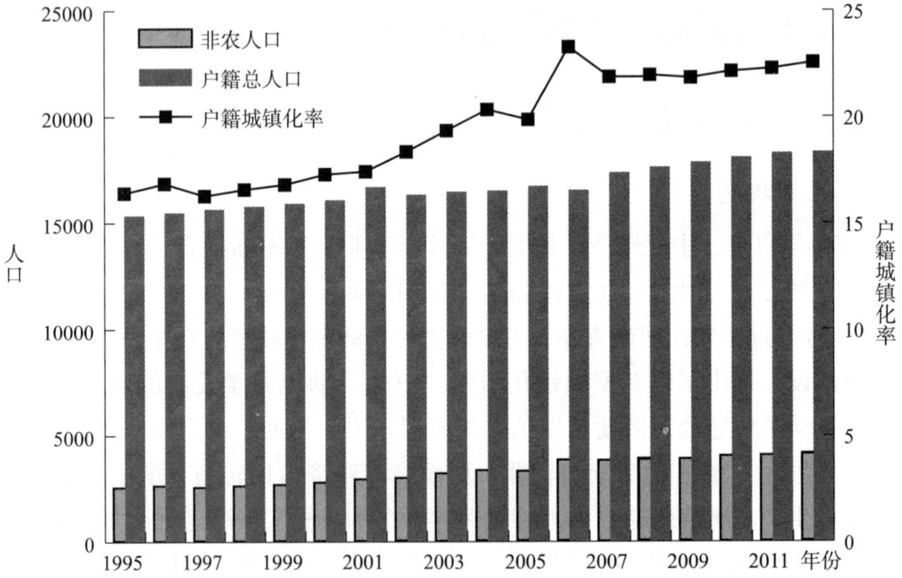

图 4-2　1995—2012 年中原经济区户籍城镇化率的变动情况

注：限于资料收集的困难，户籍城镇化率只统计到 2012 年。

（2）人口市民化进程缓慢。1995—2012 年，中原经济区的户籍城镇化率

（非农业人口比重）由 16. 41% 缓慢提高到 2012 年的 22. 56%（图 4 –2），年均提高 0. 34 个百分点。值得说明的是，限于资料收集的困难，户籍城镇化率只统计到 2012 年。这意味着大量农民工及其随迁家属虽然身在城镇，但不能享有与城市居民同等的基本公共服务，难以融入城镇社会。大量进城农民工难以成为真正的城镇居民，不仅阻碍了正常的城镇化进程，制约了城镇化对扩大内需和结构升级的推动作用，也潜藏着一定的社会风险。

（3）城镇体系的规模结构不尽合理，核心城市的中心带动作用不强。2014 年，中原经济区 52 个城市中，大城市 17 个，占 32. 69%，中小城市 35 个（中等城市 11 个，小城市 24 个），占 67. 31%，后者是前者的 2. 06 倍。由此可知，中原经济区核心城市郑州规模偏小、综合竞争力不够强、辐射带动作用不明显，在全国城镇体系中的等级地位不高；中小城市的数量偏多，规模序列结构尚不平稳。

（4）城乡发展水平差异明显，城乡差别有进一步扩大的迹象。主体区河南省城乡居民人均收入的绝对差距已由 1995 年的 2067 元扩大到 2014 年的 14975 元，城乡居民收入比扩大到 2. 590 ∶ 1，城乡居民消费支出比高达 2. 443 ∶ 1。城乡基础设施和公共服务水平差距也很大，农村水、电、路、气和教育、卫生、文化设施建设严重不足。

（5）城市管理服务水平不高，“城市病”现象日益突出。一些城市发展中重规模扩张、轻品质提升，重设施建设、轻服务管理，重地上开发、轻地下挖潜，导致城市空间利用效率偏低、基础设施管理运行效率不高、公共服务供给能力不足，交通拥堵、住房紧张、环境污染、事故频发、历史文化遗产破坏等现象日益加剧。

关于新型城镇化推进本文对开封市域进行了问卷分析，归纳起来存在以下问题：①新型城镇化的认知基础、农业发展基础和企业支撑基础均不足；②农民的耕作收入主要来源于粮食作物收入，为提高收入农民外出打工多但就业压力大；③农村地区教育、医疗、卫生环境、互联网建设等设施状况较差，人们的文化娱乐活动少，生活质量改善不足；④农村地区的信息化水平较低，是制约农村经济社会发展的一个重要因素；⑤新型城镇化中新型社区建设问题较多，并由此引发的土地流转、农业产业化等一系列经济社会问题；⑥城乡居民认为“城镇堵车、看病难、环境恶劣、高消费以及探亲困难”是面临的主要困难。

由上述城镇化发展状况可知，中原经济区在推进城镇化的过程中，还面临着提高城镇化综合水平、增强核心城市的辐射带动作用、构建现代城镇体系、促进城乡统筹发展等方面的难题。因此，中原经济区的新型城镇化之路，既不可能走过去那样注重城镇化率提高、片面追求经济增长、城乡分割、缺乏特色的传统城镇化老路，也不可能照搬发达国家、地区的做法，而必须从走中原特色和符合区情的新型城镇化道路（王发曾，2010）。河南省建设中原经济区，也必须在新型城镇化道路的框架中，密切结合中原地区实际，走出一条在中西部欠发达地区有示范意义的城镇化的新路子。

2. 评价方法与指标体系

一个地区新型城镇化水平是区域内各种要素交互作用的结果，它其实是一个由多种要素组合形成的指标体系，该指标系统是多层级、彼此影响和复杂作用的，因此适合应用多层次综合评价法进行定量分析与状态评价。新型城镇化是一个内涵相对明确、外延相对模糊的概念，其数据信息具有不完备性，各作用指标之间的关系相对复杂，其综合评价结果的高低优劣并没有明显界限，可以视为灰色系统，因此可应用熵权灰色关联模型对新型城镇化水平进行评价与分析，其中信息熵作为各评价指标的权重，可避免层次分析法的主观性，使评价结果更客观和便于比较。具体计算过程如下：

（1）熵权的计算步骤。

①进行标准化处理。将评价指标 j 的理想值假定为 X_j^*，对于正向指标：$X'_{ij} = X_{ij}/X_{ij\max}^*$，负向指标：$X'_{ij} = X_{ij\min}^*/X_{ij}$。将数据归一化处理，$Y_{ij} = X'_{ij}/\sum_{i=1}^{m} X'_{ij}$，从而得到数据的标准化矩阵：$Y_{ij} = (Y_{ij})_{m\times n}$。

②计算第 j 项指标的熵值 e_j

$$e_j = -k\sum_{i=1}^{m} y_{ij}\ln y_{ij} \qquad (4-1)$$

式中，$k=\dfrac{1}{\ln n}$，y_{ij}为标准化矩阵。

③计算第 j 项指标的偏差度 d_j

$$d_j = 1 - e_{ij} \qquad (4-2)$$

式中，e_{ij}为熵值。

④计算第 j 项指标的权重 w_j

$$w_j = \frac{d_j}{\sum_{i=1}^{n} d_{ij}} \qquad (4-3)$$

式中，d_j为偏差度。

（2）灰色关联计算步骤。

①建立相对最佳决策方案的增广矩阵 $X = (x_{ij})_{(m+1)\times n}$。首先通过标准化处理得到相应的无量纲矩阵 $X'_i = \{x'_{i1}, x'_{i2}, \cdots, x'_{in}\}$，其次建立理想样本

$X'_0=\{x'_{01},\ x'_{02},\ \cdots,\ x'_{0n}\}$。

②求绝对差序列和两极最大差、最小差（绝对差序列 $\Delta_{ij}=|x'_{ij}-x'_{oj}|$；两极最大差 $\Delta_{\max}=\max\max\Delta_{ij}$；两极最小差 $\Delta_{\min}=\min\min\Delta_{ij}$）。

③计算关联系数：

$$\xi_{ij}=\frac{\Delta_{\min}+k\Delta_{\max}}{\Delta_{ij}+k\Delta_{\max}} \tag{4-4}$$

式中 ξ_{ij} 为关联系数，k 为分辨系数（其值在0.5～1之间，一般取0.5）。

（3）新型城镇化综合水平计算步骤。根据灰色关联分析方法，计算出灰色关联系数矩阵，结合熵权计算的指标权重，构建新型城镇化综合实力评价模型。公式为：

$$E_i=\sum_{j=1}^{n}w_j\xi_{ij} \tag{4-5}$$

式中 E_i 为新型城镇化综合水平，w_j 为 j 项指标的权重，ξ_{ij} 为关联系数。

新型城镇化是我国当前社会主义现代化建设的一个大战略，不仅包括城镇人口比重增加和城镇用地面积的扩张，还应逐步实现产业支撑、社会保障、生态环境、生活方式等方面实现由“乡”到“城”的转变。结合第二章对新型城镇化概念本质的认识，根据指标体系构建的针对性、科学性、层次性、可比性等原则，提出新型城镇化水平评价的分层指标体系（表4－1）。具体而言，通过人口城镇化、土地城镇化指标反映新型城镇化基本“体量”的变化；通过经济实力、产业结构、集约高效、对外开放等指标反映新型城镇化的经济高效状况；通过居民生活、城乡统筹、公共服务、社会保障等指标反映新型城镇化的社会和谐状况；通过绿化、生态环境等指标反映环境友好发展。

表4－1　新型城镇化水平的指标体系

准则层	指标	指标解释
人口与土地城镇化	城镇人口占总人口比重	反映人口城镇化进程
	非农人口占总人口比重	反映人口市民化进程
	城镇人口登记失业率	反映人口就业保障
	二、三产业就业人口比重	反映人口的就业结构
	建成区面积/市辖区面积	反映地域空间城镇化
经济效益与产业结构	人均GDP	反映经济发展水平
	人均固定投资	反映经济发展水平
	人均地方财政收入	反映经济发展水平
	工业增加值比重	反映产业结构状况
	第三产业增加值比重	反映产业结构状况

续表

准则层	指标	指标解释
社会统筹发展	万人拥有移动电话数	反映生活的便利程度
	万人拥有互联网数	反映人们生活的信息化水平
	万人拥有的在校大学生数	反映教育资源的差异
	万人拥有的卫生技术人员数	反映医疗卫生条件的差异
	万人拥有图书馆馆藏量	反映社会文化的发展状况
城乡统筹发展	城镇居民可支配收入	反映城镇居民收入水平
	农民人均纯收入	反映乡村居民收入水平
	城乡收入比	反映城乡居民的收入差异
	城乡消费比	反映城乡居民的消费差异
	城乡恩格尔系数比	反映城乡的生活质量差异
基础设施建设水平	城市集中污水处理	反映生活环境的状况
	燃气普及率	反映生活质量的状况
	集中供热普及率	反映生活质量的状况
	人均城市道路面积	反映居民的基本需求
	人均拥有公交车辆	反映居民出行便捷状况
绿色环境友好	单位 GDP 能耗	反映资源节约的状况
	单位 GDP 电耗	反映资源节约的状况
	市区空气质量优良率	反映的生态环境状况
	人均公共绿地面积	反映城市的绿化水平
	建成区绿化覆盖率	反映城市的绿化水平

注：①数据来源于 1996—2015 年《河南统计年鉴》《湖北统计年鉴》《河北经济年鉴》《安徽统计年鉴》《山西统计年鉴》《山东统计年鉴》《中国统计年鉴》《中国城市统计年鉴》《中国区域经济统计年鉴》及相关地市的统计年鉴、统计公报。②鉴于数据的统一性，时序分析以主体区河南省的数据进行分析。

3. 时序演化特征

通过上述熵权灰色关联模型进行计算，1995—2014 年中原经济区新型城镇化综合水平见表 4 - 2、图 4 - 3。由图 4 - 3 可知，中原经济区新型城镇化综合水平整体呈现上升趋势，并且在 2005 年之后快速提高。从基本“体量”变化特征看，除 1998 年小幅下降与 2010 年以来的急剧上升外，整体呈现稳步提高状态。从人口与土地城镇化水平看，除 1997、1998 年出现小幅波动外，2003 年之前呈现较稳定的增长，2004、2005 年出现波动上升，2006 年又有所下降，之后逐渐快速增长；从经济效益与产业结构看，除 2003、2008

年小幅上升外，整体呈现稳步增长趋势且与整体变化趋势一致；从社会统筹发展水平看，2007 年之前平稳上升、2007 年之后呈大幅上升；从城乡统筹发展水平来看，2003 年之前波动较大，且呈波动下降趋势，2003 年之后波动上升；从基础设施建设水平看，总体呈现波动上升状态，尤其 2012 年以来上升速度明显加快；从绿色环境友好发展系统看，在 2000—2004 年有所下降，2004 年之后除 2013 年出现较大波动外，整体增长的速度和提升的幅度有限。整体看来，中原经济区新型城镇化综合水平与人口与土地城镇化水平、经济发展水平和社会发展水平都呈现较稳定的提高，而环境友好发展状况虽有小幅增长但整体质量水平改善不明显。

表 4－2　1995—2014 年中原经济区新型城镇化水平变动情况

年份	人口与土地城镇化	经济效益与产业结构	社会统筹发展	城乡统筹发展	基础设施建设水平	绿色环境友好发展	新型城镇化综合水平
1995	0.0571	0.0687	0.0768	0.0603	0.0523	0.0597	0.3748
1996	0.0585	0.0687	0.0768	0.0779	0.0531	0.0639	0.3989
1997	0.0643	0.0693	0.0772	0.0710	0.0562	0.0648	0.4028
1998	0.0516	0.0697	0.0776	0.0732	0.0567	0.0686	0.3973
1999	0.0511	0.0706	0.0783	0.0665	0.0579	0.0702	0.3946
2000	0.0515	0.0719	0.0794	0.0632	0.0598	0.0726	0.3984
2001	0.0522	0.0730	0.0814	0.0593	0.0633	0.0685	0.3978
2002	0.0538	0.0745	0.0822	0.0545	0.0663	0.0667	0.3978
2003	0.0558	0.0788	0.0848	0.0519	0.0707	0.0665	0.4086
2004	0.0610	0.0767	0.0878	0.0540	0.0789	0.0683	0.4267
2005	0.0642	0.0807	0.0911	0.0556	0.0821	0.0773	0.4511
2006	0.0653	0.0869	0.0952	0.0599	0.0846	0.0827	0.4747
2007	0.0701	0.0932	0.0995	0.0677	0.0913	0.0899	0.5117
2008	0.0741	0.1014	0.1071	0.0702	0.0983	0.0893	0.5404
2009	0.0776	0.1050	0.1159	0.0761	0.1038	0.0937	0.5721
2010	0.0827	0.1137	0.1321	0.0736	0.1071	0.0936	0.6027
2011	0.0895	0.1278	0.1509	0.0857	0.1109	0.1014	0.6662
2012	0.1004	0.1415	0.1827	0.1013	0.1150	0.1114	0.7523
2013	0.1095	0.1562	0.2129	0.1088	0.1318	0.1041	0.8234
2014	0.1152	0.1891	0.2292	0.1325	0.1569	0.1193	0.9421

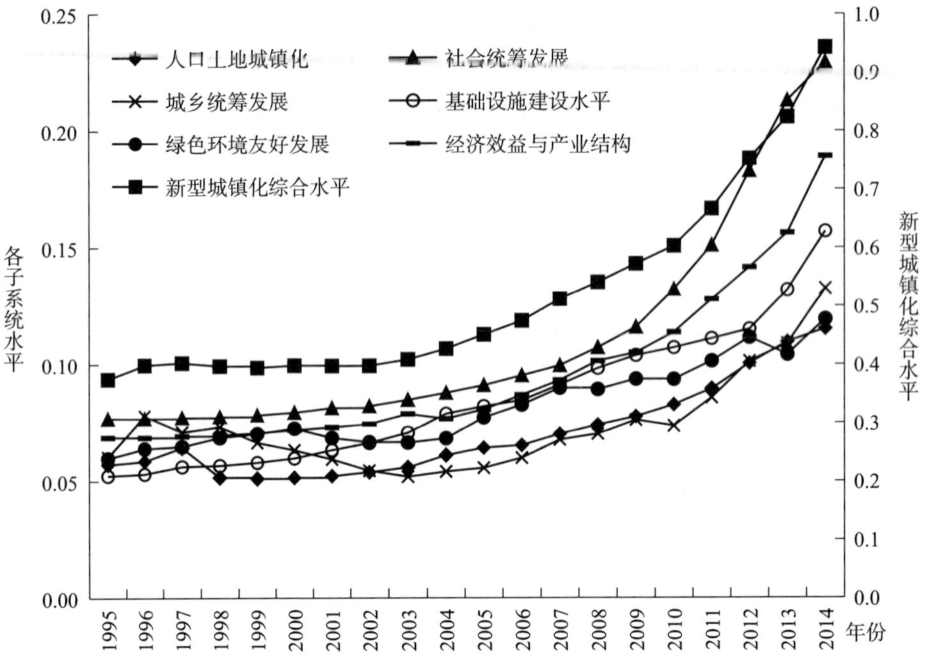

图4-3 1995—2014年新型城镇化水平的变动情况

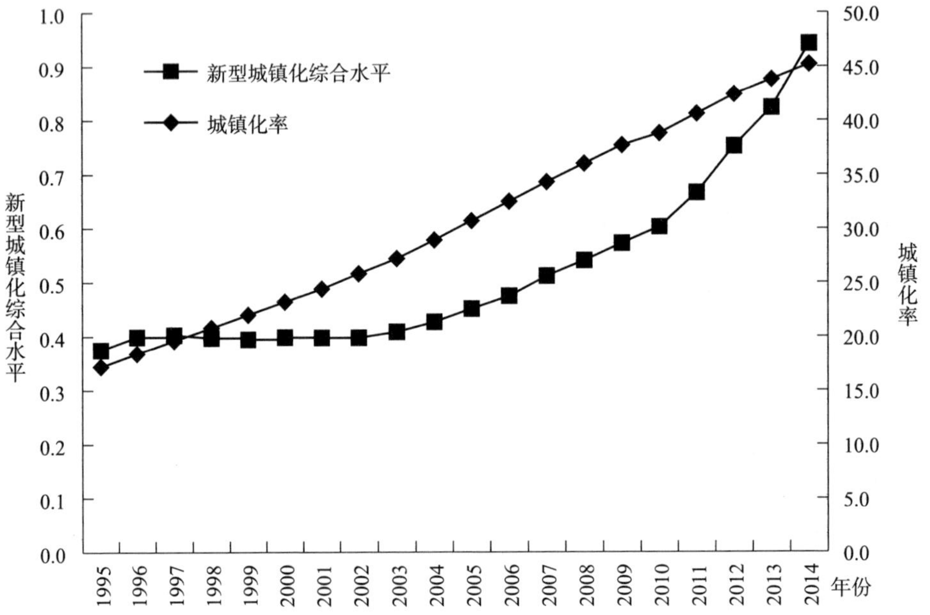

图4-4 1995—2014年新型城镇化水平与城镇化率的变动情况

从中原经济区新型城镇化综合水平与城镇化率的变动看（图4－4），新型城镇化综合水平整体波动较大，2005年之前呈小幅上下波动，2005之后呈快速增长；城镇化率则以较固定的增长幅度稳步上升，整体演进趋势稳定。由于新型城镇化涉及经济、社会、文化等领域的多项指标，受制于各个子系统的复杂变动，所以城镇化率很难反映其内在的变化规律和演进趋势。

4. 空间分布特征

为了更好地分析中原经济区新型城镇化水平的空间差异状态，下面基于2014年数据通过熵权灰色关联模型计算30个市域单元的新型城镇化综合水平（表4－3），进而分析中原经济区新型城镇化水平的空间分异特征。

表4－3　各市域单元的新型城镇化综合水平

年份	人口与土地城镇化	经济效益与产业结构	社会统筹发展	城乡统筹发展	基础设施建设水平	绿色环境友好发展	新型城镇化综合水平
郑州市	0.1718	0.0825	0.3770	0.0157	0.0966	0.0426	0.7861
开封市	0.0730	0.0381	0.1830	0.0076	0.1119	0.0508	0.4643
洛阳市	0.0709	0.0517	0.1883	0.0086	0.0819	0.0417	0.4432
平顶山市	0.0670	0.0402	0.1804	0.0070	0.0758	0.0396	0.4100
安阳市	0.0706	0.0408	0.1804	0.0090	0.0779	0.0377	0.4164
鹤壁市	0.0919	0.0476	0.1810	0.0119	0.0755	0.0452	0.4530
新乡市	0.0708	0.0409	0.1956	0.0088	0.0826	0.0406	0.4393
焦作市	0.0831	0.0545	0.1989	0.0131	0.0804	0.0398	0.4699
濮阳市	0.0675	0.0424	0.1699	0.0095	0.0958	0.0464	0.4315
许昌市	0.0757	0.0489	0.1763	0.0102	0.0945	0.0538	0.4592
漯河市	0.0884	0.0429	0.1735	0.0081	0.0732	0.0492	0.4355
三门峡市	0.0658	0.0680	0.2115	0.0078	0.0983	0.0481	0.4994
南阳市	0.0620	0.0368	0.1667	0.0075	0.0687	0.0505	0.3922
商丘市	0.0625	0.0349	0.1684	0.0069	0.0698	0.0429	0.3854
信阳市	0.0634	0.0370	0.1649	0.0077	0.0628	0.0519	0.3877
周口市	0.0604	0.0338	0.1595	0.0067	0.0719	0.0685	0.4008
驻马店市	0.0619	0.0346	0.1617	0.0073	0.0729	0.0452	0.3837
济源市	0.0823	0.0759	0.2222	0.0110	0.0867	0.0380	0.5162
邯郸市	0.0712	0.0403	0.1599	0.0096	0.1609	0.0435	0.4853
邢台市	0.0657	0.0354	0.1599	0.0082	0.1262	0.0327	0.4281
长治市	0.0729	0.0459	0.2226	0.0120	0.1155	0.0380	0.5069

续表

年份	人口与土地城镇化	经济效益与产业结构	社会统筹发展	城乡统筹发展	基础设施建设水平	绿色环境友好发展	新型城镇化综合水平
晋城市	0.0832	0.0495	0.2135	0.0116	0.1279	0.0362	0.5220
运城市	0.0633	0.0358	0.2016	0.0091	0.1289	0.0337	0.4724
聊城市	0.0714	0.0419	0.1622	0.0084	0.1019	0.0428	0.4287
菏泽市	0.0652	0.0339	0.1602	0.0083	0.0736	0.0388	0.3800
蚌埠市	0.0762	0.0434	0.1632	0.0089	0.0888	0.0521	0.4326
淮北市	0.0961	0.0445	0.1673	0.0086	0.0697	0.0505	0.4369
阜阳市	0.0725	0.0314	0.1734	0.0082	0.0661	0.0478	0.3994
宿州市	0.0623	0.0334	0.1596	0.0077	0.0639	0.0540	0.3809
亳州市	0.0604	0.0324	0.1513	0.0099	0.0652	0.0569	0.3761

由表4-3可知，各市域单元城镇化综合水平存在较大差异，郑州市综合得分达0.7861，远高于其他市域单元；综合得分在0.5以上的只有郑州、晋城、济源、长治，其中位居第二的晋城市综合得分为0.5220，与第一位的郑州差距很多，但是与第三位的济源相差不大；开封、鹤壁、焦作、许昌、三门峡、邯郸、运城的综合得分在0.45~0.5之间，新型城镇化水平较高；洛阳、平顶山、安阳、新乡等11城市综合得分在0.4~0.45之间，占地区总数的36.7%，新型城镇化水平一般；南阳、信阳、商丘、驻马店、菏泽、阜阳、宿州、亳州8个市域单元综合得分在0.4以下，新型城镇化水平很低。整体来看，除郑州与其他市域单元的新型城镇化水平拉开的差距较大，其余大部分市域单元相邻之间的差距较小，新型城镇化水平的等级层次不明显。

以各市域单元的新型城镇化综合水平为特征量，在Arc GIS软件空间分类工具中，选择Jenks最佳分类方式将其划分为5类，结果见图4-5。

由图4-5可知，高水平区只有郑州一个市域单元，被中等水平区围绕；较高水平区由5个市域单元组成，其中邯郸、长治、晋城、济源、三门峡在西北部形成连绵区；中等水平区包含的市域单元较多，一方面在郑州高水平区周围分布，与高水平区、较高水平区形成中原经济区西北部的集中片区，另一方面在豫鲁邻接的濮阳、聊城，河北的邢台，豫皖邻接的淮北、蚌埠分布；较低水平区中安阳、周口、平顶山分布在主体区，阜阳分布在外围区；低水平区集中分布在两个片区，一个是由南阳、信阳、驻马店组成的南部集中片区，另一个是由商丘、菏泽、宿州、亳州组成的东部集中片区。整体看来，中原经济区西北部的新型城镇化水平高于南部、东南部的水平，豫南和皖北地区的城镇化水

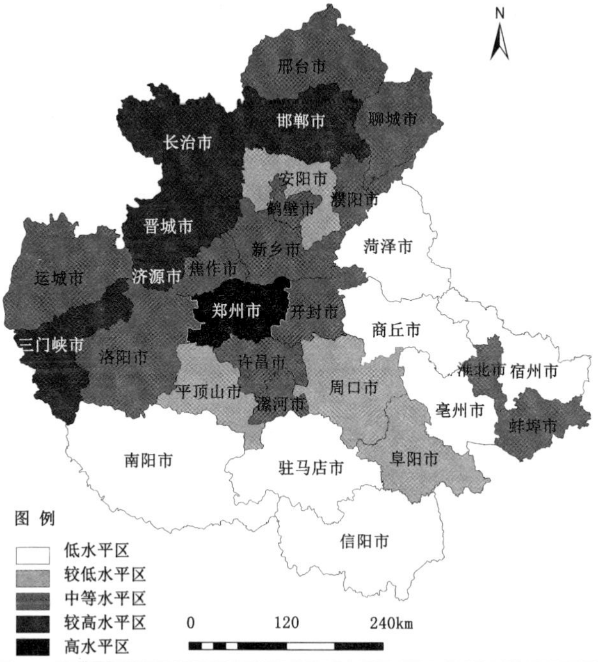

图 4 –5　2014 年各市域单元新型城镇化水平的空间格局

平较低。

同样按照 Jenks 最佳分类法，将中原经济区各市域新型城镇化综合水平 5 个子系统得分的计算结果划分为 5 个等级（图 4 –6），可进一步分析其空间差异特征。

由图 4 –6 可知，从人口与土地城镇化水平看，郑州市的水平最高，处在全区的中部；较高水平区为晋城、鹤壁、济源、焦作、漯河、淮北，零散地分布在全区各处；中等水平区主要分布在全区西北部，并与高水平、较高水平区共同形成集中片区；较低、低水平区广泛分布在全区的南部、东南部、东部，形成大范围的低值连绵分布区。从经济效益与产业结构水平看，高水平为郑州、济源、三门峡，较高水平区为鹤壁、晋城、焦作、洛阳、许昌；中等水平区除平顶山、漯河、淮北和蚌埠外，其余则处在北部片区；较低、低水平区占据了一半左右，主要分布在南部、东南部和东部区域。从社会统筹发展水平看，高水平区依然为郑州，其周边被中等、较低水平区围绕；长治、晋城、济源、三门峡四个市域单元处于较高水平区；高、较高、中等水平区在全区西北部形成集中片区；较低、低水平区占全区的绝大部分，在南部、东南部、东部和北部的部分地区形成大范围低值集中区。从城乡统筹发展水平看，郑州为高水平区，

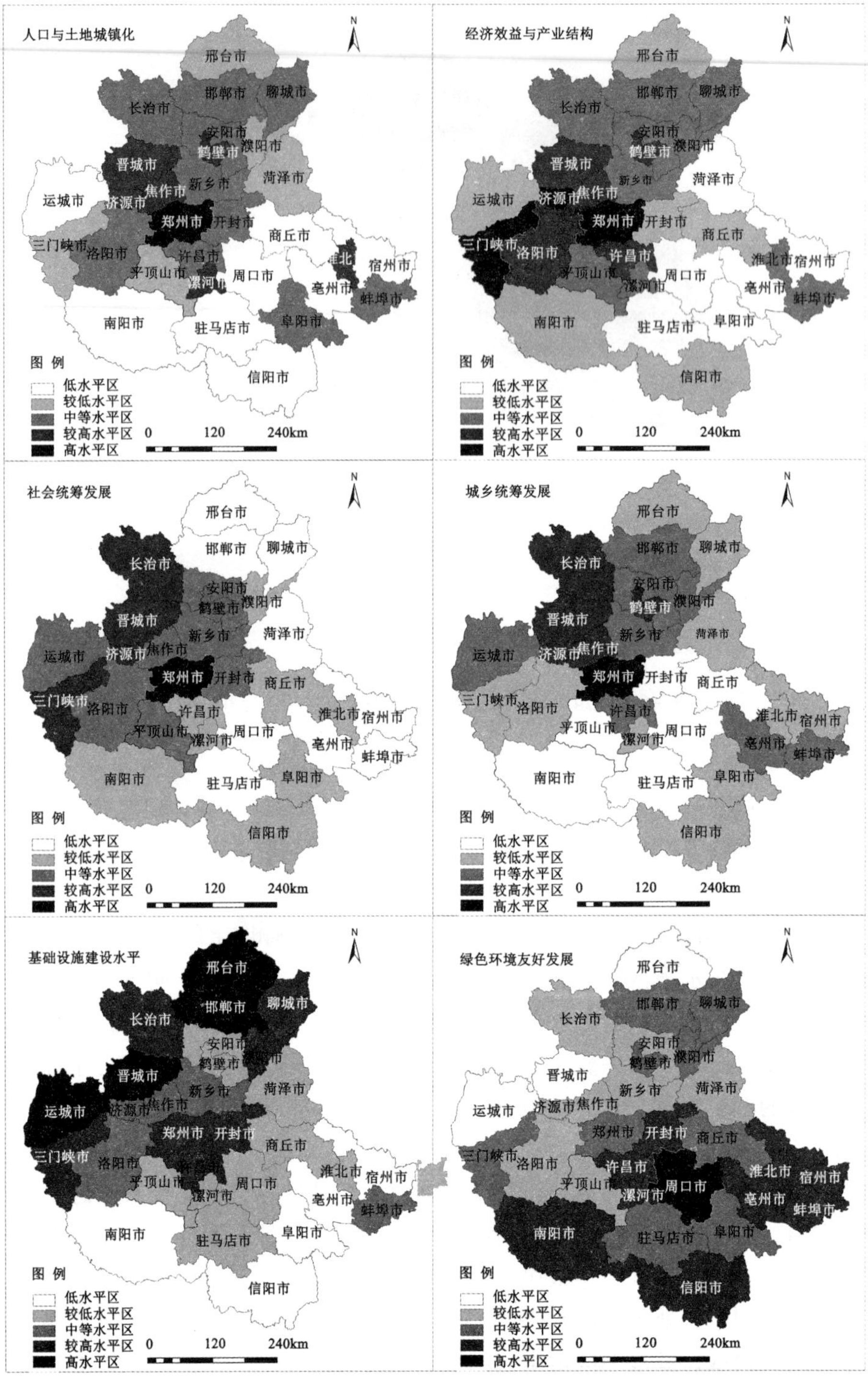

图4-6　2014年新型城镇化各子系统水平的空间分布

长治、晋城、济源、焦作和鹤壁发展水平较高；中等发展水平区分布在北部的邯郸、安阳、濮阳、新乡地区，其余零散地分布在外围区；绝大部分地区为较低水平和低水平区，广泛分布在中部、东部、西部和南部，小部分分布在北部地区（邢台和聊城），与其他子系统的分布状态差别不大。从基础设施建设水平看，邢台、邯郸、晋城、运城为高水平区；主体区除濮阳、郑州、开封、许昌、三门峡外其余均为中等、较低或低水平区；外围区除河北的邯郸和邢台，山西的晋城和运城，山东的聊城外其余各区均低于较高水平。从绿色环境友好水平看，与其他子系统的分布状态差别很大，高水平区分布在主体区的周口；较高水平区既包括分布在主体区的信阳、南阳、漯河、许昌和开封，也包括外围区的安徽境内的宿州、淮北、蚌埠、阜阳和亳州六个区；高、较高、中等水平区组成了全区东南部大部集中片区；另有北部邯郸、聊城、濮阳、鹤壁组成较小范围片区。

5. 空间关联特征

为进一步探究中原经济区各市域单元新型城镇化水平的空间关联特征，可通过 ESDA-GIS 分析方法中全局、局部空间自相关两种方法分析空间上观测值之间空间自相关分布情况。全局 Moran's I 指数，用于衡量空间要素的相互关系，与一般统计学中相关系数类似，其值在［-1，1］之间。利用 Geo-Da 软件计算可知 Moran's I 值为 0.1938（图 4-7），这表明中原经济区各地区新型城镇化水平存在空间集聚的现象。也就是说，新型城镇化水平较高的地区，其附近地区的新型城镇化水平也较高，反之亦然。

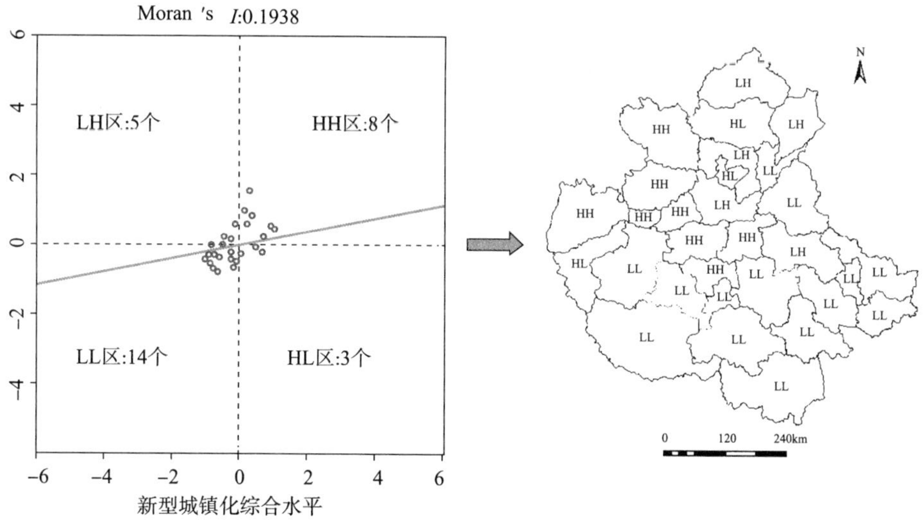

图 4-7　2014 年各市域新型城镇化的 Moran's I 散点图

进一步地，可利用 Geo DA 软件中 Univariate LISA 模块分析 2014 年新型城镇化水平的 LISA 值，并且在 Z 检验的基础上（p≤0.05）绘制 LISA 集聚分布图（图 4-8）。

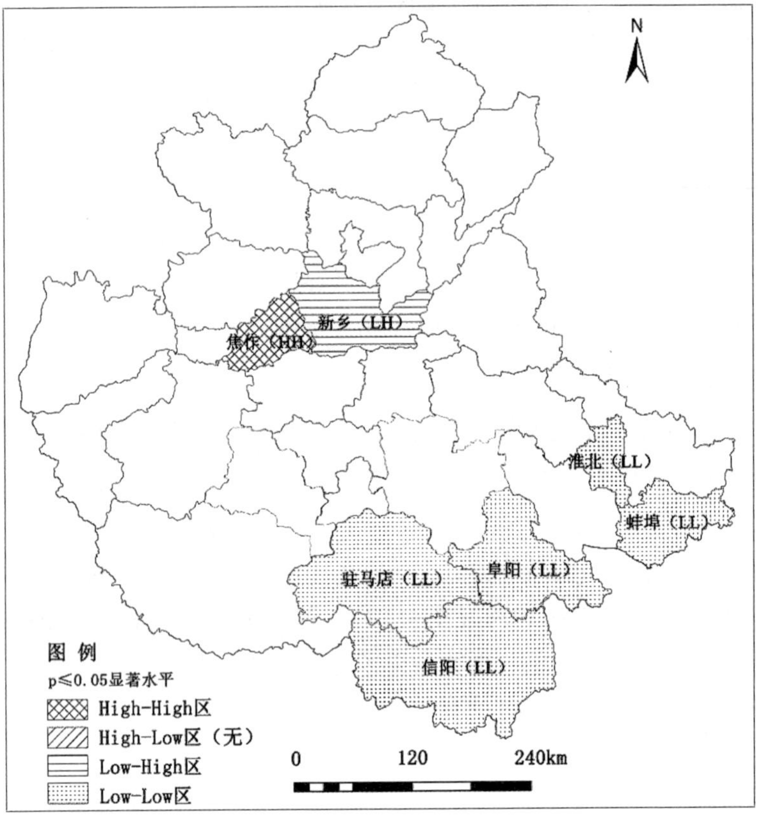

图 4-8 2014 年各市域新型城镇化水平的 LISA 分布图

由图 4-8 可知，显著 HH 区只有一个市域单元，为郑州西北侧的焦作；显著 LL 区分布在低值集聚的东南部，为信阳、驻马店、阜阳、淮北、蚌埠；显著 HL 区未出现；显著 LH 区只有新乡一个地区，没有出现集中分布现象。由此结合 Moran 散点图可知，中原经济区新型城镇化的高水平区、较高水平区在出现正的集聚效应并形成显著 HH 区，形成快速发展区；新型城镇化的低水平区在东部、南部广泛分布并形成显著 LL 区。显著 LL 区在南部形成片状集聚区，这表明新型城镇化的低水平区基本形成滞后集聚区；不存在显著 HL 区，这意味着在研究区域内未出现极化效应地区；显著 LH 区仅有新乡一个市域单元，这表明该区域的新型城镇化发展未出现联动效应，发展速度有所下降。

6. 原因解读

（1）时序特征：从新型城镇化综合水平的时间变化特征看，2005 年之前处于较平稳的增长，2005 年之后快速增长且2010 年以来增长幅度较大，这意味近阶段尤其是“十一五”“十二五”以来新型城镇化战略推进成效显著。从区域发展现实看，2005 年以前虽然注重提高城镇化质量和促进城乡联动发展，但受经济发展速度、科技信息投入等制约，新型城镇化倡导的资源节约、经济高效、社会和谐、城乡统筹、环境友好等多项指标达不到要求。2002 年新型工业化战略提出以后，对城镇化支撑的城镇体系、产业体系、基础设施建设、社会保障等提出了具体要求，新型城镇化的内在质量也逐渐提高。就城镇体系而言，2005 年正式提出“郑汴一体化”战略，近年来依托郑汴新区规划建设工程大力推进该地区的基础设施、产业园区、社会管理、生态环境建设，逐步实现了交通一体化、金融一体化、电信一体化等，提高了郑汴都市区的内聚力；2006 年《中原城市群总体发展规划（2006—2020）》出台以来，城市群经济、社会、文化、科技等方面得到了统筹建设，承接产业转移、参与国内外市场竞争进一步提升，逐步成为促进中原崛起、河南振兴、富民强省的核心增长板块；2007 年以来农村地区的中心村、新型社区规划建设大力推进，改善了农村地区的生产生活条件，激活了村域的经济活力，为城乡统筹发展提供了有利条件；2008 年河南省政府提出了“一个载体，三大体系”建设，其中产业集聚区建设提高了产业发展尤其是工业化发展的规模和速度，为新型城镇化推进提供了产业集聚支撑；2009 年河南省委省政府在郑汴一体化、中原城市群建设的基础上提出了“一极两圈三层”中心带动战略，对全区的城镇体系建设进行总体谋划；2010 年《河南省城镇体系规划（2010—2020）》批复，新型城镇化的支撑体系进一步稳固。可以说，“十一五”以来，中原经济区城镇化进程不断加快，中原城市群综合实力明显提升，现代城镇体系建设有序展开，核心城市、核心板块辐射带动能力不断增强，城乡一体化进程不断推进，因而新型城镇化水平得到快速提升。2011 年中原经济区战略上升为国家战略，2012 年国务院批复《中原经济区规划 2012—2020》，2013 年国务院批复《郑州航空港经济综合实验区规划（2013—2025）》，中原经济区建设得到了更多的国家政策支持，产城融合与城乡统筹的步伐进一步加快，新型城镇化水平提高的幅度也随之增大。

（2）空间特征：从综合水平空间分异看，高水平区为郑州，其人口与土地城镇化水平、经济效益与产业结构水平、社会统筹发展水平、城乡统筹发展水平均大幅领先其他地区，而基础设施建设水平、绿色环境友好发展水平相对较低。从近期郑州市发展战略看，其一方面大幅扩容人口、土地规模，推动郑州大都市区、郑州航空港经济综合实验区、郑上“三化”协调区建设；另一方面，加快内部网络化城镇结构建设，提出构筑“双核六城十组团”的发展格局。依托优越的区位条件、核心城市的集聚效应、战略政策的倾斜支持等，郑州市作为“龙头”“领头羊”发展速度惊人，新型城镇化水平因而很高。然而在其快速扩张中，对资源环境系统产生了巨大压力，产生了“交通拥堵”“空气质量下降”“城市内涝”等环境问题，绿色环境友好水平故而不高。较高水平区中邯郸、长治、晋城、济源、三门峡形成西北部集中片区，各市虽然离各自省会城市较远，但其在人口与土地城镇化进程、经济与社会发展水平，基础设施建设水平，环境承载力、环境保护能力等方面分别占有较好的优势条件，因而在西北部形成集聚片区。尤其处于较高水平区的省直管县级市济源，虽然区域面积不大，但其经济发展质量高、区域生态环境优，加之近期着力推进城乡一体化工程建设，正努力成为中原经济区充满活力的新兴城市。中等水平区中的濮阳、鹤壁、新乡、焦作、开封、洛阳、许昌、漯河在中部区域形成大范围连绵分布区，这些城市普遍人口与土地城镇化水平和经济与产业发展水平发展较好，区域基础设施建设水平也较强，加之多数处在中原城市群范围内和豫北“洛—济—焦—新—菏”复合发展轴带影响范围内，因而形成北部连绵分布区。而中等水平区的运城、邢台、聊城、淮北和蚌埠在外围区零散分布，这些城市在各个方面分别占有不同的优势，运城、邢台、聊城基础设施建设水平较高，淮北和蚌埠在人口与土地，经济效益与产业结构，绿色环境友好发展等方面发展相对较好。较低水平区、低水平区在全区南部、东南部形成东西绵延的集中片区，一方面受制于缓慢的人口与土地城镇化、较低的经济社会发展水平、较低的基础设施建设水平，另一方面社会、城乡统筹发展水平不高，基础建设水平相对较低，两方面叠加形成了该地域新型城镇化水平较低。

从空间关联特征看，郑州北侧形成了焦作的 High-High 区，与周边地区产生了较好的正向空间关联并出现了集聚效应。从现实情况看，该市处在中原城市群豫北“新—焦—济”复合发展轴带上，城乡建设投资在全社会固定资产投资中的比重不断提高，市域城镇体系和新区组团建设不断优化，产业集聚能力不断增强，城镇综合承载能力大幅提成，社会主义新型农村住宅社区成效显著，城乡生态环境和人居环境不断改善，加之以郑州为核心形成了较好的空间关联效应，因而形成了新型城镇化水平的高值集聚区。不存在显著 High-Low 区，即不存在“极化区”，从现实情况看，各市域单元在人口土地城镇化，经济结构，社会、城乡统筹，基础设施建设和环境友好发展的各个方面发展不存在最高和最低的相邻片区，即相邻市域未出明显的“极化”现象，故未形成显著的“High-Low”。全区南部、东南部形成 Low-Low 分布区，其中信阳、驻马店、阜阳、淮北和蚌埠形成了显著 Low-Low 集聚区，形成空间上的“滞后”集聚区。从现实情况看，信阳和驻马店远离核心城市郑州，受中原城市群的辐射影响亦不大，虽然其竭力提高自身经济社会实力，但其人口与土地城镇化进程不快，处于“势单力薄”“自力更生”的状态。阜阳地处安徽西北部，人口城镇化尤其是户籍城镇化水平低，经济发展实力不强，面临城镇功能不完善、区域发展不平衡、产业支撑力不强等难题，新型城镇化水平提高步履维艰；淮北和蚌埠地处豫、皖、苏、鲁四省交汇，是皖北的重要交通枢纽和区域性中心城市，吸纳着各种资源、要素在这些区域集聚与极化。淮北市辖区面积小且仅辖一个县，人口与土地城镇水平很高，加之面临资源型城市转型、产业结构优化、城市新区建设、产城融合发展等现实难题，必须借助于集聚效应进行极化发展。新乡市紧邻省会郑州，是中原地区重要的工业城市，是中原经济区及中原城市群核心区城市之一，也是豫北的经济、教育、交通中心，除绿色环境发展水平略低外，其人口和土地、经济、社会、城乡、基础设施 5 个子系统水平均达到中等，因而在全区北部形成了 Low-High 区。

（二）新型工业化的发展水平

1. 基本背景

中原经济区作为经济发展水平相对落后的农区，虽然肩负粮食战略安全、恪守土地红线等农业重任，却一直探索着城乡、工农协调发展的有效途径。近些年来，中原经济区建设坚持新型工业化理念，着力于转变经济发展方式和调整产业结构，经历着由传统农区向现代化经济区建设的历史性改变。2005 年，主体区河南省政府做出基本判断，认为河南省已基本进入新兴工业大省的行列；2007 年，主体区工业增加值达到 7508. 33 亿元，占 GDP 的比重超过 50%，位居中西部省份前列；2014 年，其主体区工业增加值达到 15904. 28 亿元，比 2013 年增长 9. 5%，但也应清醒意识到，目前全区新型工业化发展还存在着经济发展方式转型慢、资源能源依赖性强，科技投入不高、高新技术产业比重低等问题：①工业结构层次不高。中原经济区“五化”协调发展中，新型工业化对经济社会发展起着主导作用。但全区工业长期以能源、原材料等重工业为主，存在着制造业转型、升级的速度较慢，资源利用不充分现象严重，企业高附加值产品不多，投入—产出效益较低，传统产业改造和提升的任务重，高新技术产业比重不高等方面的问题。②企业竞争力不强、企业组织结构不尽合理。虽然主体区适时启动了180个产业集聚区规划建设和特色产业集群培育工作，但全区依然存在“小散乱”现象，缺乏新的具有竞争力的核心企业。另外产业集聚园区与特色产业集群发展时间不长，两者政府主导建设力度大、产业竞争优势和聚集效应不明显，资金、技术投入较为分散，资产负债率较高，在加工生产、市场销售、研发等方面亟须形成规模经济优势。③科技创新活力不强。中原经济区劳动密集型工业企业居多，主要产业技术装备水平低，科技投入不足，自主创新能力不强。以企业为主体的产品研发创新体系尚未完全建立，创新性企业人才培育不足，大部分中小型产业和一部分大型企业还未建立研发基地，技术原始创新、技术集成创新和技术的消化吸收再创新的能力较弱。虽然工业化率在1995年以来有了相当程度的提高，但与其他国内经济区相比仍处于发展级别较低的阶段，新型工业化道路任重而道远。走新型工业化之路，是中原经济区提高生产力水平、转变经济增长方式的必然选择，是完成全面建成小康社会与实现中原崛起、河南振兴、富民强省的必然选择。因此，评价中原经济区总体与各市的新型工业化综合水平，对于促进该地区的新型工业化进程具有很强的实际意义。

2. 评价方法与指标体系

同新型城镇化水平一样，新型工业化水平是一个由多种要素组合形成的指标体系，适合用熵权灰色关联模型进行定量分析与状态评价。以往学者关于工业化水平评价主要从产业结构、经济发展水平、就业人口比重以及城镇化水平等方面进行定量分析，较少地考虑资源消耗、经济效益、环境质量等可持续性发展的原则。根据新型工业化的内涵，按照指标选取的科学性、主导性、系统性、可比性及可获取性选择，构建了含6个二级30个三级指标的指标体系（表4－4）。通过熵权灰色关联模型对中原经济区及其各市域的新型工业化水平进行综合分析，并以此分析其新型工业化水平的时空深层次特征。

表4－4　新型工业化评价指标体系

准则层	指标层	指标解释
工业发展实力水平	工业增加值	反映地区经济发展状况
	规模以上企业数	反映地区产业发展规模
	规模以上工业总产值	反映地区工业发展效益
	规模以上企业总资产	反映地区产业发展实力
	规模以上企业利润总额	反映地区产业发展效益

续表

准则层	指标层	指标解释
工业化进程	人均 GDP	反映地区经济发展水平
	工业增加值/GDP	反映整个经济发展中工业部门的发展状况
	第三产业增加值/GDP	反映整个经济发展中第三产业的发展状况
	二、三产业人员/总从业人员	反映劳动力在整个经济发展中的分配状况
	城镇化率	工业化的一个重要标志就是城镇化率的上升
工业发展效益	人均工业增加值	反映地区经济发展水平和工业化水平
	人均规模以上工业总产值	反映工业发展程度
	在岗职工平均工资	反映工业发展职工工资水平
	城镇居民人均可支配收入	反映地区经济发展水平
	工业全员劳动生产率	反映企业生产技术水平、经营管理水平、职工技术熟练程度和劳动积极性
工业化科技支撑	科技支出占财政支出的比重	反映工业发展的科技投入量
	人均技术市场成交额	反映工业发展的技术转化力
	人均专利申请授权数	反映工业发展的科技潜力
	人均邮电业务量	反映工业发展中的信息化状况
	人均科学技术财政支出额	反映工业发展的科技投入量
R&D 支撑	规模以上工业企业（R&D）人员折合全时当量	反映工业发展规模与实力
	人均 R&D 经费支出	反映工业发展的科技投入量
	人均 R&D 活动人员	反映地区工业发展的科技水平
	人均科技活动人员	反映地区工业发展的科技水平
	R&D 经费支出占 GDP 的比重	反映工业发展的科技研发状况
工业环保程度	单位工业增加值能耗	反映工业发展的科技研发状况
	单位工业增加值电耗（单位 GDP 电耗）	反映工业发展的资源节约程度
	单位工业产值废水排放量	反映工业发展的环境影响程度
	单位工业产值废气（SO_2）排放量	反映工业发展的环境影响程度
	单位工业产值粉尘量	反映工业发展的环境影响程度

注：①数据来源于1996—2015年《河南统计年鉴》《湖北统计年鉴》《河北经济年鉴》《安徽统计年鉴》《山西统计年鉴》《陕西统计年鉴》《山东统计年鉴》《中国统计年鉴》《中国城市统计年鉴》《中国区域经济统计年鉴》及相关地市的统计年鉴、统计公报。②鉴于数据的统一性，时序分析以主体区河南省的数据进行分析。

3. 时序演化特征

根据上述熵权灰色关联模型进行计算，1995—2014 年中原经济区新型工业化综合水平见表4－5、图4－9。

表4－5 1995—2014年中原经济区新型工业化水平变动情况

年份	工业发展实力水平	工业化进程	工业发展效益	工业科技支撑	R&D支撑	工业环保能力	综合水平
1995年	0.0672	0.0429	0.0588	0.0623	0.0541	0.0531	0.3383
1996年	0.0680	0.0433	0.0594	0.0623	0.0549	0.0542	0.3421
1997年	0.0685	0.0440	0.0598	0.0616	0.0560	0.0548	0.3447
1998年	0.0689	0.0449	0.0602	0.0643	0.0558	0.0555	0.3496
1999年	0.0699	0.0447	0.0605	0.0655	0.0564	0.0557	0.3527
2000年	0.0706	0.0458	0.0612	0.0655	0.0590	0.0566	0.3587
2001年	0.0713	0.0472	0.0619	0.0650	0.0590	0.0570	0.3614
2002年	0.0716	0.0488	0.0630	0.0631	0.0596	0.0573	0.3633
2003年	0.0722	0.0529	0.0646	0.0655	0.0597	0.0582	0.3731
2004年	0.0732	0.0516	0.0669	0.0669	0.0596	0.0600	0.3782
2005年	0.0762	0.0556	0.0708	0.0732	0.0623	0.0618	0.4001
2006年	0.0805	0.0611	0.0751	0.0838	0.0664	0.0646	0.4315
2007年	0.0882	0.0665	0.0814	0.0895	0.0693	0.0682	0.4631
2008年	0.0961	0.0731	0.0910	0.0933	0.0726	0.0763	0.5025
2009年	0.1041	0.0750	0.0946	0.0960	0.0872	0.0803	0.5371
2010年	0.1217	0.0817	0.1076	0.0965	0.0916	0.0936	0.5926
2011年	0.1347	0.0899	0.1262	0.1200	0.1054	0.1029	0.6792
2012年	0.1460	0.0957	0.1422	0.1228	0.1185	0.1261	0.7512
2013年	0.1698	0.1001	0.1560	0.1491	0.1423	0.1483	0.8657
2014年	0.1997	0.1121	0.1752	0.1676	0.1621	0.1438	0.9604

由图4－9可知，1995年以来中原经济区新型工业化综合水平呈较好的上升趋势且2005年之后增长速度加快，其得分从1995年的0.3383逐年增长至2014年的0.9604。分子系统看，工业效益、工业发展实力水平的变化趋势与新型工业化总体水平状态基本一致，呈现出先稳步缓慢增长，2005年后增长速度加快，增长幅度较大；工业化发展进程与综合水平类似，1995—2004年期间呈现波动缓慢上升趋势，2005年之后增长幅度较大，至2014年达到0.1121；工业化科技支撑水平在1995—2004年呈现波动变化状态，2005—2007年增长速度较快，之后又进入平稳增长，直至2010年又进入加速增长状态；从科技研发支撑水平看，2005年之前小幅度波动增长，2005年之后进入快速增长状态，至

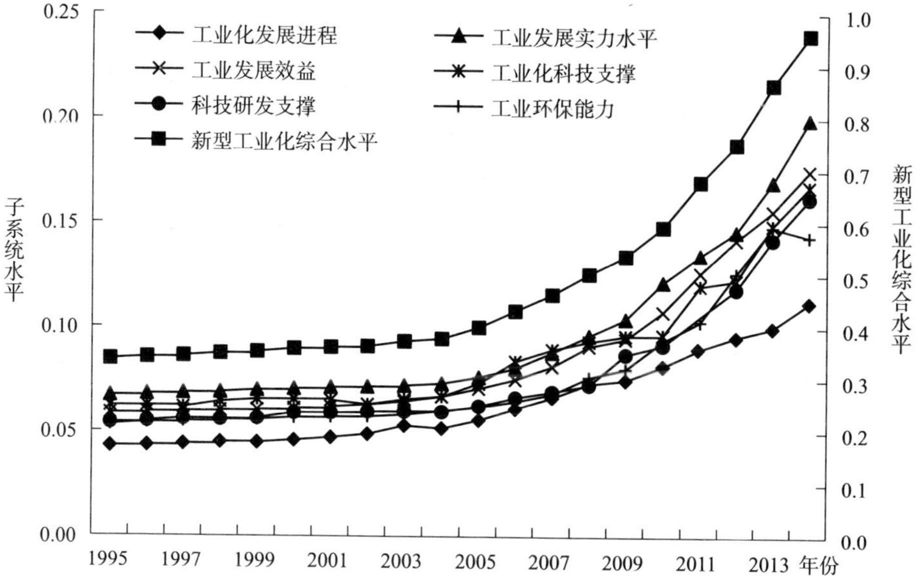

图4-9　1995—2014年新型工业化水平的变动情况

2014年达到0.1621；工业环保能力和科技研发支撑的变化趋势大体一致，不同于科技研发支撑水平的变化是2013年之后工业环保能力有所下降。

对比分析1995年以来中原经济区新型工业化综合水平与工业化率（工业增加值/GDP）变动情况可知（图4-10），2011年之前综合水平、工业化率的变动趋势和波动状态基本吻合，2011年之后呈现相反的趋势，由此看来工业化率在一定程度上基本能反映新型工业化水平的状态。对比分析1995年以来中原经济区新型工业化综合水平与工业增加值增长率变动情况可知（图4-10），整体上工业增加值增长率与综合水平的变动情况无明显的相近关联，这表明工业增加值的增加速度快慢对新型工业化水平变动影响不大，且作用不明显。

4. 空间分异特征

进一步地，通过熵权灰色关联模型计算30个市域单元的综合水平（表4-6），从而分析其空间格局特征。由表4-6可知，中原经济区各市域单元新型工业化综合水平差异较大。郑州市达到0.7208，遥远领先于其他市域单元，呈现一枝独秀的状态。蚌埠、晋城、济源三市域单元达到0.5以上，新型工业化水平较高。0.4~0.5之间的城市达到10个，占比达到33.3%，0.4以下的城市还有16个，占比为53.3%，这表明全区绝大多数的新型工业化水平不高，需大力提升各分项指标的发展水平。

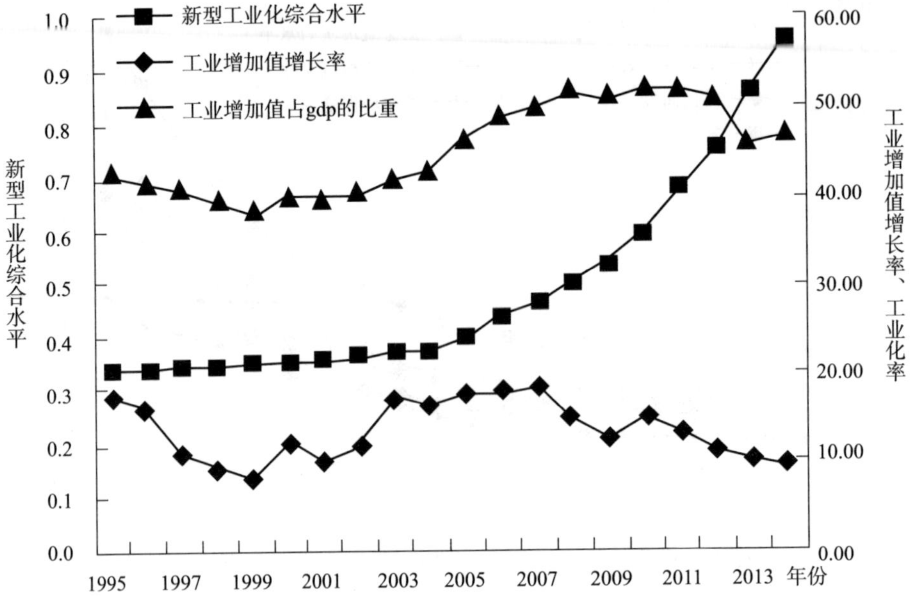

图 4－10　1995—2014 年新型工业化水平与工业化率、工业增加值增长率的变动情况

表 4－6　2014 年各市域单元新型工业化综合水平

城市	工业发展实力水平	工业发展进程	工业发展效益	工业科技支撑	科技研发支撑	工业环保能力	综合水平
郑州市	0.0189	0.1917	0.0452	0.1774	0.2037	0.0838	0.7208
开封市	0.0089	0.0728	0.0283	0.1619	0.0883	0.0704	0.4305
洛阳市	0.0113	0.0897	0.0353	0.1230	0.1185	0.0760	0.4538
平顶山市	0.0093	0.0727	0.0288	0.1123	0.0975	0.0670	0.3877
安阳市	0.0094	0.0740	0.0312	0.1103	0.0882	0.0677	0.3808
鹤壁市	0.0115	0.0685	0.0373	0.1078	0.0752	0.0724	0.3727
新乡市	0.0094	0.0769	0.0305	0.1132	0.1130	0.0711	0.4141
焦作市	0.0123	0.0787	0.0407	0.1168	0.1105	0.0746	0.4336
濮阳市	0.0098	0.0733	0.0330	0.1075	0.0854	0.0845	0.3935
许昌市	0.0115	0.0826	0.0391	0.1229	0.1091	0.1033	0.4685
漯河市	0.0102	0.0742	0.0345	0.1055	0.0788	0.1065	0.4097
三门峡市	0.0119	0.0723	0.0504	0.1116	0.0843	0.0687	0.3992
南阳市	0.0083	0.0803	0.0273	0.1077	0.0877	0.0747	0.3861

续表

城市	工业发展实力水平	工业发展进程	工业发展效益	工业科技支撑	科技研发支撑	工业环保能力	综合水平
商丘市	0.0079	0.0705	0.0267	0.1040	0.0766	0.0732	0.3589
信阳市	0.0081	0.0719	0.0277	0.1041	0.0730	0.0857	0.3704
周口市	0.0079	0.0766	0.0271	0.1037	0.0734	0.1199	0.4086
驻马店市	0.0080	0.0729	0.0265	0.1052	0.0734	0.0725	0.3586
济源市	0.0163	0.0658	0.0694	0.1149	0.1295	0.1335	0.5294
邯郸市	0.0094	0.0808	0.0301	0.1132	0.0777	0.0700	0.3812
邢台市	0.0083	0.0720	0.0275	0.1048	0.0761	0.0649	0.3537
长治市	0.0103	0.0687	0.0312	0.1133	0.0915	0.0653	0.3804
晋城市	0.0112	0.0674	0.0333	0.2401	0.1029	0.0655	0.5204
运城市	0.0084	0.0664	0.0272	0.1054	0.0776	0.0626	0.3476
聊城市	0.0101	0.1009	0.0374	0.1193	0.1131	0.0736	0.4544
菏泽市	0.0086	0.0975	0.0296	0.1168	0.0846	0.0709	0.4080
蚌埠市	0.0091	0.0705	0.0309	0.2839	0.1187	0.0848	0.5979
淮北市	0.0103	0.0708	0.0327	0.1442	0.0971	0.0742	0.4293
阜阳市	0.0075	0.0699	0.0253	0.1070	0.0735	0.0711	0.3543
宿州市	0.0077	0.0687	0.0258	0.1080	0.0724	0.0725	0.3552
亳州市	0.0076	0.0668	0.0253	0.1057	0.0722	0.0904	0.3680

以各地区的新型工业化综合水平为特征量，通过 Arc GIS 软件空间表征功能，采用 Jenks 最佳分类法将其划分为 5 类，结果见图 4－11。由图 4－11 可知，高水平区为郑州和蚌埠；较高水平区为晋城、济源、洛阳、许昌、聊城、淮北，在郑州西部形成集中分布的连绵片区，另外其他市域单元零散地分布在东部、北部的外围区；中等水平为三门峡、焦作、新乡、开封、菏泽、周口、漯河、淮北，主要在中部地区集聚分布，部分分布在较高水平和高水平周围；较低水平区中，一部分在全区北部集聚分布，另一部分在区域南部、东南部、西南部分布；低水平区一方面在东部、东南部两两组团分布，另有运城、邢台零散分布在外围区。

同样按 Jenks 最佳分类的方法，将中原经济区各市域单元新型工业化综合水平 6 个子系统得分的计算结果进行聚类，可进一步分析其空间差异特征。由图 4－12 的分类结果可知，工业化科技支撑、科技研发支撑水平较高的地区，

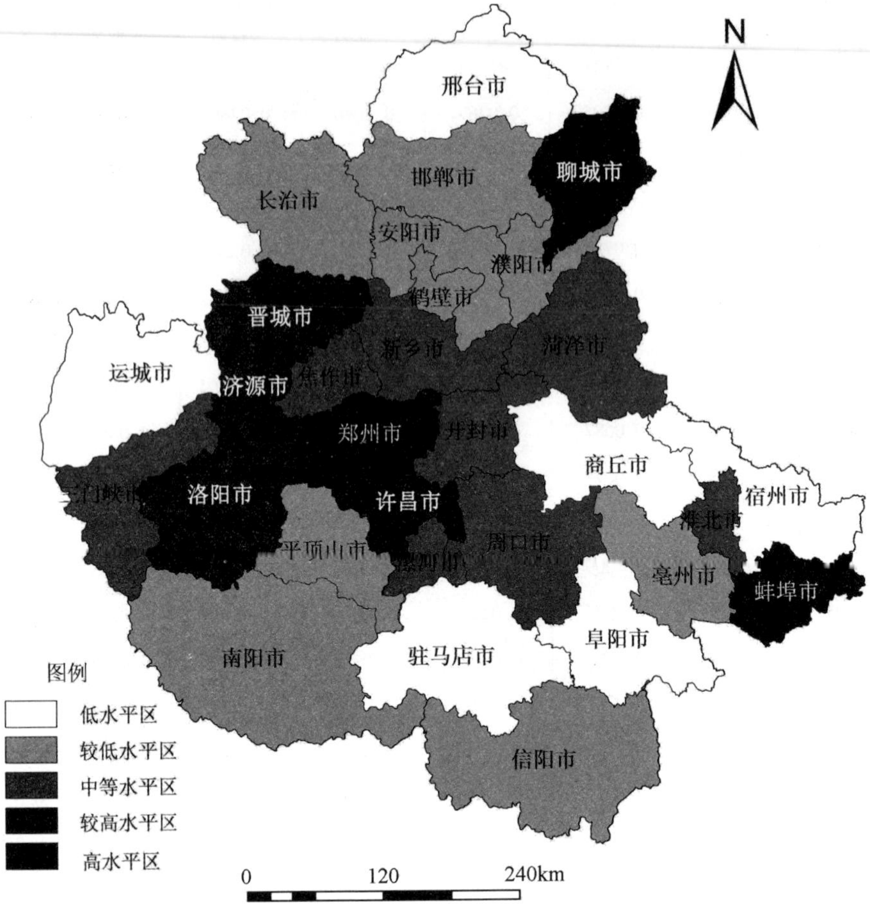

图 4-11　2014 年各市域单元新型工业化水平的空间格局

其综合水平也相应较高，如郑州、蚌埠、晋城、洛阳等地区，反之亦然，如驻马店、商丘、阜阳、宿州等地区的综合水平较低。工业效益、工业发展进程水平对区域新型工业化综合水平影响较小，这并不意味着两者的作用在降低，而从侧面反映了两者处在较稳定的变化状态。工业发展实力水平的影响能力有所下降，而工业环保能力的重要性不断提升，究其原因，资源节约、环境友好等绿色化的诉求已经成为工业化日趋重要的测度指标，绿色化战略对工业化进程提出了更高的要求。

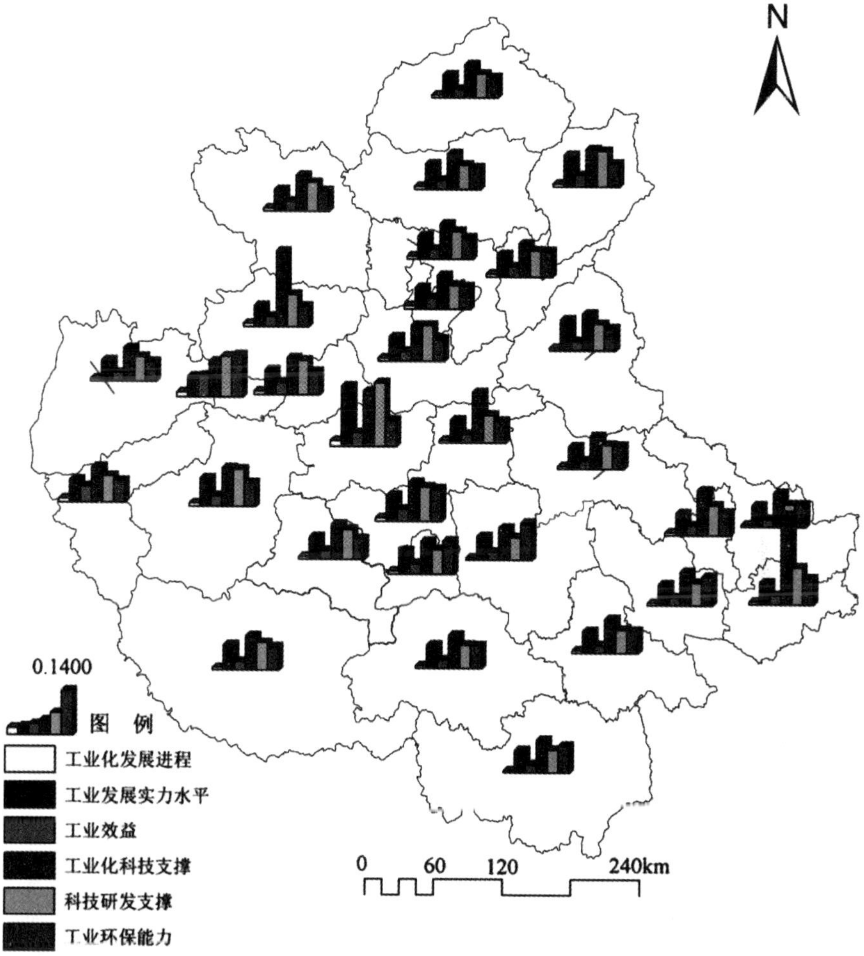

图 4－12　2014 年各市域单元新型工业化子系统水平的空间格局

5. 空间关联特征

为进一步探究中原经济区各市域单元新型工业化水平的空间关联特征，可通过 ESDA-GIS 分析方法中全局、局部空间自相关两种方法分析空间上观测值之间空间自相关分布情况。利用 Geo-Da 软件中空间自相关分析工具，计算 2014 年全区各市域单元新型工业化水平的空间关联状况，结果见图 4－13。

由计算结果 Moran's I 值为 0. 0137 可知，各市域单元新型工业化水平虽然出现了正的空间关联但集聚效应明显不强，甚至有呈现随机分布的可能。但为了进一步探究新型工业化水平的发展空间关联情况，仍进行了新型工业化水平的局部自相关情况分析。Moran's I 散点图是研究局域空间的异质性的象限变化图，

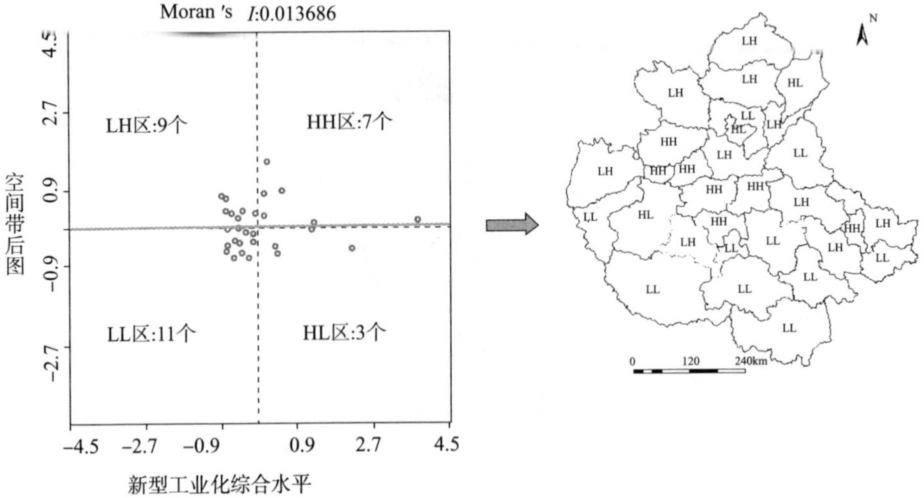

图 4－13　2014 年各市域单元新型工业化水平的 Moran's I 散点图

其横坐标代表标准化处理过的新型工业化综合水平，纵坐标代表由空间权重矩阵计算得出的相邻单元的空间滞后值。Moran's I 散点图中 4 个象限表达了某一区域和其临近区域四种类型的局域空间关联，第一象限为 High-High 区，第二象限为 Low-High 区，第三象限为 Low-Low 区，第四象限为 High-Low 区。计算结果显示 2014 年 High-High 区的个数为 7 个、High-Low 区为 3 个、Low-High 区为 9 个、Low-Low 区为 11 个。中原经济区有将近 1/3 的地区位于 Low-Low 区，这表明各市域单元之间的低值集聚效应明显，“近墨者黑”的空间关联效应明显。

为进一步了解 2014 年中原经济区各市域单元新型工业化水平的局部变化特征，可利用 Geo DA 软件中 Univariate LISA 模块分析 2014 年新型工业化水平的 LISA 值，并且在 Z 检验的基础上（p≤0.05）绘制 LISA 集聚分布图（图 4－14）。

根据 LISA 空间集聚图可反映地区新型工业化水平在空间上的关联状态，因此可将 Low-Low 值区设为“滞后集聚区”，High-High 值设为“快速增长区”，Low-High 值区为高增长地区的低值区，设为“沉降区”，High-Low 值区为低增长区内的高值区，设为增长“极化区”。由图 4－14 可知，显著 High-High 区在全区中西部的济源孤零出现，显著 Low-Low 区在南部的信阳出现，显著 High-Low 区和显著 Low-High 区集聚未出现。这表明中原经济区新型工业化发展在中西部地区出现了快速增长区，产生了“近朱者赤”的集聚临近效应；南部地区出现滞后集聚区，产生了“近墨者黑”的空间关联效应。但中原经济区新型工业化空间格局未出现“极化区”和“沉降区”的空间关联，这意味着新型工业

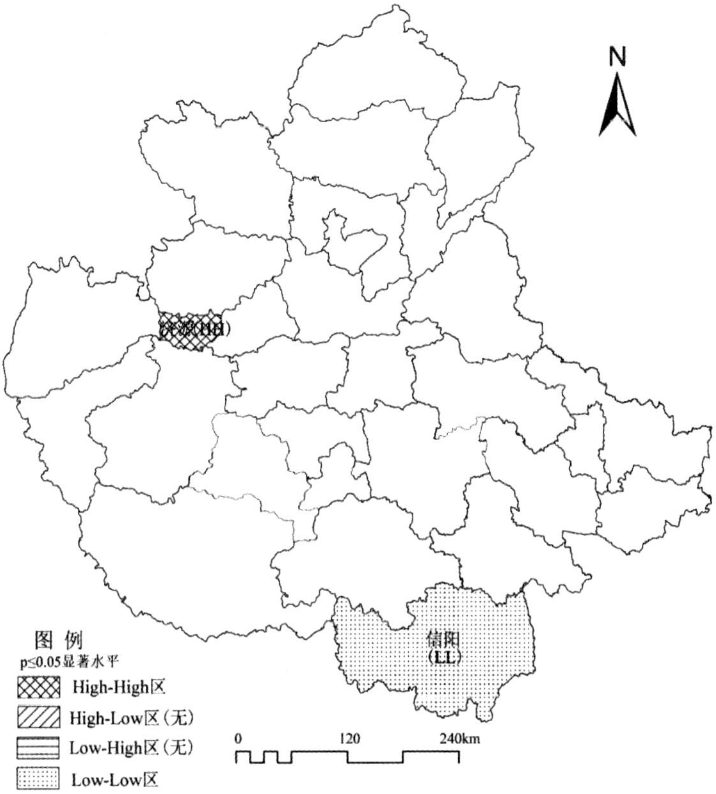

图 4－14　2014 年各市域单元新型工业化水平的 LISA 分布图

化 High-High 区的集聚并未产生较好的集聚—扩散效应，仍处于各自为战的发展局面。

6. 原因解读

时序特征：2003 年以前，中原经济区新型工业化水平处于平稳增长状态，增长幅度较小，其工业化发展进程、工业发展实力水平、工业效益、工业化科技支撑、R&D 支撑、工业环保能力都处于缓慢波动增长状态，这表明中原经济区在 1995—2003 年之间，对工业各方面虽然有所投入，但力度较小，所以对工业的发展没有较大的推动作用。面对传统工业化产生的各种问题，2002 年国家提出了新型工业化战略，强调走出一条科技含量高、经济效益好、资源消耗低、环境污染少、人力资源优势得到充分发挥的工业化之路。在新型工业化理念的指导下，中原地区不断调整产业结构、发展低碳经济、加大科技信息投入、注重生态环境保护等，2002 年之后中原经济区新型工业化水平不断提高，尤其是近几年大幅提升，保持良好的发展态势。2003 年《河南省全面建设小康社会规划》、2003—2012 年河南省政府工作报告、河南省“十一五”“十二五”国民经济与社会发展规划均强调了走新型工业化道路重要性，强调科技信息在经济社会诸领域的广泛应用，注重依靠科技进步和提高劳动者素质，大力推进产业结构和产品结构的优化升级，形成以高新技术产业为先导、基础产业和制造业为支撑、服务业全面发展的产业格局。2008 年底河南省提出了以产业集聚区为主的科学发展载体和现代产业体系、现代城镇体系、自主创新体系的“一个载体、三个体系”建设，有力地推动了中原地区的经济转型、结构调整。2009 年 12 底，国家发改委批准了《河南省循环经济试点实施方案》，强调将循环经济试点项目、工程与调整产业结构、加快经济转型、节能减排相结合，突出中原地域工农业复合循环经济特色。近年来，中原地区着力推动产业集聚建设与循环经济试点产业园区相结合，加快科技信息技术融入现代工业体系建设，不断“调结构、促转型”，经济效益水平与环境保护能力不断提高，新型工业化水平提升幅度很大。

空间特征：从空间分异看，郑州市新型工业化水平值最高，其工业发展实力、科技研发水平居第一且大幅领先其他城市，而环境保护能力水平则相对较弱。从现实看，郑州市作为全区的核心城市与河南之省会，集聚着中原地区的各种优势条件，经济结构调整、科技信息投入—产出、高新技术产业发展、战略性新兴产业培育等方面成效显著，加之优越的区位交通条件，经济效益水平与科技信息水平自然很高。然而在其快速成长、集聚—扩散的过程中，对资源环境系统的压力不断增加，产生了多且复杂的问题，仅依靠科技进步和加大整治力度难以改变环境保护能力弱的局面。蚌埠也处于高水平区，其工业化科技支撑位居第一，科技研发能力处于较高水平，但工业发展实力水平较低。较高水平区可分为四类，第一类是高科技支撑、较高科技研发型地区（洛阳、晋城），第二类是高工业环保、高工业效益型地区（济源），第三类是高工业实力、较高科技研发型（聊城），第四类是高工业环保能力、较高科技研发支撑型（许昌）。从现实情况看，洛阳、晋城科技水平高，有较好的科技研发能力，因而其新型工业化水平较高。济源的工业环保能力和工业效益在区域内属于领先地位，但其他方面能力相对较弱，因而其新型工业化水平较高。聊城科技研发能力相对较好，工业实力强，因而其新型工业化水平较高。许昌的工业环保能力较为突出，科技研发较好，因此其新型工业化水平较高。中等水平区为新乡、焦作、开封、周口、漯河、菏泽、淮北，大致分为两类，新乡、开封、焦作、淮北的科技研发能力较强，但工业效益较低；而周口、漯河的工业环保能力较高，但其他方面能力较弱，因此总体水平一般。

较低、低水平区集中分布在豫北、豫南，连片分布，对比现实发展情况可知，该类区域经济发展水平不高、科技信息型与战略新型产业较少，城镇化水平滞后，因而造成了该类区域工业发展实力水平、工业科技支撑能力、科技研发能力、工业环保能力弱的特点。

从空间关联特征看，显著 High-High 区为济源，其与周边具有较高的正向空间邻近效应。从现实来看，济源工业发展势头迅猛，工业化率在 60% 以上，既有具有传统优势的电力能源业、矿产资源业、加工制造业、有色金属冶炼及压延加工业、化工化纤、装备制造业，又有生物医药、光伏、光电、新材料等战略新兴产业，且该地区很多行业的专门化程度较高。该市在推动产业结构升级的同时，不断打造自己的创新产业承载平台，济源市政府 2002 年规划建设高新技术产业孵化基地，高新产业集聚区建设规模、潜力不断加强。信阳处于显著 Low-Low 区，其处在低值集聚区的南部滞后区，工业化发展进程、工业发展实力水平、工业效益、工业科技支撑、科技研发水平均不高，这意味着该区域既没有雄厚的工业基础、科技化、信息化技术融入也不充分。

（三）新型农业现代化的发展水平

1. 基本背景

中原经济区作为国家粮食生产核心区，肩负着国家粮食战略安全的重任。因此，不断提高新型农业现代化水平，是中原经济区参与国家区域分工的战略要求，是保障国家粮食安全、实现社会主义现代化建设的必然要求。近年来，中原经济区始终坚持强化农业基础地位不动摇，始终坚持粮食生产不放松，主要农产品产量、农业经济总量位居全国前列，成为名副其实的粮食大区、农业大区。其主体区河南省作为全国第一农业大省，省委省政府高度重视“三农”工作，在国家实施“以工哺农、以城带乡”的大背景下，通过支农惠农和扶持政策有力地激发了广大农民发展农业和粮食生产的积极性，近年来粮食产量连续增产，稳居全国第一，实现新型工业化和新型城镇化快速推进的同时保证农业的稳步推进。

中原经济区具有农产品生产加工的比较优势，食品工业已成为河南省六大优势产业之一，在全国具有重要地位。因此，2010 年，时任河南省省长的郭庚茂指出：“立足农业资源，推进产业化经营，拉长产业链条，构建大食品产业生产和服务体系，是加快新型农业现代化的有效载体。”近年来，河南省不仅重点加强了百户重点企业和 50 户高成长企业以促进农业产业化进程，同时加大了农民在农村工业和其他非农产业就业的扶持力度，来自农村现代农业和非农产业的收入不断增加，为农村经济的繁荣积累了资金和增添了活力。

但整体看，中原经济区当前的农业形势与现代化的农业要求仍有很大差距：①农村人口基数大，整体素质不高。2014 年中原经济区乡村人口 9607.50 万，占全区比重 55.12%。乡村人口基数大，人均耕地约 1.1 亩，整体素质不高，从业压力大。②农业基础仍需进一步巩固。耕地资源和水资源短缺，农业经营规模偏小，农业基础设施比较薄弱，投入不足，粮食稳定增产的机制尚不健全，抗灾能力不强。③农业结构不合理，产业化发展滞后。一方面，农业种植业比重高，粮食作物生产比重高，2014 年河南省粮食作物比重达 70.4%。另一方面人多地少，农户分散经营多，产业化水平滞后，农业劳动效率为国家平均水平的 85% 左右。④农业科技水平不高，信息化建设远不适应。全区农业发展缺乏具有带动全局性和战略性的重大技术、重大产品和重大系统，缺乏必要的农业信息技术规范和标准，研发、转化、推广能力弱，科学实用技术普及不够。目前农民拥有计算机的比率还很低，电视、广播等仍然是当前农民获取信息的主要渠道，信息化建设还远不能适应农业现代化的发展需要。

因此，推进新型农业现代化，不仅能更好地为中原经济区新型城镇化、新型工业化提供土地、劳动力等要素支撑，而且有利于推进现代农业的机械化、规模化、产业化、信息化、科技化，也为经济社会发展提供强有力的基础支撑，推动社会主义现代化建设的稳步前行。

2. 评价方法与指标体系

同新型城镇化、新型工业化水平一样，一个地区新型农业现代化水平是区域内各种要素交互作用的结果，它也是由多种要素组合形成的指标体系，因此适合用熵权灰色关联模型进行定量分析与状态评价。参考已有研究成果，结合本文对新型农业现代化内涵本质的理解，根据指标体系选取的主导性、可比性、可获取性、综合性、独立性和导向性，构建新型农业现代化水平评价的分层指标体系（表 4－7）。具体而言，通过耕地面积、第一产业从业人员数、第一产业增加值、农林牧渔业总产值、省级农业产业化重点企业数等指标反映农业整体发展水平；通过第一产业从业人员比重、农民人均农业机械总动力、农业机械化综合水平、农田有效灌溉率、农村人均用电量等指标反映农业机械化水平；通过单位面积粮食产量、单位面积油料作物产量、乡村人口人均第一产业增加值、农业土地效率、农业劳动生产效率等指标反映农业生产效率和效益；通过农民人均纯收入、农村恩格尔系数、农民人均可支配性生活消费支出、农村居民交通和通讯支出、农村居民平均房屋面积等指标反映农村居民生活水平；通过森林覆盖率、人工造林面积、农村改水受益率、农村卫生厕所普及率、单位耕地化肥使用量等指标来反映农业生态环境（绿色化）的状况。

表 4－7 新型农业现代化综合水平指标体系

农业现代化	指标	指标解释
农业整体发展	耕地面积	反映农业可以利用土地的数量
	第一产业从业人员数	反映从事农业的劳动力状况
	第一产业增加值	反映农业经济增长状况
	农林牧渔业总产值	反映一定时期内农业生产总规模和总成果
	省级农业产业化重点企业数	反映产业对农业的带动作用
农业机械化	第一产业从业人员比重	反映从事农业的劳动力占总劳动力的比重
	农民人均农业机械总动力	反映农民人均占有的机械动力
	农业机械化综合水平	反映农业机械化水平
	农田有效灌溉率	反映农业基础设施状况
	农村人均用电量	反映农业用电状况
农业生产效率和效益	单位面积粮食产量	反映农业单位面积生产粮食情况
	单位面积油料作物产量	反映农业单位面积生产经济作物情况
	乡村人口人均第一产业增加值	反映农业人均经济增长情况
	农业土地效率	反映农村土地的生产效率
	农业劳动生产率	反映农业劳动的生产效率
农村居民生活	农民人均纯收入	反映农民的生活水平状况
	农村恩格尔系数	反映农村家庭的经济水平
	农民人均可支配性生活消费支出	反映农民的消费水平状况
	农村居民交通和通讯支出	反映了农民的消费层次水平
	农村居民平均房屋面积	反映农民的基本需求状况
农业生态环境（绿色化）	森林覆盖率	反映农业的生态环境水平
	人工造林面积	反映农业的生态保护状况
	农村自来水普及率	反映农民供水状况
	农村卫生厕所普及率	反映使用卫生厕所的农户数与农民总户数的比率
	单位耕地化肥使用量	反映农业发展投入对环境的影响状况

注：①数据来源于1996—2015年《河南统计年鉴》《湖北统计年鉴》《河北经济年鉴》《安徽统计年鉴》《山西统计年鉴》《陕西统计年鉴》《山东统计年鉴》《中国统计年鉴》《中国城市统计年鉴》《中国区域经济统计年鉴》及相关地市的统计年鉴、统计公报。②鉴于数据的统一性，时序分析以主体区河南省的数据进行分析。③为了保持数据的统一性和可获取性，进行时间序列分析时用农村自来水普及率代替农村改水受益率。

3. 时序演化特征

通过上述熵权灰色关联模型进行计算，1995—2014 年中原经济区农业现代化综合水平见表4－8、图4－15。

表4－8　1995—2014 年新型农业现代化水平变动情况

年份	农业整体发展	农业机械化	农业生产效率和效益	农村居民生活	农业生态环境（绿色化）	综合水平
1995	0.0783	0.0564	0.0685	0.0823	0.0810	0.3664
1996	0.0793	0.0604	0.0716	0.0845	0.0795	0.3755
1997	0.0805	0.0644	0.0724	0.0857	0.0683	0.3714
1998	0.0817	0.0690	0.0744	0.0861	0.0698	0.3810
1999	0.0880	0.0759	0.0774	0.0877	0.0701	0.3992
2000	0.0986	0.0795	0.0762	0.0890	0.0706	0.4138
2001	0.0953	0.0809	0.0771	0.0907	0.0705	0.4145
2002	0.0952	0.0727	0.0792	0.0917	0.0770	0.4157
2003	0.0926	0.0748	0.0706	0.0926	0.0880	0.4186
2004	0.0942	0.0793	0.0832	0.0942	0.0841	0.4349
2005	0.0949	0.0830	0.0897	0.0985	0.0811	0.4472
2006	0.0973	0.0892	0.0991	0.1058	0.0806	0.4720
2007	0.1033	0.0976	0.1092	0.1148	0.0781	0.5030
2008	0.1138	0.1069	0.1212	0.1193	0.0966	0.5579
2009	0.1353	0.0969	0.1235	0.1285	0.1084	0.5926
2010	0.1479	0.1012	0.1362	0.1352	0.0904	0.6110
2011	0.1567	0.1167	0.1455	0.1493	0.0936	0.6618
2012	0.1679	0.1282	0.1649	0.1764	0.1003	0.7377
2013	0.1865	0.1404	0.1883	0.1857	0.0942	0.7951
2014	0.2082	0.1499	0.1983	0.2382	0.1164	0.9111

由图4－15 可知，除 1997 年出现小幅下降外，新型农业现代化水平不断提高，并且 2004 年之后增长幅度较大。从农业整体发展水平和农村居民生活水平方面看两者均呈现较稳定的增长，并且这两项的增长状况与新型农业现代化水平相似。这表明中原经济区在农业的整体发展状况与农民生活改善等方面取得了较好成效；从农业生产效率和效益方面看，1995—2003 年处于波动下降趋势，2004 年以后开始进入快速发展时期；从农业机械化水平来看，总体上属于波动上升的发展态势，出现了 2002 年和 2009 年两个低值点；从农业生态环境

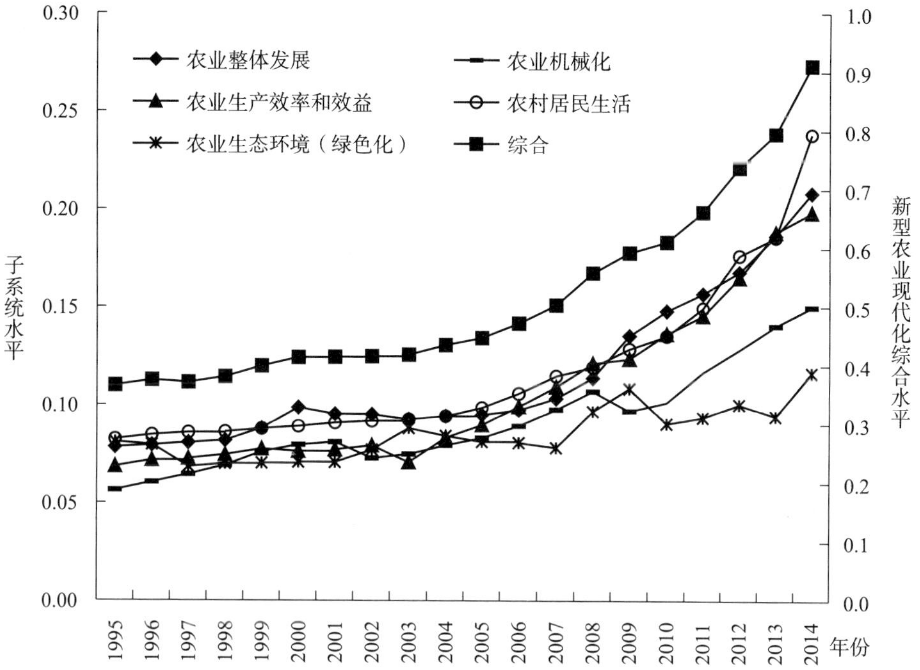

图 4－15　1995—2014 年新型农现代化水平变动情况图

水平看，整体波动变化较大，呈现不稳定状态，2003—2013 年期间与社会发展水平、新型农业现代化综合水平呈现相反的趋势，这表明中原经济区农业现代化发展在一定程度上对环境造成了破坏或者说产生了严重影响。但总体看来，中原经济区农业现代化发展呈现较好的发展趋势，为新型城镇化、新型工业化推进提供了较好的基础支撑。

从中原经济区新型农业现代化综合水平与农业机械化综合水平对比看（图 4－16），新型农业现代化综合水平与农业劳动生产率总体变化趋势较为一致，但单项指标的变化的波动状况更剧烈些，特别是 1999—2001 年波动变化较为剧烈。两者总体变化特征较为一致，这表明农业现代化水平在逐渐提升，整体发展水平向较好的趋势发展。

4. 空间分异特征

为更好地分析中原经济区新型农业现代化水平的空间差异状态，本文基于 2014 年数据通过熵权灰色关联模型计算 30 个市域单元的新型农业现代化综合水平（表 4－9），从而分析其空间格局特征。由表 4－9 可知，中原经济区各市域新型农业现代化综合水平存在较大差异，南阳市综合得分达 0. 7403，高于其

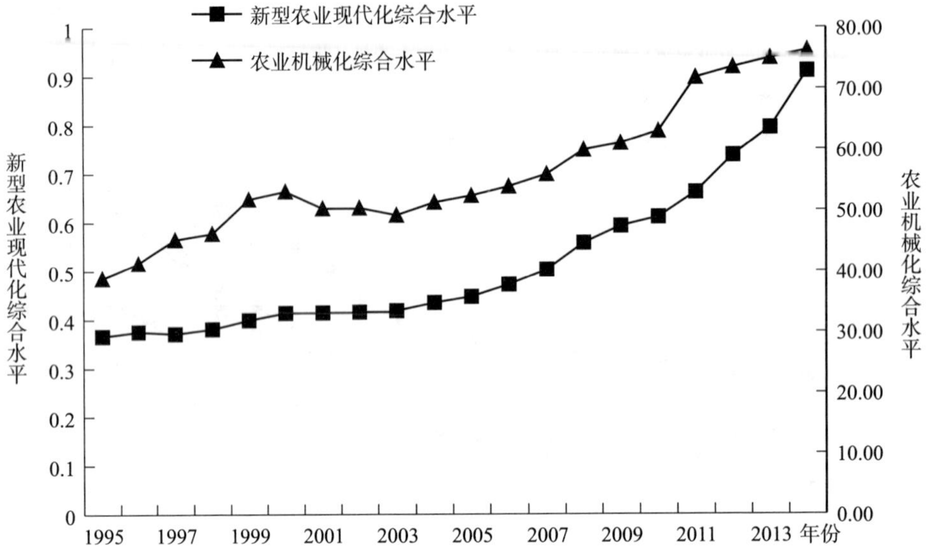

图 4-16　1995—2014 年新型农业现代化水平与农业机械化综合水平对比图

他市域单元，呈一枝独秀的状态；邯郸、周口、信阳、驻马店的综合得分均超过 0.55，新型农业现代化水平同样较高；聊城、商丘、新乡的综合得分在 0.50 ~0.55 之间，新型农业现代化水平相差不大；晋城、邢台、菏泽、洛阳、运城等 22 个市域单元的综合得分在 0.5 以下，占地区总数的 73.3%，新型农业现代化发展水平较低。整体而言，南阳、邯郸、周口、信阳、驻马店 5 市的新型农业现代化水平与其他地区差别较大，其余地区相邻之间的差距较小，新型农业现代化水平的等级层次不明显。

表 4-9　2014 年各市域单元的新型农业现代化综合水平

城市	农业整体发展	农业机械化	农业生产效率和效益	农村居民生活	农业生态环境（绿色化）	综合
郑州市	0. 1775	0. 0923	0. 0417	0. 0616	0. 0999	0. 4731
开封市	0. 2027	0. 0748	0. 0628	0. 0290	0. 0933	0. 4626
洛阳市	0. 1986	0. 0661	0. 0429	0. 0337	0. 1489	0. 4901
平顶山市	0. 1766	0. 0646	0. 0408	0. 0259	0. 0901	0. 3980
安阳市	0. 1879	0. 0813	0. 0501	0. 0311	0. 0964	0. 4467
鹤壁市	0. 1497	0. 0770	0. 0561	0. 0352	0. 1104	0. 4284

续表

城市	农业整体发展	农业机械化	农业生产效率和效益	农村居民生活	农业生态环境（绿色化）	综合
新乡市	0.1912	0.1415	0.0533	0.0304	0.0944	0.5108
焦作市	0.1649	0.0869	0.0664	0.0390	0.0981	0.4554
濮阳市	0.1716	0.0715	0.0528	0.0282	0.0965	0.4206
许昌市	0.1851	0.0683	0.0482	0.0323	0.0947	0.4286
漯河市	0.1604	0.0671	0.0477	0.0288	0.0907	0.3947
三门峡市	0.1565	0.0589	0.0502	0.0301	0.1229	0.4185
南阳市	0.3946	0.0629	0.0457	0.0270	0.2100	0.7403
商丘市	0.2716	0.0756	0.0531	0.0257	0.0945	0.5205
信阳市	0.3074	0.0640	0.0552	0.0248	0.1205	0.5720
周口市	0.3549	0.0650	0.0494	0.0255	0.0921	0.5870
驻马店市	0.3066	0.0722	0.0476	0.0261	0.0984	0.5510
济源市	0.1377	0.0804	0.0404	0.0606	0.1055	0.4246
邯郸市	0.2873	0.0988	0.0563	0.0343	0.1334	0.6101
邢台市	0.2225	0.0827	0.0466	0.0294	0.1115	0.4926
长治市	0.1604	0.0610	0.0352	0.0287	0.1188	0.4041
晋城市	0.1478	0.0732	0.0331	0.0304	0.2144	0.4989
运城市	0.2128	0.0790	0.0383	0.0267	0.1195	0.4764
聊城市	0.2359	0.0873	0.0537	0.0296	0.1272	0.5337
菏泽市	0.2245	0.0911	0.0447	0.0270	0.1038	0.4911
蚌埠市	0.1794	0.0844	0.0764	0.0279	0.0953	0.4633
淮北市	0.1494	0.0779	0.0415	0.0292	0.0931	0.3912
阜阳市	0.2375	0.0631	0.0401	0.0258	0.0941	0.4605
宿州市	0.2225	0.0675	0.0490	0.0259	0.0942	0.4592
亳州市	0.2029	0.0692	0.0500	0.0276	0.0952	0.4449

以各地区的新型农业现代化综合水平为特征量，通过 Arc GIS 软件空间表征功能，采用Jenks 最佳分类法将其划分为5 类，并用同样的方法将中原经济区各市域新型农业现代化综合水平 5 个子系统得分的计算结果进行分类（图 4－17），可进一步分析其空间差异特征。

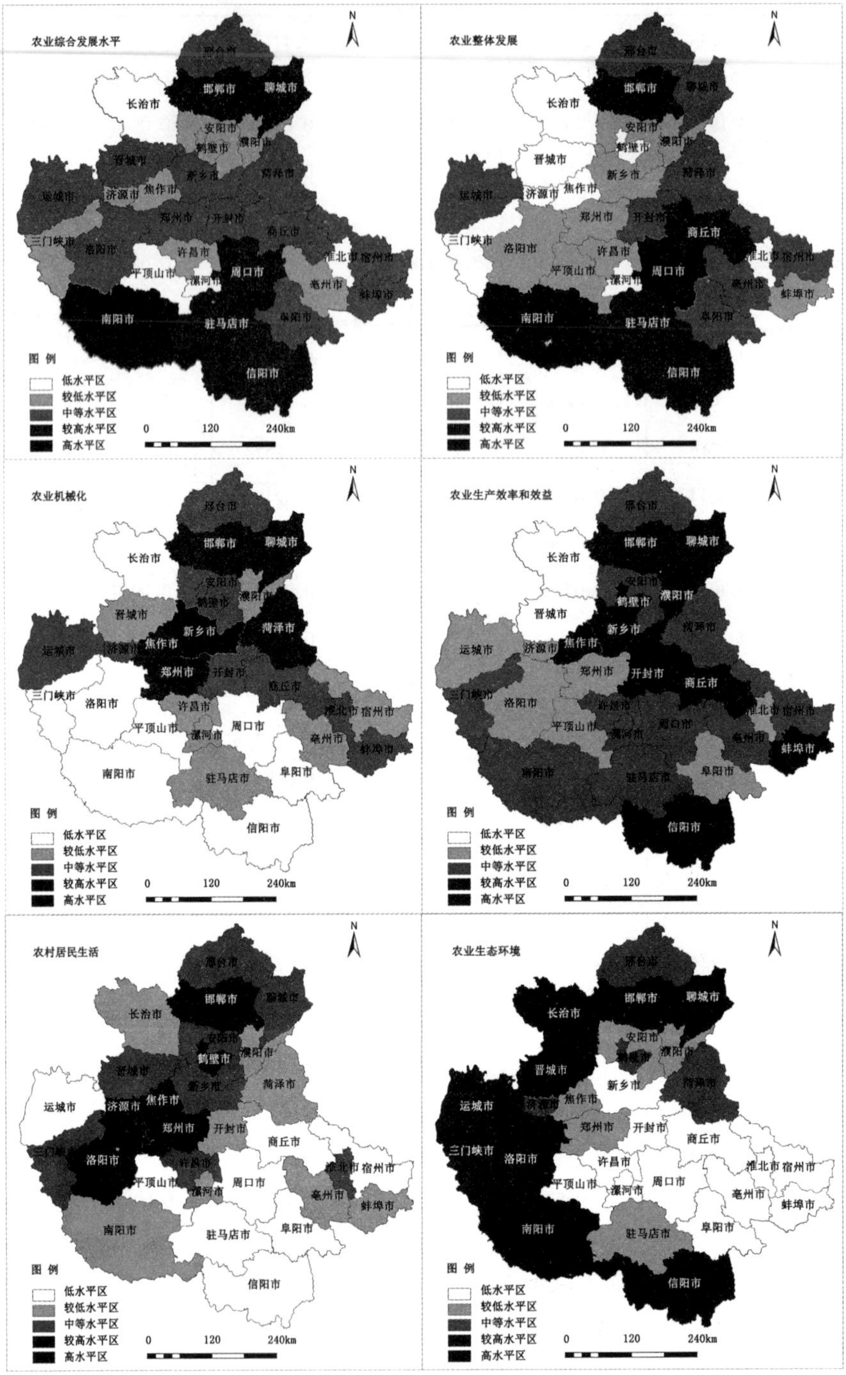

图 4－17　2014 年各市域单元的新型农业现代化综合及子系统水平的空间格局

从新型农业现代化综合水平来看，高水平区仅有南阳市。较高水平区为周口、驻马店、信阳、邯郸、聊城5个城市，在区域的南部、北部外围区集中分布，形成片状集中区。中等水平区有10个市域单元，分别是运城、晋城、洛阳、郑州、新乡、开封、商丘、菏泽、宿州、蚌埠、邢台，主要在中部、东部、西部形成大范围的连绵集聚区，部分分散在北部外围区。较低水平区有安阳、濮阳、鹤壁、济源、焦作、三门峡、许昌、亳州8个市域单元，三门峡、济源、焦作在西部连续分布，安阳、鹤壁、濮阳在中北部形成集聚，许昌和亳州零散地分布在全区的中南部。长治、平顶山、漯河、淮北为低水平区，零散地分布在全区的西北外围区、中南部、东南部地区。从整个分布格局看，后三种类型的区域占据了绝对主导并形成大范围连绵分布区，高水平区、较高水平区分布范围小且在中原经济区的南部、北部集中，中南部、东南部、中北部普遍偏低，整个区域的分布格局极其不平衡且局部差异较大。

从农业整体发展水平看，基本呈现西北—东南分异的空间格局。具体而言，农业经济发展高水平区有2个市域单元，分别是南阳和周口，分布较分散；较高水平区有4个市域单元，分别为驻马店、信阳、商丘、邢台，除邯郸在区域北部分布，其余3个市均在南部分布；中等水平区有邢台、聊城、菏泽、开封、宿州、亳州、阜阳、运城，主要分布在较高水平的周边且在外围区域；较低水平区有8个市域单元，蚌埠单独在区域的东南部外围区分布，安阳、濮阳、郑州等7个市域单元在中部、中西部地区形成连绵片区；低水平区有8个市域单元，主要在西北部集中分布，鹤壁、漯河、淮北分布较为零散。

从农业机械化水平来看，高水平区仅有新乡一个市域单元；较高水平区为郑州、焦作、菏泽、邯郸、聊城5个市域单元，分布在中部及北部地区，郑州、焦作与邯郸、聊城两两组团分布；运城、济源、安阳、鹤壁、开封、商丘、淮北、蚌埠为中等水平区，主要分布在高水平区与较高水平区周边，开封、商丘、淮北、蚌埠在东部形成带状集聚区，安阳、鹤壁与运城、济源两两组团分布；较低水平区有6个市域单元，许昌、漯河、驻马店在中南部形成带状区，其余市域单元分布较为分散；全区以东西轴线为界，低水平区基本在南部地区集中分布。

从农业生产效率和效益方面看，高水平区有3个市域单元，分别是焦作、开封、蚌埠，分布于中部、东南部；较高水平区有7个市域单元，除信阳外，其余主要分布在北部地区，形成连绵的片区；中等水平区包括11个市域单元，除邢台位于西部外，其他呈带状或成片状分布在西部、南部地区；较低水平区有8个市域单元，济源、洛阳、运城、平顶山在西部集中成片区，而淮北和阜阳则分散于中等水平区的周边；低水平区为长治和晋城，两两组团分布在西北部外围区。

从农村社会发展水平来看，呈现出明显的地域分异规律。具体而言，高水平区包括郑州和济源 2 个市域单元；较高水平区在空间分布上，一方面洛阳、焦作、鹤壁、邯郸，洛阳、焦作分布在高水平区周围，另一方面邯郸和鹤壁分布在区域的北部；中等水平区包括 8 个市域单元，除淮北外，其余分布在高水平区、较高水平区的周围且形成范围较大的集聚片区；较低水平区在中等水平区的基础上向外扩散；低水平区一方面集中于中南部地区，包括商丘、周口、驻马店、阜阳、信阳、平顶山、宿州，形成一个规模较大的片区，另一方面运城单独在西部外围分布。

从农业生态环境（绿色化）状况看，高水平区为晋城、南阳，分布在西北部和西南部外围区；较高水平区包括洛阳、三门峡、运城、长治、邯郸、聊城、信阳 7 个市域单元，其中运城、三门峡和洛阳在区域西部形成集聚区，长治、邯郸、聊城在北部形成带状区，而信阳单独在南部分布；中等水平区紧邻着高水平、较高水平区在全区中部、南部、北部，两两组合分布；较低水平区有 12 个市域单元，占据全区的大部分范围，在中部及东部形成大范围集聚区。

5. 空间关联特征

同样，利用 Geo-Da 软件中空间自相关分析工具，计算 2014 年中原经济区各市域新型农业现代化水平的空间关联状况（图 4 – 18）。由计算结果 Moran's I

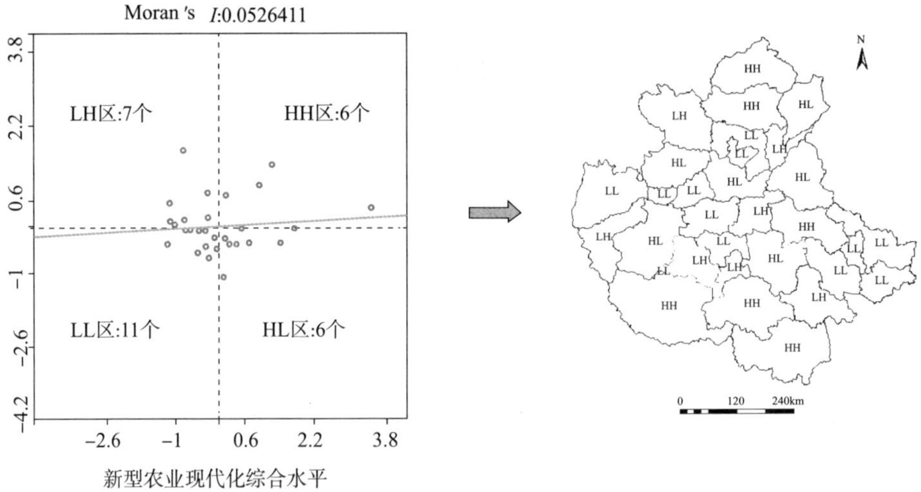

图 4 – 18　2014 年各市域新型农业现代化的 Moran's I 散点图

值为0.0526可知，各市域新型农业现代化水平集聚的现象不明显。但为了进一步探究新型农业现代化水平的发展空间关联情况，仍分析新型农业现代化水平的空间关联情况。由图4－48可知，2014年新型农业现代化High-High区的个数为6个、High-Low区为6个、Low-High区为7个、Low-Low区为11个。单从个数而言，有将近1/3的地区位于Low-Low区，这意味着低值的正向关联效应明显，“近墨者黑”的集聚分布状态明显。

进一步地，可利用Geo DA软件中Univariate LISA模块分析2014年新型农业现代化水平的LISA值，并且在Z检验的基础上（p≤0.05）绘制LISA分布图（图4－19）。

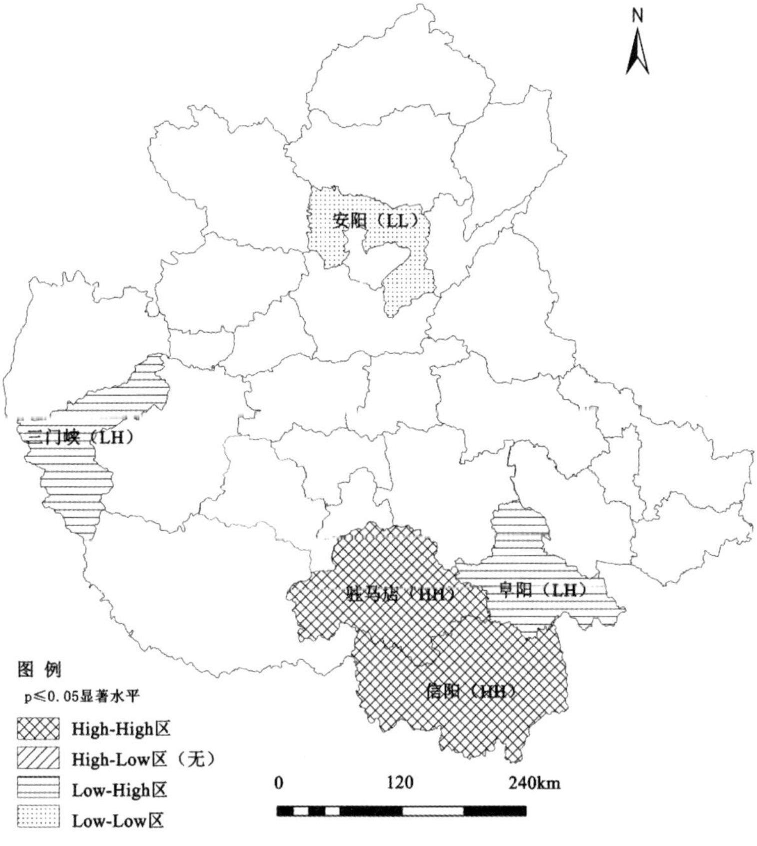

图4－19　2014年各市域新型农业现代化水平的LISA分布图

由图4－19可知，驻马店和信阳位于显著HH区，显著HL区未出现，三门峡和阜阳位于显著LH区，安阳处于显著LL区。由此结合Moran散点图可知，中原经济区新型农业现代化的高水平区、较高水平区在南部出现正向空间关联并形成显著 HH 区，形成快速发展区；新型农业现代化的低水平区在北部出现正向关联并形成显著 LL 区，这表明新型农业现代化的低水平区未形成滞后集聚区；不存在显著 HL 区，这意味着在研究区域内未出现极化效应地区；显著 LH 区仅有三门峡和阜阳两个市域单元，三门峡独自分布在西部地区，阜阳则分布于两个 HH 区附近，这表明该区域的新型农业现代化发展未出现联动效应，发展速度有所下降。

6. 原因解释

（1）时序特征：经过十几年的探索和发展，中原经济区农村地区的经济社会发展水平、农业生产条件和农业生态环境均取得了较大变化。在新型农业现代化各子系统的叠加影响下，新型农业现代化综合水平自 1995 年以来也明显加快，近期呈现明显提升的发展态势。总体看来，结合现实情况和时序变化特征，影响中原经济区新型农业现代化水平的时序演变的主要方面可归纳如下：①农业生产水平、综合实力明显提高，农产品实现了由过去的短缺向总量平衡的转变，粮食产量逐年增收，实现了工业化和城镇化高速发展的同时保证了农业发展的稳步推进；②农业生产的土地效率、劳动效率和商品率的提高，农业的现代化发展已从受资源约束转变为受市场需求和资源条件的双重约束，市场在农业市场中的基础性配置作用越来越明显；③伴随着农村居民生活水平的提高，对生活的追求已由“吃、喝、穿”温饱需求向精神财富需求的转变，农业食品向高端化、多样化、营养化、优质化等方向发展；④农业生产力的提高由传统的资源开发向科技进步转变，并且科技投入在农业生产中的比重明显增加；⑤近年来城乡联动发展的进程加快，城乡基础、公共设施的共建共享投入加大，农村经济发展的对外开放程度不断提高。上述的各种变化表明中原经济区农村、农业经济已迈入一个新的历史发展时期，部分发展水平较好的区域已率先步入实现新型农业现代化的进程，为探索中原经济区实现新型农业现代化提供宝贵经验和前期条件。

（2）空间特征：从空间分异特征看，南阳处于高水平区，一方面该市农业地理环境优越，农业规模和效益水平、农业机械化水平较高，有利于促进农业整体发展和农业生态环境又好又快发展，从而有利于农业的综合发展水平的提高；另一方面该市近年来以高效生态经济示范市建设为统揽，围绕稳粮、转型、增效，按照“保粮食、保生态、保民生、促增产、促增效、促增收”的工作思路，坚持以工业理念经营农业，夯实农业基础、强化科技支撑、推进产业融合、保护农业生态、改善农村民生，有效推进了“三农”发展。聊城、邯郸、周口、驻马店、信阳处于较高发展水平区，并分别在北部和南部地区形成集聚区。邯郸和聊城在农业整体发展、农业机械化、农业生产效率和效益以及农业生态环境方面发展水平较高，因而其总体发展水平较好；周口、驻马店和信阳虽然其农业机械化水平和农村居民生活发展水平相对较低，但是凭借其较好的农业整体发展水平和不错的农业生产效率和效益位居较高发展水平。位于主体区的郑州、洛阳、开封、商丘、新乡和位于外围区的邢台、晋城、运城、阜阳、蚌埠、宿州、菏泽处于中等水平区。从子系统得分看，除郑州、新乡、菏泽农业机械化水平处于中等以上外，其余各市农业机械化水平均处于中等及以下水平；除郑州和洛阳农业生产效益和效率水平处于较低水平外，其余各市农业生产效益和效率水平都处于中等及以上水平；除郑州和洛阳农村居民生活水平水平较高外，其余各市域单元居民生活水平都处于较低、低水平区；除晋城、运城、洛阳农业生态环境水平在中等水平以上外，其余各市农业生态环境水平均在较低、低水平区，因而这些区域总体发展水平一般。安阳、鹤壁、濮阳、焦作、济源、三门峡、许昌、亳州位于较低水平区。该类区域农业整体发展水平不高，农业生产条件低，农村居民生活水平不高，农业生态环境低，因此处于较低发展水平区。长治、平顶山、漯河、淮北位于低水平区。该类区域农业整体发展水平低，农业生产效率和效益不高，农村社居民生活水平较低，加之农业生产条件的现代化速度较慢，除长治农业生态环境保护较好外，其余各市农业环境保护不力，故处于低水平区。

从空间关联看，驻马店和信阳处在显著 HH 区，表明驻马店和信阳正向临近效应作用较强，对周边地区产生带动作用，但从更大的范围看产生的集聚效应不明显，须提升各自水平以谋求地区联动的新型农业现代化片区形成。未出现显著 HL 区，表明高水平区的极化效应不强，借助周边地区的各种效应提升自身实力的能力不够。三门峡和阜阳位于显著 LH 区，这表明该区域的新型农业现代化发展出现相异的空间关联效应，形成高值集聚的塌陷区。显著 LL 区为安阳，一方面表明该类区域自身水平提升慢，另一方面表明该类区域周边也是 LL 区，没有可以支撑的发展环境。因而全区一方面需加大对低水平区政策环境的支撑，另一方面须培育新的增长极点，带动该类区域的共同发展。

（四）信息化的发展水平

1. 基本背景

中原经济区作为国家重要的粮食生产和现代农业基地，在巩固提升国家粮食安全的同时，非常重视信息化对农业化、城镇化和工业化的融入，因此，河南省提出了持续探索信息化背景下“两不三新”三化协调的现代化发展道路，增强了信息化对其他“化”的加速助推作用。近年来，信息技术对产业结构升级、城乡居民生活的信息化的支撑作用日益明显，信息化逐渐成为推动区域经济和社会发展的关键因素。中原经济区是实现中原崛起、河南振兴的重要支撑载体平台，发挥其对河南省经济发展的拉动和辐射作用，也必然要发挥信息化产业的支撑和信息化的“通道”加速作用。因此，信息化必然是河南省经济发展战略的重要考虑因素之一。2010 年以来，河南省信息化基础设施建设不断提速，河南省不断出台支持河南省信息化发展的政策，为河南省信息化事业的发展提供了有力的支撑和保障。2011 年《指导意见》提出，要加快信息网络设施建设，实施数字中原、智慧中原、光网城市等重大信息基础设施建设工程，支持重大应用网络平台和信息安全基础设施建设，促进新一代移动通信、下一代互联网、物联网等通信技术产业的发展等，对中原经济区的信息网络设施建设指明了方向并提供了战略保障。2012 年河南省人民办公厅出台《2012 年河南省信息化建设专项方案》，明确了当前和今后一段时间河南省信息化战略的工作方向与重点，对信息网络基础设施建设、信息服务产业提速发展、电子政务和社会事业的信息化建设、信息化与工业化的融入、信息化支撑体系建设等方面进行了重点安排。2013 年，河南省人民政府出台《关于加快信息化促进“四化”同步发展的意见》，为河南省信息化深度融入城镇化、工业化、农业现代化进行了统筹安排。2014 年河南省人民政府出台《“宽带中原”战略及实施措施》，明确了“宽带中原”的建设战略意义和具体的宽带建设的目标任务，为河南省信息化“通道”平台建设提供了有力支撑。《河南省国民经济与社会发展第十三个五年规划纲要》明确指出，要做优农业，做强工业、做大服务业、培育网络经济新业态，建设先进制造业大省、现代农业大省和网络经济大省，足见信息化对产业发展的支撑和网络经济大省的建设的作用更加突出。

从上述河南省信息化发展情况可知，无论从河南省的信息化的战略引领和政策保障，还是从河南省信息基础设施建设的步伐、信息化对产业结构调整和经济发展方式转变的支撑、信息网络设施建设的力度、信息化重大工程建设的目标等方面可以看出，河南省各级政府围绕国民经济和社会发展需要，在信息化产业发展、信息化基础设施建设等方面取得了长足进步。但从整体上看，中原经济区信息化的发展还存在一些问题：①信息基础设施一体化建设缺乏。目前，河南省城市已经实现宽带完全覆盖，但是在农村还存在上网速度慢，上网困难等问题，城乡信息基础设施差距依然较大。②信息内容存在同质化现象。信息平台搭建存在反复建设的问题，特别是在农村信息化平台建设的过程中，由于顶层设计和标准不统一，因此出现了农村综合信息服务平台建设重复的现象，导致资源的浪费。③信息产业结构不合理，缺乏核心技术。在信息产业的相关产业链中，不同环节、行业的技术含量差异较大。普遍缺乏核心技术，使得信息产业无法实现技术溢出和从业人员的培养，无法使信息化充分发挥其推动产业发展的作用。④网络安全性差。河南省的网络安全管理存在多头管理、职能交叉、权责不一、效率不高等问题，没有网络安全，对信息化的发展就会造成很大的危害。

2. 评价方法与指标体系

同新型城镇化、新型工业化、新型农业现代化水平一样，一个地区信息化水平是区域内各种要素交互作用的结果，它也是由多种要素组合形成的指标体系，因此适合用熵权灰色关联模型进行定量分析与状态评价。本书参考学者已有的研究成果和国家信息化水平评价体系，遵循信息化指标体系的客观性、可操作性、系统性、空间性等的原则，来构建信息化指标体系（表4－10）。具体而言，选择城镇化率、工业化率、现代服务业增加值比重、农业综合机械化水平、人均GDP来反映信息化发展的环境支撑；选择人均信息传输、软件和信息技术服务业产值、信息产业增加值占第三产业增加值比重、人均邮电业务总量、人均信息产业从业人员、R&D经费支出占GDP比重来反映信息产业发展水平；选择移动电话普及率、互联网普及率、电视人口综合覆盖率、城镇居民交通和通讯支出、乡村居民交通和通讯支出来反映信息资源和技术的利用水平；选择每万人拥有的高等院校教师数、每万人拥有的在校大学生数、每万人拥有的科技人员数、每万人拥有的R&D活动人员数、高等院校数量来反映信息化发展的科技与教育支撑；选择固定电话户数、移动电话户数、互联网用户数、移动交换机容量、本地电话局用交换机容量、固定资产投资中信息产业投资、固定资产投资中交通运输仓储及邮政业投资来反映信息基础设施建设水平；选择淘宝网店铺数量、百度指数来反映信息产业的互联网体现。由于固定资产投资中交通运输仓储及邮政业投资在年鉴中统计名称不统一，故在建立指标时统一为固定资产投资中交通运输仓储及邮政业投资。

表 4－10　信息化评价指标体系

准测层	指标层	指标解释
信息化发展环境支撑	城镇化率	反映信息化发展的城镇化水平
	工业化率	反映信息化发展的工业化水平
	农业综合机械化水平	反映信息化发展的农业机械水平
	现代服务业比重	反映信息化发展的现代服务业水平
	人均 GDP	反映信息化发展的经济发展水平
信息产业发展水平	人均信息传输、软件和信息技术服务业产值	反映信息产业的产值
	信息产业占第三产业比重	反映信息产业的地位和作用
	人均邮政业务总量	反映信息化发展的邮政服务的数量
	人均电信业务总量	反映信息化发展的电信服务的数量
	人均信息产业从业人员	反映信息化发展的人力资源状况
	R&D 经费支出占 GDP 比重	反映信息化发展的科技研发状况
信息资源和技术利用水平	移动电话普及率	反映信息化发展的移动电话普及状况
	互联网普及率	反映网络化信息资源
	电视人口覆盖率	反映传统信息设施状况
	城镇居民交通和通讯支出	反映信息化发展的城镇居民交通和通讯支出
	农村居民交通和通讯支出	反映信息化发展的农村居民交通和通讯支出
信息教育、科技支撑	每万人拥有高等院校的教师数	反映信息化发展的高校教师数量
	每万人拥有在校大学生数	反映信息化发展的高校学生数量
	每万人科技人员数	反映信息化发展的科技人员数量
	每万人 R&D 活动人数	反映信息化发展的科技研发状况
	高等院校数量	反映信息化发展的高校数量
信息化基础设施建设	固定电话用户	反映固定电话普及水平和应用水平
	移动电话用户	反映移动电话普及水平和应用水平
	互联网用户	反映网络普及水平和应用水平
	移动交换机容量	反映移动交换机服务用户的数量
	本地电话局用交换机容量	反映本地电话全部容量
	固定资产投资中信息产业投资	反映信息产业投资比重
	固定资产投资中交通运输仓储及邮政业投资	反映信息化中通信业投资的比重
信息网络化体现	淘宝网店铺数量	反映信息化在网络购物的应用状况
	反映信息化中百度搜索状况	百度指数

注：①数据来源于 1996—2015 年《河南统计年鉴》《湖北统计年鉴》《河北经济年鉴》《安徽统计

年鉴》《山西统计年鉴》《陕西统计年鉴》《山东统计年鉴》《中国统计年鉴》《中国城市统计年鉴》《中国区域经济统计年鉴》及相关地市的统计年鉴、统计公报。②鉴于数据的统一性，时序分析以主体区河南省的数据进行分析。

3. 时序演化特征

根据上述熵权灰色关联模型进行计算，1995—2014 年中原经济区信息化综合水平见表 4 - 11、图 4 - 20。由于部分年份电信业务量数据缺失，在进行时序分析时将人均邮政业务总量与人均电信业务量合并为人均邮电业务量。由于淘宝网店铺数量和百度指数是近几年新出现的指标，因此在时序演化分析中暂时不体现信息网络化指标。

表 4 - 11　1995—2014 年信息化水平变动情况

年份	信息化发展环境支撑	信息产业发展水平	信息资源和技术利用水平	信息教育、科技支撑	信息基础设施建设
1995	0.0429	0.0550	0.0823	0.0507	0.1076
1996	0.0433	0.0573	0.0832	0.0514	0.1086
1997	0.0445	0.0607	0.0844	0.0521	0.1099
1998	0.0451	0.0613	0.0854	0.0522	0.1120
1999	0.0471	0.0628	0.0863	0.0531	0.1149
2000	0.0486	0.0680	0.0883	0.0541	0.1173
2001	0.0491	0.0659	0.0925	0.0557	0.1204
2002	0.0504	0.0707	0.0938	0.0575	0.1224
2003	0.0538	0.0647	0.0957	0.0594	0.1264
2004	0.0526	0.0754	0.0979	0.0631	0.1332
2005	0.0559	0.0731	0.1011	0.0669	0.1402
2006	0.0609	0.0781	0.1055	0.0713	0.1484
2007	0.0656	0.0754	0.1103	0.0756	0.1631
2008	0.0723	0.0772	0.1139	0.0823	0.1594
2009	0.0731	0.0833	0.1187	0.0942	0.1646
2010	0.0793	0.0835	0.1414	0.1008	0.1785
2011	0.0907	0.0889	0.1587	0.1123	0.1895
2012	0.0964	0.0968	0.1908	0.1211	0.2156
2013	0.0999	0.1165	0.2226	0.1392	0.2546
2014	0.1147	0.1385	0.2311	0.1522	0.2937

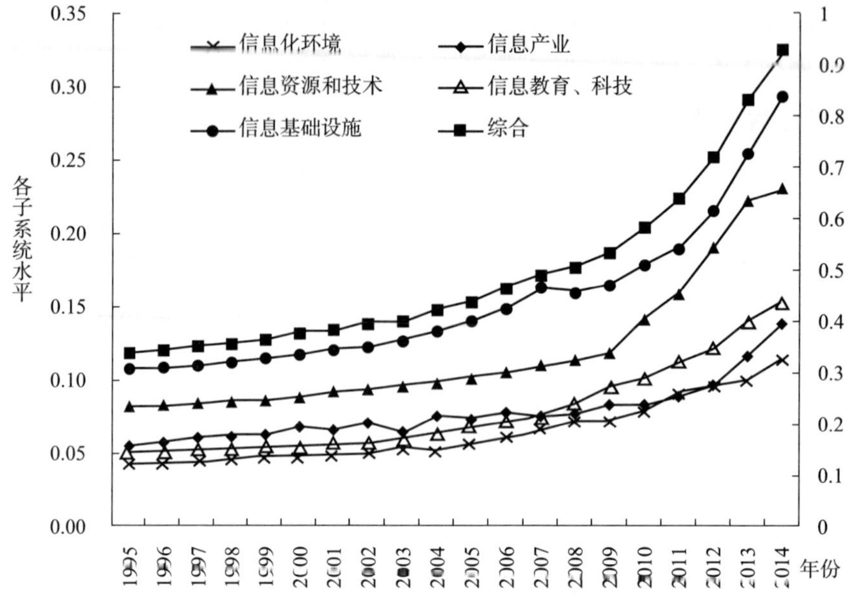

图 4-20　1995—2014 年信息化水平的变动情况

由图 4-20 可知，1995 年以来中原经济区信息化水平总体呈现上升趋势，并且在 2007 年之后快速提高。从子系统得分看，信息发展环境水平总体上呈波动上升的趋势，先由 1995 年的 0.0429 波动至 2004 年的 0.0526，2004 年以后呈波动变化且增幅较大；信息产业发展水平的变动曲线整体呈现波动上升状态，2000 年之前呈稳步增长状态，2001 年至 2007 年呈现不断波动变化趋势，2008 年之后呈大幅增长状态。信息资源和技术利用水平总体呈现逐步提高的状态，2009 年之前信息资源和技术利用水平呈现小幅增长状态，2009 年之后现稳步提高趋势且变化的幅度较大，至 2014 年达到 0.2311；信息教育、技术支撑与信息资源和技术利用水平变化趋势大致一致，在 2007 年平稳上升，2007 年之后大幅上升；信息基础设施建设总体呈上升状态，2007 年之前呈稳步上升状态，2007—2008 年有所下降，之后呈上升状态，尤其是在 2011 年之后，增幅较大。总体上看，各个子系统近期都呈现快速的增长趋势，从而促使信息化的整体发展水平呈现较好的发展趋势。

对比分析 1995 年以来中原经济区信息化综合水平与反映信息化的典型指标之移动电话普及率变动情况可知（图 4-21），2000 年之前综合水平、移动电话普及率的变动趋势和波动状态基本吻合，2002—2009 年，移动电话普及率增长幅度较大，而信息化综合水平呈现稳步的趋势，2009 年之后综合水平、移动电话普及率都呈现快速增长阶段，由此看来移动电话普及率对信息化水平变动影响不大，且作用不明显。对比分析 1995 年以来中原经济区信息化综合水平与反映信息化的典型指标之互联网普及率变动情况可知（图 4－21），互联网普及率与综合水平的变化基本一致，2009 年之前呈稳步增长趋势，之后呈现大幅上升趋势，由此可见互联网普及率在一定程度上基本能反映信息化水平的状态。

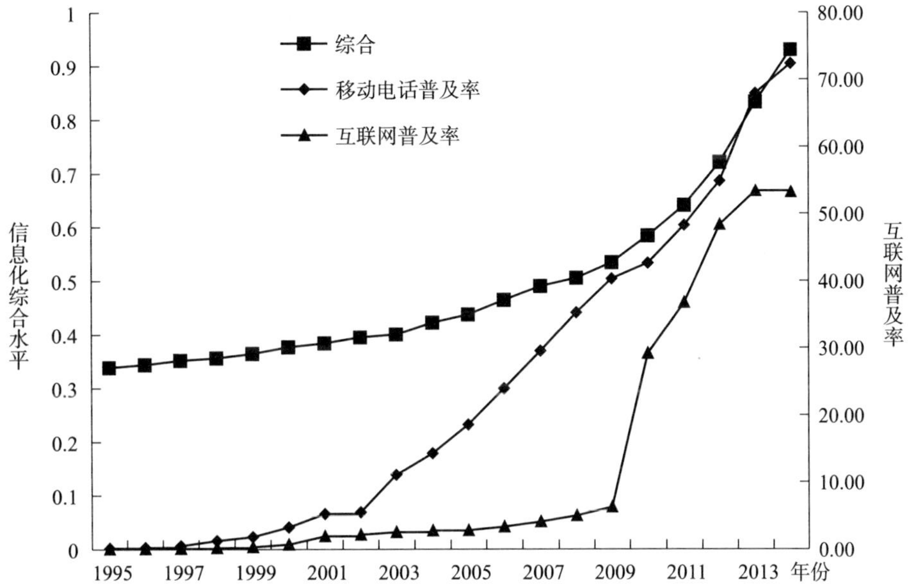

图 4－21　1995—2014 年信息化水平与移动电话普及率、互联网普及率的变动情况

4. 空间分异特征

为了更好地分析中原经济区信息化水平的空间差异状态，本书基于 2014 年数据通过熵权灰色关联模型计算 30 个市域单元的综合水平（表 4－12），从而分析其空间格局特征。

表 4－12　2014 年各市域单元的信息化综合水平

城市	信息化发展环境支撑	信息产业发展水平	信息资源和技术利用水平	信息教育、科技支撑	信息基础设施建设	信息网络化体现	综合
郑州市	0.0169	0.0998	0.0598	0.2925	0.3448	0.1145	0.9282
开封市	0.0082	0.0617	0.0344	0.1128	0.1377	0.0401	0.3948
洛阳市	0.0102	0.0800	0.0352	0.1209	0.2176	0.0472	0.5111

续表

城市	信息化发展环境支撑	信息产业发展水平	信息资源和技术利用水平	信息教育、科技支撑	信息基础设施建设	信息网络化体现	综合
平顶山市	0.0086	0.0617	0.0315	0.1106	0.1302	0.0403	0.3830
安阳市	0.0085	0.0656	0.0332	0.1095	0.1396	0.0399	0.3963
鹤壁市	0.0104	0.0566	0.0343	0.1022	0.1168	0.0384	0.3587
新乡市	0.0086	0.0696	0.0353	0.1237	0.1377	0.0403	0.4152
焦作市	0.0111	0.0635	0.0352	0.1302	0.1253	0.0394	0.4046
濮阳市	0.0089	0.0550	0.0330	0.1030	0.1216	0.0393	0.3608
许昌市	0.0103	0.0685	0.0325	0.1115	0.1275	0.0396	0.3900
漯河市	0.0093	0.0572	0.0320	0.1073	0.1196	0.0394	0.3648
三门峡市	0.0111	0.0574	0.0351	0.1056	0.1238	0.0388	0.3717
南阳市	0.0076	0.0595	0.0303	0.1055	0.1409	0.0430	0.3869
商丘市	0.0074	0.0609	0.0306	0.1044	0.1316	0.0410	0.3759
信阳市	0.0074	0.0861	0.0285	0.1026	0.1284	0.0403	0.3933
周口市	0.0073	0.0779	0.0287	0.0996	0.1311	0.0401	0.3847
驻马店市	0.0075	0.0956	0.0292	0.0988	0.1275	0.0391	0.3977
济源市	0.0147	0.0667	0.0443	0.1149	0.1159	0.0382	0.3947
聊城市	0.0093	0.0711	0.0287	0.1050	0.1258	0.0418	0.3817
菏泽市	0.0080	0.0570	0.0284	0.1018	0.1253	0.0449	0.3655
淮北市	0.0095	0.0578	0.0284	0.1163	0.1197	0.0388	0.3705
亳州市	0.0072	0.0516	0.0267	0.0979	0.1204	0.0392	0.3430
宿州市	0.0073	0.0540	0.0287	0.0989	0.1239	0.0397	0.3526
蚌埠市	0.0087	0.0695	0.0264	0.1242	0.1235	0.0410	0.3934
阜阳市	0.0071	0.0521	0.0344	0.0996	0.1239	0.0412	0.3582
邢台市	0.0077	0.0586	0.0284	0.1014	0.1316	0.0505	0.3783
邯郸市	0.0084	0.0575	0.0306	0.1024	0.1425	0.0426	0.3840
长治市	0.0112	0.0807	0.0444	0.1104	0.1251	0.0389	0.4106
晋城市	0.0101	0.0998	0.0485	0.1154	0.1219	0.0386	0.4344
运城市	0.0077	0.0572	0.0405	0.1043	0.1240	0.0397	0.3735

由表 4－12 可知，中原经济区各市域信息化综合水平存在较大差异，郑州市综合得分达 0.9282，远高于其他市域单元；洛阳、晋城、新乡、长治、焦作 5 市的综合得分超过 0.40，信息化水平较高；驻马店、安阳、开封、济源、蚌埠等 23 市的综合得分在 0.4～0.36 之间，占地区总数的 71.88%，信息化水平

相差不大；鹤壁、阜阳、宿州、亳州4个市域单元的综合得分在0.36以下，信息化发展水平较低。整体而言，郑州、洛阳、晋城、新乡、长治、焦作6市的信息化水平与其他地区差别较大，其余地区相邻之间的差距较小，信息化水平的等级层次不明显。

以各地区的信息化综合水平为特征量，通过Arc GIS软件空间表征功能，采用Jenks最佳分类法将其划分为5类，结果见图4－22。

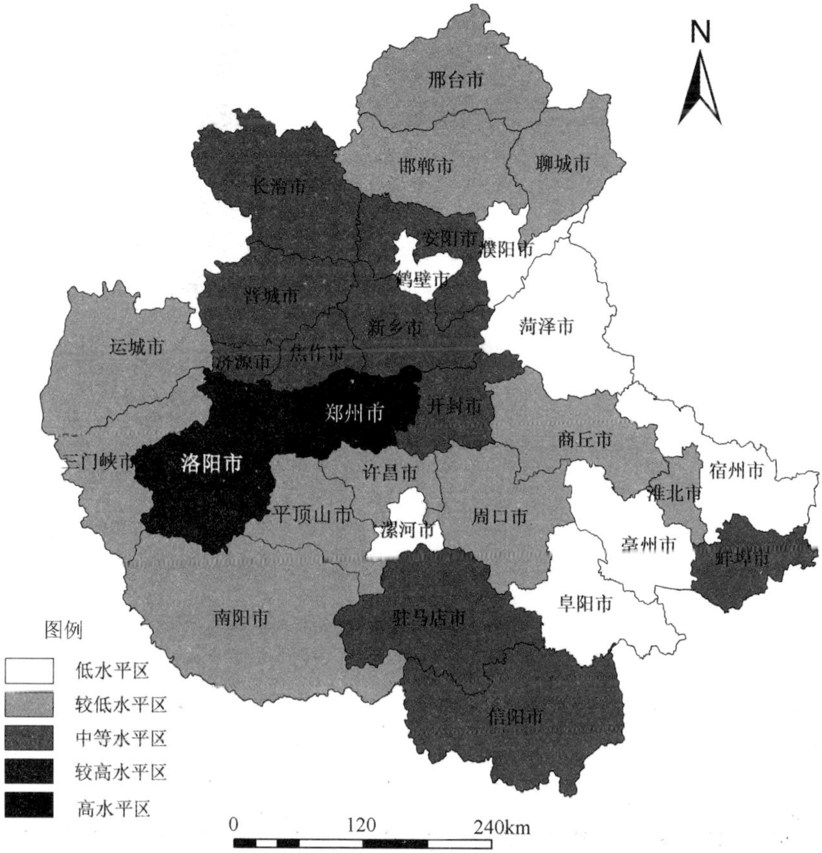

图4－22 2014年各市域单元的信息化综合水平空间格局

由图4－22可知，高水平区只有核心城市郑州一个市域单元；较高水平区为副核心城市洛阳，与郑州相邻。中等水平区有10个市域单元，其中晋城、新乡、长治、焦作、安阳、济源主要分布在郑州的北侧并集中分布，开封紧邻郑州分布，驻马店和信阳分布在南部的外围地区，蚌埠分布在东部的外围地区；较低水平区为许昌、南阳、邯郸、平顶山、聊城、邢台、商丘、运城、三门峡、淮北10个市域单元，主要分布在较高等水平区和中等水平区周围，形成连续分布区；较低水平区为菏泽、漯河、濮阳、鹤壁、阜阳、宿州、亳州7个市域单元，除漯河和鹤壁以外，其余主要分布在东部的外围区域。从整个分布格局看，后三种类型的区域占据了绝对主导并形成大范围连绵分布区，高水平区、较高水平区仅有郑州和洛阳，整个区域的分布格局极其不平衡且局部差异大。

同样按照Jenks最佳分类法，将中原经济区各市域信息化综合水平6个子系统得分的计算结果进行分类见图4－23，可进一步分析其空间差异特征。

由图4－23可知，从信息化发展环境支撑看，郑州、济源两个市域单元的水平最高，分别处在全区的中部和西北部；较高水平区为长治、晋城、焦作、洛阳、三门峡、许昌、鹤壁，主要集聚分布在全区的西北部；中等水平区为聊城、濮阳、漯河、淮北，零散地分布在全区各处；较低水平区有邯郸、安阳、新乡、开封、菏泽、平顶山、蚌埠，主要集聚分布在全区的东北部；低水平区主要分布在全区的南部和东部，个别在北部、西部的外围分布。从信息产业发展水平看，高水平区为郑州、晋城、驻马店，较为零散地分布在中部、西北部和南部；较高水平区主要分布高水平区四周；中等水平区主要分布在郑州北侧并集中成片；较低水平区主要分布在北部、西部、东部的外围区；低水平区分布在东南部外围区。从信息资源和技术利用水平看，高、较高水平区主要分布在西北部并集中分布；中等、较低水平区主要围绕在较高水平区外围；低水平区占据了绝大部分区域，主要分布在北部、东部和南部外围区；从信息教育、科技支撑看，高水平区仅有郑州一个市域单元；较高水平区除蚌埠分布在东部外围区，其余的洛阳、焦作、新乡围绕着郑州在北侧集中分布；中等水平区除淮北外，其余集中分布在高水平区和较高水平区的外围；较低水平区主要分布在西部、南部和北部的外围区域；低水平区集中分布东南部、东部以及北部外围区。从信息基础设施建设水平看，高水平区和较高水平区与信息化综合水平分布一致；中等水平区除南阳和开封外，邯郸、安阳、新乡在郑州北侧沿京广线分布；较低水平区占据全区较大范围，广泛分布在全区的外围，形成大范围的连绵分布区；低水平区有晋城、济源、漯河、淮北、亳州、鹤壁和洛阳，除漯河外，两两组团较为零散分布在全区。

5. 空间关联特征

为进一步探究中原经济区各市域单元信息化水平的空间关联特征，利用Geo-Da软件中空间自相关分析工具，计算2014年全区各市域单元信息化水平的空间关联状况，结果见图4－24。

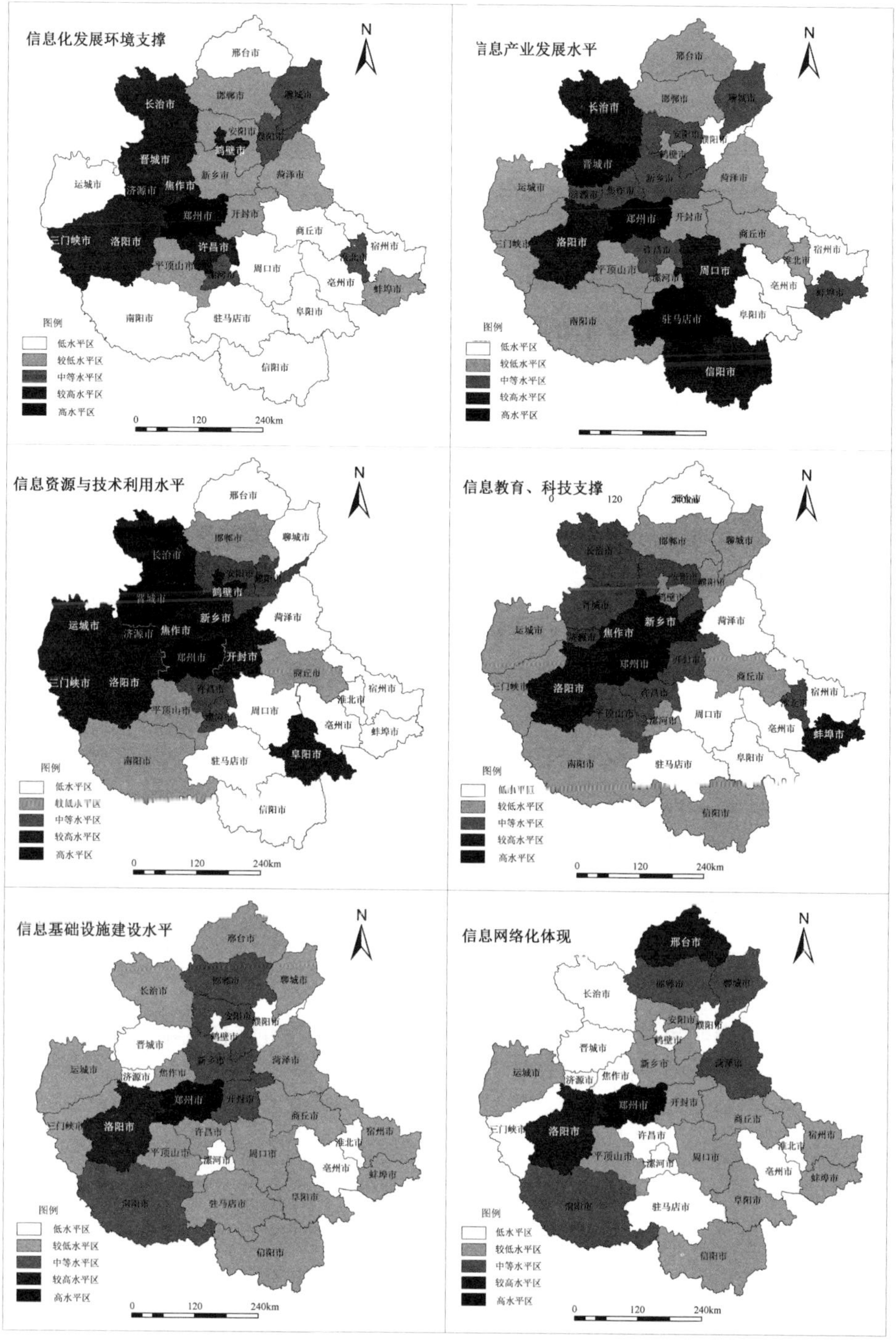

图 4－23　2014 年各市域单元信息化子系统水平的空间格局

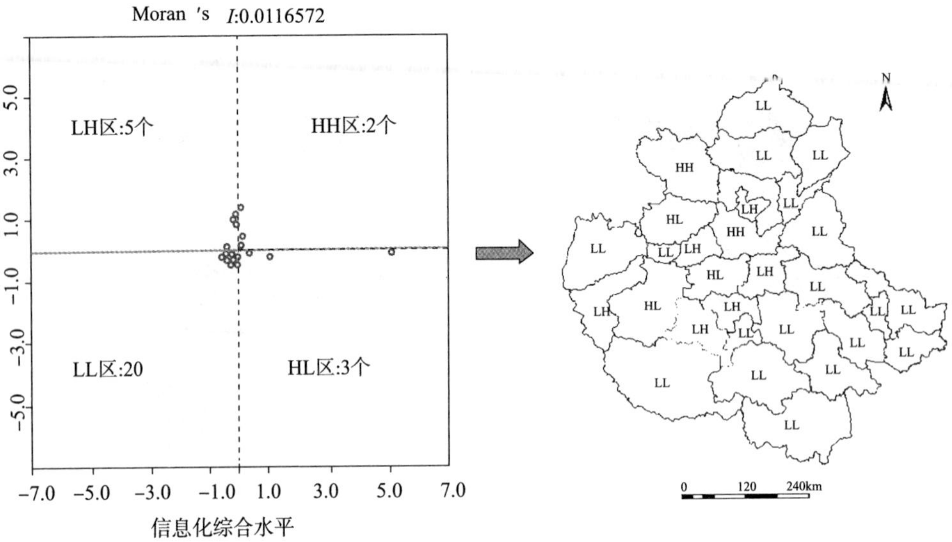

图4－24　2014年各市域信息化的 Moran's I 散点图

由图4－24计算的 Moran's I 值为0.0117可知，各市域单元信息化水平集聚的现象不明显。Moran 散点图计算结果可知，2014年 High-High 区的个数为2个、High-Low 区为3个、Low-High 区为5个、Low-Low 区为20个。Low-Low 区的个数达到2/3呈现大范围的连绵分布状态，这表明低值集聚的效益明显，“近墨者黑”的空间关联效应明显。为进一步了解2014年中原经济区各市域单元信息化水平的局部集聚特征，通过 Geo-DA 软件中 Univariate LISA 模块分析2014年信息化水平的 LISA 值，并且在 Z 检验的基础上（$p \leq 0.05$）绘制 LISA 集聚分布图（图4－25）。

由图4－25可知，显著 Low-High 区为焦作和平顶山，显著 Low-Low 区为淮北和蚌埠，未出现显著 High-High 区和显著 High-Low 区集聚。焦作处于显著 Low-High 区，说明虽然郑州、洛阳、新乡、晋城等市的信息化水平很高，但对焦作的正向促进作用不明显，出现了西北部信息化的沉降区；平顶山也处于显著 Low-High 区，但与焦作的情况有所不同。对比平顶山周边城市的信息化水平得分可知，虽然这些区域的信息化水平相对不高，但还是比平顶山的信息化水平高一些，因而形成负向的空间关联关系。在东南部出现显著 Low-Low 区，这表明东南部地区出现显著滞后集聚区，“近墨者黑”的空间关联效应明显。未出现 High-High 区和 High-Low 区集聚，表明在局部空间关联格局未出现“快速增长区”和“极化区”的空间关联（$p \leq 0.05$），意味着信息化高水平区未产生正向的集聚效应和极化效应。

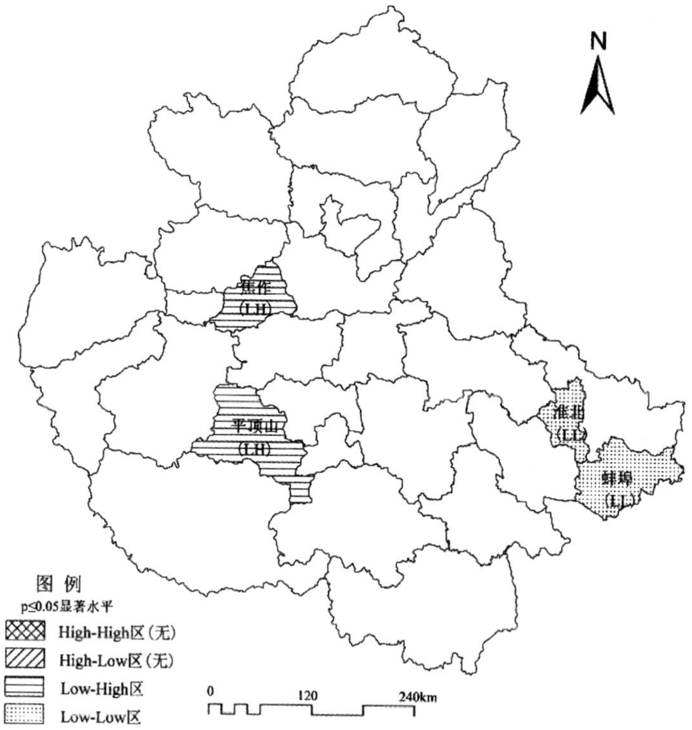

图 4－25　2014 年各市域单元信息化水平的 LISA 分布图

6. 原因解读

（1）时序特征：从信息化综合水平的时间变化特征看，2005 年之前处于较为平稳的增长，2005 年之后呈快速增长且 2010 年之后增长幅度较大。具体来看，2005 年之前虽然信息基础设施建设不断提升，但信息教育、技术支撑与信息资源和技术利用水平处于较为平稳的状态，而信息产业发展水平和信息发展环境水平有所波动，这是在这一时期，由于受科技、技术等因素的限制，信息化各项发展水平较低且趋于平缓。近年来，随着经济全球化快速发展，信息化已经成为当今世界经济和社会发展的大趋势，国家开始高度重视信息化建设，在国家十一五计划中提出将信息化发展放在优先位置，这为信息化的发展提供了有力的支撑平台。2012 年，中共十八大提出新型城镇化、新型工业化、农业现代化、信息化“四化”同步发展，正式将信息化的发展融入其他三化中。为响应国家政策，河南省在“十一五”国民经济与社会发展规划中强调信息化发展的重要性，强调基础设施建设，要深入推动农业、工业、服务业等各行业信息化，促进产业优化升级，提高市场运行效率，以信息化推动经济健康、快速、协调、可持续发展。在《河南省国民经济和社会信息化发展“十二五”规划》中强调发展信息资源和技术、信息基础设施的进一步完善，从而加快河南省信息化建设，推进中原经济区建设、实现中原崛起和河南振兴的重大战略。同时，河南省地处中原，是我国通信枢纽，“八纵八横”的光缆主要干线有“三纵三横”从河南经过，为信息化基础建设的发展创造了良好的条件。

（2）空间特征：从空间分异看，高水平区为郑州，一方面是因为郑州属于省会城市，处在中原城市群的核心位置，地处中国的地理中心，是全国交通运输要道，在信息产业、信息资源和技术、信息教育和科技、信息基础设施和信息网络化方面的发展水平远远领先其他地区。另一方面，郑州成为国家级互联网骨干直联点，使得当地的信息产业规模不断扩大，同时郑汴一体化、郑州航空港经济综合试验区的建设都需要加强郑州信息化发展。较高水平区为洛阳，一方面洛阳是中原经济区副核心城市，信息基础设施远水平高于除郑州以外的城市。另一方面，信息产业、信息教育与科技、信息网络化水平处于相对较高水平，因而处于较高水平区。中等水平区大致分为两个集聚区，一个是长治、晋城、济源、焦作、新乡、开封、安阳 7 个城市集聚分布在郑州北部，这一集聚区信息产业发展较好，因为这些城市信息化发展环境、信息资源与技术水平较高；另一个是驻马店和信阳分布在全区的南部地区，信息产业发展水平高于其他地区，蚌埠在全区的东南部边界，信息产业发展水平和信息教育与技术发展较好。较低水平区主要分布在全区的西部、中南部、北部地区，信息化发展环境、信息教育与科技、信息基础设施水平不高，信息网络化水平也比较低。低水平区有菏泽、宿州、亳州、阜阳、濮阳、漯河和鹤壁，主要分布在中原经济区的东部、东南部地区，信息化发展环境、信息产业水平、信息资源与技术、信息教育与科技水平都较低，因此信息化发展水平处于低水平区。

从空间关联看，全区没有出现显著 HH 区，这表明高水平区的正向临近效应作用不强，没有对周边地区产生带动作用。全区也没有显著 HL 区，这表明高水平区的极化效应不强，没有通过借助周边地区的各种效应提升自身的总体实力。显著 LH 区为平顶山和焦作，这表明这两个市域单元周边的高水平区发展削弱了该类区域自身水平的提升，因而出现了相异的空间关联效应。显著 LL 区有淮北、蚌埠，一方面表明该类区域自身水平提升慢，另一方面表明该类区域周边也是显著 LL 区，没有可以支撑的发展环境。因而全区一方面需加大对高水平区周边城市的投入，另一方面也要加大对低水平区政策环境的支撑。

二、中原经济区“双化”协调发展的状态

（一）评价理念与评价方法

1. 评价理念

根据协调的概念内涵，参考覃成林（2011）、刘晨光（2012）等关于区域经济、城乡协调内涵的诠释，本书认为“双化”协调的内涵是指在一定的地域范围内，两者自身的发展水平不断提升，两者之间的联系日益密切，两者之间的相互依赖作用日益加深，两者在发展上关联互动和正向促进，两者均持续发展且差异趋于缩小的过程。根据其内涵诠释，以有利于观察和定量分析，提出如下三个维度的评价维度：①发展水平提升。从发展目标看，“双化”协调发展需要各自方面的增长且产生协同效应。因此，“双化”协调发展的基础是两者自身实力的提升以及共同发展水平的提升。②差异不断缩小。适度的“双化”差异能产生良好的带动或促进效应，而差异过大则会导致两者的竞争乃至对立，不利于系统整体的协调。因此，“双化”差异趋于缩小是实现两者协调发展的客观要求。③互动逐渐增强。“双化”协调发展的基础是两者之间存在相互促进的内在关联，两者彼此联系的程度愈强，在发展过程中愈发的“共荣共衰”，因此，“双化”的内在关联性增强是两者良性互动的重要前提。

2. 评价方法

根据上述评价理念，下面以新型城镇化、新型工业化“双化”协调发展为例进行计算步骤说明：

首先，发展水平的测度。根据新型城镇化、新型工业化综合发展水平各自的计算结果，通过平均赋权计算两者的综合水平，并将计算结果通过最大—最小值标准化方式处理到 0 ~ 1 之间。计算公式如下：

$$Z_1 = 0.5 * NU + 0.5 * NI \quad (4-6)$$

式中，Z_1 为综合发展水平，NU 代表新型城镇化综合水平，NI 代表新型工业化综合水平。

其次，差异水平的测度。根据新型城镇化、新型工业化综合发展水平各自的计算结果，通过两者得分差异的绝对值反映差异水平，并将计算结果通过最大—最小值标准化方式处理到 0 ~ 1 之间。差异值愈小，协调性就愈好，反之则较差。计算公式如下：

$$Z_2 = \left| NU - NI \right| \quad (4-7)$$

式中，Z_2代表差异水平，NU代表新型城镇化综合水平，NI代表新型工业化综合水平。

再次，互动水平的测度。根据新型城镇化、新型工业化综合发展水平各自的计算结果，借助于物理学中的耦合作用系数模型，计算两者之间的互动水平。计算公式如下：

$$Z_3 = \frac{NU * NI}{\left[\frac{1}{2}\ (NU^2 + NI^2)\right]^{\frac{1}{2}}} \tag{4-8}$$

式中，Z_3代表互动水平，NU代表新型城镇化综合水平，NI代表新型工业化综合水平。

最后，将最大—最小值标准化方法处理后的Z_1、Z_2、Z_3用平均赋权法将这3个指标合成一个反映新型城镇化、新型工业化综合协调度指数，其计算公式如下：

$$Z = 1/3 * Z_1 + 1/3 * Z_2 + 1/3 * Z_3 \tag{4-9}$$

式中，Z代表综合协调指数，Z_1代表综合发展水平，Z_2代表差异水平，Z_3代表互动水平。

其他“双化”计算步骤与上述过程一致，在这里就不赘述。最后参考相关标准，可将综合协调度指数划分为5级：当Z处于0～0.2时，系统处于Ⅰ级协调等级；当Z处于0.2～0.4时，系统处于Ⅱ级协调等级；当Z处于0.4～0.6时，系统处于Ⅲ级协调等级；当Z处于0.6～0.8时，系统处于Ⅳ级协调等级；当Z处于0.8～1.0时，系统处于Ⅴ级协调等级。

（二）新型城镇化与新型农业现代化“双化”协调发展的状态

1. 结果分析

根据“双化”协调的评价方法，对1995—2014年中原经济区新型城镇化、新型农业现代化的协调发展状态进行计算，结果见表4－13、表4－14和图4－26。

表4－13　1995—2014年新型城镇化、新型农业现代化协调发展的各项指标值

年份	新型城镇化水平	新型农业现代化水平	发展水平	差异水平	互动水平
1995	0.3748	0.3664	0.3706	0.0084	0.3706
1996	0.3989	0.3755	0.3872	0.0235	0.3867
1997	0.4028	0.3714	0.3871	0.0313	0.3861
1998	0.3973	0.3810	0.3892	0.0163	0.3889

续表

年份	新型城镇化水平	新型农业现代化水平	发展水平	差异水平	互动水平
1999	0. 3946	0. 3992	0. 3969	0. 0046	0. 3969
2000	0. 3984	0. 4138	0. 4061	0. 0155	0. 4059
2001	0. 3978	0. 4145	0. 4061	0. 0167	0. 4059
2002	0. 3978	0. 4157	0. 4068	0. 0179	0. 4065
2003	0. 4086	0. 4186	0. 4136	0. 0100	0. 4135
2004	0. 4267	0. 4349	0. 4308	0. 0082	0. 4308
2005	0. 4511	0. 4472	0. 4491	0. 0039	0. 4491
2006	0. 4747	0. 4720	0. 4733	0. 0027	0. 4733
2007	0. 5117	0. 5030	0. 5073	0. 0088	0. 5073
2008	0. 5404	0. 5579	0. 5491	0. 0175	0. 5489
2009	0. 5721	0. 5926	0. 5823	0. 0205	0. 5820
2010	0. 6027	0. 6110	0. 6069	0. 0082	0. 6068
2011	0. 6662	0. 6618	0. 6640	0. 0044	0. 6640
2012	0. 7523	0. 7377	0. 7450	0. 0145	0. 7449
2013	0. 8234	0. 7951	0. 8093	0. 0283	0. 8089
2014	0. 9421	0. 9111	0. 9266	0. 0310	0. 9262

表 4 - 14　1995—2014 年新型城镇化、新型农业现代化标准化后数值及等级划分

年份	发展水平	差异水平	互动水平	综合协调度指数	等级划分
1995	0. 0000	0. 8015	0. 0000	0. 2672	Ⅱ级协调
1996	0. 0298	0. 2747	0. 0290	0. 1112	Ⅰ级协调
1997	0. 0296	0. 0000	0. 0280	0. 0192	Ⅰ级协调
1998	0. 0333	0. 5258	0. 0330	0. 1974	Ⅰ级协调
1999	0. 0472	0. 9353	0. 0473	0. 3433	Ⅱ级协调
2000	0. 0638	0. 5548	0. 0635	0. 2274	Ⅱ级协调
2001	0. 0638	0. 5104	0. 0635	0. 2126	Ⅱ级协调
2002	0. 0650	0. 4690	0. 0646	0. 1995	Ⅰ级协调
2003	0. 0772	0. 7454	0. 0772	0. 2999	Ⅱ级协调
2004	0. 1083	0. 8088	0. 1084	0. 3418	Ⅱ级协调
2005	0. 1412	0. 9584	0. 1413	0. 4136	Ⅲ级协调
2006	0. 1847	1. 0000	0. 1849	0. 4565	Ⅲ级协调
2007	0. 2458	0. 7885	0. 2460	0. 4268	Ⅲ级协调
2008	0. 3210	0. 4827	0. 3210	0. 3749	Ⅱ级协调

续表

年份	发展水平	差异水平	互动水平	综合协调度指数	等级划分
2009	0.3807	0.3792	0.3806	0.3802	Ⅱ级协调
2010	0.4248	0.8074	0.4251	0.5525	Ⅲ级协调
2011	0.5277	0.9421	0.5281	0.6659	Ⅳ级协调
2012	0.6733	0.5864	0.6736	0.6445	Ⅳ级协调
2013	0.7889	0.1075	0.7888	0.5617	Ⅲ级协调
2014	1.0000	0.0109	1.0000	0.6703	Ⅳ级协调

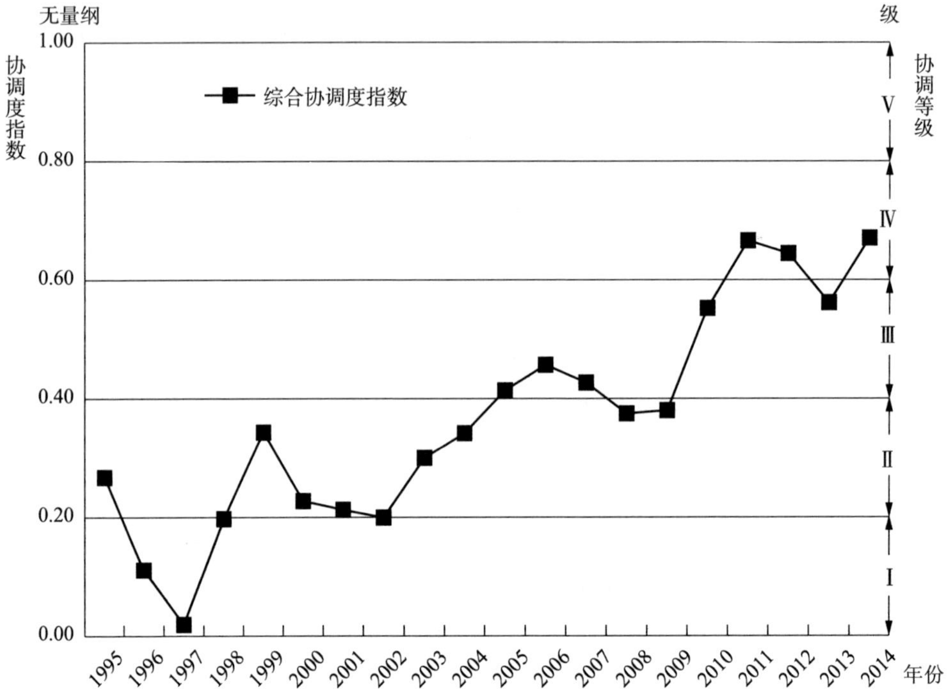

图 4-26 新型城镇化、新型农业现代化的综合协调度变动情况

由表 4-14 和图 4-26 可知，1995—2014 年中原经济区新型城镇化、新型农业现代化“双化”的综合协调度指数的变化特征表现为：1995—1999 年先下降后提升，2000—2009 年处于波动状态，2010 年以来呈现波动上升趋势。从分项指标看（表 4-14），发展水平、互动水平与整体变化趋势一致，2004 年之前波动缓慢上升，2004 年之后快速增长且近年来增长幅度不断提高；差异水平则呈现较大的波动变化：1995—1997 年差异水平急剧下降，1998、1999 年急剧上升，2000—2006 年先波动下降后又波动上升，2007—2009 年又急剧下降，2010

年、2011 年急剧上升，2012 年以来又大幅下降。总体看来，新型城镇化、新型农业现代化“双化”的综合协调度指数前期受差异水平影响较大，与差异水平表现出类似的变化趋势；后期受发展水平和互动水平影响较大，与差异水平的变化趋势有所不同，呈现波动上升趋势。从协调等级看，1996—1998 年处于Ⅰ级协调等级，综合协调度水平很低；1995 年、1999—2004 年处于Ⅱ级协调状态，综合协调度指数较低；2005 年以来呈现波动上升状态，且多数年份处于Ⅲ、Ⅳ等级。

同样，根据“双化”评价方法可计算 2014 年中原经济区各市域新型城镇化、新型农业现代化的综合协调度指数，结果见表 4－15 和图 4－27。

表 4－15 2014 年各市域新型城镇化、新型农业现代化的综合协调度指数及等级划分

城市	发展水平	差异水平	互动水平	综合协调度指数	等级划分
郑州市	1.0000	0.1012	1.0000	0.7004	Ⅳ级协调
开封市	0.2638	1.0000	0.3522	0.5386	Ⅲ级协调
洛阳市	0.2777	0.8694	0.3603	0.5025	Ⅲ级协调
平顶山市	0.0000	0.9702	0.0000	0.3234	Ⅱ级协调
安阳市	0.1223	0.9175	0.1590	0.3996	Ⅱ级协调
鹤壁市	0.1628	0.9339	0.2146	0.4371	Ⅲ级协调
新乡市	0.3151	0.7984	0.3968	0.5034	Ⅲ级协调
焦作市	0.2600	0.9630	0.3462	0.5231	Ⅲ级协调
濮阳市	0.0979	0.9735	0.1305	0.4006	Ⅲ级协调
许昌市	0.1770	0.9164	0.2319	0.4418	Ⅲ级协调
漯河市	0.0492	0.8871	0.0575	0.3313	Ⅱ级协调
三门峡市	0.2438	0.7714	0.2941	0.4364	Ⅲ级协调
南阳市	0.7191	0.0000	0.5091	0.4094	Ⅲ级协调
商丘市	0.2172	0.6149	0.2021	0.3448	Ⅱ级协调
信阳市	0.3362	0.4730	0.2952	0.3681	Ⅱ级协调
周口市	0.3985	0.4675	0.3793	0.4151	Ⅲ级协调
驻马店市	0.2809	0.5221	0.2449	0.3493	Ⅱ级协调
济源市	0.2942	0.7404	0.3535	0.4627	Ⅲ级协调
邯郸市	0.6369	0.6448	0.7868	0.6895	Ⅳ级协调
邢台市	0.2498	0.8187	0.3136	0.4607	Ⅲ级协调
长治市	0.2286	0.7081	0.2542	0.3970	Ⅱ级协调
晋城市	0.4720	0.9382	0.6272	0.6791	Ⅳ级协调

续表

城市	发展水平	差异水平	互动水平	综合协调度指数	等级划分
运城市	0. 3120	0. 9932	0. 4164	0. 5739	Ⅲ级协调
聊城市	0. 3423	0. 7016	0. 4062	0. 4834	Ⅲ级协调
菏泽市	0. 1400	0. 6844	0. 1252	0. 3165	Ⅱ级协调
蚌埠市	0. 1950	0. 9162	0. 2559	0. 4557	Ⅲ级协调
淮北市	0. 0445	0. 8730	0. 0489	0. 3221	Ⅱ级协调
阜阳市	0. 1151	0. 8284	0. 1350	0. 3595	Ⅱ级协调
宿州市	0. 0711	0. 7789	0. 0634	0. 3045	Ⅱ级协调
亳州市	0. 0290	0. 8063	0. 0140	0. 2831	Ⅱ级协调

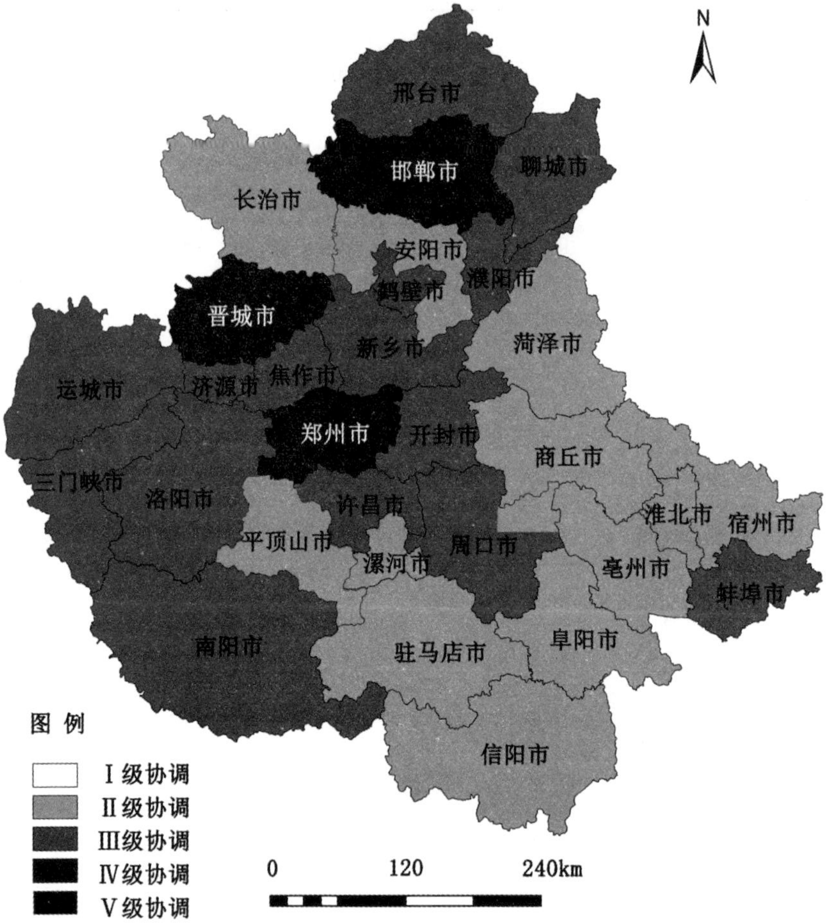

图 4－27　2014 年各市域新型城镇化、新型农业现代化协调状态的等级划分

由表4－15、图4－27可知，中原经济区新型城镇化和新型农业现代化综合协调指数未出现Ⅴ级协调等级，仅出现了Ⅵ、Ⅲ、Ⅱ三个协调等级。处于Ⅳ级协调等级的有3个市域单元，分别是郑州、邯郸和晋城。郑州的综合协调指数最高达0.7004，分布在中原城市群核心区；邯郸和晋城的综合协调指数较高，分别达到0.6895、0.6791，在空间上分布在北部外围区和西北部外围区。处于Ⅲ级协调等级的市域单元最多，共15个，占区域总数的50%，包括主体区的洛阳、开封、鹤壁、濮阳、新乡、焦作、许昌、三门峡、南阳、周口、济源和外围区的运城、邢台、聊城、蚌埠。Ⅲ级协调等级区的市域单元主要分布于中部、西部和北部地区，与Ⅳ级协调等级区形成大范围的集聚区。处于Ⅱ级协调等级区的市域单元相对较多，共12个，占区域总数的40%，包括主体区的商丘、漯河、安阳、平顶山、信阳、驻马店和外围区的长治、菏泽、淮北、阜阳、宿州、亳州。Ⅱ级协调等级区的市域单元主要分布在东部、东南部并形成连绵区。

2. 原因解读

（1）时序特征：1995—1999年中原经济区新型城镇化、新型农业现代化“双化”的综合协调度指数处于较大波动状态：1996、1997年快速下降，且在1997年达到最低值0.0173，协调等级也由原来的Ⅱ级协调等级变为Ⅰ级协调等级；1998、1999年又迅速提升，协调等级又恢复到Ⅱ级协调等级。从该阶段的三大组成看，发展水平、互动水平呈现小幅增长趋势，但差异水平（标准化值）则波动变化较大。不难发现，受差异水平影响较大，综合协调指数表现出先下降后上升的状态。这表明该阶段虽然新型城镇化、新型农业现代化综合水平较稳定，但两者提升的幅度有所差异，两者未处于合适节拍，因而导致两者的综合协调度指数波动较大，所处的协调等级也较低。2000—2009年中原经济区新型城镇化、新型农业现代化“双化”的综合协调指数处于波动状态，多数年份处在Ⅱ级协调等级，部分年份上升到Ⅲ级协调等级。从该阶段三大组成看，发展水平、互动水平不断提升，但差异水平（标准化值）出现较大波动变化，这表明虽然新型城镇化、新型农业现代化水平均较稳定地提高，但两者提升的幅度差异较大，亦未处在合适的节拍，因而导致两者的综合协调度指数波动降低，所处的协调等级也较低。2010年以来中原经济区新型城镇化、新型农业现代化“双化”的综合协调指数呈现波动上升趋势，近三年来呈平稳波动状态，协调等级也由Ⅲ级协调上升到Ⅳ级协调。从现实情况看，近年来河南省委省政府坚持走新型工业化道路，在推进人口、土地城镇化的基础上注重城镇化内涵的提升，着力推进城乡一体化建设，大力进行社会主义新农村建设，工业对农业的支持力度与城镇对乡村的带动能力不断提升，新型城镇化与新型农业现代化的协调性也不断增强。2010 年《河南省国民经济与社会发展“十二五”规划》第四篇指出：把推进农业现代化、稳定提高农业综合生产能力作为“三化”协调科学发展的基础，作为中原经济区建设的重要任务，以粮为基，统筹“三农”，推动全局，加快转变农业发展方式，构建现代农业产业体系，在城镇化、工业化深入发展中加快推进农业现代化。2012 以来，河南省委省政府贯彻十八大以来的新型工农城乡关系理念，发布了以工促农、以城带乡、工农互惠、城乡一体的一批政策。在上述发展政策指导下，河南省委省政府以城乡区域协调发展为目标，推进五级城镇体系建设，着力构建新型城乡关系，加快社会主义新农村建设，新型城镇化与新型农业现代化的融合发展程度不断提高，因而近阶段的综合协调指数和协调等级较高。

（2）空间特征：中原经济区新型城镇化和新型农业现代化综合协调指数未达到Ⅴ级协调等级可从以下两个方面解释：一方面部分市域单元的发展水平和互动水平的得分较高，甚至有个别市域达到很高的水平，但其差异水平（标准化值）一般，从而导致其综合发展指数和协调等级未达到Ⅴ级水平；另一方面虽然部分市域单元的差异水平较高，但发展水平和互动水平均处于中等或偏下水平，使得综合协调指数及协调等级未达到最高水平。郑州的综合协调指数最高达 0.7004，处于Ⅳ级协调等级。究其原因，郑州在发展水平和互动水平上均达到 1.0000（标准化值），但差异水平较低，综合运算后处于较高水平。从现实情况看，郑州城镇建设不但重视老城区、郑东新区的融合发展，还着力推进与周边城镇的组团式发展以及 100 个新型社区建设，城乡各项基础设施的共建共享比较完善，城乡一体化步伐不断加快。此外郑州作为主体区的省会城市，集聚着各种资金、资源、科技、政策等优势，农村地区的机械化、产业化、市场化环境较好，农村经济社会发展水平较高，因而新型城镇化与新型农业现代化的发展水平、互动水平最高。但郑州在推进新型城镇化、新型农业现代化方面的速度和程度上有所差别，因而导致两者的差异程度较大。处于Ⅳ级协调等级的城市还包括邯郸和晋城。邯郸的新型城镇化、新型农业现代化的发展水平、差异水平（标准化值）和互动水平较高，均在 0.6000 以上，因而综合协调度指数较高。晋城的发展水平相对一般，但其差异水平（标准化值）和互动水平较高，尤其是差异水平（标准化值）达到高水平，因此其综合协调指数处于较高水平。由于南阳市的发展水平、互动水平较高，而差异水平（标准化值）最低，因而其综合协调指数不高，处在Ⅲ协调等级区。洛阳、开封、鹤壁等14个市域单元的发展水平和互动水平处于中等偏下水平，而差异水平（标准化值）处于较高水平，因而总体水平不高。从现实情况看，这些城市的经济发展水平、社会城乡统筹发展水平较好，新型城镇化与新型农业现代化同步推进的节拍适合，因而其差异水平（标准化值）要好于其他地区，协调等级也就处在了Ⅲ级。纵观Ⅱ级的12个市域单元，其发展水平、互动水平低，差异水平一般，因而综合协调指数及所处协调等级不高。从现实情况看，这些地区的城镇与乡村、工业与农业等方面未形成较好的融合效应，地区内部经济社会方面的联系有待强化，因而新型城镇化与新型农业现代化的协调程度较低。不存在处于Ⅰ级协调等级区的城市，这是由于在发展水平和互动水平低的地区，其差异水处于较高水平，因而综合协调指数和协调等级未低于Ⅱ级协调等级。

（三）新型城镇化与新型工业化“双化”协调发展的状态

1. 结果分析

根据“双化”协调的评价方法，采集数据对1995—2014年中原经济区新型城镇化、新型工业化的协调发展水平状态进行计算，结果见表4－16、表4－17和图4－28。

表4－16　1995—2014年新型城镇化、新型工业化协调发展的各项指标值

年份	新型城镇化水平	工业化水平	发展水平	差异水平	互动水平
1995	0.3748	0.3383	0.3566	0.0365	0.3552
1996	0.3989	0.3421	0.3705	0.0568	0.3673
1997	0.4028	0.3447	0.3737	0.0580	0.3704
1998	0.3973	0.3496	0.3734	0.0477	0.3712
1999	0.3946	0.3527	0.3737	0.0419	0.3719
2000	0.3984	0.3587	0.3785	0.0397	0.3770
2001	0.3978	0.3614	0.3796	0.0364	0.3783
2002	0.3978	0.3633	0.3806	0.0345	0.3794
2003	0.4086	0.3731	0.3908	0.0355	0.3896
2004	0.4267	0.3782	0.4025	0.0486	0.4003
2005	0.4511	0.4001	0.4256	0.0510	0.4233
2006	0.4747	0.4315	0.4531	0.0431	0.4516

续表

年份	新型城镇化水平	工业化水平	发展水平	差异水平	互动水平
2007	0.5117	0.4631	0.4874	0.0486	0.4856
2008	0.5404	0.5025	0.5214	0.0379	0.5204
2009	0.5721	0.5371	0.5546	0.0350	0.5538
2010	0.6027	0.5926	0.5977	0.0101	0.5976
2011	0.6662	0.6792	0.6727	0.0130	0.6726
2012	0.7523	0.7512	0.7517	0.0011	0.7517
2013	0.8234	0.8657	0.8446	0.0423	0.8438
2014	0.9421	0.9604	0.9512	0.0182	0.9511

表4-17　1995—2014年新型城镇化、新型工业化标准化后数值及等级划分

年份	发展水平	差异水平	互动水平	综合协调度指数	等级划分
1995	0.0000	0.3772	0.0000	0.1257	Ⅰ级协调
1996	0.0235	0.0212	0.0203	0.0217	Ⅰ级协调
1997	0.0289	0.0000	0.0255	0.0181	Ⅰ级协调
1998	0.0284	0.1813	0.0268	0.0788	Ⅰ级协调
1999	0.0288	0.2833	0.0281	0.1134	Ⅰ级协调
2000	0.0370	0.3226	0.0366	0.1320	Ⅰ级协调
2001	0.0387	0.3803	0.0388	0.1526	Ⅰ级协调
2002	0.0403	0.4126	0.0406	0.1645	Ⅰ级协调
2003	0.0576	0.3955	0.0578	0.1703	Ⅰ级协调
2004	0.0772	0.1661	0.0757	0.1063	Ⅰ级协调
2005	0.1160	0.1230	0.1143	0.1178	Ⅰ级协调
2006	0.1623	0.2614	0.1618	0.1952	Ⅰ级协调
2007	0.2201	0.1660	0.2189	0.2016	Ⅱ级协调
2008	0.2772	0.3537	0.2773	0.3027	Ⅱ级协调
2009	0.3330	0.4048	0.3332	0.3570	Ⅱ级协调
2010	0.4055	0.8416	0.4068	0.5513	Ⅲ级协调
2011	0.5316	0.7900	0.5327	0.6181	Ⅳ级协调
2012	0.6645	1.0000	0.6654	0.7766	Ⅳ级协调
2013	0.8206	0.2757	0.8199	0.6387	Ⅳ级协调
2014	1.0000	0.6992	1.0000	0.8997	Ⅴ级协调

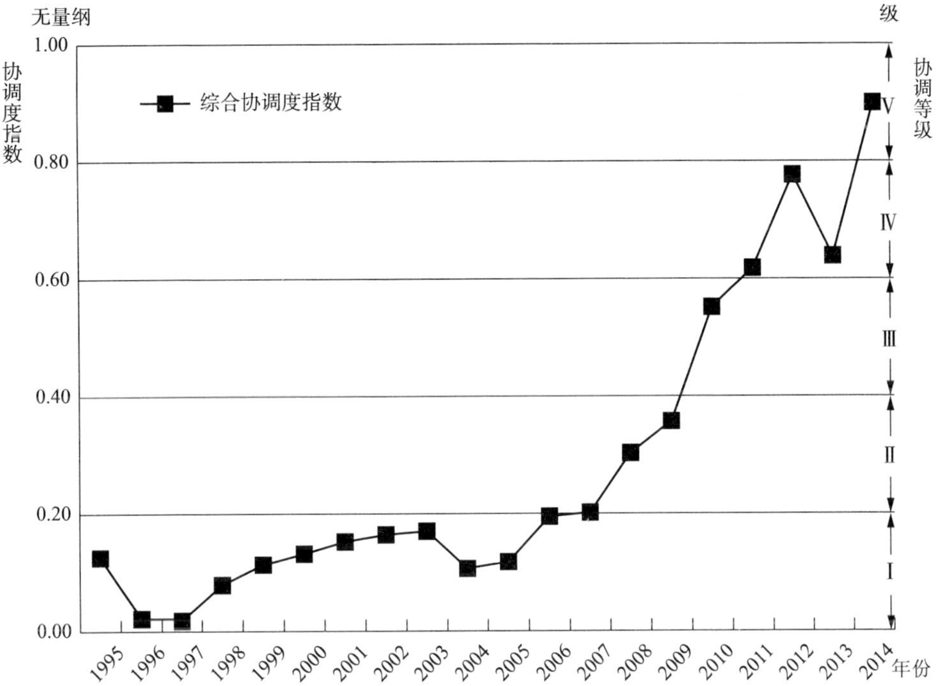

图 4－28　新型城镇化、新型工业化的综合协调度变动情况

由表 4－17 和图 4－28 可知，1995—2014 年中原经济区新型城镇化、新型工业化的综合协调度指数的变化特征表现为：1995—1997 呈出现明显下降状态，1998—2003 年呈现稳步上升状态，2004 年小幅下降，2004—2012 年呈快速增长状态，近期波动上升。从分项指标看，中原经济区新型城镇化、新型工业化“双化”协调的发展水平和互动水平变化趋势一致，在 2004 年之前波动缓慢上升，2004 年之后快速增长且近年来增长幅度不断提高；差异水平则呈现波动变化特征，1996 年出现明显下降，且在 1997 年达到最低水平 0.0000；1998—2003 年差异水平（标准化值）不断增大；2004 年出现明显下降，2004—2012 年呈现波动上升状态，且在 2012 年达到最高水平；2013 年呈现大幅下降状态，2014 年又呈现回升趋势。总体看来，新型城镇化和新型工业化综合协调度指数前期受差异水平影响较大，与差异水平表现出类似的变化趋势，后期受发展水平和互动水平影响较大，呈现波动上升趋势。从协调等级看，2007 年以前中原经济区新型城镇化、工业化“双化”协调处于Ⅰ级协调状态；2007—2009 年表现为Ⅲ级协调；2009 以来呈现不断攀升状态，尤其近期表现出较好的发展趋势，呈现为Ⅳ级协调和Ⅴ级协调等级。2014 年达到Ⅴ级协调等级，这表明近几年比之前有了很大的提升，但是受标准化的影响，并不意味着真正达到了高水平的协调状态。

同样，根据评价方法可计算2014年中原经济区各市域新型城镇化、新型农业现代化的综合协调度指数及等级划分，结果见表4—18和图4—29。

表4-18 2014年各市域新型城镇化、新型工业化的综合协调度指数及等级划分

城市	发展水平	差异水平	互动水平	综合协调度指数	等级划分
郑州市	1.0000	0.6106	1.0000	0.8702	Ⅴ级协调
开封市	0.2059	0.8032	0.2059	0.4050	Ⅲ级协调
洛阳市	0.2088	0.9449	0.2111	0.4549	Ⅲ级协调
平顶山市	0.0799	0.8739	0.0807	0.3448	Ⅱ级协调
安阳市	0.0793	0.7923	0.0783	0.3166	Ⅱ级协调
鹤壁市	0.1163	0.5196	0.1033	0.2464	Ⅱ级协调
新乡市	0.1522	0.8559	0.1531	0.3871	Ⅱ级协调
焦作市	0.2172	0.7886	0.2170	0.4076	Ⅲ级协调
濮阳市	0.1153	0.7780	0.1141	0.3358	Ⅱ级协调
许昌市	0.2487	0.9533	0.2512	0.4844	Ⅲ级协调
漯河市	0.1415	0.8527	0.1423	0.3788	Ⅱ级协调
三门峡市	0.2108	0.3976	0.1917	0.2667	Ⅱ级协调
南阳市	0.0547	0.9731	0.0566	0.3615	Ⅱ级协调
商丘市	0.0107	0.8478	0.0106	0.2897	Ⅱ级协调
信阳市	0.0286	0.9046	0.0297	0.3210	Ⅱ级协调
周口市	0.0951	0.9624	0.0970	0.3849	Ⅱ级协调
驻马店市	0.0081	0.8567	0.0083	0.2910	Ⅱ级协调
济源市	0.4015	0.9293	0.4044	0.5784	Ⅲ级协调
邯郸市	0.1692	0.3740	0.1473	0.2302	Ⅱ级协调
邢台市	0.0593	0.5558	0.0476	0.2209	Ⅱ级协调
长治市	0.1962	0.2369	0.1638	0.1990	Ⅰ级协调
晋城市	0.3974	1.0000	0.4006	0.5993	Ⅲ级协调
运城市	0.1088	0.2479	0.0744	0.1437	Ⅰ级协调
聊城市	0.1906	0.8530	0.1916	0.4118	Ⅲ级协调
菏泽市	0.0673	0.8395	0.0674	0.3247	Ⅱ级协调
蚌埠市	0.3820	0.0000	0.3342	0.2387	Ⅱ级协调
淮北市	0.1687	0.9637	0.1710	0.4345	Ⅲ级协调
阜阳市	0.0229	0.7348	0.0194	0.2590	Ⅱ级协调
宿州市	0.0000	0.8532	0.0000	0.2844	Ⅱ级协调
亳州市	0.0104	0.9605	0.0120	0.3277	Ⅱ级协调

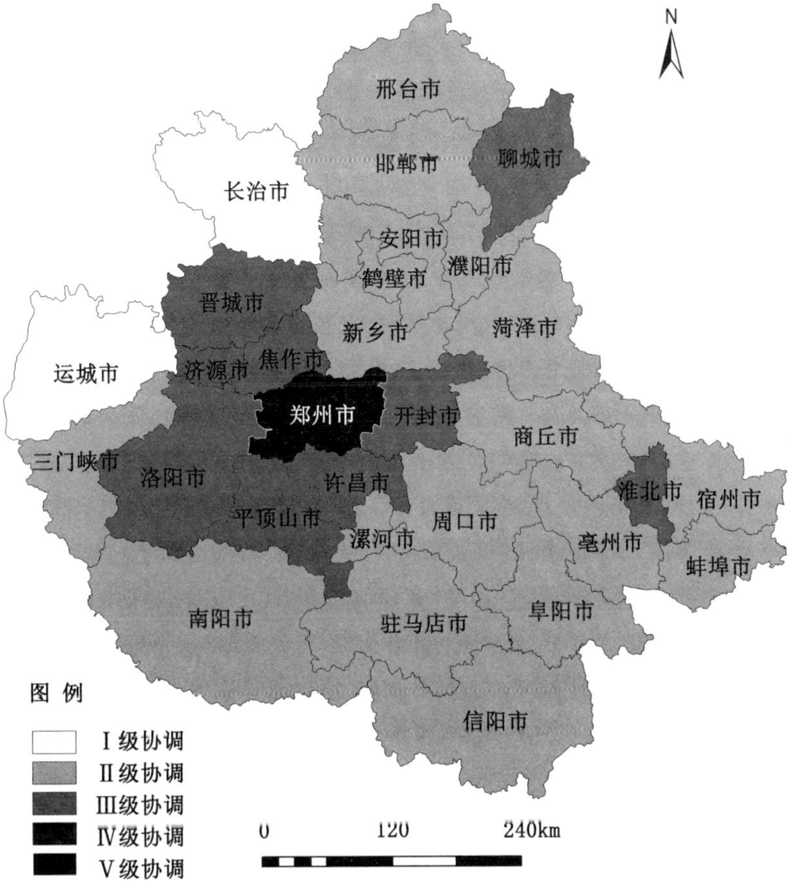

图 4－29　2014 年各市域新型城镇化、新型工业化协调状态的等级划分

由表 4－18、图 4－29 可知，2014 年郑州的综合协调指数最高，达到 0.8702，处于Ⅴ级协调等级。其他各市的综合协调等级均未达到Ⅳ级协调等级。处于Ⅲ级协调等级的有 8 个市域单元，具体包括开封、洛阳、焦作、许昌、济源、聊城、晋城、淮北。该类区域主要围绕Ⅴ级协调区的郑州分布，另有聊城和淮北分别孤零地分布在东北部和东部。处于Ⅱ级协调等级的市域单元最多，包括新乡、漯河、平顶山等 19 个市域单元，占区域总数的 63.3%。该协调等级区的市域单元广泛分布在全区各部并形成大范围的连绵分布区。处于Ⅰ级协调等级区为长治和运城两个市域单元，均属于山西省，位于全区西北部地区。总体看来，新型城镇化与新型工业化的协调程度的空间分异较为明显，以郑州为中心的中部集中区协调性相对较好，其余地区协调性则相对较差。

2. 原因解读

（1）时序特征：1995—1997 年中原经济区新型城镇化、新型工业化的综合协调度指数下降，且在 1997 年达到最低水平 0.0181，这是因为这一时期发展水平和互动水平都较低，而差异水平由较低水平急剧下降为 0.0000，因此受差异水平的影响综合协调指数下降。1998—2003 年中原经济区新型城镇化、新型工业化的综合协调度指数呈现上升状态，但所处的等级类型仍为Ⅰ级协调等级。从该阶段的构成看，发展水平、互动水平相对较低，但差异水平（标准化值）不断上升，因而协调等级变化不大。从现实情况看，新型城镇化综合水平有所下降，但是新型工业化水平不断提升，两者之间差异变小，新型城镇化和新型工业化两者发展节拍较合适，两者的综合协调度指数不断上升。2004 年，由于新型城镇化水平加快增长，新型工业化水平增长较慢，促使差异水平（标准化值）变小，因而 2004 呈现小幅下降状态。2005 年至今中原经济区新型城镇化、新型工业化“双化”综合协调指数整体呈现波动快速增长状态，但是 2013 年波动幅度较大，呈现明显下降状态，2014 年又有所回升。从分项指标看，2005 年之后中原经济区新型城镇化、新型工业化“双化”协调的发展水平、互动水平快速增长且近年来增长幅度不断提高；2005 年以来差异水平则呈现波动上升状态且在 2012 年达到最高，2013 年呈现大幅下降，2014 年又呈现回升趋势。从现实情况看，2005 年之后在新型工业化战略的带领下，全区的工业化推进一方面注入了科技化信息化动力，另一方面注重经济发展质量的提升、生态环境的保护，因而新型工业化水平快速提高。在新型工业化的支撑下，新型城镇化进程也逐渐加快，特别是 2005 年之后呈现快速提高的趋势。2005 年以来，新型城镇化、新型工业化的发展水平不断提高，差异水平（标准化值）相对增大，互动水平不断增强，因而在这个阶段呈现较好的发展趋势，甚至出现了Ⅳ级、Ⅴ级协调等级。然而，由于两者发展速度不同，差异水平（标准化值）也参差不齐，因而表现出了波动变化的特征。从区域发展实际看，近年来河南省委省政府把大力推进新型工业化作为经济发展方式转变的战略核心，积极推进以科技化信息化促工业化，以结构调整为主线，工业经济持续快速发展，工业规模和效益不断提升，经济效益水平不断提高，环境保护能力不断提升，带动河南省经济社会发展的能力不断增强。与此同时，河南省委省政府着力推进现代城镇体系建设，实施中心带动战略，大力推进社会主义新农村及新型社区建设，城乡统筹发展的步伐不断加快，因而新型工业化与新型城镇化呈现较好的互动状态，两者的综合协调指数和协调等级较高。

（2）空间特征：郑州处于Ⅴ级协调等级区。究其原因，其发展水平和互动水平均最高，差异水平（标准化值）较好，加之发展水平和互动水平对整体的影响较大，因而总体协调指数较高。从现实情况看，郑州为全区的核心城市和主体区省会城市，在新型城镇化、新型工业化推进过程中，既集聚着全区各种优势的资源要素，又接受着最后的政策环境，加之经济基础、城市基础设施、城市发展环境等方面优势，因而新型工业化与新型城镇化的发展水平、互动水平很高。虽然郑州在推进新型城镇化、新型工业化方面的速度和程度上有所差别，但是该地区有强大的调控手段可及时调控各种问题，因而两者的差异程度没有拉大。新型城镇化、新型工业化综合协调等级处于Ⅳ级协调等级的未出现，一方面由于其他城市的综合协调指数均处于中等或中等偏下水平，也造成这些城市与郑州相比发展水平、互动水平和差异水平上仍存在一定的差距，尤其发展水平和互动水平相比差距较大，因而综合协调指数与郑州相比差距较大。从现实情况看，绝大多数城市与郑州市相比，在推进新型城镇化和新型工业化的速度和程度上存在一定的差别，在资金和资源支持、科技水平、政策指导等方面也存在不同，因而造成新型城镇化和新型工业化的综合协调指数较低，两者未形成良好的融合效益，因而协调发展等级也较低。处于Ⅲ级协调等级的有 8 个市域单元，包括开封、洛阳、焦作、许昌、济源、聊城、晋城、淮北，主要围绕处于Ⅴ级协调区的郑州分布。从综合协调度指数的组成看，处于该类型的城市发展水平和互动水平均一般，而差异水平（标准化值）较高，这表明这些城市新型城镇化、新型工业化的发展基础和互动水平均不是很好，但两者同步推进的速度较好，因而综合协调指数相对于其他城市较好。从现实情况看，这些城市处在中原城市群及中北部较发达的地区，城镇化率、工业化率和非农产值比重较高，城镇建设与产业结构调整的步履较为适应，因而处在Ⅲ级协调等级区。处于Ⅱ级、Ⅰ级协调等级的市域单元最多，占全区比重达到70%，包括新乡、漯河、平顶山等 21 个市域单元。纵观这些区域，一些城市由于发展水平、互动水平相对较低，且差异水平（标准化值）也不高，因而综合协调指数及所处协调等级不高。从现实情况看，这些地区的城镇化率、工业化率不高，城镇建设与产业结构调整未形成较好的融合效应，科技化信息化动力支撑不足，因而新型城镇化、新型工业化协调程度较低。还有一些城市的发展水平和互动水平低，但差异水平较高，因而综合协调指数和所处的等级不高。从现实情况看，这些城市的现代化建设与产业结构调整的步履虽然较为适应，但城镇化率和工业化率水平较低，从而导致这些城市的综合发展指数和所处协调等级较低。

（四）新型城镇化与信息化"双化"协调发展的状态

1. 结果分析

根据"双化"协调的评价方法，采集数据对1995—2014年中原经济区的新型城镇化、信息化协调发展水平进行计算，结果见表4-19、表4-20和图4-30。

表4-19 1995—2014年新型城镇化、信息化协调发展的各项指标值

年份	新型城镇化水平	信息化水平	发展水平	差异水平	互动水平
1995	0.3748	0.3384	0.3566	0.0364	0.3552
1996	0.3989	0.3437	0.3713	0.0553	0.3682
1997	0.4028	0.3516	0.3772	0.0512	0.3746
1998	0.3973	0.3559	0.3766	0.0414	0.3749
1999	0.3946	0.3641	0.3794	0.0305	0.3784
2000	0.3984	0.3764	0.3874	0.0220	0.3869
2001	0.3978	0.3835	0.3907	0.0142	0.3905
2002	0.3978	0.3947	0.3963	0.0031	0.3963
2003	0.4086	0.4001	0.4043	0.0085	0.4042
2004	0.4267	0.4223	0.4245	0.0045	0.4245
2005	0.4511	0.4373	0.4442	0.0138	0.4440
2006	0.4747	0.4641	0.4694	0.0105	0.4693
2007	0.5117	0.4900	0.5008	0.0217	0.5005
2008	0.5404	0.5051	0.5228	0.0352	0.5219
2009	0.5721	0.5338	0.5529	0.0383	0.5519
2010	0.6027	0.5835	0.5931	0.0192	0.5929
2011	0.6662	0.6401	0.6531	0.0261	0.6527
2012	0.7523	0.7207	0.7365	0.0316	0.7360
2013	0.8234	0.8328	0.8281	0.0094	0.8280
2014	0.9421	0.9302	0.9362	0.0119	0.9361

表4-20 1995—2014年新型城镇化、信息化标准化后数值及等级划分

年份	发展水平	差异水平	互动水平	综合协调度指数	等级划分
1995	0.0000	0.3614	0.0000	0.1205	Ⅰ级协调
1996	0.0253	0.0000	0.0224	0.0159	Ⅰ级协调
1997	0.0354	0.0783	0.0333	0.0490	Ⅰ级协调
1998	0.0345	0.2664	0.0339	0.1116	Ⅰ级协调
1999	0.0392	0.4748	0.0400	0.1847	Ⅰ级协调
2000	0.0530	0.6375	0.0545	0.2483	Ⅱ级协调

续表

年份	发展水平	差异水平	互动水平	综合协调度指数	等级划分
2001	0.0587	0.7864	0.0606	0.3019	Ⅱ级协调
2002	0.0684	1.0000	0.0706	0.3797	Ⅱ级协调
2003	0.0823	0.8968	0.0844	0.3545	Ⅱ级协调
2004	0.1171	0.9733	0.1192	0.4032	Ⅲ级协调
2005	0.1511	0.7953	0.1529	0.3664	Ⅱ级协调
2006	0.1946	0.8572	0.1964	0.4161	Ⅲ级协调
2007	0.2488	0.6427	0.2501	0.3805	Ⅱ级协调
2008	0.2867	0.3840	0.2869	0.3192	Ⅱ级协调
2009	0.3387	0.3259	0.3386	0.3344	Ⅱ级协调
2010	0.4081	0.6916	0.4092	0.5030	Ⅲ级协调
2011	0.5116	0.5588	0.5122	0.5275	Ⅲ级协调
2012	0.6554	0.4545	0.6555	0.5885	Ⅲ级协调
2013	0.8135	0.8802	0.8139	0.8359	Ⅴ级协调
2014	1.0000	0.8305	1.0000	0.9435	Ⅴ级协调

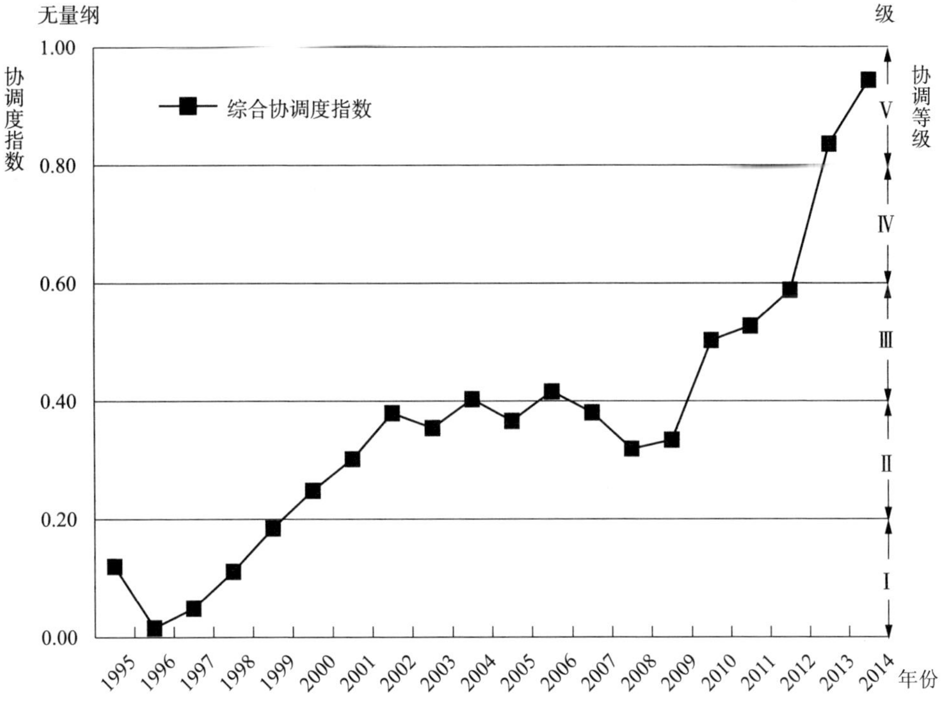

图4-30　新型城镇化、信息化的综合协调度变动情况

由表4－20和图4－30可知，中原经济区新型城镇化、信息化的综合协调度指数的时序变化特征表现为：1996年出现明显下降，且达到最低水平0.0159；1997—2002年之间呈现上升状态；2003—2009年呈现波动下降状态；2010年以来呈快速增长状态。从分项指标看（表4－20），1995年以来新型城镇化、信息化的发展水平和互动水平分别呈较好的上升状态，尤其近几年的增幅明显提升；差异水平则呈现波动变化特征，1996年差异水平（标准化值）降低到最低水平，1997—2002年差异水平（标准化值）不断增大，2002—2009年大幅波动下降，2010年以来呈波动上升趋势。总体看来，新型城镇化和信息化综合协调度指数前期受差异水平影响较大，与差异水平表现出类似的变化趋势，后期受发展水平和互动水平影响较大，呈现波动上升趋势。从协调等级看，2000年以前中原经济区的新型城镇化、信息化协调等级处于Ⅰ级；除2004、2006年的协调等级处于Ⅲ级，其余年份表现为Ⅱ级协调状态；2010以来协调等级不断攀升状态，尤其近期表现最为明显，处在Ⅲ级协调和Ⅴ级协调。2013和2014年新型城镇化、信息化的协调等级达到Ⅴ级，表明近几年比之前有了很大的提升，但是受标准化的影响，并不意味着真正达到了高水平的协调状态。

同样，根据评价方法，采集数据可计算2014年中原经济区各市域单元的新型城镇化、信息化的综合协调度指数，结果见表4－21和图4－31。

表4－21　2014年各市域新型城镇化、信息化的综合协调度指数及等级划分

城市	发展水平	差异水平	互动水平	综合协调度指数	等级划分
郑州市	1.0000	0.0113	1.0000	0.6704	Ⅳ级协调
开封市	0.1407	0.5225	0.1366	0.2666	Ⅱ级协调
洛阳市	0.2362	0.5338	0.2348	0.3350	Ⅱ级协调
平顶山市	0.0741	0.8216	0.0762	0.3240	Ⅱ级协调
安阳市	0.0940	0.8701	0.0971	0.3537	Ⅱ级协调
鹤壁市	0.0930	0.3477	0.0801	0.1736	Ⅰ级协调
新乡市	0.1360	0.8420	0.1394	0.3725	Ⅱ级协调
焦作市	0.1561	0.5523	0.1535	0.2873	Ⅱ级协调
濮阳市	0.0734	0.5139	0.0673	0.2182	Ⅱ级协调
许昌市	0.1307	0.5241	0.1264	0.2604	Ⅱ级协调
漯河市	0.0815	0.5139	0.0755	0.2236	Ⅱ级协调
三门峡市	0.1527	0.1126	0.1291	0.1315	Ⅰ级协调
南阳市	0.0602	0.9750	0.0634	0.3662	Ⅱ级协调
商丘市	0.0424	0.9445	0.0452	0.3440	Ⅱ级协调

续表

城市	发展水平	差异水平	互动水平	综合协调度指数	等级划分
信阳市	0.0621	0.9724	0.0653	0.3666	Ⅱ级协调
周口市	0.0666	0.8981	0.0695	0.3447	Ⅱ级协调
驻马店市	0.0626	0.9133	0.0655	0.3471	Ⅱ级协调
济源市	0.1926	0.1563	0.1734	0.1741	Ⅰ级协调
邯郸市	0.2015	0.6532	0.2026	0.3524	Ⅱ级协调
邢台市	0.0828	0.6272	0.0807	0.2636	Ⅱ级协调
长治市	0.1993	0.3333	0.1894	0.2407	Ⅱ级协调
晋城市	0.1820	0.0000	0.1526	0.1115	Ⅰ级协调
运城市	0.1379	0.3895	0.1285	0.2186	Ⅱ级协调
聊城市	0.0754	0.5673	0.0712	0.2380	Ⅱ级协调
菏泽市	0.0428	1.0000	0.0458	0.3629	Ⅱ级协调
蚌埠市	0.0720	0.4877	0.0648	0.2082	Ⅱ级协调
淮北市	0.0886	0.5446	0.0840	0.2391	Ⅱ级协调
阜阳市	0.0739	0.9694	0.0774	0.3736	Ⅱ级协调
宿州市	0.0144	0.8127	0.0153	0.2808	Ⅱ级协调
亳州市	0.0000	0.7789	0.0000	0.2596	Ⅱ级协调

由表4－21、图4－31可知，郑州市的新型城镇化和信息化综合协调指数最高，达到0.6704，处于Ⅳ级协调等级。处于Ⅳ级和Ⅲ级协调等级的市域单元未出现。处于Ⅱ级协调等级的市域单元最多，占区域总数的83.3%，包括开封、洛阳、平顶山等25个市域单元。该类区域一方面分布在主体区除郑州、鹤壁、济源、三门峡外的区域，另一方面分布在外围区除晋城外的所有市域单元。处于Ⅰ级协调等级的市域有4个，除晋城外，其他分部在主体区。总体看来，Ⅱ级协调等级占据了绝大多数并大范围连绵分布，表明全区新型城镇化与信息化的协调程度不够好。

2. 原因解读

（1）时序特征：1995—1996年中原经济区新型城镇化、信息化的综合协调度指数下降，主要由于该阶段发展水平和互动水平很低，而差异水平也急剧下降，因此受差异水平的影响综合协调指数下降。1997—2002年中原经济区新型城镇化、信息化的综合协调度指数呈现上升状态，所处的等级类型由Ⅰ级协调等级上升为Ⅱ级协调等级。从该阶段的构成看，发展水平、互动水平处于相对较低状态，而差异水平（标准化值）不断上升，因而协调等级有所上升。从现

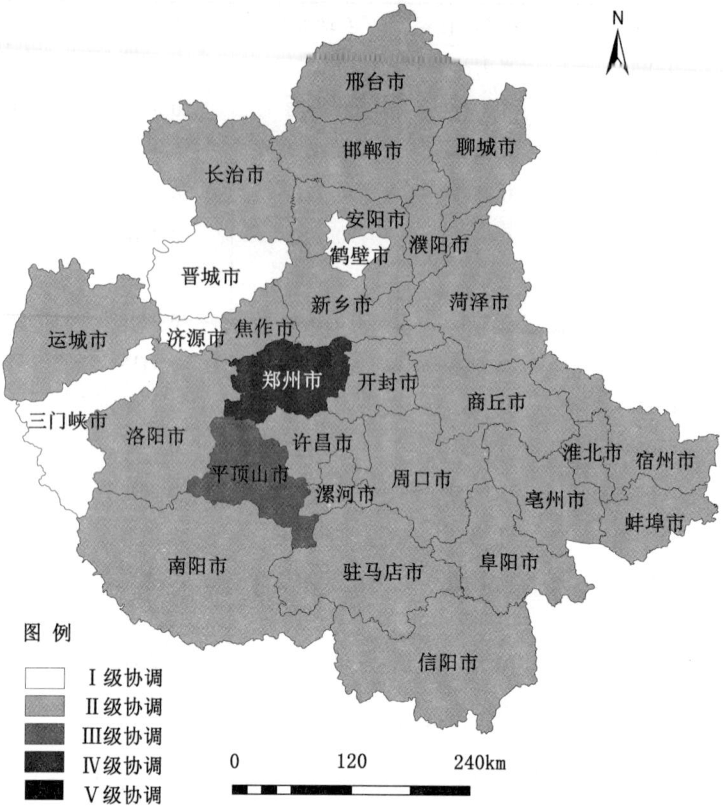

图 4－31　2014 年各市域新型城镇化、信息化协调状态的等级划分

实情况看，新型城镇化综合水平有所下降，而信息化水平不断升高，两者之间差异变小，促使新型城镇化和信息化两者的节拍较合适，因而促使两者的综合协调度指数不断上升，所处的协调等级也随之提高。2003—2009 年中原经济区新型城镇化、信息化的综合协调度指数整体呈现波动下降状态，与差异水平的波动趋势较为接近，所处的等级类型为Ⅱ、Ⅲ级协调等级。从其构成看，发展水平、互动水平呈现小幅增长趋势，差异水平（标准化值）呈波动变化状态。受差异水平的波动影响，综合协调发展指数也就表现出先下降后上升的状态，表明虽然新型城镇化和信息化综合水平均较稳定，但两者提升的幅度有所差异，致使两者未处于合适节拍，因而促使两者的综合协调度指数波动较大，所处的协调等级也较低。2010 年至今呈现波动快速增长状态，所处的协调等级也不断提高，尤其 2013 和 2014 年达到Ⅴ级协调等级。从现实情况看，近年来河南省委省政府坚持走新型城镇化道路，在推进信息城镇化的基础上注重城镇化内涵的提升，着力推进城镇化与信息化建设，以信息化丰富城镇功能，推进智慧城市建设，不断优化产业结构，因而新型城镇化与信息化的协调性也不断增强。2010年《河南省国民经济与社会发展“十二五”规划》第六篇指出：围绕中原经济区建设，坚持基础设施先行，继续加强交通、能源、水利、信息等基础设施建设，建成完善的高速公路网，基本完善的铁路网，坚强智能的现代化电网，保障有力的水利网，互联互通的信息网，初步形成郑州国际航空枢纽基本框架，构建适度超前的现代化基础产业和基础设施体系。“十二五”规划对信息化基础设施和信息网络的构建提出了具体措施，为中原经济区信息化水平的快速提升指明了方向，从战略上保障了信息化与新型城镇化的进一步融合。近年来，河南省委省政府贯彻落实十八大以来关于工业化、信息化、城镇化、农业现代化同步发展的理念，坚持以信息化推动新型城镇化，加快了信息产业的发展步伐和信息基础设施的建设力度，从而促使新型城镇化与信息化的融合发展程度不断提高，因而近阶段的综合协调指数和协调等级较高。

（2）空间特征：处在Ⅳ级协调等级区为郑州。究其原因，虽然其差异水平（标准化值）很低，但其发展水平和互动水平得分最高且两者对总协调度的贡献很大，因而使得其综合协调得分处于很高的水平。从实际情况看，郑州城镇建设不但重视城市发展的外延扩展和内涵优化，城镇化的质量的不断提升；而且重视“智慧交通”“智慧旅游”等信息化设施建设，信息化对城乡基础设施建设的“硬件”“软件”支撑不断提升，因而促使省会城市郑州的新型城镇化、信息化“双化”的发展水平、互动水平不断提升。此外郑州作为河南省的省会城市，集聚着各种资金、资源、科技、政策等优势，信息化发展水平较高，因而新型城镇化与信息化的有效互动水平也最高。然而，虽然郑州的新型城镇化、信息化的处在很高的发展水平，但“双化”在各自所处等级的年际变化增长速度不一，再加上对各种问题的调控力度不够和调控时间上的滞后，因而两者的差异程度较大。Ⅲ级协调等级区的市域单元未出现，一方面由于其他城市与郑州相比在发展水平、互动水平存在较大的差距，另一方面这些城市差异水平的提升对整体的贡献度仍不够，因而使得这些城市综合协调度得分与郑州的差距仍很大。从现实情况看，这些得分相对较高的城市与郑州相比，在推进新型城镇化和信息化的速度和程度上存在一定的差别，在资金和资源支持、科技水平、政策指导等方面也存在不同，因而新型城镇化和信息化综合协调指数不高，所处的协调发展等级也随之下降。处于Ⅱ级协调等级区的城市最多，达到25个，占区域总数的83.3%。纵观这些区域，不仅发展水平、互动水平相对较低，而且差异水平（标准化值）也不高，因而综合协调指数及所处协调等级不高。从现实情况看，这些地区的城镇化质量、信息化水平普遍不高，城市的现代化建设与信息化建设的基础设施投入资金不够，“双化”未形成较好的融合效应，因而新型城镇化与信息化的协调程度较低。处于Ⅰ级协调等级区的城市有4个，包括鹤壁、三门峡、济源、运城。该等级城市的发展水平和互动水平一般，差异水平（标准化值）极低，说明这些城市新型城镇化、信息化既受制于综合发展水平的束缚，也受制于两者差异水平的影响，因而综合协调指数得分很低，协调等级也处于最低等级。

（五）新型工业化与新型农业现代化“双化”协调发展的状态

1. 结果分析

根据“双化”的评价方法对，采集数据对1995—2014年中原经济区新型工业化、新型农业现代化的协调发展水平进行计算，结果见表4－22、表4－23和图4－32。

表4－22　1995—2014年新型工业化、新型农业现代化协调发展的各项指标值

年份	新型工业化水平	新型农业现代化水平	发展水平	差异水平	互动水平
1995	0.3383	0.3664	0.3524	0.0282	0.3515
1996	0.3421	0.3755	0.3588	0.0333	0.3576
1997	0.3447	0.3714	0.3581	0.0267	0.3573
1998	0.3496	0.3810	0.3653	0.0314	0.3643
1999	0.3527	0.3992	0.3760	0.0464	0.3738
2000	0.3587	0.4138	0.3863	0.0551	0.3833
2001	0.3614	0.4145	0.3880	0.0531	0.3852
2002	0.3633	0.4157	0.3895	0.0524	0.3869
2003	0.3731	0.4186	0.3958	0.0455	0.3938
2004	0.3782	0.4349	0.4066	0.0567	0.4036
2005	0.4001	0.4472	0.4236	0.0471	0.4217
2006	0.4315	0.4720	0.4518	0.0404	0.4504
2007	0.4631	0.5030	0.4830	0.0398	0.4818
2008	0.5025	0.5579	0.5302	0.0554	0.5280
2009	0.5371	0.5926	0.5648	0.0555	0.5628
2010	0.5926	0.6110	0.6018	0.0183	0.6016
2011	0.6792	0.6618	0.6705	0.0174	0.6704
2012	0.7512	0.7377	0.7444	0.0135	0.7444
2013	0.8657	0.7951	0.8304	0.0706	0.8282
2014	0.9604	0.9111	0.9357	0.0492	0.9348

表 4-23 1995—2014 年新型工业化、新型农业现代化标准化后数值及等级划分

年份	发展水平	差异水平	互动水平	综合协调度指数	等级划分
1995	0.0000	0.7427	0.0000	0.2476	Ⅱ级协调
1996	0.0110	0.6519	0.0105	0.2245	Ⅱ级协调
1997	0.0098	0.7685	0.0100	0.2627	Ⅱ级协调
1998	0.0222	0.6856	0.0219	0.2432	Ⅱ级协调
1999	0.0404	0.4225	0.0382	0.1670	Ⅰ级协调
2000	0.0581	0.2709	0.0545	0.1278	Ⅰ级协调
2001	0.0610	0.3061	0.0578	0.1416	Ⅰ级协调
2002	0.0637	0.3176	0.0606	0.1473	Ⅰ级协调
2003	0.0744	0.4391	0.0726	0.1954	Ⅰ级协调
2004	0.0929	0.2423	0.0893	0.1415	Ⅰ级协调
2005	0.1221	0.4107	0.1202	0.2177	Ⅱ级协调
2006	0.1704	0.5278	0.1695	0.2892	Ⅱ级协调
2007	0.2240	0.5388	0.2234	0.3287	Ⅱ级协调
2008	0.3048	0.2658	0.3026	0.2911	Ⅱ级协调
2009	0.3642	0.2648	0.3622	0.3304	Ⅱ级协调
2010	0.4276	0.9146	0.4287	0.5903	Ⅲ级协调
2011	0.5454	0.9307	0.5467	0.6743	Ⅳ级协调
2012	0.6721	1.0000	0.6735	0.7819	Ⅳ级协调
2013	0.8195	0.0000	0.8173	0.5456	Ⅲ级协调
2014	1.0000	0.3736	1.0000	0.7912	Ⅳ级协调

由表 4-23、图 4-32 可知，中原经济区新型工业化、新型农业现代化的综合协调度指数的变化特征表现为：1995—2004 年波动下降，2005—2012 年波动上升且 2008 年以来上升幅度较大，2013 年下降后又迅速上升。从分项指标看（表 4-23），发展水平和互动水平均呈现稳步上升状态且 2004 年之后增幅较大，从 1995 年的最小值提升至 2014 年的最大值；差异水平则呈现波动变化，2005 年之前差异水平处于波动下降状态，2005 年之后处于波动上升且波动幅度较大。对比综合协调度得分可知，研究期时序变化的特征主要受差异水平的影响较大。从协调等级看，中原经济区新型工业化与新型农业现代化“双化”协调发展等级在 2005 年之前基本处于Ⅰ级、Ⅱ级协调等级，2005 年之后协调等级由Ⅱ级波动上升至Ⅳ级协调。

同样，根据评价方法可计算 2014 年中原经济区各市域单元新型工业化、新型农业现代化的综合协调度指数及等级划分，结果见表 4-24 和图 4-33。

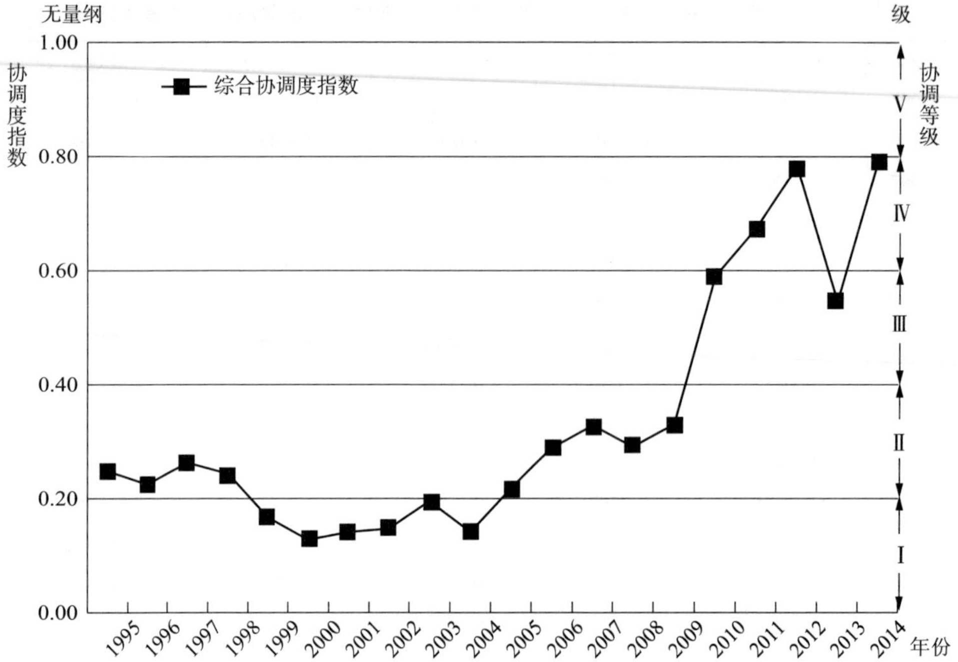

图 4-32 新型工业化、新型农业现代化的综合协调度变动情况

表 4-24 2014 年各市域新型工业化、新型农业现代化的综合协调度指数及等级划分

城市	发展水平	差异水平	互动水平	综合协调度指数	等级划分
郑州市	1.0000	0.3096	1.0000	0.7699	Ⅳ级协调
开封市	0.2654	0.9364	0.3221	0.5079	Ⅲ级协调
洛阳市	0.3895	0.9244	0.4727	0.5955	Ⅲ级协调
平顶山市	0.0028	1.0000	0.0060	0.3363	Ⅱ级协调
安阳市	0.1050	0.8382	0.1081	0.3504	Ⅱ级协调
鹤壁市	0.0406	0.8679	0.0355	0.3147	Ⅱ级协调
新乡市	0.3430	0.7486	0.3771	0.4896	Ⅲ级协调
焦作市	0.2554	0.9667	0.3127	0.5116	Ⅲ级协调
濮阳市	0.0723	0.9510	0.0875	0.3703	Ⅱ级协调
许昌市	0.2751	0.9138	0.3312	0.5067	Ⅲ级协调
漯河市	0.0486	0.9862	0.0613	0.3653	Ⅱ级协调
三门峡市	0.0811	0.9736	0.1002	0.3849	Ⅱ级协调
南阳市	0.8353	0.0000	0.5515	0.4623	Ⅲ级协调

续表

城市	发展水平	差异水平	互动水平	综合协调度指数	等级划分
商丘市	0.2319	0.5599	0.1560	0.3159	Ⅱ级协调
信阳市	0.3857	0.4439	0.2864	0.3720	Ⅱ级协调
周口市	0.5156	0.5112	0.4924	0.5064	Ⅲ级协调
驻马店市	0.3056	0.4706	0.1990	0.3251	Ⅱ级协调
济源市	0.4139	0.7251	0.4575	0.5322	Ⅲ级协调
邯郸市	0.5051	0.3644	0.3906	0.4200	Ⅲ级协调
邢台市	0.1510	0.6262	0.0872	0.2881	Ⅱ级协调
长治市	0.0000	0.9608	0.0000	0.3203	Ⅱ级协调
晋城市	0.5736	0.9675	0.7017	0.7476	Ⅳ级协调
运城市	0.0965	0.6554	0.0322	0.2614	Ⅱ级协调
聊城市	0.4974	0.7991	0.5822	0.6262	Ⅳ级协调
菏泽市	0.2798	0.7882	0.3107	0.4596	Ⅲ级协调
蚌埠市	0.6762	0.6384	0.7532	0.6893	Ⅳ级协调
淮北市	0.0878	0.9191	0.1025	0.3698	Ⅲ级协调
阜阳市	0.0741	0.7211	0.0324	0.2759	Ⅱ级协调
宿州市	0.0729	0.7276	0.0335	0.2780	Ⅱ级协调
亳州市	0.0694	0.8063	0.0556	0.3104	Ⅱ级协调

由表4－24、图4－33可知，处在Ⅴ级协调等级的市域单元未出现。处在Ⅳ级协调等级区的市域单元有4个，包括郑州、晋城、聊城、蚌埠，未形成集中分布区。处在Ⅲ级协调等级区的市域研究单元较多，共10个，占区域总数的33.3%，包括南阳、洛阳、济源、焦作、新乡、开封、许昌、周口、菏泽、邯郸，主要分布在Ⅳ级协调等级区周围并形成中部连绵集聚区。处在Ⅱ级协调等级区的市域单元最多，达16个，占区域总数的53.3%，该类型区域除在西北半壁的外围区和豫北地区的小范围集中分布外，在南部、东部形成大范围连绵分布区。

2. 原因解读

（1）时序特征：1995—2004年中原经济区新型工业化、新型农业现代化的综合协调指数处于小幅波动下降状态，其值由1995年的0.2476波动下降为2004年的0.1415。从其构成看，发展水平和互动水平处于缓慢波动上升状态，而差异水平（标准化值）却处于波动下降，这表明虽然新型工业化、新型农业现代化水平较稳定的提高，但两者提高的幅度差异较大且未处在合适的节拍，

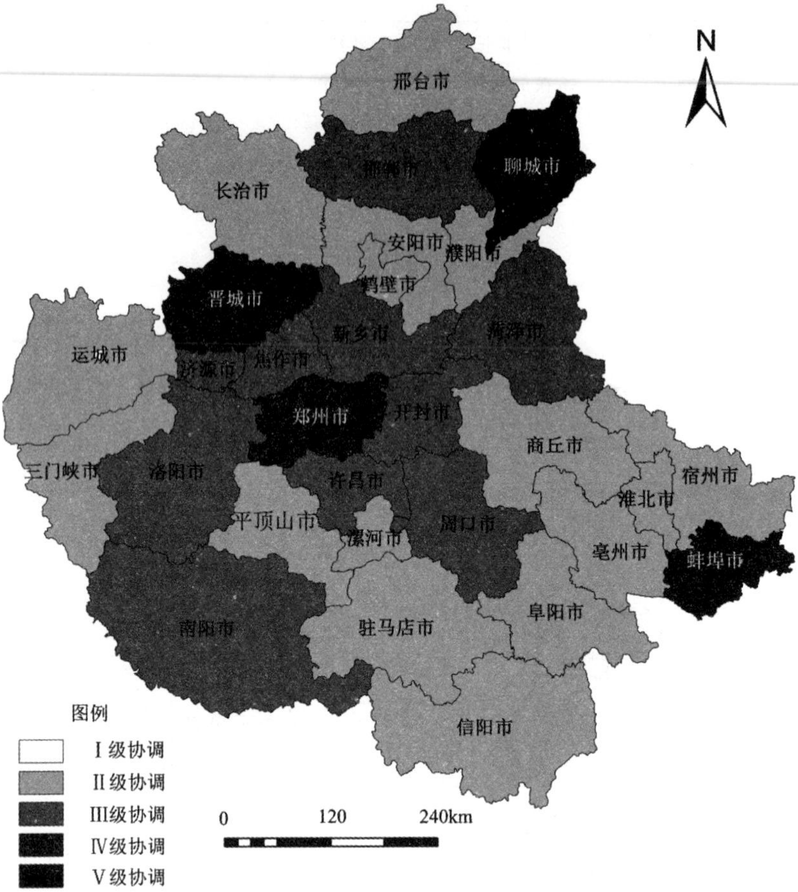

图 4-33　2014 年各市域新型工业化、新型农业现代化协调状态的等级划分

导致两者的综合协调度指数波动降低，所处的协调等级也较低。从现实情况看，该阶段工业化开始注重科技化、信息化要素融入，经济高效水平明显提升，资源节约、环境保护等循环经济理念逐渐引入，新型工业化水平快速提升；农业现代化注重农业生产条件改善与农业经济、社会发展水平的提高，农业现代化的水平也不断提升。然而，在注重资源节约、循环经济等新理念下的影响下新型工业化水平提升速度不快，而农业现代化进程则稳步上升，两者的发展速度未处在合适的节拍，因此导致所处的协调等级不高。2005 年以来，中原经济区新型工业化、新型农业现代化的综合协调指数波动提升，所处的协调等级也不断提高。从现实情况看，2005 年以来河南省委省政府在坚持走新型工业化道路，在经济高效、资源节约、环境友好等理念的指导下致力于新兴工业大省建设，着力推进农业生产的科技化、信息化、智能化和产业化，工业对农业的反哺能力与城镇对乡村的带动能力不断提升，新型工业化与新型农业现代化的协调性也不断增强。2005 年《河南省国民经济与社会发展“十一五”规划》第二篇指出：把推进新型工业化、构建现代产业体系作为“三化”协调科学发展的核心，作为建设中原经济区的重要支撑，为新型工业化与新型农业现代化融合发展进行了明确的战略部署。2008 年党的十七届三中全会对农村改革发展的若干重大问题进行全面部署，强调坚持走中国特色农业现代化道路，切实保障农民的各项权利与利益，推动农村经济社会全面发展。2010 年《河南省国民经济与社会发展“十二五”规划》第四篇指出：加快转变农业发展方式，构建现代农业产业体系，在工业化、城镇化深入发展中加快推进农业现代化。以上述发展政策为指导，河南省委省政府提出“一个载体、三个体系”的发展思路，推动工业转型升级、改造传统优势产业、积极培育先导产业、发展现代化农业、强调产业持续发展，新型工业化与新型农业现代化的融合发展程度不断提高，因而近阶段的综合协调指数和协调等级较高。

（2）空间特征：新型工业化、新型农业现代化综合水平得分很高的城市虽然发展水平和互动水平很高，但其差异水平相对较低，导致其综合协调度指数为达到 0. 8，因此未出现Ⅴ级协调等级区。由于郑州新型工业化、新型农业现代化的发展水平和互动水平处于高水平，差异水平虽然很低但其对整体的贡献度较小，因而其综合协调度指数较高，所处的协调等级较高。从实际情况看，郑州的工业化率、非农产业结构比重、二、三产业从业人员比重很高，产业结构演化程度高、信息化与工业化互动好、产城融合发展速度快，新型工业化水平遥遥领先其他地区。郑州作全区的核心城市，集聚着各种资金、资源、科技、政策等优势，农村地区的农业生产条件、农村经济社会发展水平较高，农业的科技化、信息化、产业化、信息化环境好，因而新型工业化与新型农业现代化的发展水平、互动水平最高。虽然郑州在推进新型工业化、新型农业现代化方面的速度和程度上未处于合适的状态并出现了一些问题，但其拥有强大的集聚力、调控力和政策执行力，使得“双化”的各种差异问题仍处在可控的范围之内，因而未影响到其综合协调度的提升。晋城、聊城、蚌埠处于Ⅳ级协调等级区，与郑州不同，这些区域发展水平和互动水平处于中等或者较高的状态，差异水平（标准化值）较高，因此新型工业化与新型农业现代化的等级较高。从实际情况看，这些区域经济发展水平较高，工业化率、非农产业结构比重、二、三产业从业人员比重较高，在推进工业化、农业现代化过程中，注重现代科技手段和信息化元素的融入，新型工业化与新型农业现代化同步推进的节拍适合，因而其差异水平（标准化值）较高，协调等级也相对较高。处在Ⅲ级协调等级区的市域单元有10个，包括洛阳、济源、焦作、新乡、开封、许昌、周口、菏泽、南阳和邯郸。除南阳和邯郸之外的八个城市虽然发展水平和互动水平均处于较低水平，但差异水平（标准化值）较高，因而总体水平不高。从现实情况看，这些地区的经济发展水平一般，工业化率、非农产业结构比重、二、三产业从业人员比重一般，但在推进工业化、农业现代化过程中，注重现代科技手段和信息化元素的融入，新型工业化与新型农业现代化同步推进的节拍适合，因而其差异水平（标准化值）要好于其他地区，协调等级也相对不是很低。南阳处于Ⅲ级协调等级区，与其他同等级的城市差别较大，其发展水平和互动水平相对较高，但差异水平最低，因而其综合协调度指数相对较高。这意味着虽然南阳新型工业化、新型农业现代化的基础条件相对较好，但两者同步推进的速度与质量较差，因而才呈现这种局面。邯郸的发展水平较高，但互动水平和差异水平（标准化值）较低，因而也处于Ⅲ级协调等级区。处于Ⅱ级协调等级区的城市达到16个，占区域总数的53.3%，主导着整个分布格局。纵观这些区域，发展水平、互动水平较低，差异水平（标准化值）虽然较高但对整体的贡献度不够，因而综合协调指数及所处协调等级不高。从现实情况看，这些地区的工业化率、非农产业比重、二、三产业从业人员比重水平较低，农业发展中的科技化、信息化、智能化元素融入不够，经济社会发展水平普遍不高，因而新型工业化与新型农业现代化的协调程度较低，所处的协调等级较差。

（六）新型工业化与信息化“双化”协调发展的状态

1. 结果分析

根据上述评价方法对1995—2014年中原经济区新型工业化、信息化的协调发展水平状态进行计算，结果见表4－25、表4－26和图4－34。

表4－25　1995—2014年新型工业化、信息化协调发展的各项指标值

年份	信息化水平	新型工业化综合水平	发展水平	差异水平	互动水平
1995	0.3384	0.3383	0.3384	0.0001	0.3384
1996	0.3437	0.3421	0.3429	0.0015	0.3429
1997	0.3516	0.3447	0.3481	0.0068	0.3481
1998	0.3559	0.3496	0.3528	0.0063	0.3527
1999	0.3641	0.3527	0.3584	0.0114	0.3583
2000	0.3764	0.3587	0.3675	0.0176	0.3672
2001	0.3835	0.3614	0.3725	0.0221	0.3720

续表

年份	信息化水平	新型工业化综合水平	发展水平	差异水平	互动水平
2002	0.3947	0.3633	0.3790	0.0314	0.3780
2003	0.4001	0.3731	0.3866	0.0270	0.3859
2004	0.4223	0.3782	0.4002	0.0441	0.3984
2005	0.4373	0.4001	0.4187	0.0372	0.4174
2006	0.4641	0.4315	0.4478	0.0326	0.4469
2007	0.4900	0.4631	0.4766	0.0268	0.4760
2008	0.5051	0.5025	0.5038	0.0026	0.5038
2009	0.5338	0.5371	0.5354	0.0033	0.5354
2010	0.5835	0.5926	0.5881	0.0091	0.5880
2011	0.6401	0.6792	0.6597	0.0392	0.6588
2012	0.7207	0.7512	0.7359	0.0305	0.7355
2013	0.8328	0.8657	0.8492	0.0330	0.8488
2014	0.9302	0.9604	0.9453	0.0302	0.9449

表 4-26　1995—2014 年新型工业化、信息化标准化后数值及等级划分

年份	发展水平	差异水平	互动水平	综合协调度指数	等级划分
1995	0.0000	1.0000	0.0000	0.3333	Ⅱ级协调
1996	0.0075	0.9680	0.0075	0.3277	Ⅱ级协调
1997	0.0161	0.8476	0.0161	0.2933	Ⅱ级协调
1998	0.0237	0.8590	0.0237	0.3021	Ⅱ级协调
1999	0.0331	0.7438	0.0329	0.2699	Ⅱ级协调
2000	0.0481	0.6014	0.0476	0.2324	Ⅱ级协调
2001	0.0562	0.4993	0.0554	0.2036	Ⅱ级协调
2002	0.0670	0.2875	0.0654	0.1400	Ⅰ级协调
2003	0.0794	0.3880	0.0783	0.1819	Ⅰ级协调
2004	0.1019	0.0000	0.0990	0.0670	Ⅰ级协调
2005	0.1323	0.1556	0.1304	0.1394	Ⅰ级协调
2006	0.1804	0.2613	0.1790	0.2069	Ⅱ级协调
2007	0.2277	0.3925	0.2269	0.2824	Ⅱ级协调
2008	0.2726	0.9428	0.2728	0.4961	Ⅲ级协调
2009	0.3247	0.9276	0.3249	0.5258	Ⅲ级协调
2010	0.4115	0.7961	0.4116	0.5397	Ⅲ级协调
2011	0.5294	0.1116	0.5283	0.3898	Ⅱ级协调

续表

年份	发展水平	差异水平	互动水平	综合协调度指数	等级划分
2012	0.6551	0.3094	0.6547	0.5397	Ⅲ级协调
2013	0.8418	0.2525	0.8415	0.6452	Ⅳ级协调
2014	1.0000	0.3166	1.0000	0.7722	Ⅳ级协调

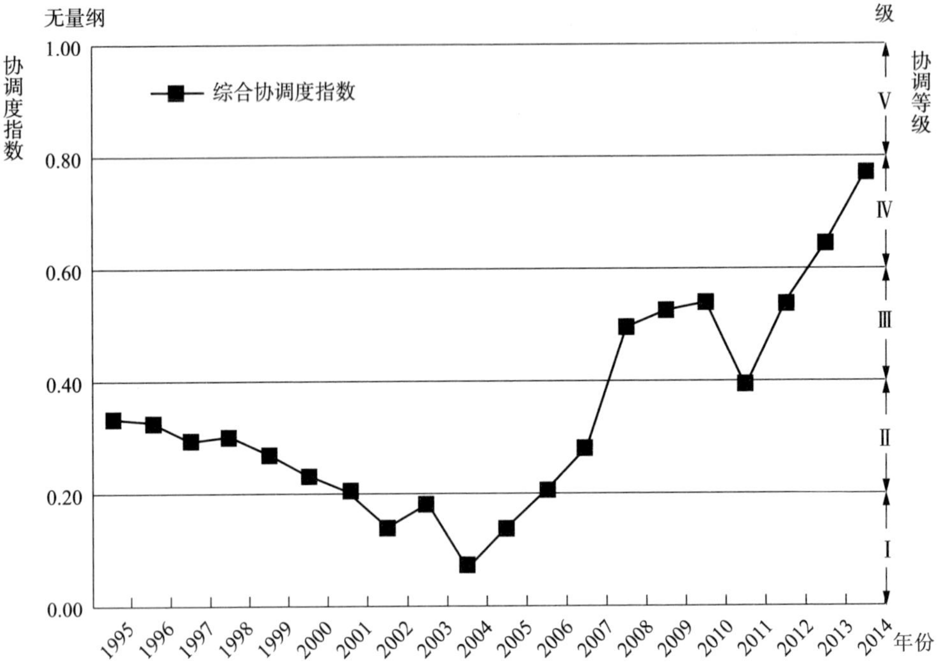

图4－34 新型工业化、信息化的综合协调度变化情况

由表4－26、图4－34可知、中原经济区新型工业化、信息化的综合协调度指数的变化特征变现为：1995—2004年呈现波动下降状态；2005年以后呈现波动上升状态，2011有所下降后迅速提升。从分项指标看（表4－26），发展水平和互动水平不断上升，均从1995年的最低值上升至2004年的最高值，呈现较好的发展趋势；而差异水平呈现较大的波动变化状态，1995—2004年呈不断下降趋势，2005—2008年呈现大幅上升状态，2009—2011年呈迅速下降状态，2012年之后呈现波动上升状态。总体上看，综合协调度指数受差异水平影响较大，与差异水平呈现类似的变化趋势。从等级划分看，1995—2001年处于Ⅱ协调状态；2002—2005年处于Ⅰ级协调状态；2006年以来协调等级从Ⅱ级上升至Ⅳ级。

同样，根据评价方法可计算中原经济区2014年30个市域单元的综合协调度指数及等级划分，结果见表 4 - 27 和图 4 - 35。

表 4 - 27 2014 年各市域单元新型工业化、信息化的综合协调度指数及等级划分

城市	发展水平	互动水平	差异水平	综合协调度指数	等级划分
郑州市	1.0000	1.0000	0.0000	0.6667	Ⅳ级协调
开封市	0.1248	0.1277	0.8315	0.3614	Ⅱ级协调
洛阳市	0.2731	0.2793	0.7271	0.4265	Ⅲ级协调
平顶山市	0.0668	0.0696	0.9812	0.3725	Ⅱ级协调
安阳市	0.0736	0.0763	0.9289	0.3596	Ⅱ级协调
鹤壁市	0.0251	0.0257	0.9361	0.3289	Ⅱ级协调
新乡市	0.1291	0.1346	0.9986	0.4208	Ⅲ级协调
焦作市	0.1386	0.1429	0.8636	0.3817	Ⅱ级协调
濮阳市	0.0494	0.0491	0.8456	0.3147	Ⅱ级协调
许昌市	0.1601	0.1551	0.6239	0.3130	Ⅱ级协调
漯河市	0.0708	0.0696	0.7864	0.3089	Ⅱ级协调
三门峡市	0.0670	0.0683	0.8711	0.3355	Ⅱ级协调
南阳市	0.0693	0.0723	1.0000	0.3805	Ⅱ级协调
商丘市	0.0286	0.0292	0.9217	0.3265	Ⅱ级协调
信阳市	0.0594	0.0608	0.8935	0.3379	Ⅱ级协调
周口市	0.0908	0.0935	0.8882	0.3575	Ⅱ级协调
驻马店市	0.0516	0.0504	0.8149	0.3056	Ⅱ级协调
济源市	0.2297	0.2074	0.3521	0.2631	Ⅱ级协调
邯郸市	0.0609	0.0636	0.9904	0.3717	Ⅱ级协调
邢台市	0.0257	0.0255	0.8851	0.3121	Ⅱ级协调
长治市	0.0883	0.0902	0.8579	0.3455	Ⅱ级协调
晋城市	0.2623	0.2608	0.5879	0.3703	Ⅱ级协调
运城市	0.0141	0.0132	0.8789	0.3021	Ⅱ级协调
聊城市	0.1363	0.1317	0.6524	0.3068	Ⅱ级协调
菏泽市	0.0698	0.0689	0.7987	0.3125	Ⅱ级协调
蚌埠市	0.3012	0.2457	0.0141	0.1870	Ⅰ级协调
淮北市	0.0977	0.0948	0.7196	0.3040	Ⅱ级协调
阜阳市	0.0050	0.0052	0.9853	0.3318	Ⅱ级协调
宿州市	0.0000	0.0000	0.9914	0.3305	Ⅱ级协调
亳州市	0.0034	0.0022	0.8832	0.2963	Ⅱ级协调

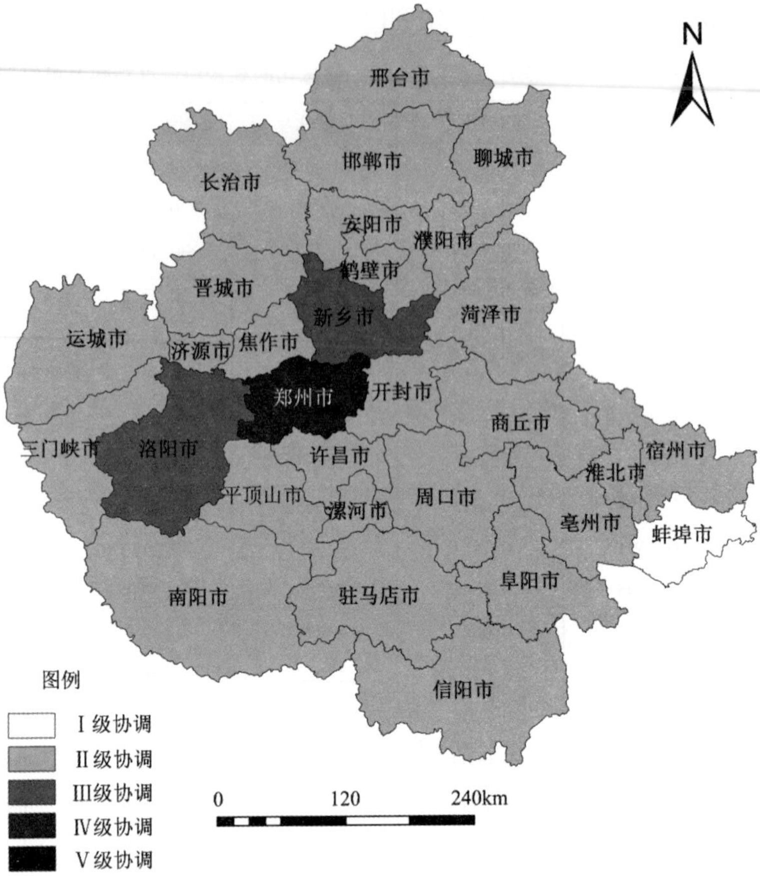

图 4－35　2014 年各市域新型工业化、信息化协调状态的等级划分

由表4－27、图4－35 可知，全区没有出现最高等级Ⅴ级协调等级，意味着没有城市出现优质的协调状态。郑州处于Ⅳ级协调等级，综合协调度指数较高为0.6667，远高于Ⅲ级市域单元的得分。洛阳和新乡处于Ⅲ级协调等级，综合协调指数一般，分别为0.4264、0.4208，紧邻着郑州分布。处于Ⅱ级协调等级区的市域单元个数高达26 个，占区域总数的86.7%，是主要的分布类型。该协调等级区基本覆盖全区的各个区域，并形成大范围的连绵分布区。处于Ⅰ级协调等级区的仅为蚌埠，孤零地分布在东南部外围区。总体看来，以郑州为中心的中西部区协调性较高，其余地区协调性则较差，全区提升新型工业化与信息化的协调水平的任务还很艰巨。

2. 原因解读

（1）时序特征：2004 年之前新型工业化与信息化的综合协调指数呈现波动

下降，基本处在Ⅱ级协调等级，部分年份则处于Ⅰ级协调等级。从发展水平、差异水平和互动水平指数看，2004 年之前新型工业化、信息化“双化”的发展水平和互动水平呈现缓慢的上升状态，然而差异水平（标准化值）呈现大幅度下降趋势，直接导致了综合协调度指数及协调等级下降。从现实情况看，2004 年之前国家高度重视信息化的发展，20 世纪 90 年代相继启动了金关、金卡和金税为代表的重大信息化应用工程以及召开全国信息化工作会议，积极引导信息化工程建设；十五届五中全会提出大力推进国民经济和信息化，以信息化带动工业化，发挥后发优势，实现社会生产力的跨越式发展；“十五”期间，国家推行电子政务、振兴软件产业、加强信息安全保障、加强信息资源开发利用、加快电子商务等决策，有力地推进了信息化建设。在国家政策的带动下，中原经济区的信息化发展突飞猛进，在某种意义上超越了工业化的发展速度，使得信息化与新型工业化的差距不断拉大，因此出现了协调等级的下降。2005 年之后新型工业化、信息化的综合协调指数呈现波动上升状态，协调等级从Ⅰ级上升至Ⅳ级协调等级。从其构成看，发展水平和互动水平呈现大幅度的上升趋势，而差异水平（标准化值）呈现迅速上升、迅速下降的波动状态，直至 2012 年变化趋势波动趋缓，因此导致综合协调度指数出现波动。从现实情况来看，近年来把大力推进新型工业化作为经济发展方式转变的战略核心，积极推进以科技化信息化促工业化，以结构调整为主线，工业经济持续快速发展，工业规模和效益不断提升，经济效益水平不断提高，环境保护能力不断提升，带动河南省经济社会发展的能力不断增强。同时河南省“十一五”规划中提出把新型工业化作为建设中原经济区的重要支撑，加快信息技术在研发、设计、生产管理等环节的应用，推进工业化与信息化深度融合，因此使得信息化与新型工业化呈现较好的发展状态。

（2）空间特征：全区未出现最高等级Ⅴ级协调等级区，是由于发展较好的城市虽然发展水平和互动水平较高，但受差异水平的影响，导致综合协调度指数降低，因此未出现Ⅴ级协调等级区。郑州市处于Ⅳ级协调等级区，其发展水平和互动水平最高，然而差异水平（标准化值）最低，因而总体协调程度较高。从实际情况看，郑州处于全区的核心城市和主体区省会城市，在推进新型工业化和信息化过程中，既集聚着全区各种优势的资源要素，又接受着最后的政策环境，加之经济基础、城市基础设施、城市发展环境等方面优势，因而新型工业化与信息化的发展水平、互动水平很高。洛阳、新乡处于Ⅲ级协调等级区，且与Ⅳ级协调等级区形成中西部集聚区。从综合协调度指数的组成看，互动水平和发展水平一般，而差异水平（标准化值）较高。这表明这些城市新型工业化、信息化的发展基础和互动水平不是很好，但两者同步推进的速度较好，因而综合协调指数相对于其他地区较好。从现实情况看，这些城市处在中原城市群及中北部较发达的地区，工业化率和非农产值比重较高，信息化建设与产业结构调整的步伐较为适应，因而处于Ⅲ级协调等级区。处于Ⅱ级协调等级区的城市达到26个，占区域总数的比重达86.7%。纵观这些区域，不仅发展水平、互动水平较低，差异水平（标准化值）的贡献度不够，因而综合协调指数及所处协调等级不高。从现实情况看，这些地区工业化水平和信息化水平总体不高，信息化建设与产业结构调整融合效应较好，因而新型工业化、信息化协调程度较低。蚌埠处于Ⅰ级协调等级区，其发展水平和互动水平不高，同时差异水平（标准化值）极低，因此新型工业化、信息化“双化”的协调程度最低。

（七）信息化与新型农业现代化“双化”协调发展的状态

1. 结果分析

根据上述评价方法对1995—2014年中原经济区信息化、新型农业现代化的协调发展水平状态进行计算，结果见表4－28、表4－29和图4－36。

表4－28　1995—2014年信息化、新型农业现代化“双化”协调发展的各项指标值

年份	新型农业现代化水平	信息化水平	发展水平	差异水平	互动水平
1995	0.3664	0.3384	0.3524	0.0280	0.3516
1996	0.3755	0.3437	0.3596	0.0318	0.3585
1997	0.3714	0.3516	0.3615	0.0199	0.3611
1998	0.3810	0.3559	0.3685	0.0251	0.3678
1999	0.3992	0.3641	0.3816	0.0351	0.3804
2000	0.4138	0.3764	0.3951	0.0375	0.3938
2001	0.4145	0.3835	0.3990	0.0310	0.3981
2002	0.4157	0.3947	0.4052	0.0210	0.4048
2003	0.4186	0.4001	0.4093	0.0185	0.4090
2004	0.4349	0.4223	0.4286	0.0127	0.4285
2005	0.4472	0.4373	0.4422	0.0099	0.4422
2006	0.4720	0.4641	0.4680	0.0078	0.4680
2007	0.5030	0.4900	0.4965	0.0130	0.4963
2008	0.5579	0.5051	0.5315	0.0528	0.5296
2009	0.5926	0.5338	0.5632	0.0588	0.5609

续表

年份	新型农业现代化水平	信息化水平	发展水平	差异水平	互动水平
2010	0.6110	0.5835	0.5973	0.0274	0.5968
2011	0.6618	0.6401	0.6510	0.0218	0.6507
2012	0.7377	0.7207	0.7292	0.0170	0.7291
2013	0.7951	0.8328	0.8139	0.0376	0.8133
2014	0.9111	0.9302	0.9207	0.0191	0.9205

表 4－29　1995—2014 年信息化、新型农业现代化标准化后数值及等级划分

年份	发展水平	差异水平	互动水平	综合协调度指数	协调等级
1995	0.0000	0.6034	0.0000	0.2011	Ⅱ级协调
1996	0.0126	0.5292	0.0116	0.1844	Ⅰ级协调
1997	0.0159	0.7639	0.0143	0.2647	Ⅱ级协调
1998	0.0282	0.6611	0.0250	0.2381	Ⅱ级协调
1999	0.0514	0.4652	0.0392	0.1853	Ⅰ级协调
2000	0.0751	0.4181	0.0533	0.1821	Ⅰ级协调
2001	0.0820	0.5458	0.0640	0.2306	Ⅱ级协调
2002	0.0929	0.7414	0.0778	0.3040	Ⅱ级协调
2003	0.1001	0.7910	0.0868	0.3260	Ⅱ级协调
2004	0.1340	0.9052	0.1223	0.3872	Ⅱ级协调
2005	0.1580	0.9599	0.1479	0.4219	Ⅲ级协调
2006	0.2035	1.0000	0.1915	0.4650	Ⅲ级协调
2007	0.2535	0.8990	0.2397	0.4641	Ⅲ级协调
2008	0.3152	0.1177	0.2952	0.2427	Ⅱ级协调
2009	0.3709	0.0000	0.3508	0.2406	Ⅱ级协调
2010	0.4309	0.6156	0.4121	0.4862	Ⅲ级协调
2011	0.5254	0.7267	0.5067	0.5863	Ⅲ级协调
2012	0.6631	0.8197	0.6506	0.7111	Ⅳ级协调
2013	0.8122	0.4153	0.8056	0.6777	Ⅳ级协调
2014	1.0000	0.7792	1.0000	0.9264	Ⅴ级协调

由表 4－29 和图 4－36 可知，中原经济区信息化、新型农业现代化的综合协调度指数的变化特征变现为：1995—2006 年呈现波动上升状态，2007—2009 年呈现下降状态，2010 年以后呈现快速增长趋势。从分项指标看（表 4－29），发展水平和互动水平都从 1995 年的最小值增至 2014 年的最大值，呈现较好的

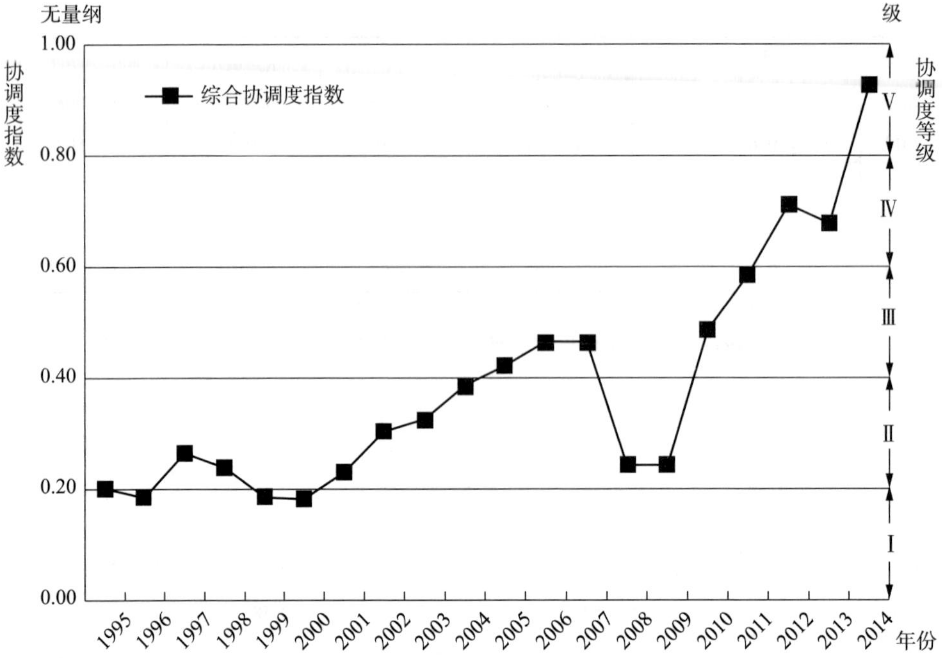

图 4－36　信息化、新型农业现代化的综合协调度变动情况

发展趋势；差异水平呈现波动变化特征，1995—2006 年呈现波动上升状态，至 2006 年差异水平达最高，2007—2009 年差异水平呈较大幅度的下降，2010 年之后差异水平呈波动上升状态。总体来看，1995—2006 年中原经济区信息化、新型农业现代化"双化"协调状态由Ⅱ级上升为Ⅲ级，2007—2009 年从Ⅲ级下降至Ⅱ级，2010 年之后协调等级从Ⅱ上升至Ⅴ级，近期呈现出较好的发展趋势。值得说明的是，2014 年出现Ⅴ级协调等级状态，受标准化处理的影响，仅表明该年份比前一个年份有了很大的提升，并不意味着真正达到了高水平的协调状态。

同样，根据评价方法可计算 2014 年中原经济区各市域信息化、新型农业现代化的综合协调度指数及等级划分，结果见表 4－30 和图 4－37。

表 4－30　2014 年各市域信息化、新型农业现代化的综合协调度指数及等级划分

城市	发展水平	差异水平	互动水平	综合协调度指数	协调等级
郑州市	1.0000	0.0000	1.0000	0.6667	Ⅳ级协调
开封市	0.1528	0.8633	0.2113	0.4091	Ⅲ级协调
洛阳市	0.3766	0.9677	0.5589	0.6344	Ⅳ级协调

续表

城市	发展水平	差异水平	互动水平	综合协调度指数	协调等级
平顶山市	0.0335	0.9809	0.0526	0.3557	Ⅱ级协调
安阳市	0.1302	0.9020	0.1861	0.4061	Ⅲ级协调
鹤壁市	0.0431	0.8589	0.0465	0.3162	Ⅱ级协调
新乡市	0.2595	0.8012	0.3536	0.4715	Ⅲ级协调
焦作市	0.1567	0.9013	0.2253	0.4278	Ⅲ级协调
濮阳市	0.0342	0.8810	0.0388	0.3180	Ⅱ级协调
许昌市	0.0921	0.9283	0.1339	0.3848	Ⅱ级协调
漯河市	0.0000	0.9477	0.0000	0.3159	Ⅱ级协调
三门峡市	0.0480	0.9100	0.0654	0.3411	Ⅱ级协调
南阳市	0.5730	0.2269	0.4885	0.4295	Ⅲ级协调
商丘市	0.2134	0.6920	0.2400	0.3818	Ⅱ级协调
信阳市	0.3206	0.6162	0.3658	0.4342	Ⅲ级协调
周口市	0.3306	0.5635	0.3506	0.4149	Ⅲ级协调
驻马店市	0.2948	0.6728	0.3555	0.4411	Ⅲ级协调
济源市	0.0931	0.9477	0.1379	0.3929	Ⅱ级协调
邯郸市	0.4440	0.6228	0.5597	0.5422	Ⅲ级协调
邢台市	0.1661	0.7489	0.1935	0.3695	Ⅱ级协调
长治市	0.0861	1.0000	0.1311	0.4058	Ⅲ级协调
晋城市	0.1835	0.7456	0.2185	0.3825	Ⅱ级协调
运城市	0.1573	0.8084	0.2024	0.3894	Ⅱ级协调
聊城市	0.2178	0.6395	0.2194	0.3589	Ⅱ级协调
菏泽市	0.1766	0.7706	0.2181	0.3884	Ⅱ级协调
蚌埠市	0.0967	0.7801	0.1009	0.3259	Ⅱ级协调
淮北市	0.0035	0.9683	0.0073	0.3264	Ⅱ级协调
阜阳市	0.1471	0.8647	0.2033	0.4051	Ⅲ级协调
宿州市	0.0815	0.7769	0.0767	0.3117	Ⅱ级协调
亳州市	0.0444	0.7874	0.0247	0.2855	Ⅱ级协调

由表4－30、图4－37可知，出现了Ⅱ、Ⅲ、Ⅳ级三个协调等级区，未出现Ⅴ级协调等级区。郑州与洛阳处于Ⅳ级协调等级，其综合协调度指数分别达到0.6667、0.6344，形成空间上的一个集聚核心。处在Ⅲ级协调等级区的市域单

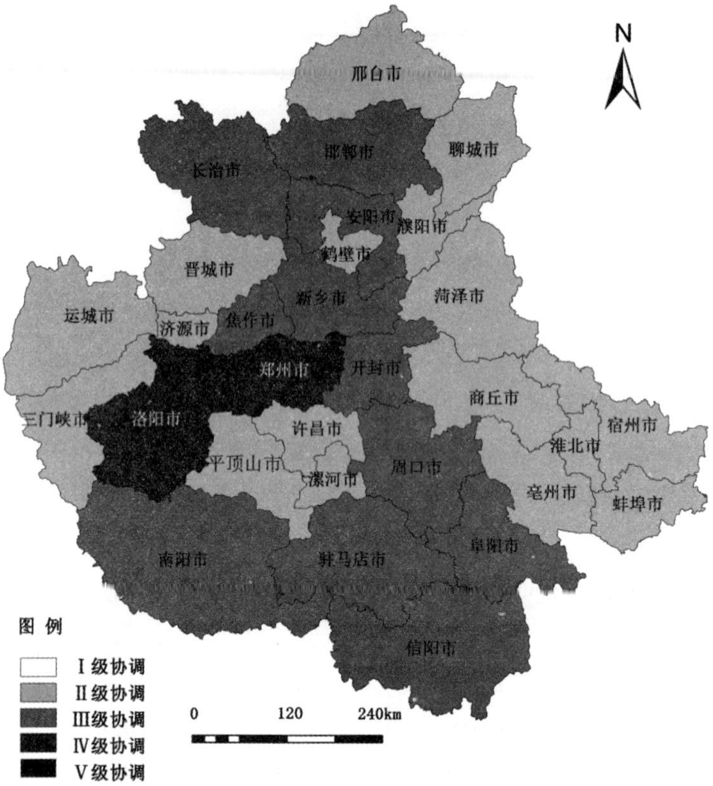

图 4－37　2014 年各市域信息化、新型农业现代化协调状态的等级划分

元有 11 个，占区域总数的 36.7%，分别为开封、安阳、新乡、焦作、南阳、信阳、周口、驻马店、邯郸、长治、阜阳，在中部、南部、北部形成连绵片区。处在Ⅱ级协调等级区的市域单元有 17 个，占区域总数的 56.7%，主要分布在全区的东部、西部、中南部、北部并呈现集聚分布状态。

2. 原因解读

（1）时序特征：1995—2006 年中原经济区信息化、新型农业现代化的综合协调度指数处于波动上升状态，所处的等级类型从Ⅱ级上升至Ⅲ级协调等级区，但仍以Ⅱ级协调等级为主。从其构成看，发展水平、互动水平不断提升，同时差异水平（标准化值）处于波动上升状态，这表明虽然信息化、新型农业现代化综合水平有所差异，但两者推进的节拍和速度处在较合适位置，因而同步推进水平较高。从现实情况看，农业现代化发展注重农业生产条件改善与农业经济、社会发展水平的提高，新型农业现代化水平不断提升。20 世纪 90 年代开始，国家开始重视信息化的发展，在国家级和省级农业信息化试点市、县（市、区）带动下，形成了初具规模的农业信息服务体系，促进了农业信息化的快速发展。河南省身为农业大省，积极推进信息化与农业的融合，使得这一时期信息化与新型农业现代化处在合适的节拍，导致协调等级不断提升。2007—2009 年“两化”呈现下降状态，所处类型为Ⅱ级、Ⅲ级协调区。从其构成看，发展水平、互动水平不断上升，但差异水平（标准化值）处于快速下降状态，信息化和新型农业现代化差距拉大，两者推进的节拍和速度未合适的节拍，因而使得综合协调水平呈现下降状态。从实际情况看，2008 年党的十七届三中全会对农村改革发展的若干重大问题进行全面部署，强调坚持走中国特色农业现代化道路，切实保障农民的各项权利与利益，推动农村经济社会全面发展。在《河南省国民经济和社会信息化“十一五”规划》中提出大力推进信息化，不断提高信息化水平，促进河南省经济社会更快更好发展，加快实现中原崛起。虽然这一时期新型农业现代化发展速度较快，但由于国家以及河南省对信息化的重视，信息基础设施建设水平不断加快，信息产业的产值占 GDP 的比重不断上升，因此信息化与新型农业现代化的差距拉大，差异水平（标准化值）下降，导致综合协调水平有所下降。2010 年以来信息化与新型农业现代化的综合指数呈现快速增长趋势，所处等级上升至Ⅴ级协调等级。从战略导向看，《河南省国民经济和社会信息化发展“十二五”规划》提出全面推进信息化快速发展，以“数字河南”为主线，以电子政务为突破口，坚持“整合、应用、共享、安全”方针，进一步解放思想、抢抓机遇，推进信息化与工业化深度融合，推进信息化在城镇化和农业现代化过程中的集成应用和创新应用。在战略的引导下，河南省加快了信息化与新型农业现代化的协调发展步伐，信息化与农业现代化的融合呈良好的发展趋势，同时发展水平和互动水平的增长速度较快，因而近阶段的综合协调指数和协调等级较高。

（2）空间特征：全区未出现最高等级Ⅴ级协调等级区。究其原因，虽然得分靠前的城市发展水平和互动水平较高，但受差异水平（标准化）较低的影响，导致综合协调度指数降低，因而未出现Ⅴ级协调等级区。郑州市的发展水平和互动水平最高，但差异水平处于低水平，因而总体协调指数较高，处于Ⅳ级协调等级区。从现实情况看，郑州作全区的核心城市，集聚着各种资金、资源、科技、政策等优势，农村地区的农业生产条件、农村经济社会发展水平较高，农业的科技化、信息化、产业化、信息化环境较好。《郑州市十二五信息化城市建设规划》中提出要紧紧抓住中原经济区建设重大机遇，以信息技术作为持续推进跨越式发展的核心动力，全面建设“数字郑州”，以信息化带动现代产业体系建立和集聚。在信息化发展规划的引领下，郑州市的信息化建设投入、信息化机制保障、信息化建设效率远高于其他城市。虽然郑州信息化与新型农业现代化发展均呈现较好的方向发展，加之“两化”之间差异水平所起的作用不明显，因此两者的协调指数和所出的协调等级较高。洛阳也处于Ⅳ级协调等级区，与郑州不同的是其发展水平和互动水平均处于较低水平，而差异水平（标准化值）较高，因而总体协调指数较高以及所处的协调等级较高。处在Ⅲ级协调等级区的市域单元有 11 个，占区域总数的 36.7%。从该等级开封、安阳、新乡、焦作、信阳、周口、驻马店、邯郸、长治、阜阳的综合协调指数组成看，发展水平和互动水平较低，然而差异水平（标准化值）处于较高状态，因而总体协调度指数不高。从现实情况看，这些地区的经济发展水平较高，农业机械化水平、农业生产效率和效益以及农业生态环境呈现出较好的发展趋势，但对农业信息化、科技化、智能化的投入力度尚不够，但信息化与新型农业现代化同步推进的节拍合适，因而其差异水平（标准化值）要好于其他地区，协调等级也就处在了Ⅲ级。南阳也处于Ⅲ级协调等级区，从综合协调指数组成看，发展水平和互动水平处于中等水平，差异水平（标准化值）处于较低水平，因而总体协调度指数不高。从现实水平看，南阳在农业综合发展水平、农业整体发展以及农业生态环境均呈现较高的水平。在信息化水平方面，信息化发展环境、信息资源与技术水平利用、信息教育与科技支撑方面呈现较低水平，因此南阳信息化与新型农业现代化的差异水平（标准化值）较低，导致协调等级一般。Ⅱ级协调等级区是全区主要的分布类型，共有 17 个市域单元，占区域总数的 56.7%。纵观这些区域，虽然差异水平（标准化值）较高，但发展水平、互动水平极低，因而综合协调指数及所处协调等级不高。从现实情况看，这些地区在农业和信息业方面的发展均处于较差水平，因此导致差异水平的缩小，使得协调等级不高。这并不能反映新型农业现代化与信息化融合的程度较好，只能说明两者发展水平都有待加强。

三、中原经济区“三化”协调发展的状态

（一）评价方法

根据“双化”的评价理念与评价方法，先从发展水平、差异水平和互动水平 3 个方面测度“三化”协调发展状况，之后通过综合协调度指数和协调等级剖析“三化”协调的总体变化规律。下面以新型城镇化、新型工业化和新型农业现代化为例，计算步骤如下：

（1）发展水平的计算。根据新型城镇化、新型工业化、新型农业现代化综合发展水平各自的计算结果，通过之前确定的权重计算三者的综合水平，并将计算结果通过最大—最小值标准化方式处理到0～1之间。计算公式如下：

$$Z_1 = 1/3 * NI + 1/3 * NU + 1/3 * NA \tag{4-10}$$

式中，Z_1代表发展水平，NU为新型城镇化综合水平，NI为新型工业化综合水平，NA为新型农业现代化综合水平。

（2）差异水平的测度。首先计算新型城镇化与新型工业化的差异水平，新型城镇化与新型农业现代化的差异水平，新型工业化与新型农业现代化的差异水平，之后将两者求和反映“三化”的总体差异水平，并将计算结果通过最大—最小值标准化方式处理到0～1之间。差异值愈小，协调性就愈好，反之则较差。计算公式如下：

$$Z_2 = |NU - NI| + |NU - NA| + |NI - NA| \tag{4-11}$$

式中，Z_2代表差异水平，NU为新型城镇化综合水平，NI为新型工业化综合水平，NA为新型农业现代化综合水平。

（3）互动水平的计算。根据新型城镇化、新型工业化、新型农业现代化综合发展水平各自的计算结果，借助于物理学中的3个系统耦合作用系数模型，计算三者之间的互动水平。计算公式如下：

$$Z_3 = \frac{NU * NI * NA}{\left[\frac{1}{3}\left(NU^3 + NI^3 + NA^3\right)\right]^{\frac{2}{3}}} \tag{4-12}$$

式中，Z_3代表互动水平，NU为新型城镇化综合水平，NI为新型工业化综合水平，NA为新型农业现代化综合水平。

（4）综合协调水平的计算。将最大—最小值标准化方法处理后的Z_1、Z_2、Z_3用平均赋权法将这3个指标合成一个反映新型城镇化、新型工业化、新型农业现代化综合协调度指数，其计算公式如下：

$$Z = 1/3 * Z_1 + 1/3 * Z_2 + 1/3 * Z_3 \tag{4-13}$$

式中，Z代表综合协调指数，Z_1代表发展水平，Z_2代表差异水平，Z_3代表互动水平。

同样，可将“三化”综合协调度指数划分如下等级：当Z处于0～0.2时，系统处于Ⅰ级协调等级；当Z处于0.2～0.4时，系统处于Ⅱ级协调等级；当Z处于0.4～0.6时，系统处于Ⅲ级协调等级；当Z处于0.6～0.8时，系统处于Ⅳ级协调等级；当Z处于0.8～1.0时，系统处于Ⅴ级协调等级。

（二）新型城镇化、新型工业化、新型农业现代化“三化”协调发展的状态

1. 结果分析

根据上述评价方法对1995—2014年中原经济区新型城镇化、新型工业化、新型农业现代化“三化”协调发展水平状态进行计算，结果见表4－31、表4－32和图4－38。

表4－31 1995—2014年新型城镇化、新型工业化、新型农业现代化协调发展的各项指标值

年份	新型城镇化水平	新型工业化水平	新型农业现代化水平	发展水平	差异水平	互动水平
1995	0.3748	0.3383	0.3664	0.3599	0.0731	0.3575
1996	0.3989	0.3421	0.3755	0.3722	0.1136	0.3671
1997	0.4028	0.3447	0.3714	0.3730	0.1160	0.3677
1998	0.3973	0.3496	0.3810	0.3760	0.0954	0.3723
1999	0.3946	0.3527	0.3992	0.3822	0.0929	0.3782
2000	0.3984	0.3587	0.4138	0.3903	0.1102	0.3855
2001	0.3978	0.3614	0.4145	0.3912	0.1062	0.3869
2002	0.3978	0.3633	0.4157	0.3923	0.1049	0.3881
2003	0.4086	0.3731	0.4186	0.4001	0.0910	0.3967
2004	0.4267	0.3782	0.4349	0.4133	0.1135	0.4080
2005	0.4511	0.4001	0.4472	0.4328	0.1020	0.4284
2006	0.4747	0.4315	0.4720	0.4594	0.0863	0.4564
2007	0.5117	0.4631	0.5030	0.4926	0.0971	0.4894
2008	0.5404	0.5025	0.5579	0.5336	0.1108	0.5301
2009	0.5721	0.5371	0.5926	0.5672	0.1109	0.5640
2010	0.6027	0.5926	0.6110	0.6021	0.0367	0.6018
2011	0.6662	0.6792	0.6618	0.6691	0.0348	0.6688
2012	0.7523	0.7512	0.7377	0.7471	0.0291	0.7468
2013	0.8234	0.8657	0.7951	0.8281	0.1412	0.8245
2014	0.9421	0.9604	0.9111	0.9379	0.0985	0.9363

表4－32 1995—2014年新型城镇化、新型工业化、新型农业现代化“三化”协调各项标准化值及等级划分

年份	发展水平	差异水平	互动水平	综合协调度指数	等级划分
1995	0.0000	0.6074	0.0000	0.2025	Ⅱ级协调
1996	0.0213	0.2458	0.0166	0.0946	Ⅰ级协调
1997	0.0227	0.2243	0.0177	0.0882	Ⅰ级协调

续表

年份	发展水平	差异水平	互动水平	综合协调度指数	等级划分
1998	0.0279	0.4084	0.0256	0.1540	Ⅰ级协调
1999	0.0386	0.4307	0.0358	0.1684	Ⅰ级协调
2000	0.0527	0.2762	0.0484	0.1257	Ⅰ级协调
2001	0.0543	0.3121	0.0507	0.1390	Ⅰ级协调
2002	0.0561	0.3238	0.0528	0.1442	Ⅰ级协调
2003	0.0695	0.4476	0.0678	0.1950	Ⅰ级协调
2004	0.0924	0.2470	0.0873	0.1422	Ⅰ级协调
2005	0.1261	0.3492	0.1226	0.1993	Ⅰ级协调
2006	0.1722	0.4898	0.1709	0.2777	Ⅱ级协调
2007	0.2297	0.3929	0.2279	0.2835	Ⅱ级协调
2008	0.3006	0.2710	0.2982	0.2899	Ⅱ级协调
2009	0.3588	0.2700	0.3568	0.3285	Ⅱ级协调
2010	0.4191	0.9324	0.4220	0.5912	Ⅲ级协调
2011	0.5350	0.9489	0.5378	0.6739	Ⅳ级协调
2012	0.6699	1.0000	0.6727	0.7808	Ⅳ级协调
2013	0.8101	0.0000	0.8069	0.5390	Ⅲ级协调
2014	1.0000	0.3809	1.0000	0.7936	Ⅳ级协调

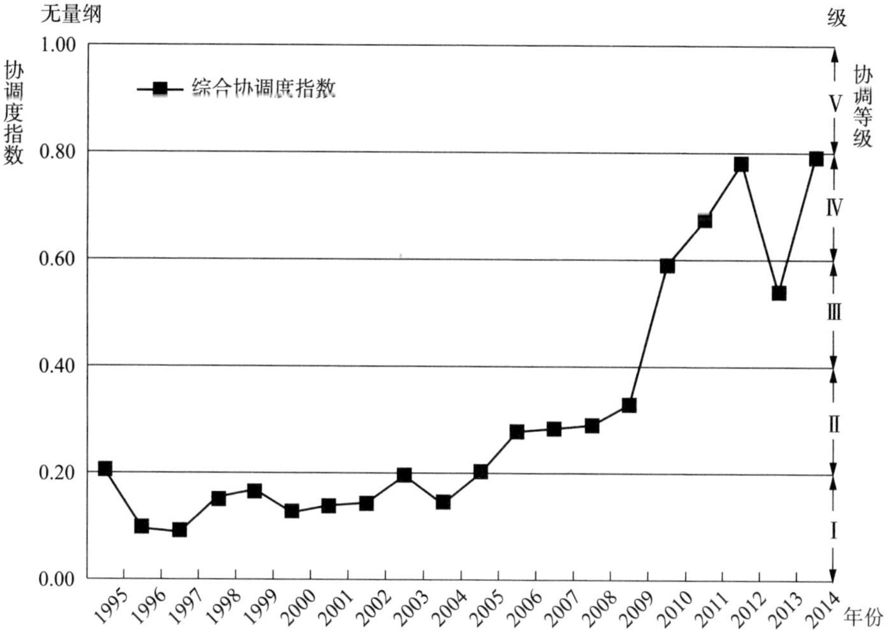

图 4－38　1995—2014 年新型城镇化、新型工业化、新型农业现代化“三化”的综合协调度变化情况

由表4－31，图4－38可知，中原经济区新型城镇化、新型工业化和新型农业现代化的综合协调度指数呈现波动上升状态（图4－38）：1995—1997年呈现下降状态，1998—2004年呈现波动下降状态，2005年以来呈现波动上升且近三年的波动幅度较大。从分项指标看（表4－32），发展水平和互动水平均呈现稳定的上升状态且2005年以来增长幅度较大，至2014年增至最高值；差异水平则呈现波动变化特征，1995—1997年呈现下降状态，1998—2004年呈现波动下降，2012年处于波动上升状态且2009—2010年增长幅度较大，2011年以后呈现波动下降状态且变化幅度较大。总体看来，综合协调指数受差异水平影响较大，与差异水平表现出类似的变化趋势。从协调等级看，2009年之前中原经济区新型城镇化、新型工业化和新型农业现代化“三化”协调的等级处于Ⅰ、Ⅱ级，近期各项指标均处在大幅提高的状态，协调等级也出现Ⅲ级、Ⅳ级协调状态，表现出较好的发展态势。

同样，根据评价方法可计算2014年中原经济区各市域新型城镇化、新型工业化和新型农业现代化的综合协调度指数及等级划分，结果见表4－33和图4－39。

表4－33　2014年各市域新型城镇化、新型工业化和新型农业现代化“三化”协调发的综合协调度指数及等级划分

城市	发展水平	差异水平	互动水平	综合协调度指数	等级划分
郑州市	1.0000	0.1238	1.0000	0.7079	Ⅳ级协调
开封市	0.2129	0.9652	0.4334	0.5372	Ⅲ级协调
洛阳市	0.2504	0.9257	0.4746	0.5503	Ⅲ级协调
平顶山市	0.0083	1.0000	0.1838	0.3974	Ⅱ级协调
安阳市	0.0694	0.8686	0.2347	0.3909	Ⅱ级协调
鹤壁市	0.0823	0.8253	0.2353	0.3810	Ⅱ级协调
新乡市	0.2215	0.7757	0.3932	0.4635	Ⅲ级协调
焦作市	0.2148	0.9579	0.4365	0.5364	Ⅲ级协调
濮阳市	0.0715	0.9527	0.2559	0.4267	Ⅲ级协调
许昌市	0.2116	0.9469	0.4299	0.5294	Ⅲ级协调
漯河市	0.0643	0.9442	0.2457	0.4181	Ⅲ级协调
三门峡市	0.1619	0.7651	0.3096	0.4122	Ⅲ级协调
南阳市	0.4166	0.0000	0.0000	0.1389	Ⅰ级协调
商丘市	0.0959	0.5801	0.1139	0.2633	Ⅱ级协调
信阳市	0.1783	0.4599	0.1209	0.2531	Ⅱ级协调
周口市	0.2621	0.5063	0.2635	0.3439	Ⅱ级协调

续表

城市	发展水平	差异水平	互动水平	综合协调度指数	等级划分
驻马店市	0.1319	0.4877	0.0885	0.2360	Ⅱ级协调
济源市	0.3551	0.7513	0.5474	0.5514	Ⅲ级协调
邯郸市	0.3635	0.3776	0.3586	0.3665	Ⅱ级协调
邢台市	0.1079	0.6488	0.1908	0.3158	Ⅱ级协调
长治市	0.1295	0.6858	0.2274	0.3476	Ⅱ级协调
晋城市	0.4454	0.9976	0.7283	0.7237	Ⅳ级协调
运城市	0.1357	0.6792	0.2135	0.3428	Ⅱ级协调
聊城市	0.2879	0.7506	0.4673	0.5019	Ⅲ级协调
菏泽市	0.1138	0.7326	0.2353	0.3606	Ⅱ级协调
蚌埠市	0.3854	0.5690	0.4952	0.4832	Ⅲ级协调
淮北市	0.0863	0.9295	0.2687	0.4282	Ⅲ级协调
阜阳市	0.0318	0.7472	0.1413	0.3068	Ⅱ级协调
宿州市	0.0079	0.7540	0.1082	0.2900	Ⅱ级协调
亳州市	0.0000	0.8355	0.1284	0.3213	Ⅱ级协调

由表4－33、图4－39可知，中原经济区未出现Ⅴ级协调区。郑州与晋城处于Ⅳ级协调等级，协调指数较高分别为0.7079、0.7237，分布在区域的西南部。Ⅲ级协调等级区有12个，占区域总数的40%，分别是三门峡、洛阳、济源、焦作、新乡、开封、许昌、漯河、濮阳、聊城、淮北、蚌埠；该类区域除淮北和蚌埠在东南部两两组团分布外，其余在中北部集聚分布。Ⅱ级协调等级区有15个，占区域总数的50%，分别是运城、长治、安阳、鹤壁、邯郸、邢台、菏泽、商丘、宿州、周口、亳州、阜阳、驻马店、信阳、平顶山；该类型在区域的北部、东部、南部集聚分布，占据着全区主要的分布格局。Ⅰ级协调等级区仅有南阳一个。

2. 原因解读

（1）时序特征：1995—1997年中原经济区新型城镇化、新型工业化、新型农业现代化的综合协调指数处于下降状态，协调等级从Ⅱ级下降至Ⅰ级。从三大构成看，发展水平与互动水平处于稳步上升且幅度较小，然差异水平（标准化值）却处于较大幅度的下降状态，这表明新型城镇化、新型工业化、新型农业现代化的综合水平有所差异，同时三者推进的节拍和速度未处在较合适的位置，因而综合协调指数有所下降。从现实情况看，该阶段中原经济区的城镇化呈现出快速发展趋势，但这一时期新型工业化与新型农业现代化发展速度较缓

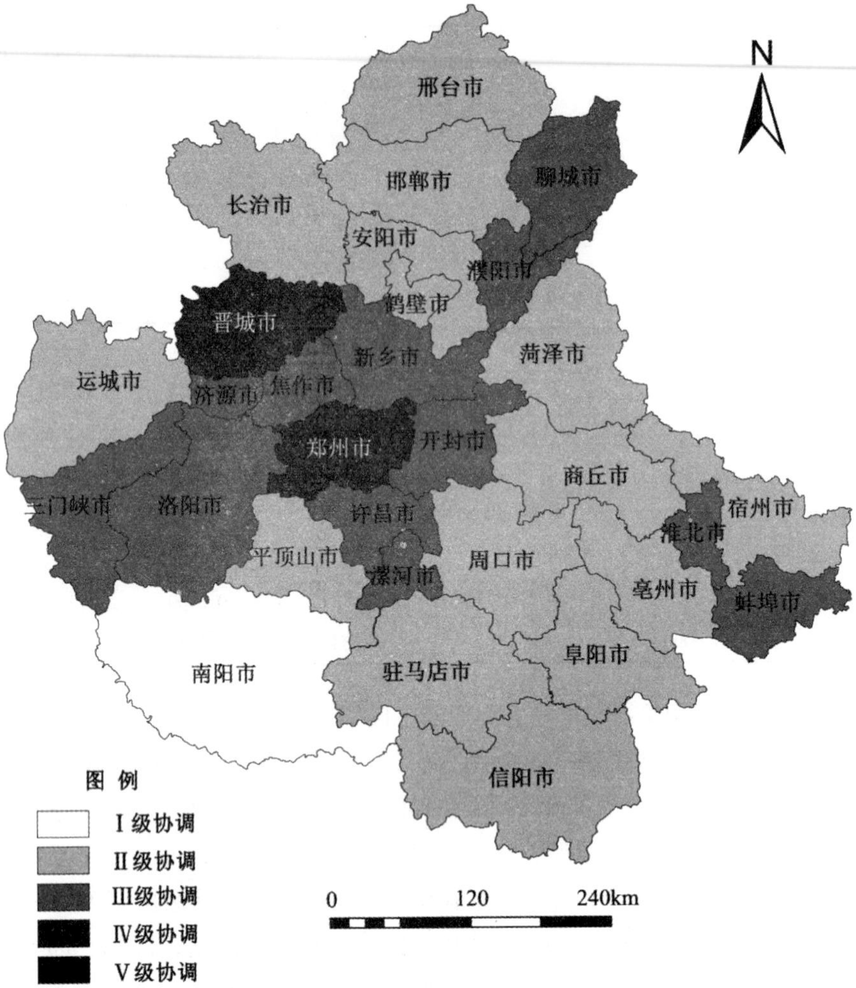

图 4－39　2014 年各市域单元新型城镇化、新型工业化、新型农业现代化“三化”协调度指数

慢，因而三者的差异水平拉大，导致综合协调指数不高，所处的协调等级为Ⅰ级。1998—2004 年中原经济区新型城镇化、新型工业化、新型农业现代化的综合协调指数处于波动下降状态，协调等级为Ⅰ级。从其构成看，发展水平、互动水平小幅缓慢提升，差异水平（标准化值）则处于波动下降的状态。这表明虽然新型城镇化、新型工业化、新型农业现代化水平较稳定的提高，但三者提高的幅度差异较大，三者尚未处在合适的节拍，导致综合协调度指数波动降低，所处的协调等级也较低。从现实情况看，该阶段工业化逐渐向新型工业化理念转变与过渡，经济高效水平明显提升，资源节约、环境保护等循环经济理念逐渐引入，科技化与信息化要素不断融入；城镇化仍以传统的人口、土地城镇化为主，人口市民化、城乡统筹发展、大中小城镇及农村协调等城镇化内涵注重不够，新型城镇化进程推进较慢；农业现代化虽然也注重农业生产条件、农村经济社会发展水平等方面的改善与提高，但推动的力度远不及新型工业化，也未与新型城镇化步伐相适应，从而导致所处的协调等级不高。2005 年以来呈现波动上升且 2012—2014 年波动较大，综合协调度指数波动上升且幅度较大，使得协调等级从Ⅰ级波动变化至Ⅵ协调等级。从现实情况看，2005 年以来河南省在坚持走新型工业化道路，注重科技化信息化与工业化相融合，在新型城镇化、新型工业化、新型农业现代化“三化”协调的理念下推动产业结构升级、产业集聚区建设、现代城镇体系建设、社会主义新农村和新型社区建设，新型城镇化、新型工业化、新型农业现代化“三化”协调发展的步伐不断加快，因而综合协调指数较高，所处的协调等级较高。2010 年以来，河南省提出以新型城镇化引领“三化”协调发展，大力推进不以牺牲农业与粮食、生态与环境条件下的中原经济区建设，统筹新型城镇化、新型工业化、新型农业现代化“三化”的各项建设，新型城镇化、新型工业化、新型农业现代化“三化”协调发展的程度不断加强。2012 年河南省强调促进工业化和信息化融合，持续推进产业产品结构升级，不断提升新型工业化主导作用。因此导致出现新型工业化与新型城镇化、新型农业现代化的差距拉大，综合协调度指数出现大幅下降。2014 年河南省提出按照“三化”协调、“四化”同步发展的要求，加快现代农业发展，使得与新型城镇化、新型农业现代化的差距缩小，因此综合协调度指数有所回升。

（2）空间特征：由于区域内没有出现发展水平、互动水平以及差异水平均处于较高的状态的城市，因此综合协调度指数以及协调等级处于高水平的城市没有出现。郑州市处于Ⅳ级协调等级区，其发展水平和互动水平均最高，差异水平（标准化值）较低但对整体的贡献度较小，因而总体协调程度较高，所处的协调等级较高。从实际情况看，郑州市作为全区的核心城市和“三化”发展的示范性区域，工业化与城镇化的基础条件好，地区综合发展实力和各项基础设施建设水平远远领先于其他地区。加之郑州作为河南省的省会城市，集聚着各种资金、资源、科技、政策等优势，现代农业发展的科技化、信息化、产业化、市场化环境好，新型农业现代化水平高，因而“三化”的发展水平、互动水平最高。但由于新型农业现代化总体发展水平与新型城镇化、新型工业化水平发展具有加大差距，因此差异水平（标准化值）处于较低状态，因此协调等级较高。晋城也处于Ⅳ级协调等级区，但与郑州不同的是，其发展水平处于中等偏下状态，互动水平、差异水平处于较高状态，因此综合协调度指数以及协调等级较高。从实际情况看，近阶段晋城提出城乡统筹协调发展的新理念，实施“四位一体”城镇化发展战略，着力推进城乡一体化建设；切实转变农业、农村发展方式，着力推进农业产业化；推进工业化与信息化深度融合，建立结构合理、多级支撑的现代工业体系。因此三者发展推进速度处在较为合适的位置，促使差异水平（标准化值）很高，三者的综合协调指数和所处的协调等级较高。开封、洛阳。新乡等12个城市处于Ⅲ级协调等级区，其发展水平、互动水平偏低，而差异水平中等偏上。这表明该类地区的“三化”发展基础较好，同步推进“三化”的成效较好，但“三化”之间未形成有效的联动。从现实情况看，12个城市的工业化率、城镇化率、二、三产业从业人员比重一般，新型工业化与新型城镇化的基础条件一般，在农业现代化方面着力推进产业化经营，重点提高农产品加工增值，但城乡联动发展效益不突出，县域带动乡镇发展的能力不强，农村经济社会发展水平不高，因而“三化”综合协调度指数不高。处于Ⅱ级、Ⅰ级协调等级区的城市达到16个，占全区比重达到53.3%，主导着整个分布格局。纵观这些区域，不仅发展水平、互动水平较低，而且差异水平（标准化值）也不高，因而综合协调指数及所处协调等级不高。从现实情况看，这些地区的工业化率、非农产业比重、二、三产业从业人员比重水平不高，农业现代化发展中的科技化、信息化、智能化元素融入不够，新型工业化与新型农业现代化的许多方面没有很好的融合，经济社会发展水平普遍不高，因而“三化”的协调程度较低，所处的协调等级较差。

（三）新型城镇化、新型农业现代化、信息化“三化”协调发展的状态

1. 结果分析

根据“三化”协调的评价方法，对1995—2014年中原经济区新型城镇化、新型农业现代化和信息化协调发展水平进行计算，结果见表4－34、表4－35和图4－40。

表4－34　1995—2014年新型城镇化、新型农业现代化、信息化“三化”协调发展的各项指标值

年份	新型城镇化综合水平	新型农业现代化综合水平	信息化水平	发展水平	差异水平	互动水平
1995	0.3748	0.3664	0.3384	0.3599	0.0729	0.3575
1996	0.3989	0.3755	0.3437	0.3727	0.1106	0.3679
1997	0.4028	0.3714	0.3516	0.3752	0.1024	0.3711
1998	0.3973	0.3810	0.3559	0.3781	0.0828	0.3754

续表

年份	新型城镇化综合水平	新型农业现代化综合水平	信息化水平	发展水平	差异水平	互动水平
1999	0. 3946	0. 3992	0. 3641	0. 3860	0. 0701	0. 3838
2000	0. 3984	0. 4138	0. 3764	0. 3962	0. 0749	0. 3941
2001	0. 3978	0. 4145	0. 3835	0. 3986	0. 0619	0. 3972
2002	0. 3978	0. 4157	0. 3947	0. 4028	0. 0420	0. 4020
2003	0. 4086	0. 4186	0. 4001	0. 4091	0. 0370	0. 4086
2004	0. 4267	0. 4349	0. 4223	0. 4280	0. 0253	0. 4278
2005	0. 4511	0. 4472	0. 4373	0. 4452	0. 0276	0. 4449
2006	0. 4747	0. 4720	0. 4641	0. 4703	0. 0211	0. 4701
2007	0. 5117	0. 5030	0. 4900	0. 5015	0. 0435	0. 5010
2008	0. 5404	0. 5579	0. 5051	0. 5345	0. 1055	0. 5313
2009	0. 5721	0. 5926	0. 5338	0. 5661	0. 1175	0. 5625
2010	0. 6027	0. 6110	0. 5835	0. 5991	0. 0548	0. 5983
2011	0. 6662	0. 6618	0. 6401	0. 6560	0. 0522	0. 6553
2012	0. 7523	0. 7377	0. 7207	0. 7369	0. 0631	0. 7361
2013	0. 8234	0. 7951	0. 8328	0. 8171	0. 0752	0. 8160
2014	0. 9421	0. 9111	0. 9302	0. 9278	0. 0620	0. 9272

表 4－35　1995—2014 年新型城镇化、新型农业现代化、信息化“三化”协调各项标准化值及等级划分

年份	发展水平	差异水平	互动水平	综合协调度指数	等级划分
1995	0. 0000	0. 4632	0. 0000	0. 1544	Ⅰ级协调
1996	0. 0225	0. 0720	0. 0182	0. 0376	Ⅰ级协调
1997	0. 0270	0. 1568	0. 0239	0. 0692	Ⅰ级协调
1998	0. 0320	0. 3604	0. 0313	0. 1413	Ⅰ级协调
1999	0. 0459	0. 4914	0. 0460	0. 1944	Ⅰ级协调
2000	0. 0639	0. 4416	0. 0642	0. 1899	Ⅰ级协调
2001	0. 0681	0. 5764	0. 0696	0. 2381	Ⅱ级协调
2002	0. 0755	0. 7831	0. 0781	0. 3122	Ⅱ级协调
2003	0. 0866	0. 8355	0. 0896	0. 3372	Ⅱ级协调
2004	0. 1199	0. 9560	0. 1232	0. 3997	Ⅱ级协调
2005	0. 1502	0. 9329	0. 1534	0. 4122	Ⅲ级协调
2006	0. 1943	1. 0000	0. 1976	0. 4640	Ⅲ级协调

续表

年份	发展水平	差异水平	互动水平	综合协调度指数	等级划分
2007	0.2494	0.7678	0.2518	0.4230	Ⅲ级协调
2008	0.3074	0.1243	0.3051	0.2456	Ⅱ级协调
2009	0.3631	0.0000	0.3598	0.2410	Ⅱ级协调
2010	0.4212	0.6501	0.4227	0.4980	Ⅲ级协调
2011	0.5214	0.6770	0.5228	0.5737	Ⅲ级协调
2012	0.6638	0.5640	0.6645	0.6308	Ⅳ级协调
2013	0.8050	0.4386	0.8048	0.6828	Ⅳ级协调
2014	1.0000	0.5753	1.0000	0.8584	Ⅴ级协调

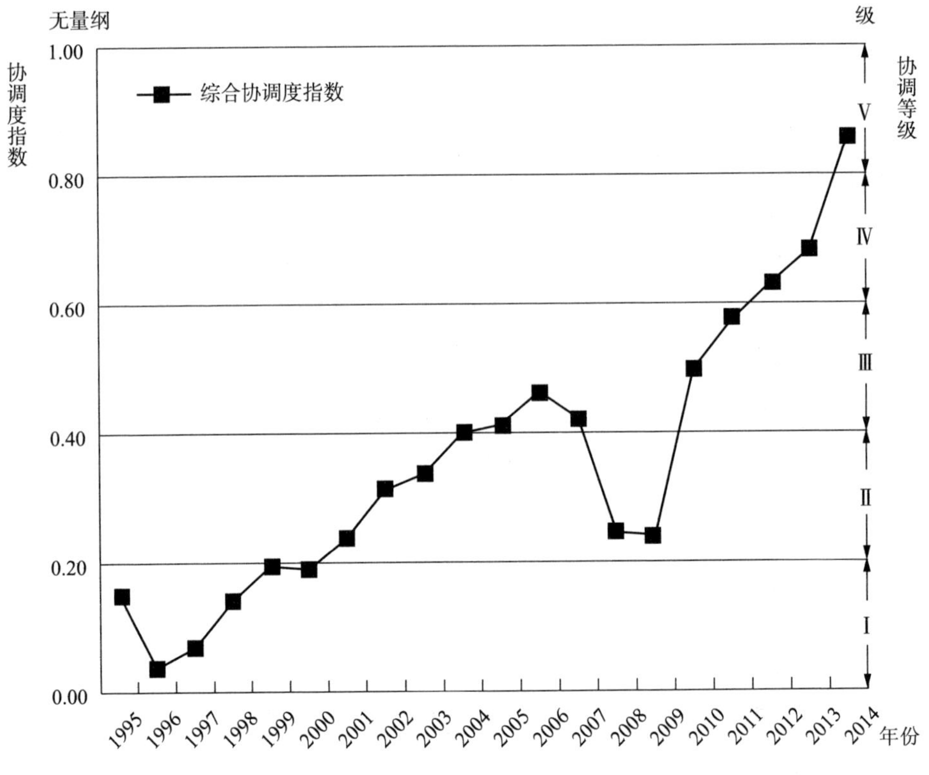

图4-40　1995—2014年新型城镇化、新型农业现代化、信息化“三化”综合协调度变化情况

由表4-34可知，中原经济区新型城镇化、新型农业现代化、信息化“单化”均呈现较稳定的上升趋势，尤其2008年以来表现出快速上升的状态。然而中原经济区新型城镇化、新型农业现代化、信息化的综合协调度指数与“单化”的情况不太一致，呈现波动上升状态：1995—2006年呈缓慢波动上升状态，2006—2009年呈现波动下降状态，2010年至今呈现较好的上升状态（图4-40）。

从分项指标看（表4－35），发展水平和互动水平整体呈上升状态，尤其2006年以来上升速度较快，分别从1995年的各自的最低值较平稳地提升至2006年的0.1942和0.1976；2006年以来大幅增长，到2014年达到各自的最高值。差异水平（标准化值）则呈现较大的波动变化特征：1995—2006年，前期出现小幅下降，随后呈现波动上升状态；2006—2009年剧烈下降，且在2009年降低到最低水平；2010年又呈现上升趋势，且由低水平上升到较高水平，近几年在中等和较高水平之间波动变化，整体差异水平起伏较大。总体看来，综合协调指数受差异水平影响较大，前期与差异水平表现出类似的变化趋势，后期受发展水平和互动水平的影响较大，呈现波动上升状态。从协调等级看，2009年之前中原经济区新型城镇化、新型农业现代化、信息化“三化”协调的等级多数年份处于Ⅰ级、Ⅱ级，少数年份为Ⅲ级，2010年之后协调等级处于大幅提高状态，协调等级由Ⅱ级协调提高到Ⅴ级协调，表现出较好的发展态势。

同样，根据评价方法可计算2014年中原经济区各市域新型城镇化、新型农业现代化、信息化的综合协调度指数及等级划分，结果见表4－36和图4－41。

表4－36 2014年各市域新型城镇化、新型农业现代化、信息化“三化”综合协调度指数及等级划分

城市	发展水平	差异水平	互动水平	综合协调度指数	等级划分
郑州市	1.0000	0.0000	1.0000	0.6667	Ⅳ级协调
开封市	0.1541	0.9008	0.3363	0.4637	Ⅲ级协调
洛阳市	0.2739	0.9045	0.5361	0.5715	Ⅲ级协调
平顶山市	0.0262	1.0000	0.1680	0.3981	Ⅱ级协调
安阳市	0.0932	0.9454	0.2620	0.4335	Ⅲ级协调
鹤壁市	0.0743	0.8428	0.1872	0.3681	Ⅱ级协调
新乡市	0.1967	0.8397	0.3842	0.4735	Ⅲ级协调
焦作市	0.1621	0.9107	0.3585	0.4771	Ⅲ级协调
濮阳市	0.0477	0.8979	0.1684	0.3714	Ⅱ级协调
许昌市	0.1111	0.9013	0.2765	0.4296	Ⅲ级协调
漯河市	0.0301	0.8979	0.1455	0.3578	Ⅱ级协调
三门峡市	0.1227	0.7648	0.2242	0.3706	Ⅱ级协调
南阳市	0.3472	0.2378	0.0000	0.1950	Ⅰ级协调
商丘市	0.1151	0.7253	0.1583	0.3329	Ⅱ级协调
信阳市	0.1845	0.6327	0.1836	0.3336	Ⅱ级协调

续表

城市	发展水平	差异水平	互动水平	综合协调度指数	等级划分
周口市	0.2036	0.5906	0.1842	0.3261	Ⅱ级协调
驻马店市	0.1645	0.6725	0.1975	0.3448	Ⅱ级协调
济源市	0.1674	0.7793	0.3018	0.4162	Ⅲ级协调
邯郸市	0.3081	0.5351	0.3581	0.4004	Ⅲ级协调
邢台市	0.1318	0.7962	0.2598	0.3959	Ⅱ级协调
长治市	0.1540	0.8230	0.2957	0.4242	Ⅲ级协调
晋城市	0.2846	0.8584	0.5344	0.5591	Ⅲ级协调
运城市	0.1545	0.8227	0.2935	0.4236	Ⅲ级协调
聊城市	0.1759	0.7080	0.2703	0.3848	Ⅱ级协调
菏泽市	0.0709	0.7699	0.1262	0.3223	Ⅱ级协调
蚌埠市	0.1224	0.8997	0.2938	0.4386	Ⅲ级协调
淮北市	0.0337	0.9081	0.1540	0.3653	Ⅱ级协调
阜阳市	0.0528	0.8241	0.1463	0.3411	Ⅱ级协调
宿州市	0.0279	0.8142	0.0959	0.3127	Ⅱ级协调
亳州市	0.0000	0.8252	0.0590	0.2947	Ⅱ级协调

由表4－36、图4－41可知，郑州的新型城镇化、新型农业现代化、信息化“三化”协调度指数最高为0.6667，位于Ⅳ级协调状态。邯郸、长治、晋城、运城、蚌埠、安阳、新乡、焦作、济源、洛阳、许昌和开封12个城市的综合发展水平得分、互动水平得分均处于较低水平，差异水平得分主要处于较高水平以上，叠加运算后处于较高的水平，因而12市处于Ⅲ等协调等级。该等级的市域单元除蚌埠外，以郑州为核心在西北地区形成较大范围的集聚。Ⅱ级协调等级区有16个市域单元，占区域总数的53.3%，分别是邢台、聊城、鹤壁、濮阳、商丘、菏泽、宿州、淮北、亳州、阜阳、信阳、驻马店、周口、漯河、平顶山、三门峡。该类型的市域单元分布广泛，主要占据着全区的东南地区，在东部、北部地区和西部地区也有少量分布。由于南阳的发展水平、互动水平和差异水平均处在较低的发展水平，故其处于Ⅰ级协调等级区，孤零地分布在西南部地区。

2. 原因解读

（1）时序特征：1995—2014年中原经济区新型城镇化、新型农业现代化、信息化的综合协调度指数呈现较大的波动状态，根据时序变化特征可以分为1995—2006年、2007—2009年、2010年至今四个阶段。1995—2006年呈缓慢波动上升状态，所处的协调等级为Ⅰ级、Ⅱ级，个别年份呈现出Ⅲ级协调状态。

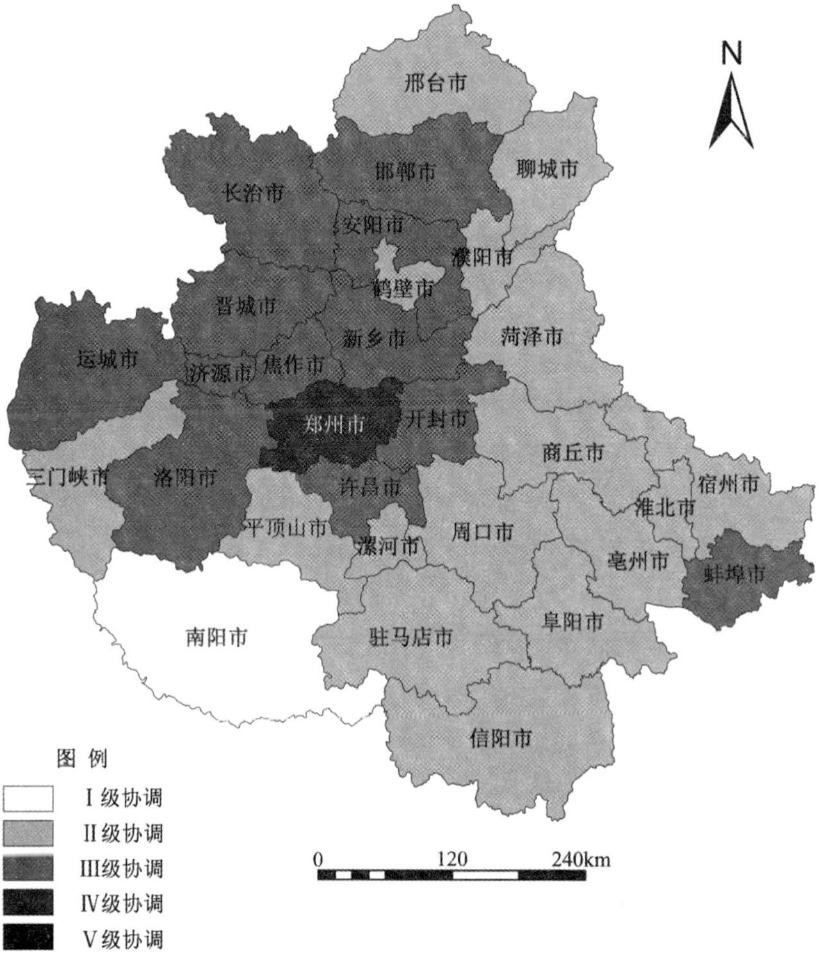

图 4-41　2014 年各市域单元新型城镇化、新型农业现代化、信息化“三化”协调度指数的等级划分

从其构成看，发展水平和互动水平处于稳定的较低水平状态，而差异水平（标准化值）前期出现小幅下降，随后呈现波动上升状态。这表明该“三化”在推进的节拍和速度上均处于较低的状态，因而同步推进水平不高。从现实情况看，该阶段受基础水平、经济水平、发展速度的影响，发展水平及和互动水平处于较低水平，因而综合协调度指数不高，所处的协调等级较低。2007—2009 年呈现波动下降状态，协调等级也由Ⅲ级协调下降为Ⅱ级协调。从分项指标看，发展水平和互动水平快速增长，而差异水平（标准化值）则剧烈波动下降，因此综合发展协调水平呈现波动快速下降状态。从现实情况看，城镇化的内涵式发展仍注重不够，新型城镇化进程推进较慢；农业现代化进程虽然不断加快，但仍未与新型城镇化步伐相适应，从而导致综合协调指数下降。2010 年至今呈现波动上升状态，所处的协调等级也不断提升。从分项指标看，发展水平和互动水平剧烈增高，但差异水平近年来一直在中等和较高水平之间波动变化，因此导致整体差异水平起伏较大。从现实情况来看，2006 年以来河南省注重科技化信息化与农业现代化相融合，在新型城镇化、新型农业现代化、信息化“三化”协调的理念下推动现代城镇体系建设、社会主义新农村和新型社区建设，新型城镇化、新型农业现代化、信息化“三化”协调发展的步伐不断加快，因而综合协调指数较高，所处的协调等级较高。

（2）空间特征：不存在处于Ⅴ级协调等级区的市域单元，可能有以下两个方面的原因。一方面部分市域单元的新型城镇化、新型农业现代化、信息化“三化”的差异水平很高，但发展水平和互动水平不高，促使总体协调度指数不高；另一方面部分市域单元的新型城镇化、新型农业现代化、信息化“三化”的发展水平和互动水平较高，但差异水平较低，因而总体协调度指数不高。郑州的新型城镇化、新型农业现代化、信息化“三化”协调度指数最高为 0.6667，位于Ⅳ级协调状态。从结构上看，郑州综合发展水平、互动联系水平得分处在最高的水平，差异水平（标准化值）虽然较低但对整体的贡献度不够，因而郑州市综合协调度指数相对较高，处于较高水平协调区。从实际情况看，郑州市作为全区的核心城市和城镇化、信息化建设的示范性区域，城镇化、信息化的基础条件好，地区综合发展实力和各项基础设施建设水平远远领先于其他地区。加之郑州作为河南省的省会城市，集聚着各种资金、资源、科技、政策等优势，现代农业发展的科技化、信息化、产业化、市场化环境好，新型农业现代化水平高，因而该“三化”的发展水平、互动水平最高。虽然郑州在推进“三化”发展的速度和程度上有所差别，但可通过强大的调控手段及时调控各种问题，因而新型城镇化、新型农业现代化、信息化“三化”的差异程度也没有拉大。邯郸、长治、晋城、运城、蚌埠、安阳、新乡、焦作、济源、洛阳、许昌和开封 12 个城市处于Ⅲ等协调等级。从结构上看，其发展水平得分、互动水平得分虽然不高，但差异水平得分处于中等、较高水平，因而综合协调度指数一般。从现实情况来看，这些地区的新型城镇化基础条件较好，农业现代化的步伐也不断加快，但城乡联动发展效益不突出，县域带动乡镇发展的能力不强，农村经济社会发展水平不高，因而“三化”综合协调度指数不高。邢台、聊城、鹤壁、濮阳、商丘、菏泽、宿州、淮北、亳州、阜阳、信阳、驻马店、周口、漯河、平顶山、三门峡处于Ⅱ级协调等级区，占区域总数的 53.3%，主导着整个区域分布格局。从结构上看各市域单元虽然差异水平（标准化值）较高但对整体的贡献力有限，加之发展水平和互动水平较低，因此综合协调度指数不高，协调等级较低。从现实情况来看，这些地区的城镇化率、非农产业比重水平不高，农业现代化发展中的科技化、信息化、智能化元素融入不够，信息化与新型农业现代化的许多方面没有很好的融合，加之各市的经济社会发展水平普遍不高，因而新型城镇化、新型农业现代化、信息化“三化”的协调程度较低，所处的协调等级较差。由于南阳市的发展水平、互动水平和差异水平都低，因此叠加运算后其综合协调度指数不高，处于Ⅰ级协调等级区。

（四）新型工业化、新型农业现代化、信息化“三化”协调的状态

1. 结果分析

根据“三化”的评价方法，收集数据对1995—2014年中原经济区新型工业化、新型农业现代化、信息化协调发展水平状态进行计算，结果见表4－37、表4－38和图4－42。

表4－37　1995—2014年新型工业化、新型农业现代化、信息化“三化”协调发展的各项指标值

年份	新型工业化水平	新型农业现代化水平	信息化水平	发展水平	差异水平	互动水平
1995	0.3383	0.3664	0.3384	0.3477	0.0563	0.3460
1996	0.3421	0.3755	0.3437	0.3538	0.0667	0.3514
1997	0.3447	0.3714	0.3516	0.3559	0.0534	0.3546
1998	0.3496	0.3810	0.3559	0.3622	0.0628	0.3604
1999	0.3527	0.3992	0.3641	0.3720	0.0929	0.3684
2000	0.3587	0.4138	0.3764	0.3830	0.1102	0.3782
2001	0.3614	0.4145	0.3835	0.3865	0.1062	0.3822
2002	0.3633	0.4157	0.3947	0.3912	0.1049	0.3871
2003	0.3731	0.4186	0.4001	0.3972	0.0910	0.3942
2004	0.3782	0.4349	0.4223	0.4118	0.1135	0.4068
2005	0.4001	0.4472	0.4373	0.4282	0.0942	0.4248
2006	0.4315	0.4720	0.4641	0.4559	0.0809	0.4535
2007	0.4631	0.5030	0.4900	0.4854	0.0796	0.4834
2008	0.5025	0.5579	0.5051	0.5218	0.1108	0.5175
2009	0.5371	0.5926	0.5338	0.5545	0.1175	0.5499

续表

年份	新型工业化水平	新型农业现代化水平	信息化水平	发展水平	差异水平	互动水平
2010	0.5926	0.6110	0.5835	0.5957	0.0548	0.5950
2011	0.6792	0.6618	0.6401	0.6604	0.0783	0.6590
2012	0.7512	0.7377	0.7207	0.7365	0.0609	0.7358
2013	0.8657	0.7951	0.8328	0.8312	0.1412	0.8277
2014	0.9604	0.9111	0.9302	0.9339	0.0985	0.9324

表 4-38　1995—2014 年新型工业化、新型农业现代化、信息化“三化”协调各项标准化值及等级划分

年份	发展水平	差异水平	互动水平	综合协调度指数	等级划分
1995	0.0000	0.9664	0.0000	0.3221	Ⅱ级协调
1996	0.0103	0.8483	0.0093	0.2893	Ⅱ级协调
1997	0.0140	1.0000	0.0148	0.3429	Ⅱ级协调
1998	0.0247	0.8921	0.0246	0.3138	Ⅱ级协调
1999	0.0414	0.5497	0.0382	0.2098	Ⅱ级协调
2000	0.0601	0.3525	0.0550	0.1559	Ⅰ级协调
2001	0.0661	0.3984	0.0618	0.1754	Ⅰ级协调
2002	0.0743	0.4133	0.0702	0.1859	Ⅰ级协调
2003	0.0845	0.5713	0.0822	0.2460	Ⅱ级协调
2004	0.1093	0.3153	0.1037	0.1761	Ⅰ级协调
2005	0.1373	0.5345	0.1345	0.2687	Ⅱ级协调
2006	0.1845	0.6869	0.1834	0.3516	Ⅱ级协调
2007	0.2348	0.7011	0.2343	0.3901	Ⅱ级协调
2008	0.2970	0.3458	0.2925	0.3118	Ⅱ级协调
2009	0.3527	0.2694	0.3478	0.3233	Ⅱ级协调
2010	0.4231	0.9832	0.4246	0.6103	Ⅳ级协调
2011	0.5334	0.7156	0.5339	0.5943	Ⅲ级协调
2012	0.6633	0.9136	0.6648	0.7472	Ⅳ级协调
2013	0.8248	0.0000	0.8216	0.5488	Ⅲ级协调
2014	1.0000	0.4861	1.0000	0.8287	Ⅴ级协调

由表 4-37 可知，中原经济区新型工业化、新型农业现代化、信息化“单化”均呈现较稳定的上升趋势，2006 年之后表现出快速增长的状态。但中原经

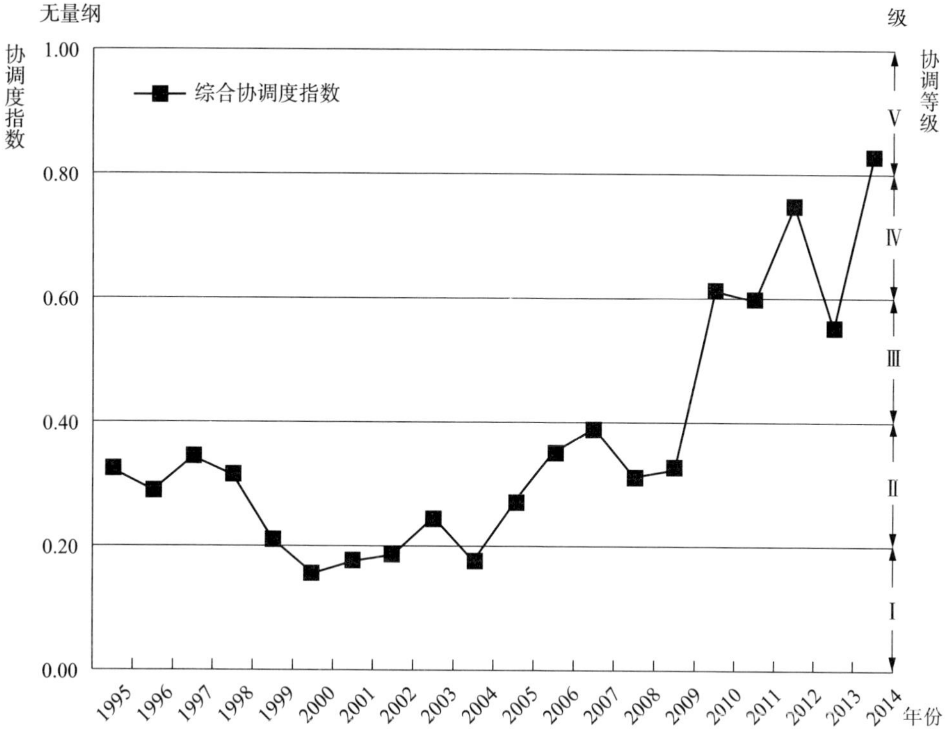

图4－42　1995—2014年新型工业化、新型农业现代化、信息化“三化”的综合协调度变化情况

济区新型工业化、新型农业现代化、信息化“三化”的综合协调度指数与“单化”的变化情况不太一致，呈现波动上升状态（图4－42）：1995—2000年呈现波动下降状态，2001年以来呈现波动上升且2004年以来波动幅度较大。从分项指标看（表4－38），发展水平与互动水平变化趋势一致，均呈现出稳步上升状态且2000年以来增长幅度较大；差异水平则呈现波动变化特征，1995—2000年呈现波动下降状态，2001年以来呈现出上升—下降交替的变化状态。总体看来，综合协调度指数受差异水平的影响较大，与差异水平的波动变化趋势较为一致。从协调等级看，2010年之前中原经济区新型工业化、新型农业现代化、信息化基本处于Ⅱ级协调状态，2010年以来协调等级不断提高到Ⅲ、Ⅴ级，近期表现出较好的发展趋势。

同样，根据评价方法可计算2014年中原经济区各市域新型工业化、新型农业现代化、信息化“三化”的综合协调度指数及等级划分，结果见表4－39和图4－43。

表 4-39　2014 年各市域新型工业化、新型农业现代化、信息化“三化”的综合协调度指数及等级划分

城市	发展水平	差异水平	互动水平	综合协调度指数	等级划分
郑州市	1.0000	0.0000	1.0000	0.6667	Ⅳ级协调
开封市	0.1366	0.8800	0.3342	0.4503	Ⅲ级协调
洛阳市	0.3095	0.9041	0.6190	0.6109	Ⅳ级协调
平顶山市	0.0131	1.0000	0.1672	0.3934	Ⅱ级协调
安阳市	0.0702	0.8843	0.2265	0.3937	Ⅱ级协调
鹤壁市	0.0040	0.8757	0.1148	0.3315	Ⅱ级协调
新乡市	0.1906	0.8143	0.3734	0.4594	Ⅲ级协调
焦作市	0.1425	0.9188	0.3569	0.4727	Ⅲ级协调
濮阳市	0.0196	0.8981	0.1531	0.3569	Ⅱ级协调
许昌市	0.1357	0.8556	0.3225	0.4380	Ⅲ级协调
漯河市	0.0136	0.9319	0.1544	0.3667	Ⅱ级协调
三门峡市	0.0346	0.9277	0.1871	0.3831	Ⅱ级协调
南阳市	0.3699	0.2295	0.0000	0.1998	Ⅰ级协调
商丘市	0.1028	0.6669	0.1113	0.2937	Ⅱ级协调
信阳市	0.1860	0.5763	0.1605	0.3076	Ⅱ级协调
周口市	0.2321	0.5745	0.2401	0.3489	Ⅱ级协调
驻马店市	0.1567	0.5971	0.1483	0.3007	Ⅱ级协调
济源市	0.1994	0.7280	0.3419	0.4231	Ⅲ级协调
邯郸市	0.2270	0.5141	0.1318	0.2910	Ⅱ级协调
邢台市	0.0711	0.7187	0.1152	0.3016	Ⅱ级协调
长治市	0.0405	0.9655	0.2051	0.4037	Ⅲ级协调
晋城市	0.3081	0.8387	0.5895	0.5788	Ⅲ级协调
运城市	0.0430	0.7415	0.0896	0.2914	Ⅱ级协调
聊城市	0.2213	0.6887	0.3595	0.4232	Ⅲ级协调
菏泽市	0.1124	0.7489	0.2195	0.3602	Ⅱ级协调
蚌埠市	0.3092	0.5693	0.4005	0.4263	Ⅲ级协调
淮北市	0.0362	0.9006	0.1801	0.3723	Ⅱ级协调
阜阳市	0.0177	0.7929	0.0743	0.2950	Ⅱ级协调
宿州市	0.0114	0.7920	0.0621	0.2885	Ⅱ级协调
亳州市	0.0000	0.8027	0.0670	0.2899	Ⅱ级协调

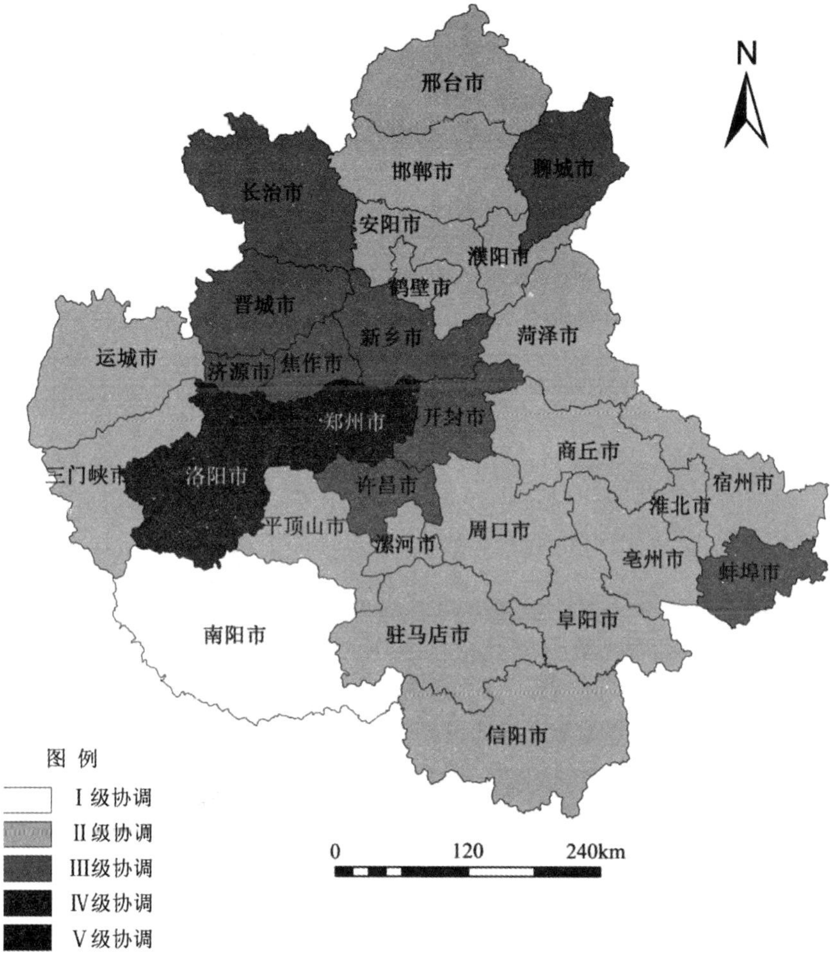

图 4－43　2014 年各市域单元新型工业化、新型农业现代化、信息化“三化”协调度指数的等级划分

由表 4－39、图 4－43 可知，中原经济区出现了Ⅰ、Ⅱ、Ⅲ、Ⅳ协调级区，未出现Ⅴ级协调区。郑州与洛阳处于Ⅳ级协调等级，综合协调度指数较高，分别为 0.6667、0.6109，分布在全区的中部、中西部。Ⅲ级协调等级区有 9 个，占区域总数的 30%，包括长治、晋城、济源、焦作、新乡、开封、许昌、聊城、蚌埠。除蚌埠、聊城零散分布在东部、东北部外围区外，其余城市在Ⅳ级周边集中分布，形成西北半壁的高值连绵分布区。Ⅱ级协调等级区有 18 个，占区域总数的 60%，分别是三门峡、运城、平顶山、驻马店、漯河、周口、阜阳、亳州、信阳、淮北、商丘、宿州、菏泽、濮阳、鹤壁、安阳、邯郸、邢台。

该类型市域单元主要分布在东部、南部、北部地区，主导着整体分布格局，形成大范围的连绵分布区。Ⅰ级协调等级区仅有南阳一个城市，孤零地分布在西南部区域。

2. 原因解读

（1）时序特征：1995—2000 年中原经济区新型工业化、新型农业现代化、信息化“三化”综合协调度指数呈现波动下降状态，所处协调等级为Ⅰ级、Ⅱ级。从其构成看，发展水平与互动水平处于平稳缓慢的增长状态，但差异水平（标准化值）处于波动下降且 1997—2000 年下降幅度较大，这表明中原经济区新型工业化、新型农业现代化、信息化“三化”综合水平的差异水平在不断扩大，因而综合协调度指数呈现下降状态。从现实情况看，该阶段农业现代化发展注重农业整体发展、农村机械化等方面的改善与提高，农业现代化水平不断提升；工业化在发展过程中逐渐引入科技与信息化要素，但推动的力度不及农业现代化；受信息化环境以及科技与资源等方面的限制，信息化发展速度处于较慢的状态，因此新型工业化、新型农业现代化、信息化三者推进的节拍和速度未处在较合适的位置，因而综合协调度指数较低。2001 年以来，中原经济区新型工业化、新型农业现代化、信息化“三化”综合协调度指数呈现波动上升且 2004 年以来波动幅度较大。从其构成看，发展水平与互动水平处于快速上升趋势，而差异水平（标准化值）波动幅度较大，虽然差异水平的波动对其有一定的影响，但由于发展水平与互动水平提升幅度较大，因此综合协调度指数及协调等级整体上处于上升状态。从现实情况看，“十五”期间是农业向市场化迈进的关键时期，也是为基本实现农业现代化奠定基础的关键时期。这一时期河南省信息服务功能不断完善，不断加快农业信息化进程，推进新型农业现代化的快速发展；同时工业化逐渐向新型工业化理念转变与过渡，经济高效水平明显提升，资源节约、环境保护等循环经济理念逐渐引入，科技化与信息化要素不断融入，因而新型工业化、新型农业现代化、信息化的协调度指数呈较好的方向发展。近期在“四化”同步、“五化”协调等发展理念的融入下，中原经济区新型工业化、新型农业现代化、信息化协调发展的程度不断增强，综合协调度指数以协调等级呈较好的方向发展。

（2）空间特征：由于区域内没有城市的发展水平、互动水平以及差异水平均处于较高的状态，因此高综合协调度指数以及Ⅴ级协调等级区的城市没有出现。由于郑州、洛阳的发展水平与互动水平均最高，差异水平（标准化值）虽然较低但对整体的贡献度有限，因而两市的总体协调程度较高，处于Ⅳ级协调等级。从实际情况看，郑州市作为全区的核心城市，工业化与信息化的基础条件好，地区综合发展实力和各项基础设施建设水平远远领先于其他地区。加之郑州作为河南省的省会城市，集聚着各种资金、资源、科技、政策等优势，现代农业发展的科技化、信息化、产业化、市场化环境好，新型农业现代化水平高，因而该地区“三化”的发展水平和互动水平最高。由于郑州的新型农业现代化总体发展水平与新型工业化水平、信息化发展具有较大的差距，因此差异水平（标准化值）处于较低状态。洛阳与郑州不同，其发展水平较低，互动水平处于中等水平，差异水平较高，因此三者协调度指数及协调等级也处于Ⅳ协调等级。从现实情况看，洛阳作为副中心城市，在“十二五”规划中提出要加快转变工业经济发展方式，努力打造老工业基地振兴，推进工业化与信息化融合；大力发展现代农业，转变农业发展方式，将信息化融入新型工业化、新型农业现代化的推进中，虽然三者发展水平与郑州差距较大，但三者同步推进速度处于较为合适的状态，因此洛阳处于Ⅳ级协调等级。Ⅲ级协调等级区有9个，占区域总数的30%，分别是长治、晋城、济源、焦作、新乡、开封、许昌、聊城、蚌埠。从其构成看，发展水平与互动水平均较低，然而差异水平（标准化值）较高，这表明该类地区的新型工业化、新型农业现代化信息化基础条件一般，但三者同步推进的速度和质量较好，形成良好的融合效应，因而9个地区均处在Ⅲ级协调等级区。处于Ⅱ级协调等级区的城市达到18个，占全区比重达到60%，主导着整个分布格局。纵观这些区域，虽然差异水平（标准化值）较高但对整体的贡献度不高，加之发展水平、互动水平极低，因而综合协调指数及所处协调等级不高。从现实情况看，这些地区的工业化率、非农产业比重、二、三产业从业人员比重水平不高，农业现代化发展中的科技化、信息化、智能化元素融入不够，经济社会发展水平普遍不高。虽然新型工业化、新型农业现代化、信息化三者水平均处于较低状态，但三者同步推进的速度较好，因此差异水平（标准化值）较高。由于南阳的发展水平、互动水平、差异水平均较低，因而其综合协调指数较低，处在Ⅰ级协调等级。

（五）新型城镇化、新型工业化、信息化协调发展的状态

1. 结果分析

根据“三化”协调发展的评价方法，对1995—2014年中原经济区新型城镇化、新型工业化和信息化协调发展水平状态进行计算，结果见表4－40、表4－41和图4－44。

表4-40 1995—2014年新型城镇化、新型工业化、信息化“三化”协调发展的各项指标值

年份	新型城镇化综合水平	新型工业化综合水平	信息化水平	发展水平	差异水平	互动水平
1995	0.3748	0.3383	0.3384	0.3505	0.0731	0.3476
1996	0.3989	0.3421	0.3437	0.3616	0.1136	0.3549
1997	0.4028	0.3447	0.3516	0.3664	0.1160	0.3600
1998	0.3973	0.3496	0.3559	0.3676	0.0954	0.3634
1999	0.3946	0.3527	0.3641	0.3705	0.0838	0.3676
2000	0.3984	0.3587	0.3764	0.3778	0.0793	0.3754
2001	0.3978	0.3614	0.3835	0.3809	0.0727	0.3789
2002	0.3978	0.3633	0.3947	0.3853	0.0691	0.3831
2003	0.4086	0.3731	0.4001	0.3939	0.0710	0.3919
2004	0.4267	0.3782	0.4223	0.4091	0.0971	0.4050
2005	0.4511	0.4001	0.4373	0.4295	0.1020	0.4257
2006	0.4747	0.4315	0.4641	0.4568	0.0863	0.4542
2007	0.5117	0.4631	0.4900	0.4883	0.0971	0.4855
2008	0.5404	0.5025	0.5051	0.5160	0.0758	0.5140
2009	0.5721	0.5371	0.5338	0.5477	0.0766	0.5457
2010	0.6027	0.5926	0.5835	0.5930	0.0384	0.5926
2011	0.6662	0.6792	0.6401	0.6618	0.0783	0.6604
2012	0.7523	0.7512	0.7207	0.7414	0.0631	0.7404
2013	0.8234	0.8657	0.8328	0.8406	0.0847	0.8393
2014	0.9421	0.9604	0.9302	0.9442	0.0603	0.9437

表4-41 1995—2014年新型城镇化、新型工业化、信息化“三化”协调各项标准化值及等级划分

年份	发展水平	差异水平	互动水平	综合协调度指数	等级划分
1995	0.0000	0.5530	0.0000	0.1843	Ⅰ级协调
1996	0.0186	0.0310	0.0123	0.0207	Ⅰ级协调
1997	0.0267	0.0000	0.0209	0.0159	Ⅰ级协调
1998	0.0288	0.2658	0.0265	0.1070	Ⅰ级协调
1999	0.0336	0.4154	0.0335	0.1609	Ⅰ级协调
2000	0.0460	0.4729	0.0466	0.1885	Ⅰ级协调
2001	0.0512	0.5576	0.0524	0.2204	Ⅱ级协调
2002	0.0585	0.6049	0.0595	0.2410	Ⅱ级协调

续表

年份	发展水平	差异水平	互动水平	综合协调度指数	等级划分
2003	0.0731	0.5799	0.0743	0.2424	Ⅱ级协调
2004	0.0986	0.2436	0.0963	0.1461	Ⅰ级协调
2005	0.1330	0.1803	0.1311	0.1481	Ⅰ级协调
2006	0.1790	0.3833	0.1789	0.2470	Ⅱ级协调
2007	0.2320	0.2434	0.2313	0.2356	Ⅱ级协调
2008	0.2787	0.5186	0.2792	0.3588	Ⅱ级协调
2009	0.3320	0.5085	0.3324	0.3910	Ⅱ级协调
2010	0.4084	1.0000	0.4111	0.6065	Ⅳ级协调
2011	0.5244	0.4855	0.5249	0.5116	Ⅲ级协调
2012	0.6583	0.6813	0.6589	0.6662	Ⅳ级协调
2013	0.8255	0.4042	0.8248	0.6848	Ⅳ级协调
2014	1.0000	0.7176	1.0000	0.9059	Ⅴ级协调

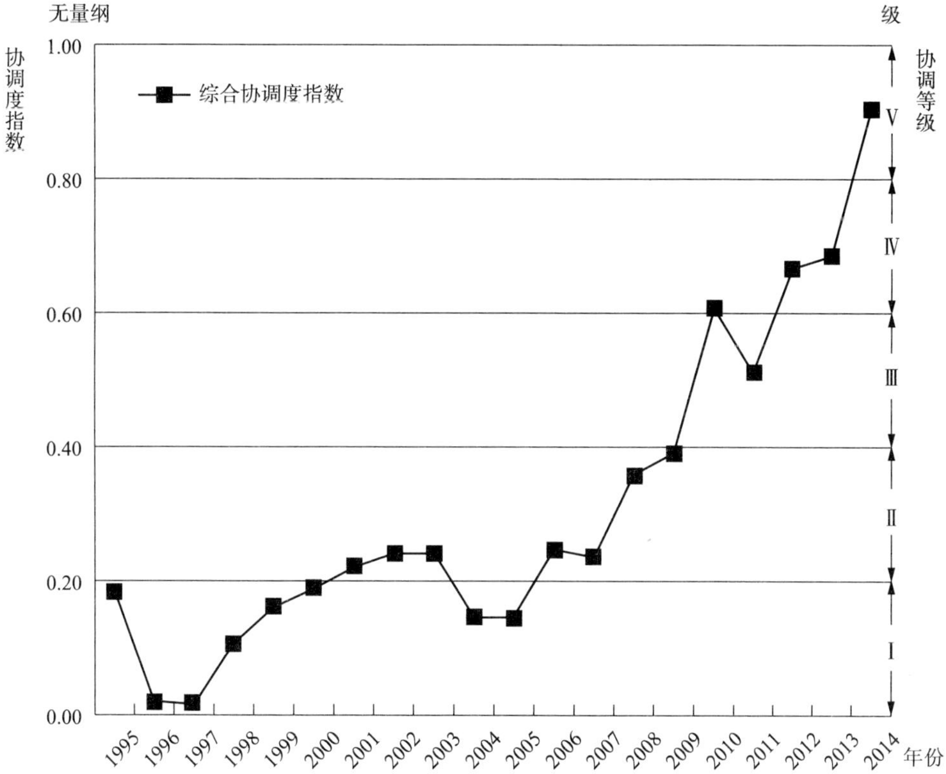

图4-44　1995—2014年新型城镇化、新型工业化、信息化“三化”综合协调度变化情况

由表4－40可知，中原经济区新型城镇化、新型工业化、信息化“单化”均呈现较稳定的上升趋势，2005年以来则表现出快速上升的状态。然而中原经济区新型城镇化、新型工业化、信息化“三化”的综合协调度指数与“单化”的情况不一致，呈现波动变化特征：1995—1997年呈现下降状态；1998—2003年呈现缓慢上升状态；2004年有所下降，2005年至今呈现波动上升状态（图4－44）。从分项指标看（表4－41），发展水平和互动水平整体呈前期缓慢增长，后期快速增长状态，与“单化”的整体变化情况较为一致。差异水平呈现较大的波动变化特征：1995—1997年差异水平（标准化值）下降；1998—2003年稳定上升；2004年突然下降；2005—2010年剧烈波动上升且在2010年达到最大值；近几年呈现出在较高、中等水平之间波动变化状态。总体看来，前期综合协调指数受差异水平影响较大呈现出与差异水平相似的变化趋势，近几年受发展水平和互动水平影响呈现出波动上升趋势。从协调等级看，2010年之前中原经济区新型城镇化、新型农业现代化、信息化处于Ⅰ级或Ⅱ级协调状态，近期协调等级处在大幅提高的状态，出现Ⅳ级、Ⅴ级协调状态，表现出较好的发展态势。

同样，根据评价方法可计算2014年中原经济区各市域新型城镇化、新型农业现代化、信息化，“三化”的综合协调度指数及等级划分，结果见表4－42和图4－45。

表4－42　2014年各市域新型城镇化、新型工业化、信息化的综合协调度指数及等级划分

城市	发展水平	差异水平	互动水平	综合协调度指数	等级划分
郑州市	1.0000	0.0000	1.0000	0.6667	Ⅳ级协调
开封市	0.1502	0.6850	0.1498	0.3284	Ⅱ级协调
洛阳市	0.2381	0.6930	0.2437	0.3916	Ⅱ级协调
平顶山市	0.0693	0.8959	0.0758	0.3470	Ⅱ级协调
安阳市	0.0789	0.8531	0.0845	0.3389	Ⅱ级协调
鹤壁市	0.0721	0.5618	0.0464	0.2268	Ⅱ级协调
新乡市	0.1346	0.9048	0.1459	0.3951	Ⅱ级协调
焦作市	0.1640	0.7060	0.1665	0.3455	Ⅱ级协调
濮阳市	0.0731	0.6790	0.0654	0.2725	Ⅱ级协调
许昌市	0.1710	0.6401	0.1645	0.3252	Ⅱ级协调
漯河市	0.0911	0.6790	0.0845	0.2849	Ⅱ级协调
三门峡市	0.1359	0.3960	0.0933	0.2084	Ⅱ级协调
南阳市	0.0579	1.0000	0.0663	0.3747	Ⅱ级协调
商丘市	0.0245	0.8982	0.0281	0.3169	Ⅱ级协调

续表

城市	发展水平	差异水平	互动水平	综合协调度指数	等级划分
信阳市	0.0476	0.9166	0.0535	0.3393	Ⅱ级协调
周口市	0.0793	0.9112	0.0873	0.3593	Ⅱ级协调
驻马店市	0.0392	0.8360	0.0408	0.3054	Ⅱ级协调
济源市	0.2619	0.3613	0.2226	0.2819	Ⅱ级协调
邯郸市	0.1211	0.5132	0.0891	0.2411	Ⅱ级协调
邢台市	0.0541	0.6609	0.0422	0.2524	Ⅱ级协调
长治市	0.1563	0.4017	0.1180	0.2254	Ⅱ级协调
晋城市	0.2890	0.5949	0.2857	0.3899	Ⅱ级协调
运城市	0.0788	0.4107	0.0313	0.1736	Ⅰ级协调
聊城市	0.1317	0.6693	0.1278	0.3096	Ⅱ级协调
菏泽市	0.0492	0.8194	0.0505	0.3064	Ⅱ级协调
蚌埠市	0.2498	0.0144	0.1458	0.1367	Ⅰ级协调
淮北市	0.1109	0.7006	0.1055	0.3057	Ⅱ级协调
阜阳市	0.0183	0.8064	0.0149	0.2799	Ⅱ级协调
宿州市	0.0011	0.8896	0.0020	0.2976	Ⅱ级协调
亳州市	0.0000	0.8658	0.0000	0.2886	Ⅱ级协调

由表4－42、图4－45可知，仅出现了Ⅳ、Ⅱ和Ⅰ三个协调等级，未出现Ⅲ级和Ⅴ级协调等级。郑州的新型城镇化、新型工业化、信息化“三化”协调度指数最高为0.6667，位于Ⅳ级协调状态。究其原因，郑州市主要得益于实力很强的综合发展水平和互动联系水平，虽然差异水平（标准化值）较低但对整体的贡献力不够，因此协调等级处于Ⅳ协调等级。Ⅱ级协调等级为中原经济区新型城镇化、新型工业化、信息化“三化”协调主要的分布类型，包括主体区的安阳、新乡、焦作、济源、洛阳、三门峡、许昌、开封、鹤壁、濮阳、商丘、南阳、信阳、驻马店、周口、漯河、平顶山17个市域单元，外围区的邢台、邯郸、长治、晋城、宿州、淮北、亳州、阜阳、聊城、菏泽10个市域单元，占全区比重达90%。从分项指标看，虽然该等级区的新型城镇化、新型工业化、信息化“三化”之间的差异较小但对整体的贡献力有限，加之发展水平和互动水平极低，因此新型城镇化、新型工业化、信息化“三化”综合协调指数不高。Ⅰ级协调等级区只有两个市域单元，分别是运城市和蚌埠市，分别分布于西北部和东部外围区。

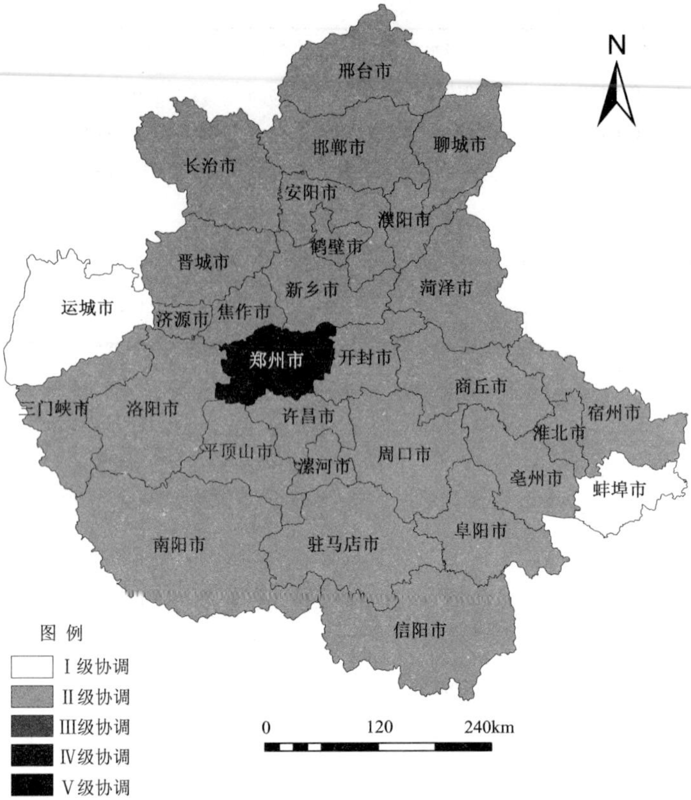

图4－45　2014年各市域单元新型城镇化、新型工业化、信息化“三化”协调度指数的等级划分

2. 原因解读

（1）时序特征：中原经济区新型城镇化、新型工业化、信息化的综合协调度指数在1995—1997年呈现下降状态，可从分项指标进行解读。不难发现，1995—1997年全区的发展水平、互动水平均处于低水平状态，差异水平由一般水平下降为低水平状态，受差异水平的影响，综合协调度指数较低。从现实情况看，该阶段受基础水平、经济危机、发展速度等影响，发展水平和互动水平处于低水平状态，三者在推进速度和力度上存在差异，因而综合协调指数不高，所处的协调等级为Ⅰ级。1997—2003年呈现缓慢上升状态，所处的协调等级也由Ⅰ级上升为Ⅱ级协调。从该阶段的分项指标构成看，发展水平、互动水平缓慢提升，差异水平（标准化值）也在不断上升，表明该阶段虽然新型城镇化、新型工业化信息化水平较稳定地提高，但是三者尚未达到合适的节拍，因此综合协调度指数呈缓慢上升状态。从现实情况看，该阶段工业化逐渐向新型工业化理念转变与过渡，经济高效水平明显提升，资源节约、环境保护等循环经济理念逐渐引入，科技化与信息化要素不断融入。城镇化仍以传统的人口、土地城镇化为主，人口市民化、城乡统筹发展、大中小城镇及农村协调等城镇化内涵注重不够，新型城镇化进程推进较慢。可以说，该阶段大力推进新型工业化建设，但未与新型城镇化步伐相适应，从而导致所处的协调等级不高。2004年又有所下降，是因为城镇化和信息化较新型工业化增长较快，因而三者的差异变大，呈现小幅下降趋势。2005年至今综合协调度指数呈现波动上升状态，协调等级也由Ⅰ级协调水平提升为Ⅴ级协调水平。从分项指标看，发展水平和互动水平呈现快速增长状态；差异水平2005—2010年剧烈波动上升且在2010年达到最大值，近期呈波动上升状态。从现实情况来看，“十一五”期间，河南省政府倡导大力发展新型工业化，注重科技化信息化与工业化相融合，推动产业结构升级、产业集聚区建设、现代城镇体系建设，因而综合协调指数增大，所处的协调等级也增高。2010年以来，坚持以工业化带动城镇化，以科技化信息化融入工业化，促进该“三化”协调发展，因此近几年来综合协调指数持续增长，所处的协调等级也较高。

（2）空间特征：不存在处于Ⅴ级协调等级区的市域单元，主要有以下两个方面的原因。一方面部分市域单元的新型城镇化、新型工业化、信息化“三化”的差异水平（标准化值）很高但对整体的贡献力不够，加之发展水平、互动水平不高，因而总体协调度指数未达到最高水平；另一方面部分市域单元的新型城镇化、新型工业化、信息化“三化”的发展水平和互动水平较高，但差异水平（标准化值）较低，因而总体协调度指数亦未达到最高水平。郑州市处于Ⅳ级协调等级区，其发展水平和互动水平均最高，但差异水平（标准化值）最小，因而总体协调程度较高，处于Ⅳ级协调等级区。从实际情况看，郑州市作为全区的核心城市和新型城镇化、新型工业化、信息化发展的示范性区域，工业化与城镇化的基础条件好，信息化的融入程度高，因此地区综合发展实力和各项基础设施建设水平远远领先于其他地区。加之郑州作为河南省的省会城市，集聚着各种资金、资源、科技、政策等优势，新型工业现代化发展的科技化、信息化、产业化环境好，因而新型城镇化、新型工业化、信息化“三化”的发展水平、互动水平最高。由于郑州在推进新型城镇化、新型工业化、信息化“三化”发展的速度和程度上有所差别，因而“三化”的差异程度较大，故而其综合协调度指数和协调度等级均未达到最高水平。不存在处于Ⅲ级协调等级区的区域，一方面比郑州综合协调度低的市域单元的虽然差异水平较高但整体的贡献度有限，加之发展水平和互动水平不高，因而总体协调度指数不高；

另一方面比郑州综合协调度低的市域单元的发展水平和互动水平一般，差异水平较低，因而总体协调度指数不高。从现实情况看，比郑州低的城市虽然大力推进新型城镇化、新型工业化、信息化“三化”协调发展，统筹城乡一体化发展，积极进行各方面的先行先试，但在以城带乡、以信息化促进城镇化、以信息化促进工业化方面取得的成效还不明显，因此三者的综合协调指数和所处的协调等级较低。处于Ⅱ级、Ⅰ级协调等级区的城市达到29个，占全区比重达到95%以上，主导着整个分布格局。纵观这些区域，不仅发展水平、互动水平较低，而且差异水平（标准化值）也不高，因而综合协调指数及所处协调等级不高。从现实情况看，这些地区的工业化率、非农产业比重、二、三产业从业人员比重水平不高，新型工业化发展中的科技化、信息化、智能化元素融入不够，新型城镇化与新型工业化的许多方面没有很好的融合，经济社会发展水平普遍不高，因而新型城镇化、新型工业化、信息化“三化”的协调程度较低，所处的协调等级较差。

四、中原经济区“五化”整体的协调发展状态

（一）评价理念与方法

由本章单化构建的指标体系的可知，新型城镇化的子系统“环境友好发展”体现了绿色化的评价内容，新型工业化的子系统“环境保护能力提升”体现产业发展的绿色化评级内容，新型农业现代化的子系统“农业生态环境改善”体现了农业发展的绿色化价值诉求。由于绿色化已经分别融入新型城镇化、新型工业化、新型农业现代化的指标体系当中，因此对城镇化、工业化、农业现代化、信息化、绿色化的“五化”协调评价可变化为新型城镇化、新型工业化、新型农业现代化和信息化“四化”的协调的评价，也就是“五化”协调的整体协调度评价。

根据“双化”“三化”的评价理念与评价方法，先从发展水平、差异水平和互动水平3个方面测度“五化”协调发展状况，之后通过综合协调度指数和协调等级剖析整体协调度的变化规律。整体协调度评价的具体计算步骤如下：

（1）发展水平的计算。根据新型城镇化、新型工业化、新型农业现代化综合发展水平各自的计算结果，通过之前确定的权重计算三者的综合水平，并将计算结果通过最大—最小值标准化方式处理到0~1之间。计算公式如下：

$$Z_1 = 1/4 * NI + 1/4 * NU + 1/4 * NA + 1/4 * IN \qquad (4-10)$$

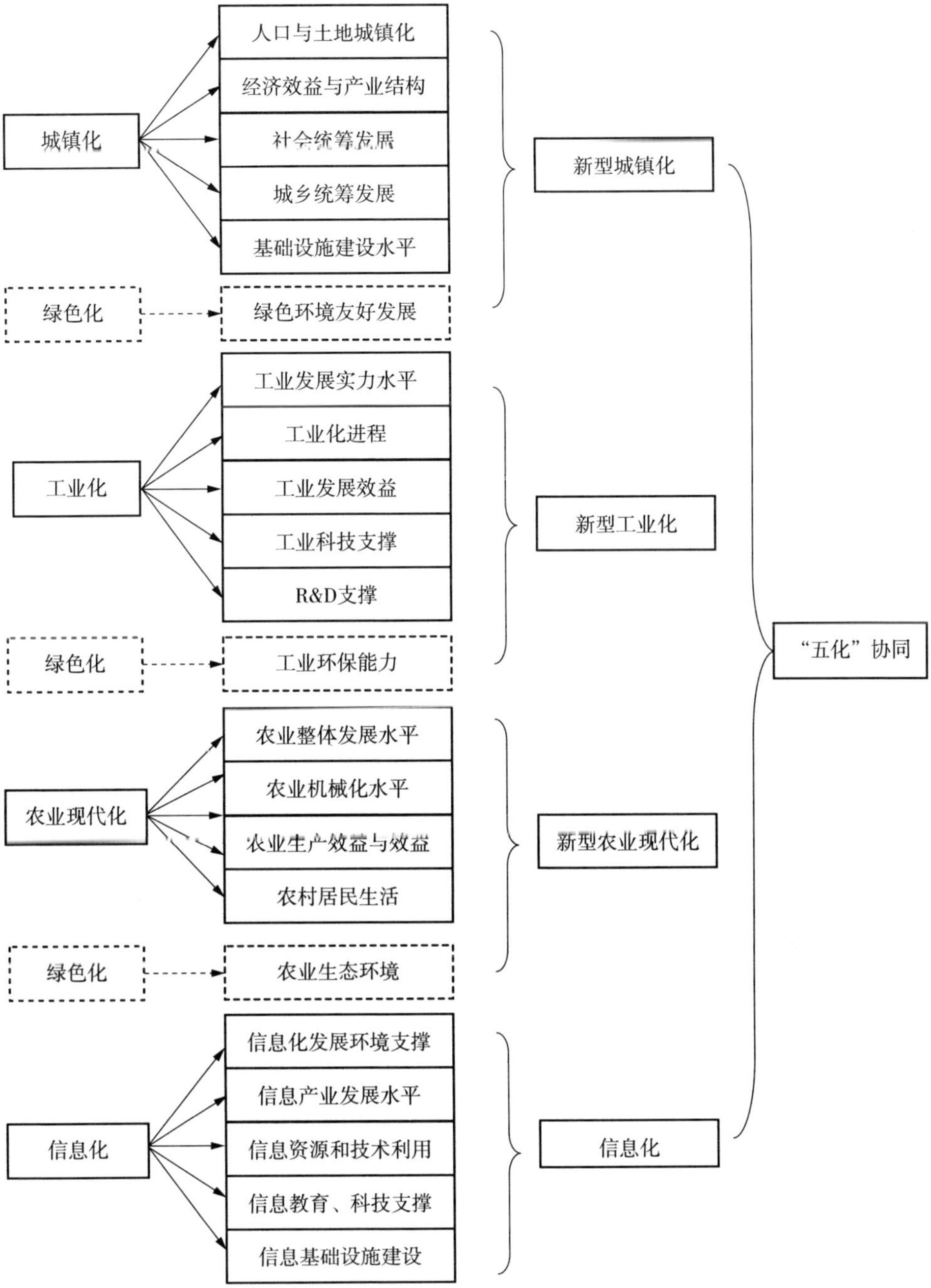

图 4－46　“五化”整体协调度评价转化图

式中，Z_1代表发展水平，NU 为新型城镇化综合水平，NI 为新型工业化综合水平，NA 为新型农业现代化综合水平，IN 为信息化综合水平。

（2）差异水平的测度。首先计算新型城镇化与新型工业化的差异水平，新型城镇化与新型农业现代化的差异水平，新型工业化与新型农业现代化的差异水平，之后将两者求和反映"三化"的总体差异水平，并将计算结果通过最大—最小值标准化方式处理到0~1之间。差异值愈小，协调性就愈好，反之则较差。计算公式如下：

$$Z_2 = |NU - NI| + |NU - NA| + |NI - NA| + |NU - IN| + |NI - IN| + |NA - IN| \quad (4-11)$$

式中，Z_2代表差异水平，NU为新型城镇化综合水平，NI为新型工业化综合水平，NA为新型农业现代化综合水平，IN为信息化综合水平。

（3）互动水平的计算。根据新型城镇化、新型工业化、新型农业现代化、信息化综合发展水平各自的计算结果，借助于物理学中的3个系统耦合作用系数模型，计算三者之间的互动水平。计算公式如下：

$$Z_3 = \frac{NU * NI * NA * IN}{\left[\frac{1}{4}(NU^4 + NI^4 + NA^4 + NA^4)\right]^{\frac{3}{4}}} \quad (4-12)$$

式中，Z_3代表互动水平，NU为新型城镇化综合水平，NI为新型工业化综合水平，NA为新型农业现代化综合水平，IN为信息化综合水平。

（4）综合协调水平的计算。将最大—最小值标准化方法处理后的Z_1、Z_2、Z_3用平均赋权法将这3个指标合成一个反映新型城镇化、新型工业化、新型农业现代化综合协调度指数，其计算公式如下：

$$Z = 1/3 * Z_1 + 1/3 * Z_2 + 1/3 * Z_3 \quad (4-13)$$

式中，Z代表综合协调指数，Z_1代表发展水平，Z_2代表差异水平，Z_3代表互动水平。

同样，可将"五化"综合协调度指数划分如下等级：当Z处于0~0.2时，系统处于Ⅰ级协调等级；当Z处于0.2~0.4时，系统处于Ⅱ级协调等级；当Z处于0.4~0.6时，系统处于Ⅲ级协调等级；当Z处于0.6~0.8时，系统处于Ⅳ级协调等级；当Z处于0.8~1.0时，系统处于Ⅴ级协调等级。

（二）状态评价

1. 结果分析

根据整体协调度的评价方法，对1995—2014年中原经济区整体协调发展水平进行计算，结果见表4-40、表4-41和图4-44。

表 4－40　1995—2014 整体协调发展的各项指标值

年份	新型城镇化水平	新型工业化水平	新型农业现代化水平	信息化水平	发展水平	差异水平	互动水平
1995	0.3748	0.3383	0.3664	0.3384	0.3850	0.1377	0.3496
1996	0.3989	0.3421	0.3755	0.3437	0.3963	0.2022	0.3552
1997	0.4028	0.3447	0.3714	0.3516	0.3986	0.1939	0.3587
1998	0.3973	0.3496	0.3810	0.3559	0.4027	0.1682	0.3645
1999	0.3946	0.3527	0.3992	0.3641	0.4109	0.1699	0.3711
2000	0.3984	0.3587	0.4138	0.3764	0.4213	0.1873	0.3795
2001	0.3978	0.3614	0.4145	0.3835	0.4238	0.1735	0.3831
2002	0.3978	0.3633	0.4157	0.3947	0.4275	0.1604	0.3871
2003	0.4086	0.3731	0.4186	0.4001	0.4349	0.1450	0.3955
2004	0.4267	0.3782	0.4349	0.4223	0.4518	0.1747	0.4081
2005	0.4511	0.4001	0.4472	0.4373	0.4712	0.1629	0.4279
2006	0.4747	0.4315	0.4720	0.4641	0.4999	0.1372	0.4565
2007	0.5117	0.4631	0.5030	0.4900	0.5339	0.1587	0.4876
2008	0.5404	0.5025	0.5579	0.5051	0.5730	0.2015	0.5197
2009	0.5721	0.5371	0.5926	0.5338	0.6083	0.2112	0.5519
2010	0.6027	0.5926	0.6110	0.5835	0.6484	0.0924	0.5963
2011	0.6662	0.6792	0.6618	0.6401	0.7170	0.1219	0.6599
2012	0.7523	0.7512	0.7377	0.7207	0.8019	0.1082	0.7390
2013	0.8234	0.8657	0.7951	0.8328	0.8955	0.2211	0.8243
2014	0.9421	0.9604	0.9111	0.9302	1.0119	0.1597	0.9337

表 4－41　1995—2014 年整体协调各项标准化值及等级划分

年份	发展水平	差异水平	互动水平	综合协调度指数	等级划分
1995	0.0000	0.6481	0.0000	0.2160	Ⅱ级协调
1996	0.0180	0.1465	0.0096	0.0580	Ⅰ级协调
1997	0.0216	0.2113	0.0156	0.0828	Ⅰ级协调
1998	0.0282	0.4110	0.0256	0.1549	Ⅰ级协调
1999	0.0413	0.3981	0.0367	0.1587	Ⅰ级协调
2000	0.0579	0.2622	0.0512	0.1238	Ⅰ级协调
2001	0.0619	0.3695	0.0573	0.1629	Ⅰ级协调
2002	0.0678	0.4714	0.0642	0.2011	Ⅱ级协调

续表

年份	发展水平	差异水平	互动水平	综合协调度指数	等级划分
2003	0.0796	0.5912	0.0785	0.2498	Ⅱ级协调
2004	0.1065	0.3603	0.1002	0.1890	Ⅰ级协调
2005	0.1374	0.4518	0.1341	0.2411	Ⅱ级协调
2006	0.1833	0.6513	0.1829	0.3392	Ⅱ级协调
2007	0.2374	0.4848	0.2362	0.3195	Ⅱ级协调
2008	0.2998	0.1527	0.2912	0.2479	Ⅱ级协调
2009	0.3561	0.0766	0.3463	0.2597	Ⅱ级协调
2010	0.4201	1.0000	0.4224	0.6142	Ⅳ级协调
2011	0.5296	0.7708	0.5312	0.6105	Ⅳ级协调
2012	0.6651	0.8773	0.6667	0.7364	Ⅳ级协调
2013	0.8144	0.0000	0.8127	0.5423	Ⅲ级协调
2014	1.0000	0.4772	1.0000	0.8257	Ⅴ级协调

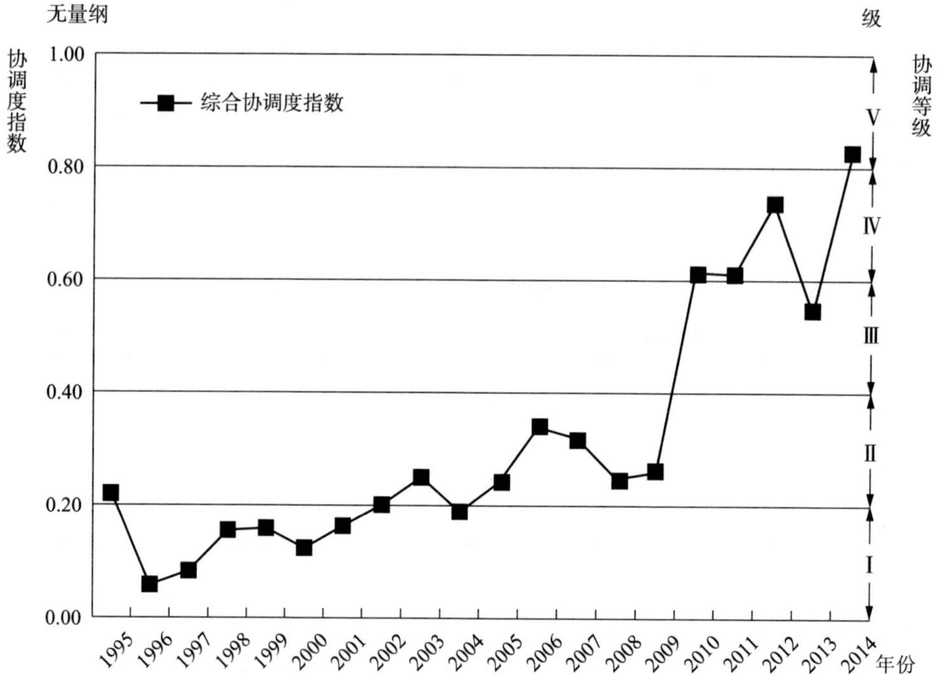

图 4－47　1995—2014 年整体的综合协调度变化情况

由表 4－40 可知，中原经济区新型城镇化、新型工业化、新型农业现代化和信息化“单化”均呈现较为稳定的上升趋势，尤其是 2005 年以来则表现出快速上升的状态。然而中原经济区整体的综合协调度指数与“单化”的变化趋势不一致，呈现波动上升状态（图 4 -44）：1996 年之前呈现下降状态，1997 年以来呈现波动上升且 2009 年以来上升幅度较大。从分项指标看（表 4 -41），发展水平与互动水平均呈现上升趋势，2005 年之后上升幅度较大，至2014 年升至最高；差异水平则呈现波动变化特征，1995—1996 年呈现下降状态，1997—2006 年呈现波动上升状态，2007 年以来波动幅度大起大落且整体上有所下降。总体看来，综合协调指数受差异水平较大，与差异水平的波动趋势较为一致。从协调等级看，2009 年之前中原经济区整体处于Ⅰ级、Ⅱ级协调状态，近期协调等级呈现大幅提高的状态，从Ⅱ级上升至Ⅴ级协调。

同样，根据评价方法可计算 2014 年中原经济区各市域新型城镇化、新型农业现代化、信息化的综合协调度指数及等级划分，结果见表 4 -45 和图 4 -47。

表 4 -45　2014 年各市域整体综合协调度指数及等级划分

城市	发展水平	差异水平	互动水平	综合协调度指数	等级划分
郑州市	1.0000	0.0000	1.0000	0.6667	Ⅳ级协调
开封市	0.1600	0.8885	0.6082	0.5523	Ⅲ级协调
洛阳市	0.2660	0.8891	0.7464	0.6338	Ⅳ级协调
平顶山市	0.0338	1.0000	0.4860	0.5066	Ⅲ级协调
安阳市	0.0786	0.9055	0.5139	0.4993	Ⅲ级协调
鹤壁市	0.0587	0.8154	0.4389	0.4377	Ⅲ级协调
新乡市	0.1797	0.8335	0.5940	0.5358	Ⅲ级协调
焦作市	0.1682	0.9058	0.6289	0.5676	Ⅲ级协调
濮阳市	0.0540	0.8896	0.4750	0.4729	Ⅲ级协调
许昌市	0.1557	0.8694	0.5956	0.5402	Ⅲ级协调
漯河市	0.0527	0.8986	0.4784	0.4765	Ⅲ级协调
三门峡市	0.1139	0.7677	0.4710	0.4509	Ⅲ级协调
南阳市	0.2713	0.2711	0.0000	0.1808	Ⅰ级协调
商丘市	0.0790	0.6991	0.3282	0.3687	Ⅱ级协调
信阳市	0.1390	0.6127	0.2993	0.3503	Ⅱ级协调
周口市	0.1809	0.6093	0.3569	0.3824	Ⅱ级协调
驻马店市	0.1155	0.6270	0.3104	0.3510	Ⅱ级协调
济源市	0.2418	0.6981	0.5959	0.5119	Ⅲ级协调

续表

城市	发展水平	差异水平	互动水平	综合协调度指数	等级划分
邯郸市	0.2387	0.4800	0.3702	0.3629	Ⅱ级协调
邢台市	0.0877	0.7201	0.4088	0.4055	Ⅲ级协调
长治市	0.1235	0.7799	0.4795	0.4610	Ⅲ级协调
晋城市	0.3223	0.8559	0.7955	0.6579	Ⅳ级协调
运城市	0.1001	0.7060	0.4038	0.4033	Ⅲ级协调
聊城市	0.1936	0.7085	0.5419	0.4813	Ⅲ级协调
菏泽市	0.0818	0.7662	0.4225	0.4235	Ⅲ级协调
蚌埠市	0.2581	0.5871	0.5038	0.4497	Ⅲ级协调
淮北市	0.0696	0.8911	0.4951	0.4853	Ⅲ级协调
阜阳市	0.0293	0.7996	0.3813	0.4034	Ⅲ级协调
宿州市	0.0115	0.8104	0.3547	0.3922	Ⅱ级协调
亳州市	0.0000	0.8340	0.3646	0.3995	Ⅱ级协调

由表4-45、图4-47可知，郑州、洛阳、晋城整体协调度指数较高，处于Ⅳ级协调区。处于Ⅲ级协调等级的市域单元有19个，占区域总数的63.3%，包括主体区的安阳、鹤壁、濮阳、新乡、焦作、济源、三门峡、平顶山、漯河、许昌、开封和外围区的邢台、聊城、菏泽、淮北、蚌埠、阜阳、运城、长治。该类型区的城市主要围绕Ⅳ级协调等级区城市分布，并与Ⅳ级协调等级区城市在西北地区形成较大范围的集聚。另有安徽省的淮北、蚌埠在东部形成小范围的集聚。Ⅱ级协调等级区有7个市域单元，占区域总数的23.3%，分别是邯郸、宿州、亳州、商丘、周口、驻马店、信阳。该类型区的市域单元主要分布于全区的东部和南部，另有邯郸分布在北部。处于Ⅰ级协调等级区的市域单元仅有南阳市，孤零地分布在西南部。

2. 原因解读

（1）时序特征：1995—1996年中原经济区整体的综合协调度指数处于下降状态，协调等级从Ⅱ级下降至Ⅰ级。从该阶段的构成看，虽然发展水平与互动水平呈现稳步上升状态，然而差异水平（标准化值）下降幅度较大，受差异水平的影响综合协调度指数呈现下降状态。从现实情况看，这一时期新型城镇化、新型农业现代化、新型工业化以及信息化的发展速度不一，彼此之间的差异有所扩大，导致综合协调度指数下降。1997年以来全区的整体协调度呈现波动上升且2009年以来升幅度较大。从该阶段的构成看，互动水平和发展水平处于稳步上升趋势，差异水平（标准化值）呈波动上升且近期波动幅度较大。虽然差

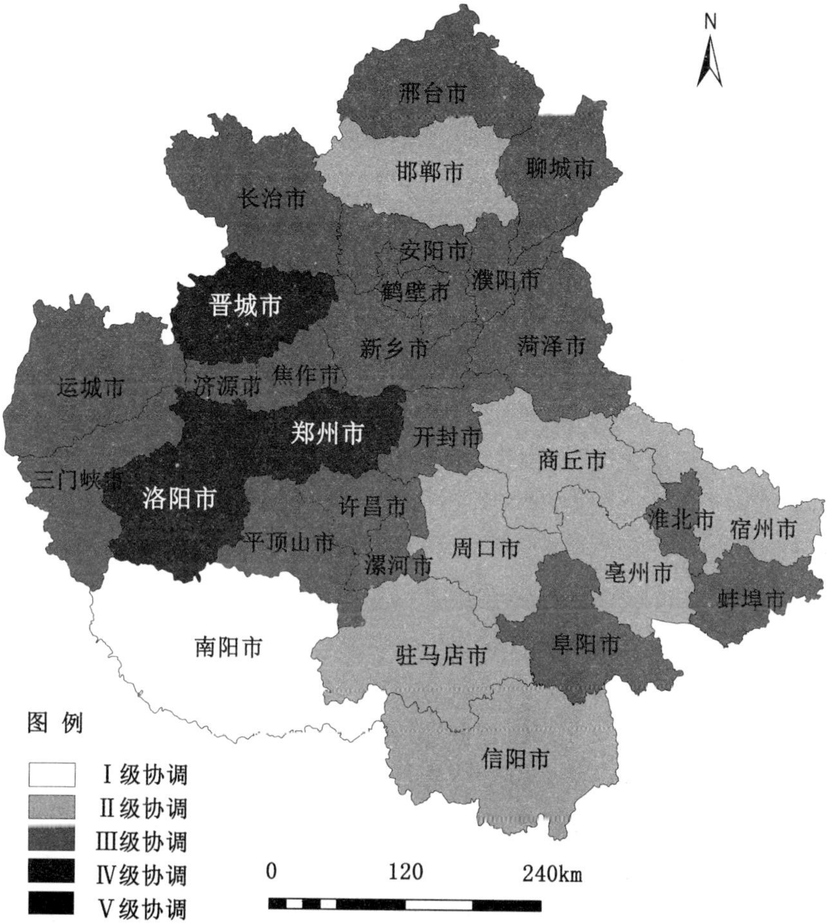

图 4－48　2014 年各市域单元整体协调度指数的等级划分

异水平（标准化值）的波动对综合协调度指数有一定的影响，但由于发展水平与互动水平增长幅度较大且对整体的贡献度较大，因此总体上这一时期的综合协调指数以及协调等级呈上升趋势。从现实情况看，这一时期是工业化逐渐向新型工业化理念转变与过渡，经济高效水平明显提升，资源节约、环境保护等循环经济理念逐渐引入，科技化与信息化要素不断融入；城镇化逐渐走向内涵的优化、现代城镇体系的构建、区域空间布局的优化，新型城镇化的质量不断提升；农业现代化方面注重农村经济结构的调整、农村社会发展水平的改善、农业机械化的进一步提升、城乡收入差距的缩小，实现农业和农村经济社会发展水平的稳定提升；在信息化方面，加大了信息、科技等要素的融入，信息化基础设施建设的步伐不断加快，信息产业规模的不断增大，信息产业结构发生了很大的改变，实现了信息化的快速发展。2007 年以来河南省坚持走新型工业化道路，注重科技化信息化与工业化相融合，在新型城镇化引领“三化”协调理念下推动了产业结构升级、产业集聚区建设、现代城镇体系建设、社会主义新农村和新型社区建设，因此整体协调度呈现较好的发展势头。2012 年，十八大报告提出推动信息化与工业化深度融合、推动工业化与城镇化良性互动、推动城镇化与农业现代化相互协调的发展理念。在国家现代发展理念的引领下，河南省在信息化进程的“五化”融入程度不断优化，在“单化”实力提升的基础上彼此之间的差异逐渐减少，“五化”整体的协调度不断提升。

结合中原经济区整体协调发展的情况可知，随着主体区“先进制造业大省、高成长服务业大省、现代农业大省、网络经济大省”四个强省目标的确立，新型工业化进程的不断加快，也必将促进新型城镇化、新型农业现代化、信息化水平的提高。但由于当前中原经济区工业结构仍然以重化工为主，生产对资本和原材料的投入要求依然很高，同时，工业“三废”及各种环境问题仍不可避免，生态环境保护的力度须进一步加强。在资源开发强度增大、环境约束不断增强的条件下，中原经济区工业化发展迈入新的历史阶段，难度必将进一步加大，要求也必将进一步提高，解决新型工业化各子系统协同发展的要求进一步加强，整体协调总体水平呈现上述变动情况也属正常。另一方面，随着中原经济区新型城镇化引领作用的强化，中原城市群、中原经济区、郑州航空港综合实验区等战略政策的叠加效应逐步显现，中原经济区整体协调发展也进入空前的机遇期。然而，中原经济区是一个传统农区，现代化农业发展的各项基础尚比较薄弱，农村居民的科技、信息水平较低，农村经济社会综合发展水平不高，致使新型农业现代化系统的协调水平在整体总体协调水平的分值较低。虽然中原经济区整体协调度水平表现出良好的发展状态，但我们必须对整体协调发展中的各种不协调、不整合、不平衡的问题分外重视，唯有各个子系统协同运转，中原经济区整体协调发展的整体目标才能真正实现。

（2）空间特征：不存在处于Ⅴ级协调等级区的区域，和“四化”的情况类似主要有以下两个方面的原因。一方面部分市域单元的差异水平（标准化值）很高但对整体的贡献力不够，加之发展水平和互动水平不高，因而总体协调度指数未达到最高水平；另一方面部分市域单元的新型城镇化、新型工业化、信息化“三化”的发展水平和互动水平较高，但差异水平（标准化值）较低，因而总体协调度指数亦未达到最高水平。从现实情况看，比郑州得分低一些的城市虽然以“五化”协调为发展目标，推动绿色化与工业化、信息化、城镇化、农业现代化紧密融合，但在信息化和工业化深度融合、工业化和城镇化良性互动、城镇化和农业现代化相互协调方面取得的成效还不明显，因而整体综合协调指数和所处的协调等级不高。这意味着，中原经济区在新型城镇化、新型工业化、新型农业现代化、信息化整体协调发展方面仍须采取多种措施进行解决。郑州、洛阳、晋城的整体协调度指数较高达到0.6以上，位于Ⅳ级协调状态。从分项指标看，郑州的发展水平、互动水平得分均处在最高的水平，虽然差异水平（标准化值）处于最低水平但对整体的贡献力不够，因而协调等级处于Ⅳ级协调状态；洛阳和晋城的情况与郑州不同，其发展水平较低，互动水平较高，差异水平（标准化值）很高，因而其综合协调度指数较高。从实际情况看，郑州市作为全区的核心城市和新型城镇化、新型工业化、信息化的示范性区域，地区综合发展实力和各项基础设施建设水平远远领先于其他地区，加之郑州作为河南省的省会城市，集聚着各种资金、资源、科技、政策等优势，因而其发展水平、互动水平最高。但郑州在推进新型城镇化、新型工业化、新型农业现代化、信息化整体发展的速度和程度上有所差别，对各种问题的调控力度也存在差异，因而郑州市综合协调度指数未达到高水平状态而是处于较高水平状态。洛阳作为中原经济区副中心城市，在整体协调发展方面有着较好的基础条件，新型城镇化、新型工业化、新型农业现代化、信息化的发展水平与互动水平较高，差异水平虽然不高但对整体的贡献力不够，因而综合协调指数较高。晋城的新型城镇化、新型工业化、新型农业现代化、信息化发展水平较高，且四者之间差距较小，同步作用较强，因此综合协调度指数较高。安阳、鹤壁、新乡等共19个市域单元位于Ⅲ级协调等级，占全区的63.3%，主导着整个区域分异格局。从分项指标看，该协调等级的城市发展水平低、互动水平处于中等水平，差异水平主要处于较高水平以上，因而综合协调度指数一般。从现实情况来看，这些地区的新型城镇化水平、新型工业化水平、新型农业现代化水平、信息化水平均处于中等水平，但是四者发展水平仍存在一定差距，因而整体综合协调度指数不高。邯郸、商丘、周口等7个市域单元的整体协调度指数较低，处于Ⅱ级协调等级。从分项指标看，该等级区的各市域单元虽然差异水平（标准化值）较高，但是发展水平和互动水平较低，因此综合协调度指数不高，协调等级较低。从现实情况来看，这些市域单元的城镇化率、非农产业比重水平不高，农业现代化发展中的科技化、信息化、智能化元素融入不够，经济社会发展水平普遍不高，因而新型城镇化、新型工业化、新型农业现代化、信息化整体协调程度较低，所处的协调等级较差。由于南阳的发展水平、互动水平和差异水平都比较低，因此其综合协调度指数不高，处于Ⅰ级协调等级区。

五、小结

本章根据“五化”协调发展的内涵，通过熵权灰色关联模型、协调度模型分析了1995—2014年中原经济区“单化”“双化”“三化”协调发展和整体协调发展的时序变化特征，通过空间分析技术分析了2014年中原经济区“单化”发展水平，“双化”“三化”协调发展水平，整体协调发展水平的空间分异特征，并对时空分异特征进行了原因解读，得出如下结论：

（1）“单化”发展水平。1995年以来，新型城镇化、新型工业化、新型农业现代化水平都呈现不同程度的提高。其中新型城镇化水平在2005年之前呈小幅波动，2005之后呈稳步提升的趋势；新型工业化呈现“先缓后急”的上升态势，并且在2005年之后快速提高；新型农业现代化除1997年出现小幅下降外，新型农业现代化水平不断提高，并且2004年之后增长幅度较大。信息化水平总体呈现上升趋势，并且在2007年之后快速提高。

从空间分布看，新型城镇化、新型工业化呈现比较类似的空间格局，郑州均为高水平区域，第二、三等级城市围绕高水平区形成西北部的集中分布区，较低、低水平区分布在东南部广大区域，形成西北—东南的分异格局。而新型农业现代化与前面其他“单化”空间分布差异较大，南阳为高水平区，较高水平区一方面分布在高水平区周围，另一方面分布在北部地区。中等水平区分布在高水平、较高水平区周围。较低水平区、低水平区分布在中等水平区周围。在信息化空间分布中，高水平区与较高水平区分别为郑州与洛阳，集中分布在中部、中西部。中等水平区与较低水平区在较高水平、高水平区周围分布。低水平区主要分布在东部地区。从整个分布格局看，后三种类型的区域占据了绝对主导并形成大范围连绵分布区，高水平区、较高水平区分布范围小且在郑州及其北侧小范围集中，整个区域的分布格局极其不平衡且局部差异大。

（2）“双化”协调状态。新型城镇化、新型农业现代化“双化”的综合协调度指数的变化特征与新型城镇化、新型工业化“双化”的综合协调度指数的变化特征类似：1995—1997年呈现下降趋势，1998年以来呈现波动上升状态。新型工业化、新型农业现代化“双化”的综合协调度指数的变化特征与新型工业化、信息化“双化”的综合协调度指数的变化特征相一致：1995—2004年呈现波动下降，2005以来年呈现波动上升状态且近期上升幅度较大。新型城镇化、信息化“双化”的综合协调度指数的变化特征表现为：1995—1996出现明显下降；1996—2002年之间呈现上升状态，2002—2009年呈现波动下降状态，

2009 年至今整体呈现波动快速增长状态。信息化、新型农业现代化“双化”的综合协调度指数的变化特征变现为：1995—2006 年之间呈现波动上升状态，2007—2009 年呈现下降状态，2010 年以后呈现快速增长趋势。

从空间分布看，新型城镇化与信息化的“双化”协调等级未出现Ⅴ级协调区，Ⅳ级协调区为郑州，Ⅲ级协调区在郑州周边分布，Ⅱ级协调区分布较广且占区域的主要分布格局，Ⅰ级协调区较少且分布在区域外围区。总体看来，新型城镇化与信息化的协调程度不够好，呈现以郑州为中心的中北部集中区协调性较好，多数地区相对较弱的分异格局。从新型工业化与信息化、新型城镇化与新型工业化的协调度分布看，除具体等级的市域单元有所变化外与新型城镇化、信息化“双化”协调状态类似：Ⅱ级协调等级区占据了绝对主导并形成大范围连绵分布区，Ⅲ级协调区发育不充分，Ⅴ级、Ⅳ级协调区较少且分布在中西部地区，Ⅰ级协调等级区较少且主要分布在外围区，整个区域的分布格局极其不平衡且局部差异大。新型农业现代化与信息化、新型工业化与新型农业现代化各市域协调分布相类似：未出现Ⅴ级、Ⅰ级协调等级区，Ⅳ级协调区较少，Ⅱ级、Ⅲ级协调区两者占据了绝对主导并形成大范围连绵分布区。新型城镇化与新型农业现代化的协调分布特征为：Ⅴ级、Ⅰ级协调等级区未出现，Ⅲ级、Ⅳ级协调区与Ⅱ级协调区以南北轴为界分布范围各占一半，整个区域的空间分异格局明显。

（3）“三化”协调状态。新型城镇化、新型工业化和新型农业现代化的综合协调度指数总体呈现波动上升状态：1995—1997 年呈现下降状态，1998—2004 年呈现波动下降状态，2005 年以来呈现波动上升且近期波动幅度较大。新型工业化、新型农业现代化、信息化的综合协调度指数总体呈现波动上升状态：1995—2000 年呈现波动下降状态，2001 年以来呈现波动上升且 2004 年以来波动幅度较大。新型城镇化、新型农业现代化、信息化的综合协调度指数发生较大的波动：1995—2006 呈缓慢波动上升状态，2007—2009 年呈现波动下降状态，2010 年以来呈现波动剧烈上升状态。新型城镇化、新型工业化、信息化的综合协调度指数呈现波动变化状态：1995—1997 年呈现下降状态，1998—2003 呈现缓慢上升状态，2004 年有所下降，2005 年以来呈现波动上升状态。

从空间分布看，新型城镇化、新型工业化、新型农业现代化协调发展的综合协调度与新型城镇化、新型农业现代化、信息化协调发展的综合协调度类似，其特征为：Ⅴ级协调等级区未出现；Ⅳ级协调区较少且分布在中西部地区，协调区主要在西部、西北部集聚分布，部分分布在东南部；Ⅱ级协调区占据了绝对主导并在东南部形成大范围连绵分布区；Ⅰ级协调等级区均为南阳。新型城镇化、新型工业化、信息化协调发展的综合协调度空间分异特征为：Ⅴ级、Ⅲ级协调等级区均未出现，Ⅳ级协调区仅为郑州，Ⅱ级协调区占据了绝对主导并形成大范围的连绵分布区，Ⅰ级协调等级区主要分布在区域外围。

（4）整体协调状态。中原经济区整体的综合协调度指数总体呈现波动上升状态：1996年之前呈现下降状态，1997年以来呈现波动上升且2009年以来上升幅度较大。从空间分布看，郑州、洛阳、晋城均处于Ⅳ级协调状态。处于Ⅲ级协调等级的市域有19个，占全区的63.3%，是全区的主要分布类型。该类型主要围绕Ⅳ级协调等级区分布，并与Ⅳ级协调等级区在西北地区形成较大范围的集聚。Ⅱ级协调等级区有7个市域单元，占区域总数的23.3%，分别是邯郸、宿州、亳州、商丘、周口、驻马店、信阳。除邯郸外，Ⅱ级类型区的市域单元主要分布于全区的东南地区。南阳市处于Ⅰ级协调等级区，孤零地分布在西南部。

（5）从原因解读看，“单化”发展水平的时序变化主要受发展基础、战略导向、发展政策的影响；“双化”协调、“三化”协调以及整体协调水平的时序变化除受发展基础、战略政策影响外，主要受的“化”与“化”差异水平影响。从空间分异看，“单化”发展水平的空间分异主要受经济社会发展水平、主要子系统水平影响大；“双化”协调、“三化”协调以及整体协调水平的空间分异除受“单化”发展水平影响外，主要受互动水平、差异水平的影响，此外区位条件、发展政策也是重要的影响因素。

第五章

中原经济区“五化”协调发展的耦合状态

从本质上看，城市—区域系统整合与“五化”协调发展完全契合，二者实质都是促进一定范围地域系统诸要素的互动发展、和谐发展与综合发展。在城市—区域系统整合框架下，“五化”协调发展必须促使城镇与城镇、城镇与产业、城镇与区域、城镇与乡村、经济—社会—资源环境良性耦合，最终实现区域系统内部各发展要素的合理配置，经济结构与社会结构的优化调整，各项功能的充分发挥，经济、社会、文化、环境等效益和效应的高度和谐，城镇之间的资源共享、优势互补、生态共建、各具特色、协调发展，促使区域城镇化、城镇区域化进程健康发展，并在更大区域发展范围中发展重要的牵引作用。也就是说，“五化”协同运转是通过城镇与城镇、城镇与产业、城镇与区域、城镇与乡村、经济—社会—资源环境的良性耦合实现的，上述几个层面的良性耦合是“五化”协调发展的内在支撑。因此，本章在第四章评价“五化”协调发展基本状态的基础上，进一步评价“五化”协调发展中城镇与城镇、城镇与产业、城镇与区域、城镇与乡村、经济—社会—资源环境的耦合状态，以期更深入地反映中原经济区“五化”协调发展的具体状况，为“五化”协调的优化组织提供参考依据。

一、“五化”耦合的内涵与主要内容

（一）“五化”耦合的内涵

耦合（coupling）是指两个或两个以上的系统或运动方式之间通过各种相互作用而彼此影响以至联合起来的现象，是在各子系统的良性互动下，相互依赖、相互协调、相互促进的动态关联关系（周宏，2003）。例如两个单摆之间连一根弹簧，它们的震动就彼此起伏，相互影响，这种相互作用被称为单摆耦合。藉此推而广之，在经济社会科学领域中，可以把两种社会现象通过某种条件，使二者有机结合起来发挥作用的客观现象，称之为耦合。

在城市—区域系统中，各种实体要素、地域组织要素、环境要素在城镇与城镇、城镇与产业、城镇与区域、城镇与乡村、经济—社会—资源环境之间进行着广泛的物质循环、能量流动、信息传递，从而保证了城市—区域系统功能的有效发挥。城镇与城镇、城镇与产业、城镇与区域、城镇与乡村、经济—社会—资源环境之间作用耦合，一方面为城乡发展提供能源、粮食、原料、劳动力和环境支持，另一方面又为城市—区域系统的结构调整、功能优化提供进一步发展的基础。在城镇与城镇、城镇与产业、城镇与区域、城镇与乡村、经济—社会—资源环境等方面的耦合作用下，中心城市的各项事业发展有了一定规模的腹地作支撑，而中心城市又会对区域的经济社会发展起着辐射和牵引作用，两者的合理运转、良性谐振促进系统整体优化。“五化”协调运转中，各种耦合作用不仅为新型城镇化、新型工业化、新型农业现代化提供基础条件和环境保障，而且为城乡居民的生产生活提供基础平台。新型工业化发展倡导的资源节约、低碳经济、循环发展等理念，新型城镇化提出的经济高效、环境健康、社会和谐等途径，新型农业现代化注重环境支撑系统保护等，这些改进措施和实施途径为城镇与城镇、城镇与产业、城镇与区域、城镇与乡村之间各种要素的合理流动和积聚循环提供了很好的渠道，也为“五化”系统的演进和高级形态转化提供了有力的支持。可以说，城镇与城镇、城镇与产业、城镇与区域、城镇与乡村、经济—社会—资源环境之间的良性耦合不断推动“三化”系统的协调运转，在此基础上不断推进区域的可持续发展，最终促使整个地域系统的向前演进。

（二）“五化”耦合的主要内容

根据上述“五化”耦合内涵的阐释，本章认为“五化”协调发展的耦合状态包括以下5个方面内容：

（1）城镇与城镇的耦合状态，即城镇体系的组织状态。城镇体系是城市—区域系统的骨架支撑和“五化”各种要素流动的主要畅通渠道，只有形成合理的城镇体系结构组织，才能促使“五化”在城市—区域系统的综合效应充分发挥，尤其是在内聚和外联的同时提升城市—区域系统的整体实力。

（2）城镇与产业的耦合状态，即产城融合的状态。在城市—区域系统框架下“五化”的互动发展中，产城融合发展对于破解资源环境制约、实现产业发展、人口集聚和城镇功能发育的协调推进，形成人口、资源、环境、经济、社会等要素的合理配置和良性循环，具有较多方面的重要意义并能发挥综合效应。新型城镇化引领“五化”协调发展就是要寻求产业与城镇之间的互动融合，走以城促产、以产促城的道路。

（3）城镇与区域的耦合状态，即城镇与区域的互动状态。不同等级层次的城镇是城市—区域结构体系的重要节点，依托各城镇的区位优势、职能定位和产业区域分工，通过“五化”对一定区域内经济社会发展能量与要素进行高效、有序、合理的聚合和分散，城镇辐射带动作用的增强将成为区域经济社会发展的重要动力。

（4）城镇与乡村的耦合状态，即城乡统筹发展的状态。城市—区域系统整合下的“五化”的协同运转，就是要推进城乡经济社会的一体化发展，就是要促进城乡就业、教育、住房、医疗卫生、社会保障等公共服务的均等化，使城乡居民共享发展成果。因此，只有重视城乡协调发展，以“五化”为主要推动力，统筹城乡规划、产业发展、基础设施建设、社会保障等，才能实现城市—区域系统生产要素的合理流动，促进城乡资源的优化配置，促进城乡经济社会的一体化发展。

（5）经济—社会—资源环境的耦合状态，即系统的可持续发展状态。从人与自然系统的关系看，自然基础条件是城市—区域系统中“五化”协调的发展前提，必须重视自然环境的保护，实现人与自然相适应、协同、共生、共荣，达到人地和谐，才能真正达到“五化”目标和人类自身的解放。从经济的角度看，新型农业现代化是经济发展的基础，新型城镇化是拉动经济增长的引擎，新型工业化是经济发展的主要推动力，“五化”协调发展就是要实现三次产业、三次产业内部各产业门类的协调发展，达到经济发展的良性循环。从社会文化角度看，“五化”协调发展是建立在以城乡统筹发展为特征的新的结构和运行机制基础上，最终要实现物质生产和社会生活的现代化以及教育、科技、文化、卫生、法律、道德、制度的现代化，倡导具有生命意义和人性的生活方式，创造公正、平等、安全的社会环境。从生态保护角度看，“五化”协调发展就是要达到区域生态环境的改善和优化，形成与生态文明相适应的人类社会生活的新空间组织形式，即为一定地域空间内人—地系统的和谐、持续发展提供环境保障，并进一步促进“五化”的协调发展。可以说，“五化”协调发展路径耦合不仅要融合城镇、乡村在内的区域经济、社会、技术、空间、文化、生态等方面的现代化发展目标，而且还要融合环境保护、防止污染、优化环境等诸多内容。“五化”协调发展强调城市—区域系统整合下的人类空间和经济社会活动的模式优化，以满足人类的物质需求和精神追求，实现人—地系统的协调，即经济—社会—资源环境协调发展。

二、城镇与城镇的耦合状态

城镇体系是“五化”协调运转的骨架，其等级层次、规模序列、职能类型、空间布局结构建设对中原经济区的城镇化进程至为重要。因此本节采用城市地理学城镇体系整合的思路，从城镇体系的等级层次、规模序列、职能类型、空间布局四大结构对中原经济区城镇与城镇的耦合状态进行研究。

（一）城镇体系等级层次结构的状态

1. 评价理念与评价方法

城镇体系的等级层次是按照综合指标的大小而划分形成不同的级别，处于不同级别的城镇就构成了城镇体系的等级层次结构。完善的城镇体系等级层次结构为新型城镇化战略的有序推进、地域空间的合理组织提供了框架依据。从城镇体系等级层次结构的内涵出发，参考相关研究成果（王发曾、张改素、丁志伟等，2014），在分析诸影响因素的基础上，依据科学性、统一性、可比性原则，从城镇规模、城镇经济、城镇基础设施、城镇社会生活、城镇生态环境 5 方面选取 27 项指标，构建评价指标体系（表 5 - 1）。在进行综合实力评价时，运用多元统计分析方法将各项指标降维处理成一个综合指标——城镇中心性强度，并以此分析中原经济区城镇体系等级结构的状态水平。

表 5 - 1　城镇中心性强度评价指标体系

目标层	准则层	指标层
城镇中心性强度	城镇规模	城镇化率
		市区年末总人口
		建成区面积
	城镇经济	市区人均 GDP
		市区 GDP 年增长率
		市区人均地方财政收入
		市区人均固定资产投资
		市区人均年末城乡储蓄余额
		市区第三产业增加值比重

续表

目标层	准则层	指标层
城镇中心性强度	城镇基础设施	市区年末道路面积
		市区每万人拥有的公共汽车数辆
		市区人均城市道路面积
		市区移动电话普及率
		市区每万人拥有的互联网户数
		市区人均出租车拥有量
	城镇社会生活	市区在岗职工平均工资
		市区燃气普及率
		市区每万人拥有的教师数
		市区每万人拥有的医生数
		市区每万人拥有的图书馆藏书量
		市区居民参加基本养老保险的比率
		市区居民参加医疗保险的比率
	城镇生态环境	建成区绿化覆盖率
		人均城市公园绿地面积
		城镇生活垃圾无害化处理率
		工业固体废物综合利用率
		城镇生活污水处理率

2. 结果分析

依据上述城镇体系等级层次的理论与方法，编制 2014 年的指标数据表。根据指标数据表中的数据，采用熵权灰色关联模型对中原经济区 30 个省辖市区的城镇中心性强度进行计算，其结果见表 5 - 2。

表 5 - 2　2014 年中原经济区 30 个省辖市市区的城镇中心性强度

城市	城市规模	城镇经济	城镇基础设施	城镇社会	城镇生态环境	城镇中心性强度
郑州市	0.1107	0.0781	0.1075	0.1103	0.0185	0.4251
开封市	0.0467	0.0487	0.0951	0.1394	0.0191	0.3489
洛阳市	0.0548	0.0591	0.1201	0.1023	0.0193	0.3556
平顶市	0.0456	0.0486	0.0762	0.1061	0.0203	0.2968
安阳市	0.0472	0.0471	0.0727	0.1015	0.0178	0.2863
鹤壁市	0.0443	0.0508	0.0734	0.0876	0.0213	0.2773
新乡市	0.0476	0.0553	0.0741	0.1397	0.0203	0.3370

续表

城市	城市规模	城镇经济	城镇基础设施	城镇社会	城镇生态环境	城镇中心性强度
焦作市	0.0474	0.0485	0.0762	0.1102	0.0176	0.3000
濮阳市	0.0435	0.0537	0.0743	0.0875	0.0218	0.2808
许昌市	0.0445	0.0712	0.0800	0.1220	0.0244	0.3421
漯河市	0.0461	0.0440	0.0771	0.0821	0.0197	0.2691
三门峡市	0.0420	0.0697	0.0987	0.1442	0.0321	0.3867
南阳市	0.0514	0.0439	0.0726	0.0860	0.0228	0.2768
商丘市	0.0470	0.0401	0.0703	0.0820	0.0182	0.2576
信阳市	0.0472	0.0415	0.0667	0.0805	0.0190	0.2548
周口市	0.0437	0.0441	0.0705	0.0895	0.0190	0.2668
驻马店市	0.0445	0.0449	0.0741	0.0921	0.0191	0.2747
济源市	0.0438	0.0543	0.0817	0.0890	0.0194	0.2883
菏泽市	0.0476	0.0426	0.0709	0.0839	0.0197	0.2647
聊城市	0.0465	0.0467	0.0914	0.0895	0.0224	0.2964
淮北市	0.0464	0.0498	0.0743	0.0971	0.0235	0.2911
亳州市	0.0460	0.0409	0.0699	0.0774	0.0178	0.2520
宿州市	0.0474	0.0389	0.0710	0.0757	0.0147	0.2476
阜阳市	0.0506	0.0404	0.0708	0.0767	0.0173	0.2558
蚌埠市	0.0483	0.0563	0.0841	0.0986	0.0209	0.3083
晋城市	0.0431	0.1060	0.0904	0.1241	0.0261	0.3898
运城市	0.0435	0.0453	0.0803	0.0878	0.0159	0.2729
长治市	0.0648	0.0547	0.0756	0.1051	0.0215	0.3217
邯郸市	0.0954	0.0511	0.1070	0.0919	0.0330	0.3785
邢台市	0.0818	0.0467	0.1122	0.1165	0.0232	0.3804

根据表5－2形成的数列断裂点间隔情况，在SPSS 17.0中采用系统聚类中的“中间距离归类法”进行聚类分析，可将结果划分为五级。另应用Arc GIS 9.3软件的空间表征功能将等级层次的划分结果在中原经济区行政区划图上显示出来（图5－1）。

由图5－1可知，中原经济区30个省辖市中，第一等级层次城市仅有郑州，其城镇中心性强度最强，是经济区的核心。晋城、三门峡、邢台、邯郸位于第二等级层次，其中晋城的城镇中心性强度较大，支撑着晋东南地区的发展；三门峡的城镇中心性强度较大，位于中原经济区西部外围，支撑着经济区西部的发展；邢台市、邯郸城镇中心性强度较大，位于中原经济区北部的外围区，承

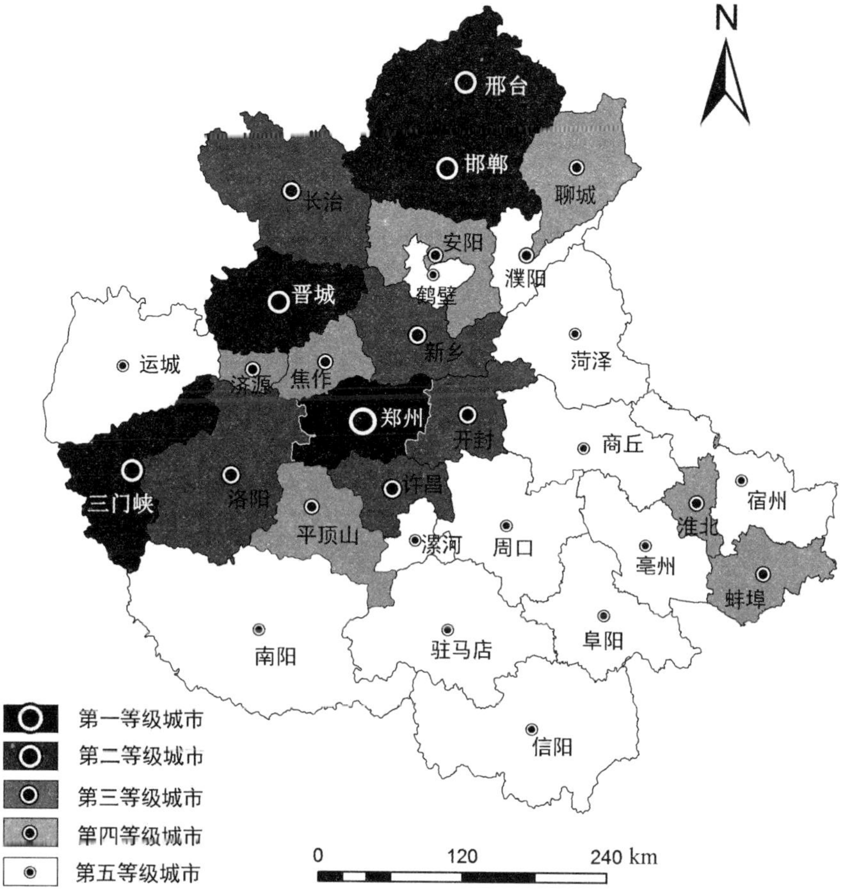

图 5－1　30 个省辖市的等级层次

担着向京津唐城市群联动的重要门户功能，支撑着经济区北部地区发展。第三等级层次城市有 5 个，分别为洛阳、开封、许昌、新乡、长治。该等级城市除长治分布在中原经济区的北部外围区，其他 4 市都紧邻核心城市郑州。第四等级城市有 7 个，分别为蚌埠、焦作、平顶山、聊城、淮北、济源、安阳。该等级城市除淮北、蚌埠外，其他 5 市围绕着第一、第二、第三等级城市在中原城市群范围内分布。第五等级城市个数多达 13 个，占总数的 43.33%，分别为濮阳、鹤壁、南阳、驻马店、运城、漯河、周口、菏泽、商丘、阜阳、信阳、亳州和宿州。该等级城市除运城、鹤壁、濮阳外，其他城市分布在全区的南部、东南部、东部，并形成城镇中心性强度的低值集中区。30 个城市的中心性强度值的分布状况与城镇体系的五等级层次结构，显示了中原经济区城镇体系等级层次分布的不均衡性，特别是高值区、较高值区城市集中于全区西北部，较低值区、低值区城市集中于东南部的“高—低”分异状态亟须改善。

（二）城镇体系规模序列结构的状态

1. 评价方法

（1）级别分类方法。根据 2014 年国务院关于调整城市规模标准的通知（国发〔2014〕51 号），以城区常住人口为划分指标，将城市的规模分为五类七档：超大城市（>1000 万）、特大城市（500 万～1000 万）、Ⅰ型大城市（300 万～500 万）、Ⅱ型大城市（100 万～300 万）、中等城市（50 万～100 万）、Ⅰ型小城市（20 万～50 万）、Ⅱ型小城市（<20 万）。根据上述划分标准进行分类，可以分析中原地区各规模级别城市的个数和比重，从而可以了解城市体系的规模结构特征，并通过各个级别城市组成的城市体系金字塔来分析规模结构的变化趋势。

（2）首位度指数。首位度指数是衡量城镇体系规模序列结构常用的测度指数。它包含三个具体指标：两城市指数（传统的城市首位度）、四城市指数和十一城市指数（许学强、周一星、宁越敏，1997）。按照城市位序—规模法则，理想状态下四城市指数和十一城市指数为 1，而两城市指数为 2。通过计算中原经济区城镇体系的首位度指数，可分析其城市规模序列结构的现状特征。

（3）分形理论。研究表明，城镇规模序列分布具有分形特征，即城市规模序列分布整体间与中局部具有自相似性，因此可用分形维指数来反映其等级差异。本文以采用变形后的 Zipf 分形维公式进行计算，其公式如下：

$$\ln P_r = \ln P_1 - q\ln P_r \qquad (5-1)$$

其中：r 为城市序列，P_r 为第 r 位城市的人口数，P_1 理论上为最大城市人口数。研究发现，当 $q=1$ 时，最大城市与最小城市的人口数之比恰好为整个城镇体系的城镇数目，城镇体系系统状态良好；当 $q<1$ 时，城镇体系的人口分布比较均匀，城镇规模分布较为集中，中间位序的城市发育较多；当 $q>1$ 时，城镇体系的人口分布异较大，城镇规模分布分散，首位城市的垄断性较强。当 $q\to 0$ 时，所有城镇趋于一样大，系统信息熵极大；当 $q\to\infty$ 时，区域内只有一个城镇，为绝对的首位型分布，系统的引力熵极大。在现实中后两种极端情况一般不会出现（刘继生、陈涛，1995；刘继生、陈彦光，1998；丁志伟、徐晓霞，2010）。

2. 结果分析

以城区人口为特征量，参照级别分类的设置标准，结合中原经济区实际情况，将城市的规模分为 4 个级别（表 5－3、图 5－2）：Ⅰ型大城市（300 万～

500 万)、Ⅱ型大城市（100 万～300 万)、中等城市（50 万～100 万)、Ⅰ型小城市（20 万～50 万)、Ⅱ型小城市（＜20 万)。截至 2014 年底，中原经济区城镇体系的 52 个城市中，Ⅰ型大城市 1 个，占总数的 1.92%；Ⅱ型大城市 16 个，占总数的 30.77%；中等城市 11 个，占 21.15%；Ⅰ型小城市 18 个，占 34.62%；Ⅱ型小城市 6 个，占 11.54%（表 5－3)。从人口数特征看，Ⅰ型大城市只有 1 个，城区常住人口 463.66 万，占总城区常住人口 12.00%；16 个Ⅱ型大城市城区常住人口之和为 2356.89 万，占比为 61.00%；11 个中等城市城区常住人口之和达 854.35 万，占比为 22.11%；18 个Ⅰ型小城市城区常住人口之和为 571.97 万，占比为 14.80%；6 个Ⅱ型小城市城区常住人口之和为 80.57 万，占比为 2.09%。

表 5－3　2014 年 52 个城市的规模级别构成

城镇级别	划分标准	城市		人口	
		数量/个	比重/%	数量/万人	比重/%
Ⅰ型大城市	300 万～500 万	1	1.92	463.66	12.00
Ⅱ型大城市	100 万～300 万	16	30.77	2356.89	61.00
中等城市	50 万～100 万	11	21.15	854.35	22.11
Ⅰ型小城市	20 万～50 万	18	34.62	571.97	14.80
Ⅱ型小城市	20 万以下	6	11.54	80.57	2.09

注：数据来源于《中国城市统计年鉴 2015》。

从城镇数目构成的城镇体系金字塔看，中原经济区 52 个城市的规模结构呈现不太规则的金字塔型（图 5－2)，Ⅰ型小城市和Ⅱ型大城市的个数多，Ⅰ型大城市发育不够。从城区常住人口构成的城镇体系金字塔看，中原经济区 52 个城市的规模结构表现出“两头小、中间大”的特征（图 5－3)，呈现“纺锤形”的合理结构。

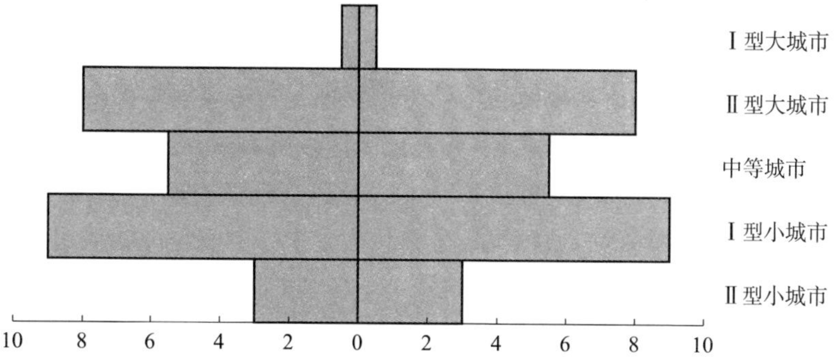

图 5－2　2014 年 52 城市数目的金字塔

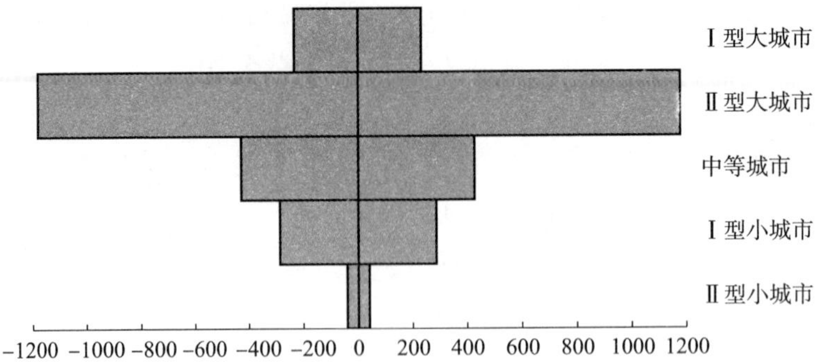

图5-3　2014年52城市城区常住人口的金字塔

因此，从整体而言，中原经济区城镇体系中城镇人口的规模级别构成不尽合理。从平均水平而言，52个建置市平均城区常住人口81.22万，总的规模水平不高；Ⅰ型大城市和Ⅱ型大城市有17个，占52市的32.69%，人口比却占到52市的73.00%；尽管中小城市多达35个，占52市的67.31%，人口比仅占到39.10%。Ⅰ型大城市和Ⅱ型大城市的人口占比看似不低，但总体规模水平偏低，其规模效应并不高，还有继续扩大规模的空间。现有的11中等城市的平均规模为77.67万，扩大规模的潜能较大。而Ⅰ型小城市和Ⅱ型小城市对中原经济区实施中心带动战略有较大的负面影响。可以说，在新型城镇化进程中，全区各级别的城镇都面临着规模扩张的客观需求。

根据首位度指数公式进行计算，2014年全区城镇体系的两城市指数为2.1877，四城市指数为0.7921，十一城市指数为0.5578。按照城市位序—规模法则，理想状态下四城市指数和十一城市指数为1，而两城市指数为2。由此可看出，中原经济区两城市指数超过了理想值，处于中等首位分布；四城市与十一城市指数均与理想值有一定程度的偏离，且随着参与城市的增多，偏离度逐渐越大。这表明中原经济区的两城市指数大于理想值，四城市与十一城市指数则偏离理想值较多，城镇体系规模结构处于发展的中级阶段，尚未形成完整的规模序列结构。

为更全面了解城镇体系规模结构的分形特征，有必要对中原经济区52个城市进行分形维度计算。根据公式5-1进行计算，在Excel析出结果见图5-4。

由图5-4可知，中原经济区52城市的q值分别为0.914。这表明全区城镇体系的人口分布比较均匀，城镇规模分布较为集中，中间位序的城市发育较多，特（超）大城市和小城镇发育不够。这一结果与规模级别特征和首位度指数的分析结果基本类似，都表明全区城镇体系规模结构发育不够成熟，需进一步整合设计。

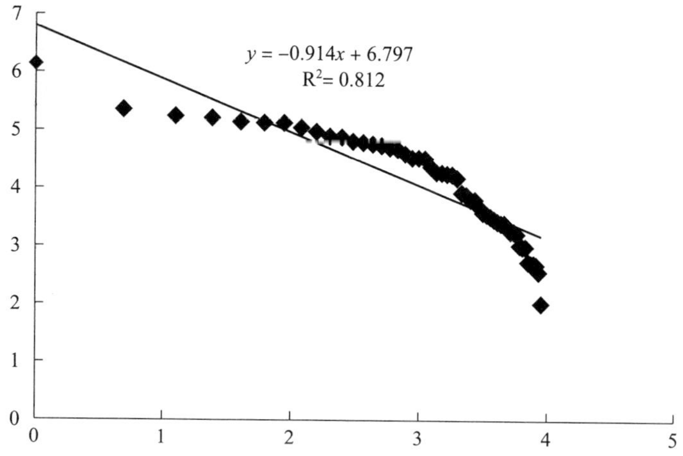

图5－4　52城市的位序—规模对数分布图

（三）城镇体系职能类型结构的状态

1. 评价方法与数据处理

以城区人口指标来反映城市的规模（表5－4），结合人口规模特征分析及各城市发展情况，将30个省辖市市区人口规模分为七组：第　组，郑州市（463.66万），洛阳（211.94），中位人口数（337.8）；第二组，阜阳（189.60），南阳（183.79），邯郸（171.65），宿州（169.10），商丘（168.63），中位人口数（171.65）；第三组，菏泽（155.60），亳州（145.30），信阳（134.29），漯河（132.50），中位人口数（139.80）；第四组，安阳（123.27），聊城（120.80），蚌埠（117.70），淮北（114.80），新乡（110.48），平顶山（107.45），中位人口数（116.25）；第五组，焦作（99.35），驻马店（92.58），邢台（92.52），开封（91.62），中位人口数（92.55）；第六组，长治（79.15），济源（72.00），周口（71.45），濮阳（70.12），运城（69.46），鹤壁（65.37），中位人口数（70.79）；第七组，许昌（50.72），晋城（48.84），三门峡（32.15），中位人口数（48.84）。

表5－4　2014年32个省辖市市区的城市人口规模（万人）

城市名称	P	城市名称	P
郑州市	463.66	平顶山市	107.45
洛阳市	211.94	焦作市	99.35
阜阳市	189.60	驻马店市	92.58

续表

城市名称	P	城市名称	P
南阳市	183.79	邢台市	92.52
邯郸市	171.65	开封市	91.62
宿州市	169.10	长治市	79.15
商丘市	168.63	济源市	72.00
菏泽市	155.60	周口市	71.45
亳州市	145.30	濮阳市	70.12
信阳市	134.29	运城市	69.46
漯河市	132.50	鹤壁市	65.37
安阳市	123.27	许昌市	50.72
聊城市	120.80	晋城市	48.84
蚌埠市	117.70	三门峡市	32.15
淮北市	114.80	平顶山市	107.45
新乡市	110.48	焦作市	99.35

注：①数据来源于《2014 年中国城市统计年鉴》和《2014 年中国分县市人口统计资料》。

参照以往的研究成果（闫卫阳、刘静玉，2009），将城市的行业部门进行归并处理，并以此来计算城市的主要职能和优势职能。首先，将第一产业剔除，因为城市劳动力结构中，农林牧渔业的比例普遍偏高，它们不能反映以非农业为主的城市市辖区的职能。剩下 18 个行业保留采矿业、建筑业、交通运输仓储及邮政业、公共管理和社会组织 4 个部门。其余 14 个行业归并为 5 个部门：将制造业、电力煤气及水生产供应归并为工业；将金融业、房地产业归并为金融房地产业；将批发和零售业、住宿和餐饮业归并为批发零售餐饮业；将水利、环境和公共设施管理业、租赁和商务服务业、居民服务和其他服务业 3 个行业归并为服务业；将信息传输计算机服务和软件业、卫生、社会保障和社会福利业、文化、体育和娱乐业、科学研究、技术服务和地质勘查业、教育 5 个行业归并为科教文卫行业，相当于第三产业。这样，反映城市职能活动的行业总共确定为 9 个部门。

以城市经济基础理论对城市职能进行分类，关键是要确定城市经济活动的基本部分与非基本部分。1960 年乌尔曼 E L（Ullman E L）和达西 M F（Dacey M F）提出了划分基本/非基本部分的方法，即最小需求法。他们认为城市经济的存在对各部门的需求有一个最小劳动力的比例，这个比例近似城市本身的服务需求，一个城市超过这个最小需求比例部分近似城市的基本部分；他们把城市分成不同的规模组，分别找出每一个规模组城市各部门的最小职工比重，以这个比重作为这一规模组所有城市对该部门的最小需求量。一城市某部门实际职工比重与最小需求量之间的差，即城市的基本活动部分，把城市各部门的基本部分加起来，得到整个城市的基本部分。后来，穆尔 C L 对该方法进行了改进，通过回归分析方法确定该部门的基本活动部分比重（许学强、周一星、宁越敏，1997），其数学表达式如下：

$$E_i = a_i + b_i * \lg P \quad (5-3)$$

式中，E_i是 i 部门 P 规模城市的最小需求量，a_i和 b_i是参数，a_i和 b_i用下面公式求得：

$$E_{iJ} = a_i + b_i * \lg P_j \quad (5-4)$$

式中，E_{ij}是第 j 级规模级别城市中第 i 部门实际找到的最小职工比重，P_j是第 j 规模级城市的人口中位数。

采用上述的两种方法进行分析，发现穆尔 C L 回归方程的样本个数，拟合程度较差，故仍采用乌尔曼 E L 和达西 M F 的方法确定每一个分组的最小需求量，再以城市各部门的实际职工比重减去各部门的最低必要量，即获得城市各部门的基本部门的职工比值。

关于城市的突出职能，纳尔逊 H J 通过计算所有城市的每种基本活动的职工比重的算术平均值和标准差，以高于平均值 1 到几个标准差来表示该职能的强度。根据纳尔逊 H J 的思想，本文按公式 5 -5 计算每个部门的职能强度（陈忠暖、甘巧林，2001）：

$$Q = (X_i - \overline{X}) / Sd \quad (5-5)$$

式中，Q 为城市某部门的职能强度，X_i 为城市某部门基本部分的职工比重，X 为所有城市该部门基本部分职工比重的平均值，Sd 为标准差。

最后结合城市的优势职能（一个城市所有经济活动部门中基本就业人口比例最高的那项经济职能），共同分析城市职能类型结构的特征。

2. 结果分析

首先，根据表 5 -5、表 5 -6 中的数值计算 30 个省辖市市区基本经济活动中各行业部门的职工比，计算结果见表 5 -7。之后根据公式 5 -5 计算 30 个省辖市市区的突出职能。一个城市所有经济活动部门中基本经济活动比例最高的那项经济职能就是该城市的优势职能，城市的突出职能就是 Q >1 的行业部门（表 5 -8）。

表5-5 30个省辖市市区各行业部门职工人数（万人）

城市	采矿业	工业	建筑业	交通运输仓储及邮政业	批发零售餐饮业	金融房地产业	服务业	科教文卫业	公共管理业
郑州	4.00	48.64	26.58	5.89	10.78	8.45	4.82	23.02	8.13
洛阳	0.34	12.78	7.15	1.56	3.41	2.84	1.27	8.05	3.63
阜阳	0.44	2.84	2.33	1.31	1.34	1.33	0.31	3.67	1.89
南阳	2.78	5.92	6.83	1.22	2.15	2.07	1.54	7.62	2.44
邯郸	6.19	7.20	7.91	2.15	1.53	2.08	2.10	4.89	1.80
宿州	1.73	3.26	3.49	0.67	0.97	1.12	0.47	3.41	1.40
商丘	0.00	5.46	3.96	0.91	1.88	0.94	0.48	2.37	1.82
菏泽	0.01	2.99	3.77	1.20	1.33	1.15	0.47	3.54	2.06
亳州	0.00	2.16	0.51	0.42	0.85	0.95	0.27	2.31	0.93
信阳	0.12	5.17	4.21	0.99	2.58	0.98	0.79	3.81	1.99
漯河	0.00	10.83	2.36	0.91	0.78	0.80	0.72	3.06	1.87
安阳	0.76	5.26	5.53	1.07	0.93	1.32	0.81	3.11	1.94
聊城	0.00	2.64	1.59	1.24	1.65	2.14	0.62	3.52	1.70
蚌埠	0.00	5.40	5.48	1.26	1.14	1.38	0.74	3.51	1.19
淮北	11.40	3.20	2.69	0.42	0.42	0.68	0.30	2.43	1.05
新乡	0.01	7.57	5.65	1.10	1.33	0.94	0.44	3.12	1.46
平顶山	11.37	8.61	3.36	0.70	2.00	1.78	1.21	3.10	2.06
焦作	4.22	5.81	3.01	1.78	1.22	1.50	0.64	2.60	2.13
驻马店	0.01	4.51	6.86	0.94	2.02	1.29	0.63	3.01	2.20
邢台	2.64	3.05	2.54	0.68	1.89	1.16	0.88	4.23	1.53
开封	0.00	5.32	6.12	0.72	2.83	0.86	0.90	3.78	1.97
长治	0.43	4.64	1.14	1.03	0.70	1.39	0.97	3.35	1.69
济源	0.56	7.68	1.39	0.75	0.55	0.28	0.19	1.74	1.10
周口	0.00	1.28	4.06	0.99	0.64	1.92	0.08	2.40	1.52
濮阳	5.59	4.60	7.36	0.42	0.85	0.66	1.53	1.55	1.29
运城	0.00	0.83	0.54	0.71	0.72	0.73	0.37	2.63	1.66
鹤壁	4.19	4.69	2.21	0.19	0.65	0.47	0.43	1.43	1.25
许昌	0.04	5.04	3.12	0.27	0.97	0.86	0.29	1.75	1.00
晋城	6.41	5.06	1.14	0.88	0.97	1.01	0.62	1.57	0.83
三门峡	0.00	0.27	1.18	0.52	1.19	0.89	0.29	1.33	0.96

表 5－6　30 个省辖市市区各行业部门职工比重（%）

城市	采矿业	工业	建筑业	交通运输仓储及邮政业	批发零售餐饮业	金融房地产业	服务业	科教文卫业	公共管理业
郑州	0. 86	10. 49	5. 73	1. 27	2. 33	1. 82	1. 04	4. 96	1. 75
洛阳	0. 16	6. 03	3. 37	0. 74	1. 61	1. 34	0. 60	3. 80	1. 71
阜阳	0. 23	1. 50	1. 23	0. 69	0. 71	0. 70	0. 16	1. 94	0. 99
南阳	1. 52	3. 22	3. 72	0. 66	1. 17	1. 12	0. 84	4. 15	1. 33
邯郸	3. 61	4. 19	4. 61	1. 25	0. 89	1. 21	1. 22	2. 85	1. 05
宿州	1. 02	1. 93	2. 06	0. 40	0. 57	0. 66	0. 28	2. 02	0. 83
商丘	0. 00	3. 24	2. 35	0. 54	1. 12	0. 55	0. 28	1. 41	1. 08
菏泽	0. 01	1. 92	2. 42	0. 77	0. 86	0. 74	0. 30	2. 27	1. 33
亳州	0. 00	1. 49	0. 35	0. 29	0. 58	0. 65	0. 19	1. 59	0. 64
信阳	0. 09	3. 85	3. 14	0. 73	1. 92	0. 73	0. 59	2. 84	1. 48
漯河	0. 00	8. 17	1. 78	0. 69	0. 59	0. 61	0. 54	2. 31	1. 41
安阳	0. 62	4. 26	4. 48	0. 87	0. 76	1. 07	0. 66	2. 52	1. 57
聊城	0. 00	2. 19	1. 32	1. 03	1. 37	1. 77	0. 51	2. 91	1. 41
蚌埠	0. 00	4. 59	4. 66	1. 07	0. 97	1. 17	0. 63	2. 98	1. 01
淮北	9. 93	2. 79	2. 34	0. 37	0. 37	0. 60	0. 26	2. 12	0. 91
新乡	0. 00	6. 85	5. 11	1. 00	1. 20	0. 85	0. 40	2. 82	1. 32
平顶山	10. 58	8. 02	3. 13	0. 65	1. 86	1. 66	1. 13	2. 89	1. 92
焦作	4. 24	5. 84	3. 03	1. 80	1. 23	1. 51	0. 65	2. 61	2. 14
驻马店	0. 01	4. 87	7. 41	1. 02	2. 18	1. 39	0. 68	3. 25	2. 38
邢台	2. 85	3. 30	2. 74	0. 73	2. 04	1. 26	0. 95	4. 57	1. 66
开封	0. 00	5. 81	6. 68	0. 79	3. 09	0. 94	0. 98	4. 13	2. 15
长治	0. 54	5. 86	1. 44	1. 30	0. 89	1. 75	1. 22	4. 24	2. 14
济源	0. 78	10. 66	1. 93	1. 04	0. 76	0. 39	0. 27	2. 42	1. 53
周口	0. 00	1. 79	5. 68	1. 39	0. 90	2. 69	0. 11	3. 36	2. 13
濮阳	7. 97	6. 56	10. 50	0. 60	1. 21	0. 94	2. 18	2. 21	1. 84
运城	0. 00	1. 19	0. 78	1. 02	1. 04	1. 05	0. 53	3. 79	2. 39
鹤壁	6. 41	7. 17	3. 38	0. 30	0. 99	0. 72	0. 66	2. 18	1. 91
许昌	0. 08	9. 94	6. 15	0. 53	1. 91	1. 70	0. 57	3. 45	1. 97
晋城	13. 12	10. 36	2. 34	1. 80	2. 00	2. 06	1. 27	3. 21	1. 70
三门峡	0. 00	0. 84	3. 68	1. 61	3. 70	2. 78	0. 89	4. 13	2. 98

表 5－7　30 个省辖市市区基本经济活动中的各行业职工比重（%）

城市	采矿业	工业	建筑业	交通运输仓储及邮政业	批发零售餐饮业	金融房地产业	服务业	科教文卫业	公共管理业
郑州	0.70	4.46	2.36	0.53	0.72	0.48	0.44	1.17	0.04
洛阳	0.00	0.00	0.00	0.00	0.00	0.00	0.00	0.00	0.00
阜阳	0.23	0.00	0.00	0.29	0.14	0.15	0.00	0.53	0.16
南阳	1.52	1.72	2.49	0.26	0.60	0.57	0.68	2.74	0.50
邯郸	3.61	2.69	3.38	0.85	0.32	0.66	1.06	1.44	0.22
宿州	1.02	0.43	0.83	0.00	0.00	0.11	0.12	0.61	0.00
商丘	0.00	1.74	1.12	0.14	0.55	0.00	0.12	0.00	0.25
菏泽	0.01	0.43	2.07	0.48	0.28	0.13	0.11	0.68	0.69
亳州	0.00	0.00	0.00	0.00	0.00	0.04	0.00	0.00	0.00
信阳	0.09	2.36	2.79	0.44	1.34	0.12	0.40	1.25	0.84
漯河	0.00	6.68	1.43	0.40	0.01	0.00	0.35	0.72	0.77
安阳	0.62	2.07	3.16	0.50	0.39	0.47	0.40	0.40	0.66
聊城	0.00	0.00	0.00	0.66	1.00	1.17	0.25	0.79	0.50
蚌埠	0.00	2.40	3.34	0.70	0.60	0.57	0.37	0.87	0.10
淮北	9.93	0.60	1.02	0.00	0.00	0.00	0.00	0.00	0.00
新乡	0.00	4.66	3.79	0.63	0.83	0.25	0.14	0.70	0.41
平顶山	10.58	5.83	1.81	0.28	1.49	1.06	0.87	0.77	1.01
焦作	4.24	2.54	0.29	1.07	0.00	0.57	0.03	0.00	0.48
驻马店	0.01	1.57	4.67	0.29	0.95	0.45	0.00	0.64	0.72
邢台	2.85	0.00	0.00	0.00	0.81	0.35	0.30	1.96	0.00
开封	0.00	2.51	3.94	0.06	1.86	0.00	0.33	1.52	0.49
长治	0.54	4.67	0.66	1.00	0.13	1.36	1.11	2.06	0.61
济源	0.78	9.47	1.15	0.74	0.00	0.00	0.16	0.24	0.00
周口	0.00	0.60	4.90	1.09	0.01	2.30	0.00	1.18	0.60
濮阳	7.97	4.77	9.72	0.30	0.45	0.55	2.07	0.03	0.31
运城	0.00	0.00	0.00	0.72	0.28	0.66	0.42	1.61	0.86
鹤壁	6.41	5.98	2.60	0.00	0.23	0.33	0.55	0.00	0.38
许昌	0.08	9.10	3.81	0.00	0.00	0.00	0.00	0.24	0.27
晋城	13.12	9.52	0.00	1.27	0.09	0.36	0.70	0.00	0.00
三门峡	0.00	0.00	1.34	1.08	1.79	1.08	0.32	0.92	1.28
平均值（M）	2.14	2.89	2.09	0.46	0.5	0.46	0.38	0.77	0.40
标准差（S.D.）	3.62	2.93	2.07	0.38	0.54	0.51	0.44	0.70	0.34

表 5－8 30 个省辖市市区基本经济活动中的职能强度

城市	采矿业	工业	建筑业	交通运输仓储及邮政业	批发零售餐饮业	金融房地产业	服务业	科教文卫业	公共管理业
郑州	－0. 40	0. 53	0. 13	0. 19	0. 41	0. 04	0. 14	0. 57	－1. 06
洛阳	－0. 59	－0. 99	－1. 01	－1. 20	－0. 91	－0. 90	－0. 86	－1. 10	－0. 18
阜阳	－0. 53	－0. 99	－1. 01	－0. 44	－0. 66	－0. 61	－0. 86	－0. 34	－0. 71
南阳	－0. 17	－0. 40	0. 19	－0. 52	0. 19	－0. 69	－0. 58	－0. 23	－1. 18
邯郸	0. 40	－0. 07	0. 62	1. 02	－0. 32	0. 39	1. 55	0. 96	－0. 54
宿州	－0. 31	－0. 84	－0. 61	－1. 20	－0. 91	－0. 69	－0. 58	－0. 23	－1. 18
商丘	－0. 59	－0. 39	－0. 47	－0. 83	0. 10	－0. 90	－0. 58	－1. 10	－0. 45
菏泽	－0. 59	－0. 84	－0. 01	0. 05	－0. 40	－0. 65	－0. 61	－0. 13	0. 83
亳州	－0. 59	－0. 99	－1. 01	－1. 20	－0. 91	－0. 83	－0. 86	－1. 10	－1. 18
信阳	－0. 57	－0. 18	0. 34	－0. 05	1. 56	－0. 67	0. 05	0. 69	1. 27
漯河	－0. 59	1. 29	－0. 32	－0. 15	－0. 90	－0. 90	－0. 06	－0. 07	1. 06
安阳	－0. 42	－0. 28	0. 52	0. 11	－0. 19	0. 02	0. 05	－0. 53	0. 74
聊城	－0. 59	－0. 99	－1. 01	0. 52	0. 93	1. 40	－0. 29	0. 03	0. 28
蚌埠	－0. 59	－0. 17	0. 60	0. 63	0. 19	0. 22	－0. 02	0. 14	－0. 89
淮北	2. 15	－0. 78	－0. 52	－1. 20	－0. 91	－0. 90	－0. 86	－1. 10	－1. 18
新乡	－0. 59	0. 60	0. 82	0. 44	0. 62	－0. 41	－0. 54	－0. 10	0. 02
平顶山	2. 33	1. 00	－0. 13	－0. 47	1. 84	1. 18	1. 12	0. 00	1. 76
焦作	0. 58	－0. 12	－0. 87	1. 59	－0. 91	0. 22	－0. 79	－1. 10	0. 22
驻马店	－0. 59	－0. 45	1. 25	－0. 44	0. 84	－0. 02	－0. 86	－0. 18	0. 92
邢台	0. 19	－0. 99	－1. 01	－1. 20	0. 58	－0. 22	－0. 17	1. 70	－1. 18
开封	－0. 59	－0. 13	0. 89	－1. 04	2. 52	－0. 90	－0. 11	1. 07	0. 25
长治	－0. 44	0. 61	－0. 69	1. 41	－0. 67	1. 77	1. 67	1. 84	0. 58
济源	－0. 38	2. 24	－0. 45	0. 73	－0. 91	－0. 90	－0. 49	－0. 75	－1. 19
周口	－0. 59	－0. 78	1. 36	1. 64	－0. 90	3. 62	－0. 86	0. 58	0. 56
濮阳	1. 61	0. 64	3. 68	－0. 41	－0. 08	0. 18	3. 85	－1. 05	－0. 28
运城	－0. 59	－0. 99	－1. 01	0. 68	－0. 40	0. 39	0. 10	1. 19	1. 32
鹤壁	1. 18	1. 05	0. 25	－1. 20	－0. 49	－0. 25	0. 39	－1. 09	－0. 07
许昌	－0. 57	2. 12	0. 83	－1. 19	－0. 91	－0. 91	－0. 85	－0. 75	－0. 39
晋城	3. 03	2. 26	－1. 01	2. 11	－0. 76	－0. 19	0. 73	－1. 09	－1. 18
三门峡	－0. 59	－0. 99	－0. 36	1. 61	2. 39	1. 22	－0. 12	0. 22	2. 55

表 5－9 32 个省辖市市区城市职能参照指标

城市	优势职能	突出职能	职能强度
郑州	工业	—	—
洛阳	工业	—	—
阜阳	科教文卫业	—	—
南阳	科教文卫业	— —	— —
邯郸	建筑业	服务业 交通运输仓储及邮政业	1.55 1.02
宿州	建筑业	—	—
商丘	工业	—	—
菏泽	建筑业	—	—
亳州	工业	—	—
信阳	工业	批发零售餐饮业 公共管理业	1.56 1.27
漯河	工业	工业 公共管理业	1.29 1.06
安阳	建筑业	—	—
聊城	科教文卫业	金融房地产业	1.40
蚌埠	建筑业	—	—
淮北	采矿业	采矿业	2.15
新乡	工业	—	—
平顶山	采矿业	采矿业 批发零售餐饮业 公共管理业 金融房地产业 服务业	2.33 1.84 1.76 1.18 1.12
焦作	工业	交通运输仓储及邮政业	1.59
驻马店	建筑业	建筑业	1.25
邢台	工业	科教文卫业	1.70
开封	建筑业	批发零售餐饮业 科教文卫业	2.52 1.07
长治	工业	科教文卫业 金融房地产业 服务业 交通运输仓储及邮政业	1.84 1.77 1.67 1.41

续表

城市	优势职能	突出职能	职能强度
济源	工业	工业	2.24
周口	建筑业	金融房地产业 交通运输仓储及邮政业 建筑业	3.62 1.64 1.36
濮阳	建筑业	服务业 建筑业 采矿业	3.85 3.68 1.61
运城	科教文卫业	公共管理业 科教文卫业	1.32 1.19
鹤壁	工业	采矿业 工业	1.18 1.05
许昌	工业	工业	2.12
晋城	采矿业	采矿业 工业 交通运输仓储及邮政业	3.03 2.26 2.11
三门峡	科教文卫业	公共管理业 批发零售餐饮业 交通运输仓储及邮政业 金融房地产业	2.55 2.39 1.61 1.22

根据表5－6、表5－7、表5－8及表5－9，可以看出中原经济区城镇体系职能结构有如下特点：

第一，从整个区域看，中原经济区城市职工就业比重仍然以第二产业和采掘业为主（表5－6），工业占25.48%、建筑业占18.40%、采掘业占11.06%。而第三产业中以科教文卫业就业比重最高，占15.39%；其次是公共管理和行政组织，占8.32%；再次是批发零售贸易餐饮业与金融房地产业，分别占6.98%、6.23%；最后是交通运输邮电业和服务业，分别为4.61%、3.52%。

第二，城市职能类型有趋同现象。中原经济区这30个城市中（表5－8、表5－9），优势职能有5类——工业、建筑业、采矿业与科教文卫业，但以工业和建筑业为优势职能的比重最大，两者共占70.33%。这反映了中原经济区城镇体系的职能类型结构还处于较低的发展阶段。

第三，Ⅰ型大城市、Ⅱ型大城市的突出职能单一。郑州作为Ⅰ型大城市却没有突出职能；洛阳、阜阳、南阳等16个Ⅱ型大城市中，仅有邯郸、信阳、漯河和平顶山4市有两项以上的突出职能，其余多数城市则没有突出职能。剩余城市多数以服务业和交通运输仓储业为突出职能，少数无突出职能。整体看，中原经济区地区有两项以上突出职能的城市仅占33.33%，多数城市的优势职能为工业、批发零售餐饮业，城市的优势职能表现得较为单一。

总之，中原经济区城镇体系当前的职能类型结构仍处于较低的发展阶段。Ⅰ型大城市、Ⅱ型大城市的突出、优势职能表现较为单一，城市职能综合性不强，辐射能力有限，城市中心功能难以发挥；中等城市、Ⅰ型小城市、Ⅱ型大城市化程度较低，城市发展优势不突出，城市各产业的发展速度缓慢。这表明中原经济区各地市产业多是在地理区位优势和资源优势基础上发展起来的，如交通、采矿、商业、建筑等，由此形成的产业对城市与区域发展的整合具有较大的局限性，融合世界产业大循环和全球商品价值链的难度较大。故中原经济区工业经济将面临较大的挑战，产业结构亟待优化调整。

（四）城镇体系空间布局结构的状态

1. 基本布局结构

（1）圈层式布局结构。以郑州为核心，50km半径内，分布着荥阳、新密、新郑等6个城镇；50～100km范围内，分布着开封、新乡、焦作等26个城镇；100～150km范围内，分布着洛阳、平顶山、鹤壁等35个城镇；150～200km范围内，分布着安阳、周口、长治等44个城镇……；中原经济区城镇体系以郑州为中心向外逐层展开，具有圈层式空间布局的特征。这种特征有利于核心城市扩散效应的发挥和各城市之间功能的分工与协调，是城镇体系空间组织的重要圈层基础。1990年代初，许多学者开始关注中原经济区核心城市附近客观存在一个城镇密集区，并有学者提出了以郑州为核心、以京广、陇海铁路为骨架的“一点三圈”空间发展模式（图5－5）（王发曾，1994）。之后政府部门和学界开始关注中原地区的城镇体系空间布局，逐步凝练出了“一极两圈三层”的圈层结构模式（图5－6）。这种空间布局结构有利于城市之间沿交通轴以圈层状推进城市职能的分工与协调，也有利于城市在廊道发挥其扩散效应并带动周围小城镇（刘晓丽、方创琳、王发曾，2008）；但另一个方面也造成了中心城市之间疏离，空间关联程度的松散，使得城市的整体功能不能较好发挥，给中原经济区的城市空间拓展带来一定难度。

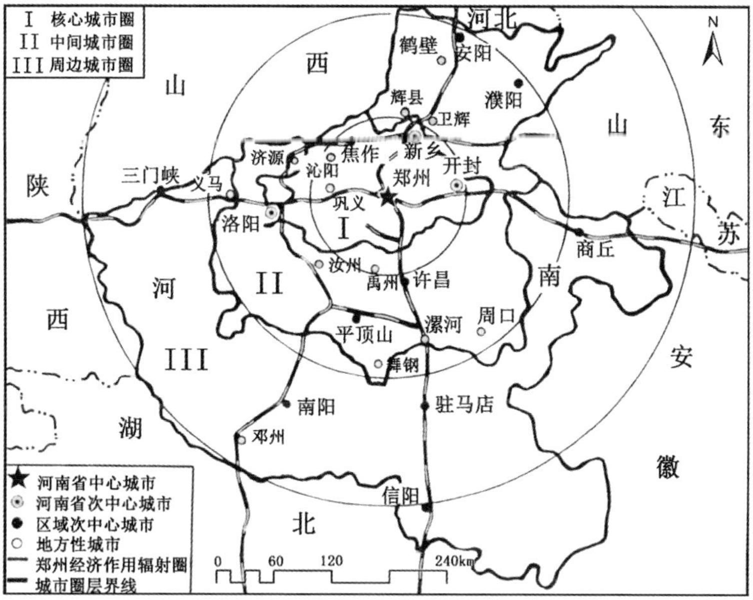

图 5-5　河南省空间发展的“一点三圈”空间模式

资料来源：根据 1994 年王发曾所著的《河南省城市的整体发展与布局》148 页扫描整理绘制。

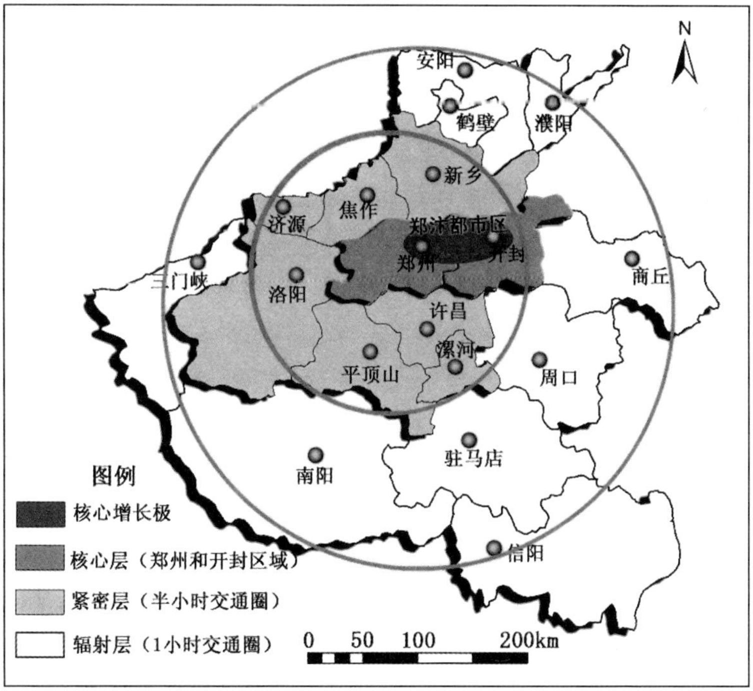

图 5-6　河南省空间发展的“一极两圈三层”空间模式

（2）轴带式布局结构。利用 Arc GIS10.0 中的 Buffer Analysis 对中原经济区国道、铁路和高速公路分别作 10km 的缓冲区，然后对三种缓冲区中的城镇数量进行统计分析（表 5－10）。由表 5－10 可知，248 个城镇中，位于国道、铁路和高速公路 10km 缓冲区的城镇个数分别为 131、144 和 162 个，占比分别为 52.82%、58.06% 和 65.32%；其主体区河南省 126 个城镇中，位于三类交通干线 10km 缓冲区的城镇个数分别为 77 个、78 个和 93 个，占比分别为 31.05%、31.45% 和 37.50%。由此可见，中原经济区城镇的空间分布具有较为明显的交通指向性。从区位条件讲，京广铁路、陇海铁路以及沿线重要的国道、高速公路及省道形成以郑州为中心的“黄金大十字”地带，深刻地影响着中原地区沿两大轴带进行“点—轴”发展。加之京九铁路、焦柳铁路、宁西铁路、郑西高铁、石武高铁及其沿线周边重要交通干道的支撑，中原经济区已形成了陇海、京广、京九、洛阜等重要的产业发展带，这些轴带也就成了空间布局结构的重要廊道支撑。

表 5－10　中原经济区交通干线 10km 缓冲区分析的城镇数量统计

区域	国道		铁路		高速公路	
	个数	占全区比例（%）	个数	占全区比例（%）	个数	占全区比例（%）
主体区	77	31.05	78	31.45	93	37.50
冀南地区	12	4.84	12	4.84	15	6.05
晋东南地区	11	4.44	23	9.27	19	7.66
鲁西南地区	9	3.63	12	4.84	10	4.03
皖西北地区	10	4.03	12	4.84	12	4.84
鄂北、陕东南地区	12	4.84	7	2.82	13	5.24
共计	131	52.82	144	58.06	162	65.32

（3）中原城市群初级网络化结构。1995 年，中共河南省第六次党代会提出：加快以郑州为中心的中原城市群大发展步伐，着力培育主导产业，使之逐步成为亚欧大陆桥上的一个经济密集区，在河南省经济振兴中发挥辐射带动作用。2003 年《河南省全面建设小康社会纲要》中提出实施中心城市、中心城镇带动战略，构建中原城市群经济隆起带，加快豫北、豫西、豫西南和黄淮地区的发展，形成各展所长、优势互补、竞相发展的格局。随之而后主体区政府开始将中原城市群作为实施中心带动战略的重要发展思路，并在 2005 年出台了《中原城市群规划（2006—2020）》。该规划中指出：建设以郑州为中心，东连开封、西接洛阳、北通新乡、南达许昌的“大十字”型基本架构，初步形成中

原城市群的核心区，奠定区域经济协调发展的基础；现代化综合交通运输体系基本完善，形成区域内任意两城市间“两小时经济圈”；郑汴洛城市工业走廊、京广产业带、洛平漯产业带、新焦济产业带等四大产业带初具雏型（图5-7）。2006年之后主体区政府开始注重中原城市群建设，并逐步将其作为带动中原崛起、河南振兴、富民强省的重要增长极重点建设。

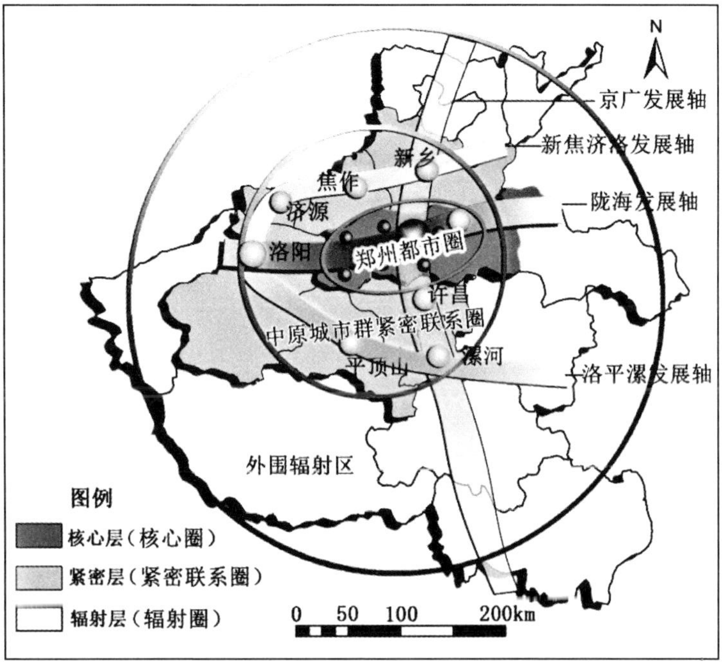

图5-7 中原城市群的空间发展结构

资料来源：根据《中原城市群规划（2006—2010）》整理绘制。

中原城市群作为全区的核心增长板块以及城镇化水平最高的区域，城镇密集地分布于各种交通组成的经济联系密切的发展轴带之上，经过十多年的发展已经初步形成了网络化发展基础（图5-8）。具体而言，以京广、陇海等国家级铁路和京港澳、连霍高速等交织组成了网化发展的主动脉；以联通新乡—焦作—济源、济源—洛阳—平顶山—漯河的铁路、高速公路以及通信网道形成网络化发展的二级网脉；以联通开封—原阳—辉县—焦作—沁阳—孟州—孟津、开封—尉氏—许昌—平顶山、巩义—登封—禹州—许昌、郑州—新密—登封—阳等高速公路、省道为基础形成网路化发展的三级网脉；以其他较低等级的公路、通信网道形成网络化发展的四级网脉。

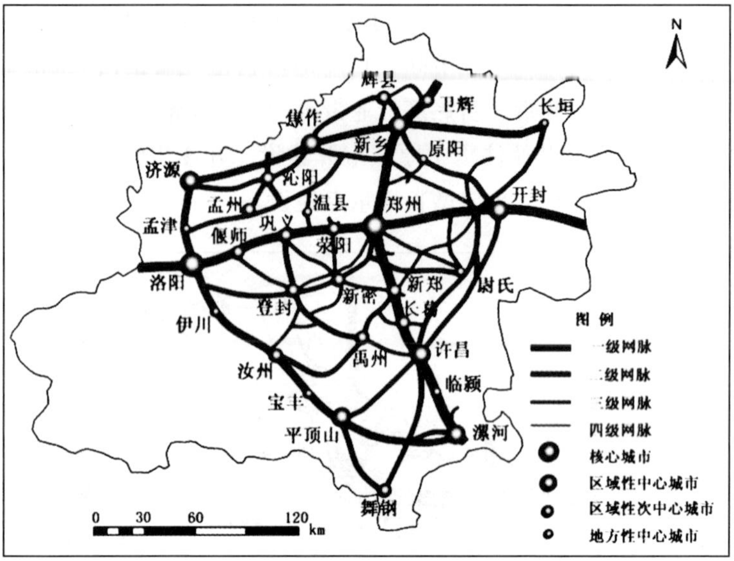

图 5-8 中原城市群网络化发展的基础

主动脉是城镇联系最密切和经济联系强度最大的两个轴带，已形成了郑汴洛、京广、新焦济和洛平漯四大产业发展带，同时成为中原城市群产业发展最为集聚的发展轴线。在二级、三级网脉的支撑下，以郑州为中心 100km 范围内形成了城镇密集区，已初见城市群网络化发展之态势。但是，当前中原城市群网络化发展还处于初级阶段，尤其是东南部、西南部地区，二级、三级网络支脉的发育还不够，城镇网络密度相对较小，致使中原城市群整体网络功能有所降低。

（4）中原经济区规划的布局结构。2011 年为进一步推动河南省空间布局建设与全国经济空间格局的对接，提出了中原经济区建设并推动其上升为国家战略。2011 年 9 月 28 日国务院出台的《指导意见》与 2012 年《规划》明确提出：按照核心带动、轴带发展、节点提升、对接周边的原则，形成放射状、网络化空间开发格局，打造全国重要的经济增长板块（图 5-9）。

“核心带动”，提升郑州交通枢纽、商务、物流、金融等服务功能，推进郑汴一体化发展，建设郑洛工业走廊，增强引领区域发展的核心带动能力。“轴带发展”，依托亚欧大陆桥通道，壮大沿陇海发展轴；依托京广通道，拓展纵向发展轴；依托东北西南向、东南西北向运输通道，培育新的发展轴，形成“米”字形重点开发地带。“节点提升”，逐步扩大轴带节点城市规模，完善城市功能，推进错位发展，提升辐射能力，形成大中小城市合理布局、城乡一体化发

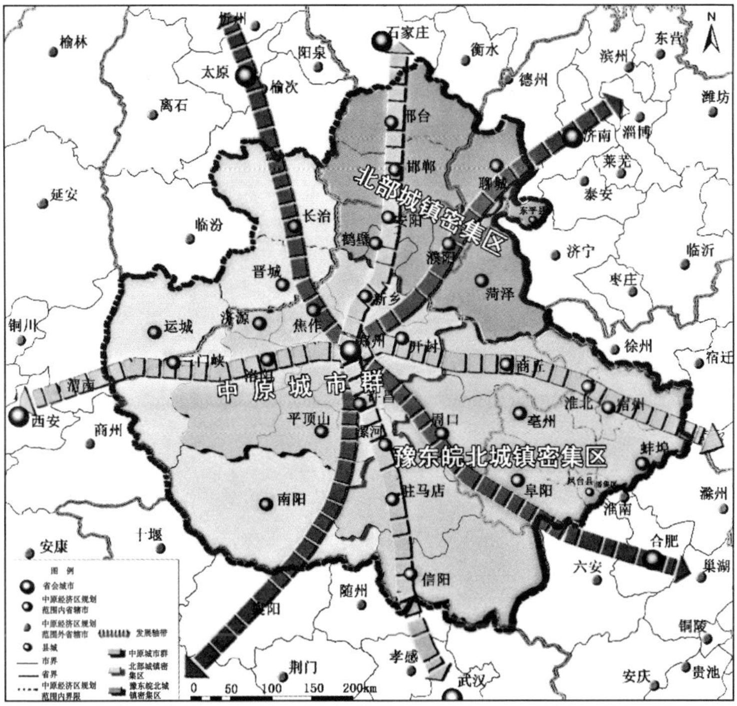

图5－9　中原经济区的规划结构

展的新格局。“对接周边”，加强对外联系通道建设，促进与毗邻地区融合发展，密切与周边经济区的合作，实现优势互补、联动发展。为贯彻国务院《指导意见》精神，落实河南省第九次党代会部署，2012年1月14日河南省第十一届人民代表大会第五次会议通过《河南省建设中原经济区纲要》。该纲要提出，按照核心带动、轴带发展、节点提升、对接周边的原则，努力构建放射状、网络化、板块式的空间发展结构，优化中原经济区区域经济发展布局。可以说，在以郑州为中心的中原经济区“核心—外围”模式中，中原城市群作为其核心增长板块在“点—轴”放射式、网络型发展格局中发挥了重要的支撑作用。

（5）战略体系的总体结构。根据中原经济区中心带动战略和圈层式推进发展，可将其分为“一极、一板块、主体区、外围区”的基本结构（图5－10）。

“一极”，即郑汴都市区。郑州市区、开封市区和中牟全境组成的郑汴都市区承担着河南省现代城镇体系核心增长极的重任，随着郑汴一体化的深入，郑州市区和开封市区将对接为一个东西向的城市连绵带。“一板块”，即中原城市群。中原城市群是区域规模大、人口最密集、经济实力较强、交通发达的城市群，是我国中西部承接国内外产业转移、西部资源枢纽和核心区域之一，更是

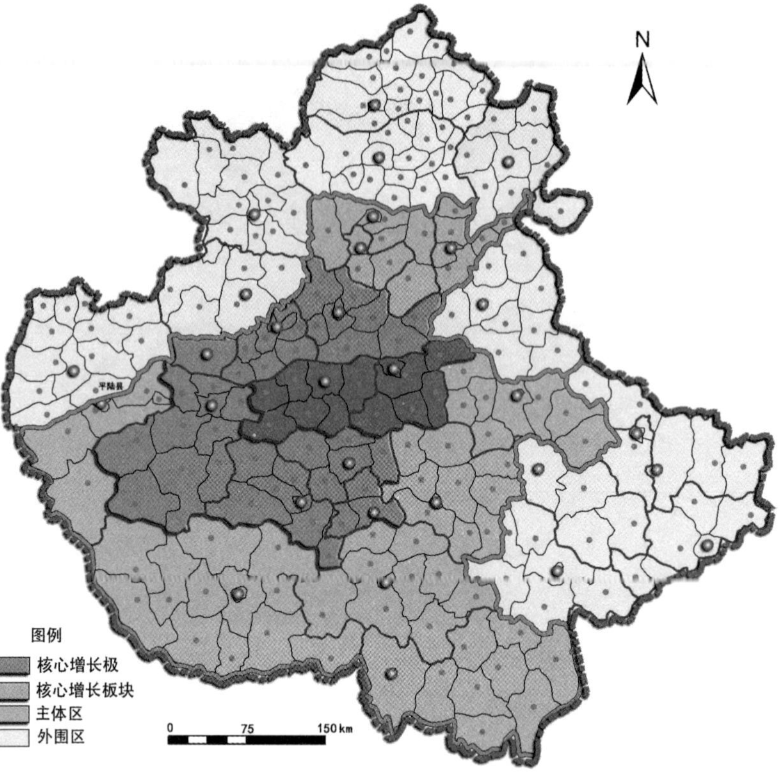

图 5－10　中原经济区的“一极、一板块、主体区、外围区”空间结构

河南省参与国内外竞争、促进中原崛起、辐射带动中西部地区发展的重要增长板块。“主体区”，即河南省全境。河南省是中原经济区建设的核心区域，是“三化”协调发展的重点实验区，更是实现河南振兴、中原崛起、富民强省的核心承载平台。“外围区”，即河南省以外的地区，具体包括 4 个地区——晋东南地区、冀南地区、鲁西南地区、皖西北地区。只有探索跨省协调机制，逐步形成中部地区的联动板块，进而才能实现中原经济区建设的整体目标。

2. 评价分析

通过上述分析可知，中原经济区城镇体系的空间结构布局在政府推动规划建设和各地市通力合作的基础上，依托中原地区的自然区位条件、交通优势条件，形成较好的空间布局结构模式。此外，在城镇化发展战略导向上，从提出发展大城市、中小城市、小城镇、新型社区“四方并举”，到明确提出“建设大郑州”“郑汴新区”“郑汴都市区”，培育“中原城市群经济隆起带”，建设“郑州航空港经济综合实验区”等，为中原经济区的空间布局整合打下较好的空间基础。诚然，中原经济区空间结构中存在着核心城市竞争力不强，核心增长板块与外围区、省际边缘区互动不强等问题，但其整体布局构想符合中原地区城镇体系空间整合的发展趋势，也可为区域经济社会发展的协调发展提供内聚、外联的空间组织框架。同时也必须认识到，城镇体系的空间整合不仅要与其他三大结构（等级层次结构、规模序列结构和职能类型结构）进行统一整合，还必须综合考虑产业布局、基础设施建设、生态环境建设和社会管理建设等方面衔接，才能发挥更大的综合效益。

三、城镇与产业的耦合状态

（一）基本发展状况

1. 产业结构的变动状况

随着社会主义市场经济体制的不断完善，中原地区产业结构逐步升级与优化，农业的基础地位不断巩固，工业实现持续快速发展，服务业不断发展壮大。主体区三次产业结构在改革开放之初比例结构为“一二三”，1986 年变化为“二一三”，1992 年变化至“二三一”。至 2014 年，主体区三次产业增加值在地区国内生产总值中所占比例进一步变化为 11.9：51.0：37.1。由表 5－11 可知，同 1981 年相比，主体区第一产业比重下降 30.6 个百分点，第二产业比重上升 12.7 个百分点，第三产业比重上升 17.9 个百分点。30 年来，尽管主体区第一产业比重大幅下降，但其增加值由 1981 年的 106.04 亿元增至 2014 年的 4160.01 亿元，按可比价增长了 4.8 倍；第二产业增加值由 1981 年的 95.79 亿元增至 2014 年 17816.56 亿元，按可比价增长了 64.1 倍；第三产业增加值由 1981 年的 47.86 亿元增至 2014 年 12961.67 亿元，按可比价增长了 44.7 倍。

表 5－11　1981，2011 年中原经济区主体区的三次产业结构

产业	GDP（亿元）		GDP 构成（%）	
	1981 年	2014 年	1981 年	2014 年
总计	249.69	34938.24	100	100
第一产业	106.04	4160.01	42.5	11.9
第二产业	95.79	17816.56	38.3	51.0
第三产业	47.86	12961.67	19.2	37.1

数据来源：2015 年河南省统计年鉴。

从第一产业看（表5－12），中原地区农业主要以种植业为主，林业、牧业、渔业比重较小。在种植业方面，主要以粮食、棉花为主，其他经济作物所占比重较小。1978年，主体区第一产业增加值仅有95.38亿元，其中农业增加值比重达85.7%，林业、牧业与渔业增加值之和仅为14.3%。当时，农业生产的首要目的是解决温饱问题，因此，当时农作物种植主要以粮食作物。1978年，粮食作物总播种面积9123千hm^2，占农作物播种面积达83.2%；其他作物中，棉花种植面积612.00千hm^2，占总播种面积的5.6%；油料作物播种面积465.33千hm^2，占总播种面积的4.2%；蔬菜播种面积205千hm^2，占总播种面积的1.9%。至1995年，主体区第一产业增加值达到1304.25亿元，其中农业增加值865.82亿元，占比为66.4%；牧业增加值391.08亿元，占比为30%；林业、渔业增加值之和为47.35亿元，占比仅为3.6%。与1978年相比，农业增加值比重下降了19.3%；牧业增加值比重上上升了18.6%；林业、渔业增加值之和比重上升了0.7%。在1978—1995年这个时期，虽然粮食产量大幅度地增加，农民的温饱问题已解决，然而，农作物种植业亦然是以粮食生产为主，棉花、油料、水果等经济作物面积增加。1995年，粮食作物面积8810千hm^2，占农作物播种面积降至72.6%；棉花种植面积1000.10千hm^2，占总播种面积的8.2%；油料作物播种面积1271.50千hm^2，占总播种面积的10.5%；蔬菜作物播种面积607千hm^2，占总播种面积的5.0%。与1978年相比，粮食、经济作物种植面积比例降至66.4：33.6，经济作物中油料作物的比重升至10%以上，水果、蔬菜等所占比重略有上升。1995年以来特别是2000年之后，农业内部经济结构进一步优化，粮食、油料、棉花、蔬菜种植面积的比重更趋合理。至2014年，主体区第一产业增加值达到4261.67亿元，其中农业增加值2627.40亿元，占比为61.7%；林牧渔业及其他服务业增加值1634.27亿元，占比为38.3%；与1995年相比，农业产值比重又下降5.4个百分点，林牧渔业及其他服务业比重则上升5.4个百分点。

表5－12　1978，1995，2014年中原经济区主体区第一产业产值构成（当年实际值）

	第一产业（亿元）			构成（%）		
	1978年	1995年	2014年	1978年	1995年	2014年
合计	95.38	762.99	4261.67	100	100	100
农业	81.74	512.10	2627.40	85.7	67.1	61.7
林业	2.58	28.55	91.89	2.7	3.7	2.2
牧业	10.87	215.85	1369.79	11.4	28.3	32.1

续表

	第一产业（亿元）			构成（%）		
	1978 年	1995 年	2014 年	1978 年	1995 年	2014 年
渔业	0.19	6.49	70.92	0.2	0.9	1.7
其他	0	0	101.66	0	0	2.4

数据来源：2015 年河南省统计年鉴。

从第二产业看，主体区工业先后经历了 1979—1992 年的以轻纺工业为重心的轻工业补偿性优先发展阶段，1993 年至今的以能源、原材料工业为重心的重化工业主导的重工业化阶段。2000 年之后，主体区工业经济实现了大跨越，在地区经济发展中的主导地位进一步增强。2014 年主体区第二产业比重达到 51.0%，比 1978 年提高了 7.4 个百分点。改革开放以后 36 年里全部第二产业增加值以年均 16.7% 的速度递增，2014 年达到 17816.56 亿元，对主体区 GDP 增长的贡献率达到 62.4%，分别比第一、第三产业高 57.1、30.1 个百分点。近阶段，中原地区工业竞争力明显增强，工业不仅主导地位突出，而且内部结构也取得突破性进展，在钢铁板材、水泥、中高档纸、超硬材料、电子信息材料、金刚石和超薄电子玻璃等传统产业技术改造升级的基础上，形成并发展了食品、电子信息、现代家居、汽车及零部件、装备制造业、纺织服装等六大高成长性制造业 2014 年六大高成长性制造业和高技术产业增加值占主体区工业比重达到 45%，占主体区生产总值的 20%。

从第三产业看，伴随着中原地区经济社会的快速发展和整体实力的不断增强，城乡居民收入水平、消费水平与消费质量的不断提高，第三产业迅速发展。2014 年，主体区第三产业增加值 12790.37 亿元，是 1978 年的 78.9 倍（按可比价），年均增长 18.5%；教育、文化、交通、医疗和娱乐等生活消费支出的比重不断上升，家用电器、通信工具等更新换代的速度提升，汽车、住房消费成为 21 世纪的消费热点。2000 年以来，房地产业年均增长 17.8%；批发零售餐饮业年均增长 13.6%；交通运输、仓储及邮政业年均增长 10.9%。从第三产业结构构成看，基础行业明显增强，瓶颈制约大为改善，传统批发零售餐饮、交通运输、邮电通讯、教科文卫等行业不仅得到巩固而且进一步发展，而且新兴第三产业，如信息服务、金融、房地产、旅游、咨询、社会与居民服务业等行业蓬勃发展。2014 年，批发零售住宿餐饮业、交通运输仓储邮政业、房地产业、金融业增加值占第三产业的比重分别为 25.6%、13.1%、12.1%、11.8%，以计算机服务及软件业，信息传输业，居民服务与其他服务业，租赁与商务服务业，文化、体育和娱乐业等为主的营利性服务业占比为 13.1%，以科学研究、技术服务和地质勘查业，教育、卫生、社会保障和社会福利业，水利、环境和公共设施服务业，公共管理与社会组织等为主的非营利性服务业占比为24.3%。

2. 产业集聚区的建设状况

产城融合发展，就是要把城镇建设与产业集聚区建设有机结合起来，统筹建设基础设施和公共服务设施，以城促产、以产兴城。这种城镇与产业共建共享模式，有助于统筹推进城镇功能区与产业集聚区建设的良性耦合，改善城乡居民的生产生活条件，促进人口向城镇和产业集聚区集中，实现城镇建设与产业发展的共同发展。2009年以来，中原经济区主体区把加快产业集聚区建设作为构建现代产业体系的重要抓手，全面启动了集聚区的规划编制和建设工作，重点选取了180个产业集聚区进行规划建设（图5－11），并陆续出台了一系列措施。

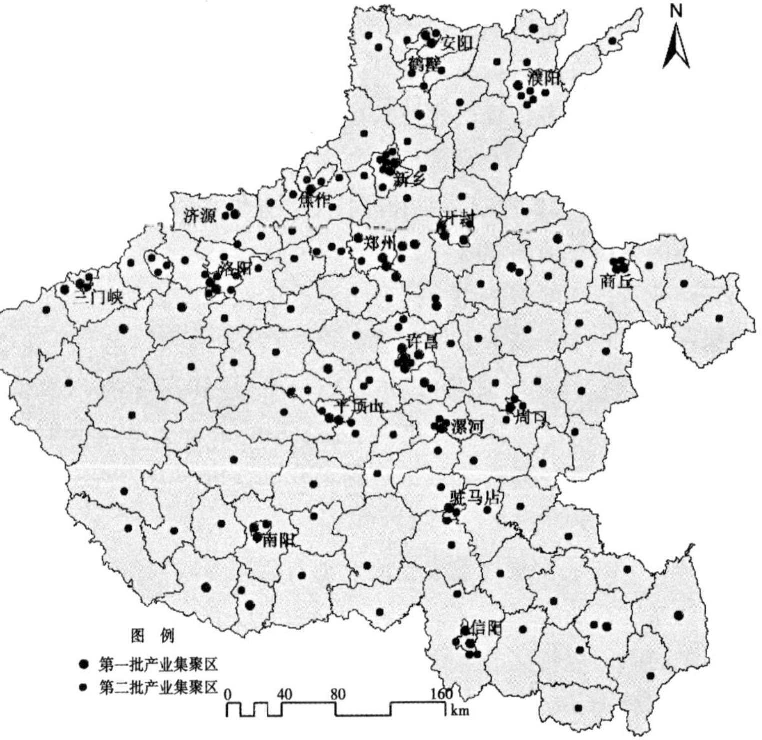

图5－11 河南省的180个产业集聚区分布图

近年来，随着中原经济区优化产业集聚区规划布局，加强产业集聚区政策扶持引导，推动产业集聚区体制机制创新，大力实施投资倍增计划和招商行动计划，180个产业集聚区保持良好发展态势，产业集聚水平不断提升。2014年底，河南省产业集聚区规模以上工业主营业务收入达到37968.14亿元，增长15.3%，占全省比重达到56.8%，比上年提高4.2个百分点，对全省规模以上工业主营业务收入增长的贡献率达到73.1%。其中主营业务收入超过100亿元的特色产业集群达123个，超500亿元的产业集聚区达10家。产业集聚区规模以上工业增加值比上年增长16.7%，占河南省规模以上工业的52.3%，对河南省规模以上工业增长的贡献率达到74.3%。总体来说，产业集聚区规模日趋扩大，入驻企业不断增加；基础设施建设日益完善，产业配套能力不断增强；高新技术产业迅速发展，特色产业集群区初现规模；集聚区成为地区经济发展的新增长点，对区域经济社会发展的支撑作用增强。在取得诸多成效的同时，也存在各类规划之间不协调，未能有效衔接；产业集聚区产业体系规划不尽合理，主导产业定位不准；产业集聚区规划对现状考虑不足，远期发展定位不明确；产业集聚区规划忽略生活设施，产城融合问题依旧十分严重。

3. *产业技术创新服务体系的情况*

技术创新服务体系提供了政府形成和执行关于技术创新的政策的基本框架，是创造、储存和转移知识、技能和新技术的相互联系的机构网络，可为“三化”在城市—区域系统中的顺畅运转提供重要支持与保障。自1995年12月河南省生产力中心成立以来，技术创新中心为政府实施可持续发展、“科教兴豫”等战略，传播国内外科技信息等方面做出了重要贡献。截至2014年底，省级以上企业技术中心1021个（国家级74个）；工程实验室325家（国家级32个）；省级以上工程技术研究中心789个（国家级10个）；技术市场签订合同2958万份，成交金额41.64亿元；获得国家科技奖励19项，省级科技进步奖346项；获批国家自然科学基金项目913项；研究与试验发展（R&D）经费支出409亿元，同比增长12.0%；中小企业项目数4760项，获得中央财政拨付资金2.0441亿元。河南省科技经费在总量上保持快速增长，但从全国层面而言，仍处于中游的水平，提高的空间还很大。此外，河南省在融资方式及总体规模上仍十分有限，特别是债券融资、风险投资、投资基金、信用担保以及政府引导下的银企合作等新的科技投资方式，尚处于起步阶段。

政府、企业和科研机构在技术创新服务体系中承担了不同的角色，三者只有分工明确、相互配合，才能加快产业技术创新服务体系的科学建设。河南省政府制定了一系列政策、法规，为促进科技成果转化为现实生产力做出了重要的保障，如《河南省科技厅关于全面落实推进科技管理依法行政的实施意见》

《河南省科技进步条例》《河南省促进科技成果转化条例》《河南省科技基础条件平台建设实施方案》等。企业在技术创新过程中起着十分重要的作用，河南省政府对创新性产业、企业给予了大力支持。河南省各科研院所的许多科技成果，在政府与中介服务机构的推动下，一部分中小企业在投入较少的资金的情况下将科技成果转化为产品投入市场。但目前河南省有关创新服务机构的政策法规还比较缺乏，在税收、收费等方面没有明确的规定，已有投资优惠政策也未得到较好的落实。此外，河南省政府还应作为介入与其他核心要素交互作用的独立因子并与这些要素一起构成技术创新系统的主体部分。总之，在技术创新体系中，政府不能成为企业技术创新行为的干预者，而应在创新协作过程中实现制度与体制创新，保证科研机构、企业、大学和的紧密联系并与地区的创新目标相统一。

4. 产业投融资平台构建状况

2009 年之前，主体区的省级投融资平台仅有河南省建设投资集团公司、河南省农发科技有限公司、中原证券股份有限公司、中原信托有限公司、百瑞信托有限公司、河南省中小企业担保公司等几个公司。2008、2009 年金融危机以后，主体区出台《关于推进地方政府投融资体系建设的指导意见》。该意见指出，要求河南省建立多层次的投融资体系，实现大融资平台建设。2010 年以来，主体区产业投融资平台进行了调整与合并，“一集团多公司”的大融资平台成为河南省构建的高规模投融资平台，在地区经济发展的投融资平台建设方面取得了积极效应：①作为大型投融资平台，有力地壮大了河南省政府的投融资能力和调控经济的能力；②作为大型投融资平台，改变了经济发展的财政支持方式，强化了政府对市场的金融调控能力；③作为大型投融资平台，有利于加强政府与金融机构的合作；④作为大型投融资平台，政府在实现经济调控目标的同时增加了社会效益。

当然，主体区这种大融资平台运作方式，在取得上述成效时也出现了市场化运营方面的负面效应：①企业市场竞争不充分，有垄断运营的迹象。在重组之前，河南省及外地企业，可根据市场条件和地方优势进行自由竞争，而重组之后大融资集团资金雄厚、规模结构大、掌控资源多，官本位思想易取代市场配置的思想，也易形成垄断经营的局面。②运行方式行政化，执行效率下降。由于大型融资集团整合了多种部门与机构，人事任命多数属于行政化，因而在进行运营决策时易形成“小团体化”，容易造成决策的拖沓、争议和搁置，影响运营决策良机。另外在一些国投机构中，机构部门浮肿、人员编排多，这也某种程度上导致了业务流程复杂、执行效率低。③人员引进内部消化多，专业人才有所缺失。由于投资融资决策的专业性，集团企业各机构对人才引进的门槛较高，对市场机会的捕捉和把控均需要一定的敏锐性。然而，在具体操作中，一些城市在组建公司的智囊团队时，多数属于内部提拔，引进的高层次人才较少。

（二）耦合状态分析

1. 三次产业产值结构的耦合状态

1978年改革开放以来，中原地区三次产业结构调整取得了一定成效，但从经济发展的阶段性要求看，与全国同期指标比较，当前中原经济区产业结构存在以下问题：总体而言，第一产业不优，第二产业不强，第三产业不精。从产业内部构成上看，农业基础地位需进一步巩固，土地产出率、劳动生产率与资源利用率不高，高附加值、高技术含量农产品产出不够，农民增收的门路缺乏；第二产业仍以传统优势产业为主，战略性新兴产业的效益不明显，高新技术产业发展不足；第三产业发展任务重，中心城市和各县城基础功能有待精细化，对小城镇和农村地区的辐射效应不强，各市县发展不平衡。

目前，中原经济区的产业结构不够合理，相似度也颇高，产业发展出现重复。据计算，郑州市与开封市、洛阳市和新乡市的产业相似度在92%以上；与平顶山市、焦作市、济源市的产业相似度在81%之多；与漯河市的相似度较低也达到了77%（王发曾，2012）。中原经济区第三产业发展落后（图5-12），2014年中原经济区30个市域研究单元中，第三产业比重超过40%仅有3个，均未达到全国平均水平48.1%；从县域第三产业比重看，超过40%的区域有40个，仅占总数的17%；35%～40%之间的区域有45个，占总数的19%；30%～35%的区域达75个，占总数的33%；25%～30%的区域达40个，占总数的17%；小于25%的区域有31个，占总数的13%；达到全国平均水平的仅有16个地区，分别运城市区、郑州市区、晋城市区、开封市区、新乡市区、长治市区、洛阳市区、襄阳市区、聊城市区、阜阳市区、邯郸市区、三门峡市区、沁县、闻喜县、陵川县、邯郸县。总体而言，第三产业产值比重大于40%的城镇主要分布在18个省辖市的市区及河北、山西省部分县市，这表明主体区绝大多数城镇的第三产业发展还处于落后状态，亟须调整三次产业的比重，增强新型工业化的和新型农业现代化的生产后劲，整合区域的产业结构，进而促进中原经济区整个经济持续、快速健康发展。

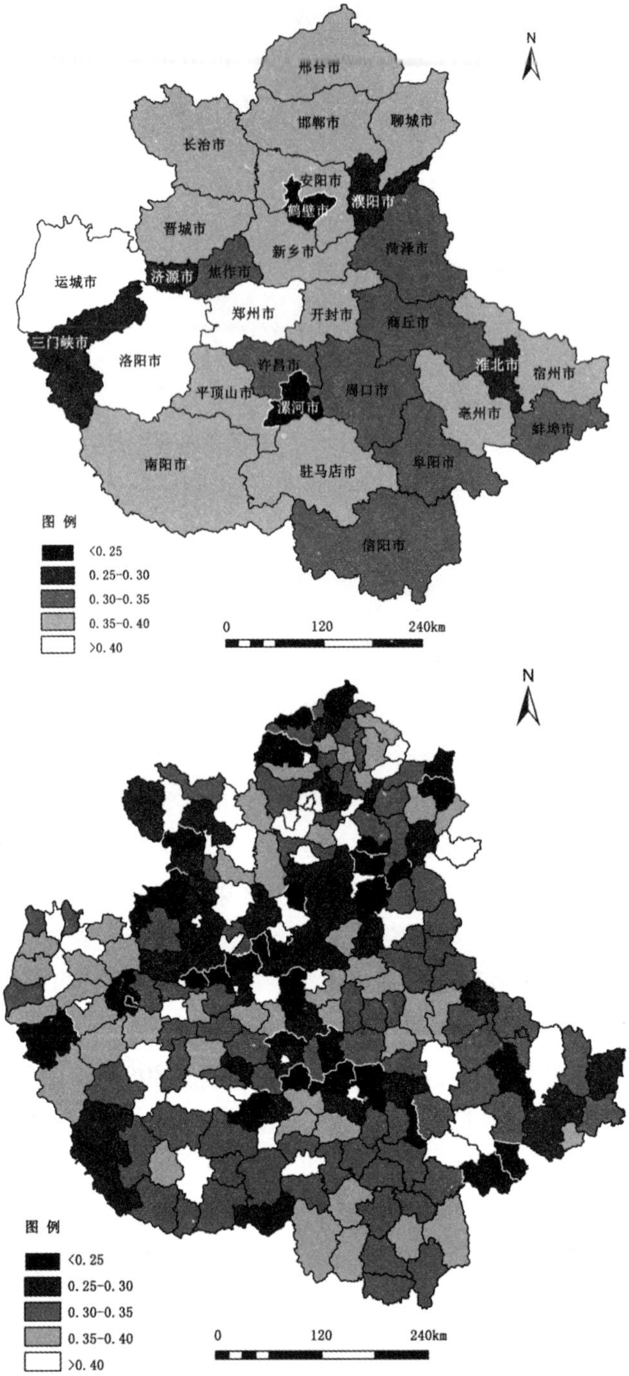

图 5-12　2014 年中原经济区市域、县域第三产业比重分布图

资料来源：2015 年相应省份统计年鉴。

2. 三次产业就业结构的耦合状态

中原经济区三次产业产值结构正在不断优化升级，第一产业增加值占 GDP 的比重迅速下降，第二产业增加值比重持续上升，第三产业增加值比重稳中有升。改革开放之后，中原经济区第一、二产业就业人员明显减少，第三产业就业人员显著增加，从业人员逐渐由第一、二产业向第三产业转移。但就业结构却明显地滞后于产值结构的变动，第一产业就业比重明显偏大，第二产业就业比重缓慢上升，与第二产业的快速发展不匹配，第三产业未能发挥应有的吸纳就业的能力。2011 年，中原经济区年末全社会就业人员总数为 10821 万，其中一产就业人员 4559 万，二产就业人员 3146 万，三产就业人员为 3116 万，三者的比例为 42. 1 ∶ 29. 1 ∶ 28. 8；其中主体区年末全社会就业人员总数为 6198 万，其中一产就业人员 2670 万，二产就业人员 1853 万，三产就业人员仅为 1675 万，三者的比例为 43. 1 ∶ 29. 9 ∶ 27. 0。

为深入反映产值结构与就业结构的协调性，本文运用结构偏离度指标来反映就业结构滞后于产值结构调整的程度。它能有效说明产业结构中某产业产值比量与就业比量是否处于同步变化和对称状态，计算公式如下：

结构偏离度 =（GDP 的产业构成百分比/就业的产业构成百分比）－1（5－6）

从上述公式可以看出，结构偏离度的绝对值越小说明产值结构与就业结构的协调性越高。通过公式计算 2014 年中原经济区 30 个市域单元的结构偏离度，见表 5－13。

表 5－13　2014 年 30 个市域单元的产业结构偏离度

城市	产值比重			就业比重			结构偏离度		
	第一产业	第二产业	第三产业	第一产业	第二产业	第三产业	第一产业	第二产业	第三产业
郑州市	2. 2	51. 5	46. 4	19. 6	37. 7	42. 7	－0. 89	0. 37	0. 08
开封市	22. 5	43. 8	38. 9	42. 2	32. 8	25. 0	－0. 56	0. 30	0. 55
洛阳市	7. 1	51. 1	41. 9	36. 2	31. 0	32. 9	－0. 80	0. 65	0. 27
平顶山市	10. 2	53. 7	36. 1	46. 6	28. 5	24. 9	－0. 78	0. 89	0. 45
安阳市	11. 5	52. 4	36. 2	43. 5	33. 2	23. 3	－0. 74	0. 58	0. 55
鹤壁市	9. 3	67. 4	23. 3	28. 9	39. 4	31. 7	－0. 68	0. 71	－0. 26
新乡市	11. 6	51. 8	36. 6	31. 7	41. 4	26. 9	－0. 63	0. 25	0. 36
焦作市	7. 4	61. 8	30. 8	33. 8	38. 0	28. 2	－0. 78	0. 63	0. 09
濮阳市	12. 4	57. 9	29. 7	43. 4	32. 5	24. 1	－0. 71	0. 78	0. 23
许昌市	8. 8	60. 8	30. 4	39. 9	32. 2	27. 9	－0. 78	0. 89	0. 09

续表

城市	产值比重			就业比重			结构偏离度		
	第一产业	第二产业	第三产业	第一产业	第二产业	第三产业	第一产业	第二产业	第三产业
漯河市	11.6	63.7	24.7	44.8	33.0	22.2	-0.74	0.93	0.11
三门峡市	9.0	62.5	28.5	44.4	15.7	39.9	-0.80	2.99	-0.29
南阳市	17.5	46.5	36.0	46.6	27.2	26.2	-0.62	0.71	0.37
商丘市	22.1	43.3	34.6	42.5	32.6	24.8	-0.48	0.33	0.39
信阳市	24.6	41.2	34.2	42.9	24.8	32.3	-0.43	0.66	0.06
周口市	22.5	47.3	30.3	44.3	29.6	26.2	-0.49	0.60	0.16
驻马店市	23.5	41.3	35.2	42.2	31.1	26.7	-0.44	0.33	0.32
济源市	4.5	68.1	27.4	29.1	37.4	33.5	-0.84	0.82	-0.18
邯郸市	13.1	50.1	36.8	28.2	36.6	35.2	-0.54	0.37	0.04
邢台市	16.6	47.4	36.0	33.6	32.8	33.6	-0.51	0.45	0.07
长治市	4.4	58.3	37.3	38.9	24.4	36.7	-0.89	1.39	0.02
运城市	16.4	41.3	42.3	—	—	—	—	—	—
晋城市	4.5	58.8	37.0	28.4	33.5	38.0	-0.85	0.75	-0.03
菏泽市	11.7	53.6	34.7	—	—	—	—	—	—
聊城市	12.1	51.9	36.0	—	—	—	—	—	—
淮北市	7.6	63.4	28.9	33.4	34.1	32.6	-0.77	0.86	-0.11
亳州市	22.0	41.9	38.5	44.0	22.6	33.4	-0.50	0.74	0.15
宿州市	22.8	51.9	35.3	41.8	28.5	29.6	-0.46	0.47	0.19
蚌埠市	15.5	49.3	32.6	45.7	20.4	34.0	-0.66	1.55	-0.04
阜阳市	23.3	42.4	34.3	35.3	27.9	36.8	-0.34	0.52	-0.07

资料来源：2014 年相应省份统计年鉴。

由表 5-13 可知，各市域的结构偏离度与理想状态均有较大差异，第二产业偏离度最大，第一产业偏离度次之，第三产业偏离度最小。从第一产业看，绝大多数地区的结构偏离度在 -0.5 ~ -0.9 之间，少数地区在 -0.4 ~ -0.5 之间，这表明中原经济区各地区第一产业的就业结构与产出结构变化不同步，结构效益低。这也意味着第一产业不仅不能带来更多的劳动力就业，反而成为劳动力需要流出的部门。第一产业的劳动力最终将释放到第二、三产业，这将增加中原经济区各地区第二、三产业的就业压力。

从第二产业看，绝大多数地区的结构偏离度在 0.6 以上，且有 3 个市域单元在 1.0 以上，这说明第二产业有较强的吸纳就业的能力，可以吸纳从第一产业转移出来的劳动力。中原经济区第二产业的产值比重上升较快，其主体区自从2009年开始已经超过全国平均水平，说明中原经济区工业发展速度较快，对经济发展的贡献越来越大。2014年主体区建筑业产值平稳增长，实现增加值2077.24亿元，比2013年增加10.4%，就业人数达到1872.72万人。这表明中原经济区工业各行业及建筑业的迅速发展，为第二产业吸纳劳动力就业提供了可能性，劳动力可以顺利从第一产业流向第二产业，从而进一步促进第二产业的发展。

从第三产业来看，绝大多数地区结构偏离度在-0.2~0.2之间，且有12个地区在-0.1~0.1之间，偏离理想值0的幅度最小。这说明中原经济区各地区第三产业的就业结构和产业结构趋于平衡。然而，中原经济区第三产业的发展较为缓慢，没有发挥出较强的吸纳就业的能力。2014年主体区第三产业增加值比重为37.1%，低于全国平均水平11个百分点。另外，中原经济区服务业还存在着水平不高、结构不优、体系不全、发展不平衡等问题。

3. 基于工业化、城镇化与产业结构对比模式的耦合状态

（1）评价方法。在分析工业化与城镇化、产业结构关系时，主要有对数回归模型、“大国模型”、钱纳里—赛尔奎变动关系模型。经比较，本文选择应用广泛的钱纳里—赛尔奎修正模型进行工业化、城镇化和产业结构的对比分析。其修正模式参考值见表5-14。

表5-14 工业化、城镇化与产业结构的修正模式参考值

级次	人均GDP（美元）			产业结构		城镇化率（%）
	1964年	2004年	2014年	工业	非农产业	
1	70	350	420	12.5	47.8	12.8
2	100	500	600	14.9	54.8	22.0
3	200	1000	1200	21.5	67.3	36.2
4	300	1500	1800	25.1	73.4	43.9
5	400	2000	2400	27.6	77.2	49.0
6	500	2500	3000	29.4	79.8	52.7
7	800	4000	4800	33.1	84.4	60.1
8	1000	5000	6000	34.7	86.2	63.4
9	1500	7500	9000	37.9	87.3	65.8

注：2004年、2011年美元与1964年美元换算，采用美国GDP缩减指数，换算因子分别为5、6。

（2）结果分析。通过对中原经济区主体区有关修正值的运算，整理出1995—2014年中原经济区主体区城镇化与工业化、产业结构的变动关系。2004

年中原主体区人均 GDP 为 1111.7 美元（表 5－15），相当于修正模式（表 5－14）的 3 级水平（按 1000 美元计），与之相比，中原经济区主体区工业产值比重（42.6%）和非农产业比重（81.3%）分别比修正模式高出 21.1 和 14.0 个百分点，而城镇化率却比修正模式低 7.3 个百分点。2014 年中原经济区主体区人均 GDP 达 6035 美元（表 5－15），相当于修正模式（表 5－14）的 8 级水平（按 6000 美元计），与之相比，中原经济区主体区工业产值比重（45.2%）、非农产业比重（87.1%）分别比修正模式高出 10.5 和 0.9 个百分点，而城镇化率（45.2%）却比修正模式低 18.2 个百分点。由其他年份的比较亦可知，中原经济区主体区工业产值结构明显超前，非农产值结构稍有超前，而城镇化率则严重滞后于修正模式。由此可知，虽然中原经济区主体区城镇化率以每年增加 1.5 个百分点的速度快速提高，但其整体水平仍严重滞后于同期的工业化水平和产业结构比重。这表明中原经济区 1995—2014 年间人均 GDP 与同期的产业结构呈相对协调发展趋势，而城镇化推进过程和发展速度有待进一步提高。

表 5－15　1995—2014 年城镇化与工业化、产业结构变动关系

年份	人均 GDP（美元）	产业结构		城镇化率（%）
		工业（%）	非农产业（%）	
1995	394.8	42.0	71.0	17.2
1996	478.5	41.2	69.9	18.4
1997	529.4	40.6	72.6	19.6
1998	560.8	39.3	73.1	20.8
1999	583.7	38.3	72.7	22.0
2000	658.3	39.6	75.0	23.2
2001	719.9	39.5	75.9	24.4
2002	783.7	40.0	79.9	25.8
2003	891.1	41.9	83.4	27.2
2004	1111.7	42.6	81.3	28.9
2005	1385.1	46.2	83.1	30.7
2006	1652.3	48.8	83.7	32.5
2007	2105.7	50.0	85.0	34.3
2008	2761.8	51.8	85.8	36.0
2009	3015.2	50.8	85.5	37.7
2010	3611.2	51.8	84.7	38.0
2011	4437.5	51.8	86.6	40.6

续表

年份	人均 GDP（美元）	产业结构		城镇化率（%）
		工业（%）	非农产业（%）	
2012	4989.9	50.7	86.6	42.4
2013	5524.0	46.4	86.9	43.8
2014	6035.0	45.2	87.1	45.2

由对比分析模型评价结果可知，中原经济区经济发展的城镇化水平滞后于同期的工业化率和产业结构比重，产城融合发展的效应仍不明显。从“三化”互动的机理而言，中心城市的城镇化发展没有给产业发展提供充足的载体和环境支撑，新型工业化、信息化的发展也没有为中心城市向城市边缘区、县城、中心镇及新型社区的扩散影响提供足够的动力支撑和链接基础。就实际情况而言，影响中原经济区产城融合的主要因素有以下几点：①中原经济区在区位、交通、资源、产业、文化和市场等方面具有得天独厚的优势，产业集聚区的规划建设力度很大，势头强劲，但与城市互动发展中出现规划用地挤占城市建设用地、基础设施与城市建设不匹配、项目融资难度大、主导产业选择缺乏前瞻性等问题。②产业集聚区、产业核心区、城市新区的互动效应不强。产业集聚区、城市新区产业园一方面支持性产业发展不足，另一方面与城市产业核心区之间存在业务流程、信息共享、创新和联动机制不足等问题。究其原因，产业集聚区、城市新区的产业发展不是由市场主导形成的，而是被政府搭建规划的平台集中在一起，企业之间尚未建立起有效的协作和联动机制。③城镇化水平滞后于工业化水平，产城融合的动力不足。由于中原经济区的城镇化水平远远滞后工业化发展水平，城镇化还不能发挥区域经济社会发展和城镇体系建设的带动作用，导致产业发展的后续动力不足，产城发展的步履不一致。因此，在今后的建设中，一方面要不断优化城市发展的产业结构，积极完善产业集聚区的各项配套建设，在加速产业转型与产业链建设性招商的同时，实现城市自身的转型和升级；另一方面要在新型城镇化的引领下，将城市发展、产业集聚区建设、居民就业率提高及城镇发展要素的聚拢等联动起来，为产业发展提供载体和环境支撑。

四、城镇与区域的耦合状态

（一）评价方法

根据乌尔曼 E L 提出的城市相互作用原理可知，由于互补性、中介机会与可达性的存在，城市与城市、城市与区域之间不停地进行着各种物质与能力的传递和交流，促使着“三化”状态的不断变化。关于衡量城市与城市相互作用强度的方法，不同学者提出了多种的计算方法。具有代表性是引力模式、潜力模式、场强模型、断裂点理论等。为测度中原经济区核心城市、核心板块的空间影响状态以及省辖市市区之间的相互作用状态，考虑到断裂点理论的测度优势，结合最新的研究成果，本文采用扩展断裂点模型（加权 voronio 图）进行定量化分析。

断裂点方法的基本理论要点是：一个城市对周围地区的综合辐射力，与其综合实力呈正比，与其距离之平方成反比；周围地区接受到的辐射力随着距离的增加而逐渐衰减；两个城镇之间的辐射力会在二者距离连线的某点达到平衡，该点就是城镇之间的“断裂点”。传统的断裂点计算方法有着两方面的缺点：①一般以城镇人口或者经济总量表征综合实力，较少考虑其他要素的影响；②断裂点公式只能计算出相邻两个城镇之间的一个断裂点，而该城镇与其周边多个城镇的“断裂带”，仅能用临近断裂点组成的连线（直线或者曲线）来表示。

为弥补断裂点理论的上述缺点，本文通过两方面进行修正：①从基于复合指标（城镇中心性强度）对城镇的综合影响力进行评价，其中城镇中心性强度的指标体系和评价方法参照城镇体系等级层次部分内容；②为弥补城镇之间的“断裂带”，采用扩展断裂点模型和专家论证法相结合，尽量用平滑的曲线勾勒出城镇之间的综合影响范围。其中扩展断裂点模型以加权 voronio 图最具代表性，该模型有 3 个推论：

推论 A：两个相邻城市之间的距离等于断裂点到两个城市的距离之和。公式表示为：

$$d_A + d_B = D_{AB} \tag{5-7}$$

推论 B：断裂点到相邻两个城市的距离与这两个城市中心性强度值的平方根成正比。公式表示为：

$$d_A / d_B = \sqrt{P_A / P_B} \tag{5-8}$$

推论 C：在匀质平面区域内，以各个城市为发生单元，城市影响力的扩张速度与相邻两个城市的中心性强度值的平方根成正比例。公式表示为：

$$a_1 / a_2 = \sqrt{P_A / P_B} \tag{5-9}$$

由推论 C 可知，发生元的速度不是每个城市的中心性强度值，而是其中心性强度值的平方根。据此，闫卫阳、郭庆胜（2004）等利用计算机以中心强度值的平方根为综合指标，借助于 Arc GIS 软件和 Visual Basic 程序生成加权

voronoi 图。根据加权的 voronoi 图的性质和几何特征可知，相邻两个城镇的吸引范围的界线是一条弧段，这条界线能反映城市相互作用影响的范围。

（二）结果分析

1. 核心城市对区域的影响状态

参照城镇中心性强度的计算方法，首先，计算 2014 年郑州与其周边省份省会城市的城镇中心性强度值。其次，根据扩展断裂点模型的权重计算要求，将城镇中心性强度值按照最大—最小方法进行线性变换，将其映射到新的数据区间［1，10］，最后，根据断裂点模型的计算结果，在 Arc GIS 9. 3 环境下运用距离计算模式并应用加权 voronio 图生产的相关程序设计，得到郑州市与周边地区省会城市相互作用条件下理论意义上的综合影响范围（见图 5－13）。

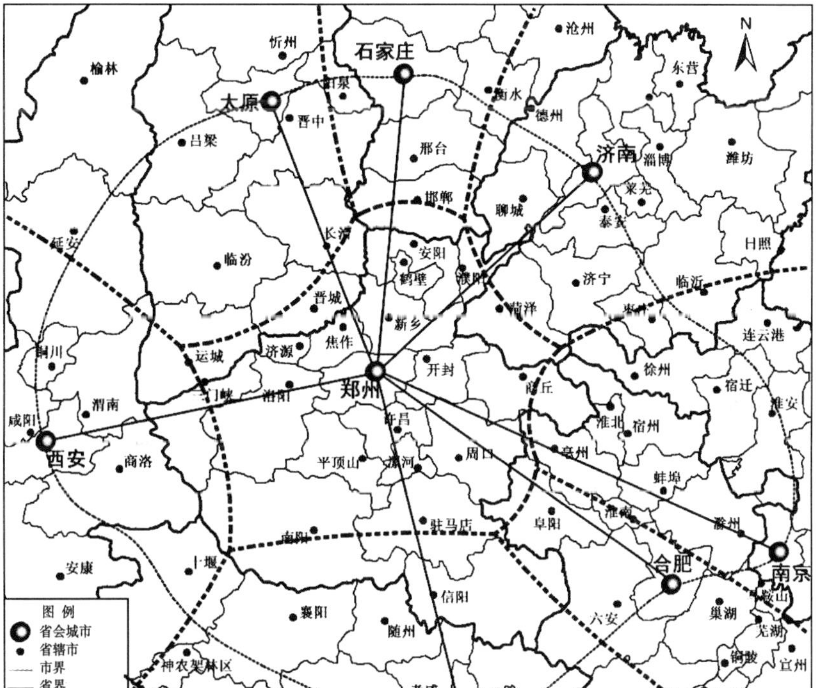

图 5－13　32011 年郑州市空间综合影响区范围图

由图 5－13 可知，郑州市的综合影响范围判定为：除南阳市的小部分区域、信阳市大部分区域外的河南省，山西省长治市、运城市、晋城市的大部分区域，安徽省亳州、阜阳的部分区域，山东省菏泽市的大部分区域，河北省邯郸市的绝大部分区域。与《规划》的编制范围相比，该综合影响区未到达到河北省的邢台市，山东省的聊城市与泰安市凤台县，安徽省淮北市、宿州市、蚌埠市与淮南市凤台县与潘集区。与本文界定的客观研究区相比，远未影响至陕西省东部、湖北省北部的研究区范围。因此，从省会城市的影响力讲，中原经济区核心城市郑州有大幅的提升空间。

1. 核心增长板块对区域的影响状态

选择中原经济区的核心增长板块中原城市群（河南省）、京津冀城市群（北京市、天津市、河北省）、太原城市圈（山西省）、皖江城市带（安徽省）、山东半岛城市群（山东省）、江苏沿海经济区（江苏省）、武汉都市圈（湖北省）、关中城市群（陕西省）等8个城市群（圈）、经济区作为研究对象，分析中原城市群的空间综合影响范围。本文选择这8个研究单元所包含的具体城市如下：①中原城市群为郑州市、开封市、洛阳市、新乡市、许昌市、焦作市、平顶山市、漯河市与济源市；②京津冀城市群为北京市、天津市、石家庄市、唐山市、承德市、保定市、秦皇岛市、廊坊市、沧州市与张家口市；③太原城市圈的太原市、阳泉市、晋中市、吕梁市与忻州市；④皖江城市带为合肥市、芜湖市、安庆市、铜陵市、宣城市、滁州市与六安市；⑤山东半岛城市群为济南市、青岛市、东营市、日照市、威海市、淄博市、烟台市、潍坊市；⑥江苏沿海经济区为连云港市、盐城市与淮安市；⑦武汉都市圈为武汉市、黄冈市、黄石市、鄂州市、孝感市、咸宁市、潜江市、仙桃市与天门市；⑧关中城市群为西安市、宝鸡市、咸阳市、渭南市、商洛市与铜川市。

同样依据城镇中心性强度的计算方法，借助于 Arc GIS9.3 软件和加权计算程序设计，计算中原城市群与其他研究单元的空间综合影响范围，结果见图5-14。

由图5-14可知，中原城市群的空间综合影响区范围较省会城市之间的范围略有变动但整体变化不明显，主要体现对安徽西北部地区影响范围的扩大以及对徐州市部分区域的影响。与《规划》编制范围比，该综合影响区仍然未到达到规划区的北部、南部和西南部边界。与本文界定的客观经济区范围比，也未影响至陕西省东部、湖北省北部的研究区范围。因此，作为中原经济区的核心增长板块，中原城市群的城镇中心强度、板块带动机能亟须进一步的增强。

2. 省辖市市区对区域的影响状态

鉴于数据的可获取性和统一性，根据中原经济区30个省辖市市区等级层次中综合实力的计算结果，按照扩展断裂点模型进行计算，结果见图5-15。

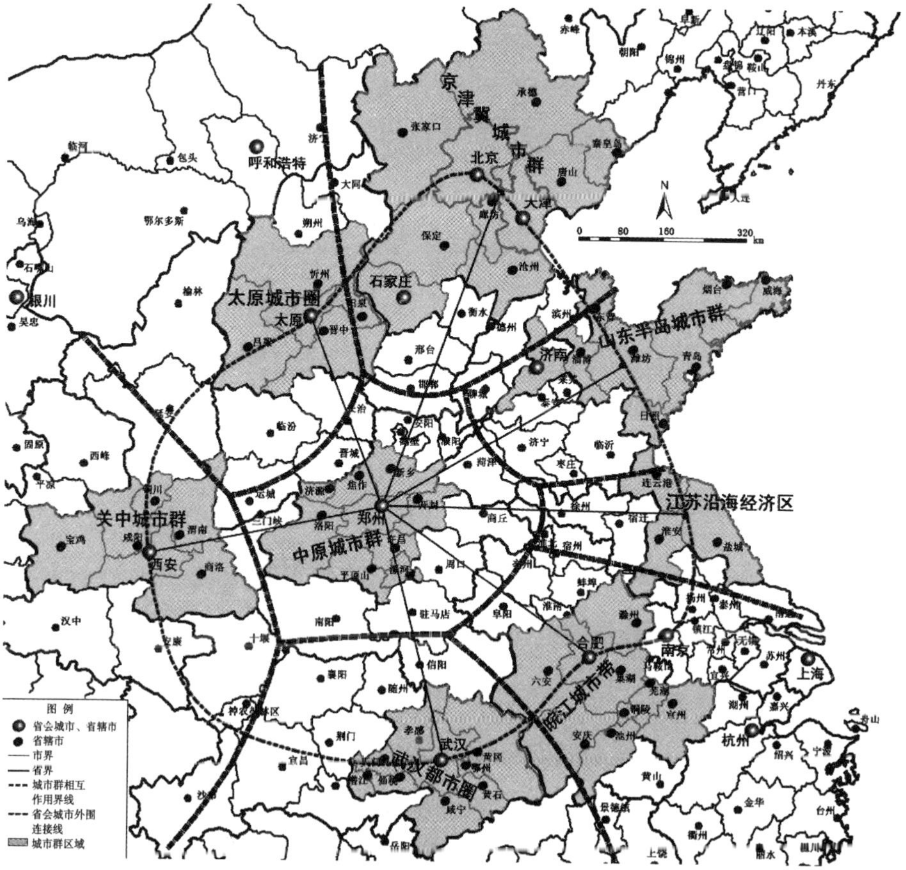

图 5－14 2011 年中原城市群的综合影响范围图

需要说明的是，由于六安、黄冈、孝感、十堰、商洛 5 个地区的省辖市市区不在研究区范围内，因此研究单元个数为 32 个。由图 5－15 中的相互作用弧线可知，其代表了不同城市以综合实力值在空间的势力划分与影响范围，刻画了不同实力城市间的空间相互作用强度。由图 5－15 可知，城市的综合实力一般与城市的影响范围一致，但也不完全一致。例如，南阳市的综合实力小于洛阳市，但南阳市却比洛阳市的空间影响范围大得多。究其原因，一方面由于洛阳周围的城市距离较近，而且受到首位核心城市郑州的扩展影响，其影响空间范围受到了挤压；另一方面，由于南阳距郑州市较远且周围的城市稀疏，且未计算与西部临近区域城市的空间范围影响，故其影响的空间范围较大。

另外，图 5－15 反映了 32 个省辖市市区的综合实力在中原经济区地域空间上的布局特征，空间影响范围存在明显的不均衡性。核心城市郑州市影响范围较大，北侧影响范围到达新乡市的南部、焦作的东南部，西侧影响范围与市域

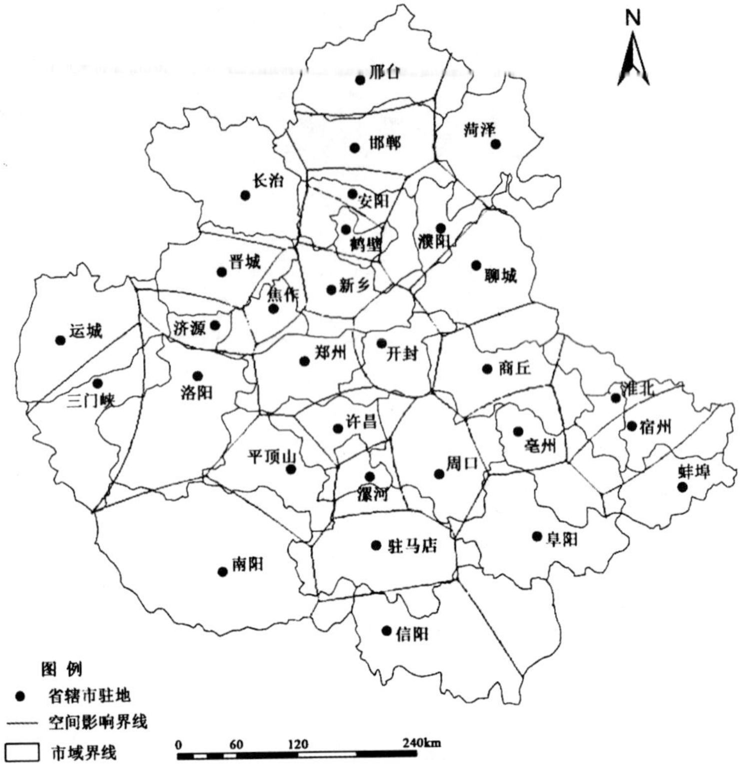

图5-15　32个省辖市市区的空间影响范围

界线接近，东侧影响范围到达开封市部分区域；而许昌、漯河等地由于综合实力不大，不能发挥其应有的区域性中心城市的作用，空间影响范围受到压缩与排挤。开封、周口、平顶山、驻马店、濮阳受自身实力和临近城市空间影响范围的挤压，形成不规则的六边形；洛阳、济源、许昌、新乡、焦作受自身实力和周边城市影响范围的挤压，形成不规则的五边形；漯河、鹤壁、亳州受自身实力和周边城市空间影响范围的挤压，形成不规则的四边形；南阳、商丘、信阳、阜阳、运城、长治、晋城、菏泽等城市由于其周边城市较少，影响范围扩展至全区外围的行政边界。

五、城镇与乡村的耦合状态

（一）基本发展状况

1. 城乡各项建设快速发展

随着全区经济社会发展水平的不断提高和区域投资环境的优化，城乡基础、共建设施的投入不断增多，城乡基础设施水平不断提高。2014 年，主体区省辖市市区完成固定资产投资 9592. 27 亿元，是 1991 年的 84. 93 倍；住房固定资产投资达 2197. 20 亿元，是 1991 年的 239. 60 倍；建制市年末实有铺装长度 11627km，实有道路面积 28017 万 m^2，公共交通运营车辆 19198 辆。城乡居民住房条件发生了质的改变，主体区城镇住房建筑面积由 1980 年的人均 5. 6m^2 提高到 2014 年的人均 38. 18m^2，住房质量和居住功能也明显提升。2014 年，主体区保障性安居工程圆满完成开工 64 万套、基本建成 27 万套的目标任务，新开工总量和棚户区改造任务量均居全国首位，较好地发挥了改善民生、振兴消费和促进增长的综合效应。从改革开放之初农村居民的茅草房、土坯房，逐步改造为现在的砖瓦房、水泥房和小洋楼，居住环境不断改善。近年来，随着社会主义新农村建设和新型社区建设步伐加快，中原地区的农村地区加大了旧村改建、村庄整理和新型社区建设的力度，老百姓的居住条件越来越舒服。截至 2014 底，主体区期末农民人均住房面积达到 42. 94m^2，农村居民的居住环境、住房安全得到了有效的改善。

2. 城乡规划与建设管理改革不断推进

伴随着城镇经济社会事业的快速发展，城乡规划的前瞻性、指导性和调控性作用日益重要，全区城乡规划与建设管理改革也不断推进。在总体发展规划方面，既有国民经济社会发展的“五年”规划，又有《全面建设小康社区规划》《中原经济区规划》等战略性总体规划；在城镇建设方面，既有城市总体规划、乡镇总体规划、新型社区规划等不同级别的规划，又有控制性、修建性等具体地块的详细规划，还开展了区域城镇体系、城市群的规划编制工作，促进各级城镇的协调发展；在土地规划方面，既有土地利用总体规划，又有重点项目（发电站、公路）等方面的土地专项规划，确保了土地的合理利用；在产业发展方面，既有总体性产业战略、产业布局规划、产业集聚区规划，还有信息行业、金融产业、茶产业等具体行业的规划；在综合性规划方面，既有产城融合规划、城乡一体规划等，还有“三化”协调发展规划等；在概念性规划方面，既有城镇空间发展战略、旅游发展策略、产业园区建设等概念性规划，还有文化创意产业发展、产业—城镇—文化互动等方面概念规划……总之，上述各类规划对地区各项发展做出了整体性、长远性的统一部署，在经济社会发展中的先导和主体作用越来越重要。各类规划的科学制定、有力执行离不开法律的约束与调控，《城市房地产管理法》《建筑法》《城乡规划法》等法律和一大批规章制度以及工程建设标准相继颁布实施，加强了建设部门依法行使职能和以法定罚的力度。此外，各地还积极开展了城乡规划的监督管理工作，实施督察员管理制度，确保了城乡规划实施的科学监管。总之，城乡规划与建设管理改革不断推进，增强了城乡规划对“三化”协调发展的引导、调控作用，有力地推动城乡各项事业的有序发展。

3. 城市带动乡村发展的作用日益增强

全区在推进城镇化的建设中，充分发挥以城带乡的作用，对农村地区各项建设的带动作用日益增强，主要体现在以下方面：①农产品市场繁盛，农民收入不断提高。伴随着城镇化的有序推进，使城镇人口数量与经济规模不断增长，扩大了城镇居民对农产品的需求总量和消费方面的支出，为农产品的销路扩展了市场空间，农民人均纯收入的不断提高。②农村剩余劳动力有序向区内第二、第三产业转移，农民的“非农业”收入较大幅度提升。据统计，2000 年以来主体区农村劳动力省内转移人数高于其他省份，且新增转移就业的人口中省内比例达到 85% 以上，农民人均纯收入中 40% 以上的收入来自外出劳务收入（喻新安、吴海峰，2011）。③农业种植结构变化大，农产品多元化。随着城镇居民收入水平的不断提高，城镇居民对农产品的需要，不仅表现在量的增长，而且表现为质的提高，从而引导农民调整种植结构，增添特色农业生产品种，推进农产品及其相关加工业向营养化、优质化、方便化等方向发展。④农业集约化经营趋势明显。城镇化建设在吸纳乡村剩余劳动力转移就业的同时，也促使农村劳动力不断减少，推动农村土地向集中式、规模化方向经营，从而带来农业成本降低、农业生产率提高、农民人均收入增加等经济社会效益。⑤农村地区的人口、资源与环境的协调发展性有所提高。随着城镇化建设的有序推进，农村地区人居环境的改善和土地的集约化经营，农民的市民化进程加快，客观上促使着农村地区往人口、资源和环境相协调的路子上前行。

4. 新型社区规划建设力度大，成效与问题并存

为了有效破解城乡二元结构、缩小城乡差距，河南省结合省情，把农村地区的新型社区建设作为切入点和突破口，探索出一条“不离乡不离土”的就地城镇化模式——新型社区建设。所谓新型社区是指打破原有的行政村或自然村的村庄界线，按照优化村庄布局、美化农村人居环境、集约化利用耕地等理念引导若干个行政村或自然村，在一定期限内进行村庄合并和统一规划，按照城市社区的标准统一建设新的居民住房和基础、公共服务设施，统筹产业发展和居民的就业，形成新的农民生产共同体（河南省社科联，2012）。可以看出，新型社区的“新”体现在两点：①“新”在建设标准上，它以城市社区建设标

准进行农村居民点建设，以新型城镇化理念改造传统农村，以城乡公共服务均等化服务农村，以现代化产业体系支撑农村。②“新”在城镇化路径上，它改变了传统以大中城市为主导的城镇化路径，结合河南省省情走“不离土不离乡”的城镇化道路，就地转变农村地区生产、生活方式，使乡村居民同城镇居民一样共享现代化成果。

新型社区建设，可以把农村地区土地利用率很低很分散的村庄整合成集中成片、紧凑居住的“城市型”社区，把整合出来的一部分土地用来复垦耕作，一部分用来建设企业工厂、工业集聚区，可有效地破解中原农区工业化、城镇化面临的用地矛盾，是实现“三化”协调的有效途径。2005 年以来，河南省各地根据实际情况，成功探索出郑州市迁村并城模式、舞钢市城乡一体模式、义马市整体搬迁模式、浚县村企一体模式等不同类型新型社区建设模式，示范带动作用凸显。2011 年 10 月份召开的中国共产党河南省第九次党代会，明确了以新型城镇化引领三化协调科学发展的思路，把新型社区纳入现代城镇体系建设，要求各地积极稳妥建设新型社区，以此为突破口加快城乡一体化的步伐。2012 年，河南省全面启动县（市、区）新型社区布点规划，完成一半以上的县（市、区）新型社区布点规划任务，其中济源市和 10 个省直管县已全面完成。2013 年底，河南省已全面完成县（市、区）新型社区布点规划（图 5－16）。

可以说，河南省把农村地区的新型社区建设作为新型城镇化的战略支点，“三化”协调发展中城乡统筹的切入点，初步探索出一条规划建设新型社区促进新型城镇化发展、并由此促进“三化”协调科学发展之路，走在了我国社会主义新农村建设的前列。但在实际建设中，出现了规划建设不合理，领导干部盲目推进，忽视农民利益，搬迁难度大等问题；在操作层面，部分县市甚至出现质疑、抵触、反对等声音；在建成的社区中居民也出现各种不适应问题，如耕种距离远问题、邻里关系淡化、生活幸福指数下降、与城镇生活质量比仍感觉不满足，就业门路减少等等。如何解决好农村地区新型社区内部居民的各种物质需要和精神需求值得期待。

5. 城乡一体化建设取得重要进展

2006 年 6 月，河南省出台《关于加快城乡一体化试点工作的指导意见》。该意见指出：推进城乡一体化，要以科学发展观统领全局，以体制机制创新为动力，以缩小城乡差距和提高城乡居民生活水平为目标，以加快城镇化为核心，以构建城乡统一的基础设施、公共服务体系为着力点，打破城乡二元结构，统筹城乡发展。同时确定鹤壁、济源、巩义、新郑、偃师、义马、舞钢等 7 市开

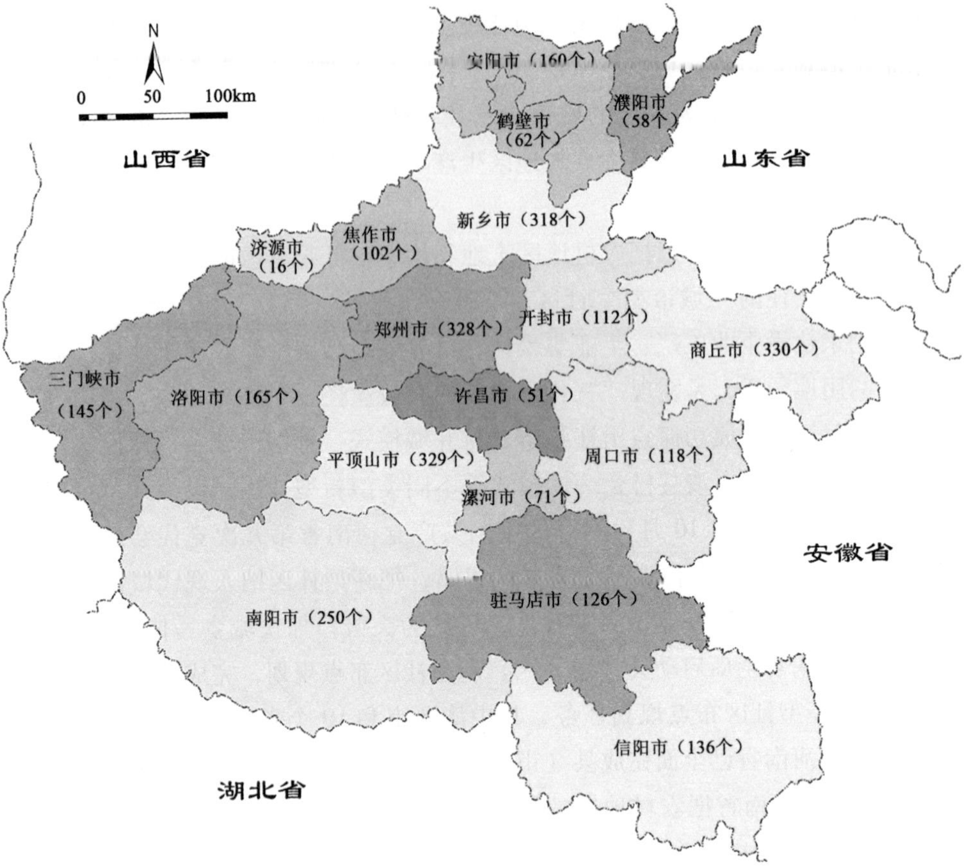

图 5－16　河南省新型社区布点规划图

展城乡一体化试点工作。2007 年 8 月，河南省又出台了《关于 2007 年城乡一体化试点重点改革工作意见》。该意见指出，各试点须按照工作意见的相关要求，立足城乡发展的现状，努力创新体制机制，积极统筹城乡经济社会发展。经过试点城市的不断探索，城乡一体化推进取得重要进展，各市发展也各具特点。鹤壁市以统筹新型城镇化与社会主义新农村建设为主要抓手，推动鹤—淇空间一体化规划建设，激发了该地区城乡统筹建设的内在活力。济源市坚持城乡一体化建设思路，按照“1133”的总体规划、“关键抓发展、重点抓农村、核心抓统筹”的工作要求和“中心城区＋小城镇＋新型社区”的具体模式，形成了城乡体制统一、规划统筹、相互融合、资源共享、协调发展的新格局（喻新安、吴海峰，2011）。其他试点城市也各有侧重，在这里就不一一详述。总之，各试点城乡一体化建设的做法，为中原经济区城乡经济社会统筹发展提供了宝贵经验。

（二）基于单指标的城乡统筹发展状态

1. 时序特征分析

城乡差距涉及经济、政治、文化、社会等多方面，而城乡收入差别是其基础性和决定性的影响因素，因此本文着重从城乡收入差别来分析中原经济区城乡统筹状态。

虽然中原地区城乡经济社会各项建设取得了巨大成就，但城乡居民的收入差距依旧较大，需加大力度改善城乡居民的收入差异，以更好地推进城乡统筹发展进程。由表5－18、图5－17可知，改革开放以来，随着经济社会发展水平的不断提升，主体区城乡居民的收入水平有了大幅的提升，其中城镇居民人均可支配性收入由1978年的315.00元增至2014年的24391.45元，农民人均纯收入由1978年的104.71元增至2014年的9416.10元。然而城乡居民收入差距随着改革开放进程的不断深入，表现出波动变化特点。从城乡收入比看，先由1978年的3.008波动降至1984年的1.652，再波动升至1994年的2.878，随后降至1998年的2.264，之后又逐步升至2003年的3.098，2003年之后不断缩小，至2014年降至2.590元。总体看来，主体区城乡收入比除1984年前的波动下降外整体呈波动上升状态，至2003年升至最高点3.098，2004年后以较小的幅度逐年缩小但仍维持在2.7～3.0之间。

由1978—2011年主体区城乡居民收入变动（图5－18）可知，城乡基尼系数从1978年的0.615波动下降到1994年的0.574后，1995年以来除个别年份有小幅上升外一直处于下降状态，至2014年缩小为0.269。城乡基尼系数在2007年后低于0.4的国际警戒线，这表明城乡差距有进一步缩小的趋势。然而城乡基尼系数的整体下降趋势，主要得益于城镇化建设的快速推进，尤其是近年来河南省的新型城镇化战略和各项惠农政策提高了农民的收入，因而促使基尼系数在一定程度上减小。但这仅仅显示了一种可能发展的趋势，如果要让该趋势真正实现并能切实改善主体区城乡居民收入的差距还需要多种因素的合力作用。

表5－18　1978—2011年主体区城乡居民收入变动情况

年份	城镇居民人均可支配性收入	农民人均纯收入	城乡收入比	城镇居民收入比重	城镇化率	城乡基尼尔系数
1978	315.00	104.71	3.008	0.751	0.136	0.615
1979	361.04	133.56	2.703	0.730	0.138	0.592
1980	365.00	160.78	2.270	0.694	0.140	0.554

续表

年份	城镇居民人均可支配性收入	农民人均纯收入	城乡收入比	城镇居民收入比重	城镇化率	城乡基尼尔系数
1981	395.00	215.57	1.832	0.647	0.142	0.505
1982	429.00	216.74	1.979	0.664	0.144	0.520
1983	452.50	272.00	1.664	0.625	0.146	0.479
1984	497.49	301.17	1.652	0.623	0.147	0.476
1985	600.59	328.78	1.827	0.646	0.148	0.498
1986	724.21	333.64	2.171	0.685	0.150	0.535
1987	814.20	377.72	2.156	0.683	0.151	0.532
1988	946.10	401.32	2.357	0.702	0.153	0.549
1989	1111.46	457.06	2.432	0.709	0.154	0.555
1990	1267.73	526.95	2.406	0.706	0.155	0.551
1991	1384.81	539.29	2.568	0.720	0.159	0.561
1992	1608.03	588.48	2.733	0.732	0.162	0.570
1993	1962.75	695.85	2.821	0.738	0.165	0.573
1994	2618.55	909.81	2.878	0.742	0.168	0.574
1995	3299.46	1231.97	2.678	0.728	0.172	0.556
1996	3755.44	1579.19	2.378	0.704	0.184	0.520
1997	4093.62	1733.89	2.361	0.702	0.196	0.507
1998	4219.42	1864.05	2.264	0.694	0.208	0.486
1999	4532.36	1948.36	2.326	0.699	0.220	0.479
2000	4766.26	1985.82	2.400	0.706	0.232	0.474
2001	5267.42	2097.86	2.511	0.715	0.244	0.471
2002	6245.40	2215.74	2.819	0.738	0.258	0.480
2003	6926.12	2235.68	3.098	0.756	0.272	0.484
2004	7704.90	2553.15	3.018	0.751	0.289	0.462
2005	8667.97	2870.58	3.020	0.751	0.307	0.445
2006	9810.26	3261.03	3.008	0.751	0.325	0.426
2007	11477.05	3851.60	2.980	0.749	0.343	0.406
2008	13231.11	4454.24	2.970	0.748	0.360	0.388
2009	14371.56	4806.95	2.990	0.749	0.377	0.372
2010	15930.26	5523.73	2.884	0.743	0.388	0.354
2011	18194.80	6604.03	2.755	0.734	0.406	0.328
2012	20442.62	7524.94	2.717	0.731	0.424	0.307
2013	22398.03	8475.34	2.643	0.725	0.438	0.287
2014	24391.45	9416.10	2.590	0.721	0.452	0.269

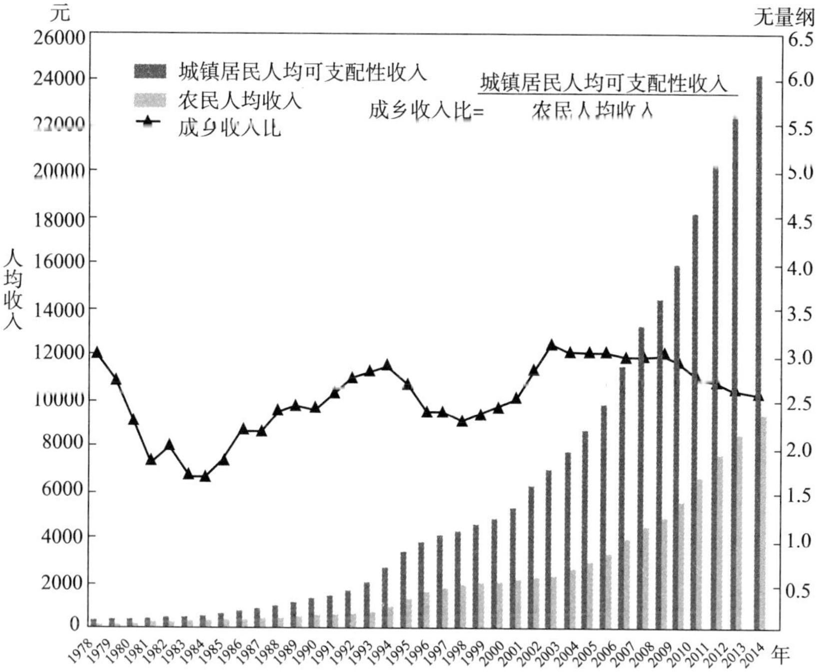

图 5－17　1978—2014 年河南省城乡收入差异变化

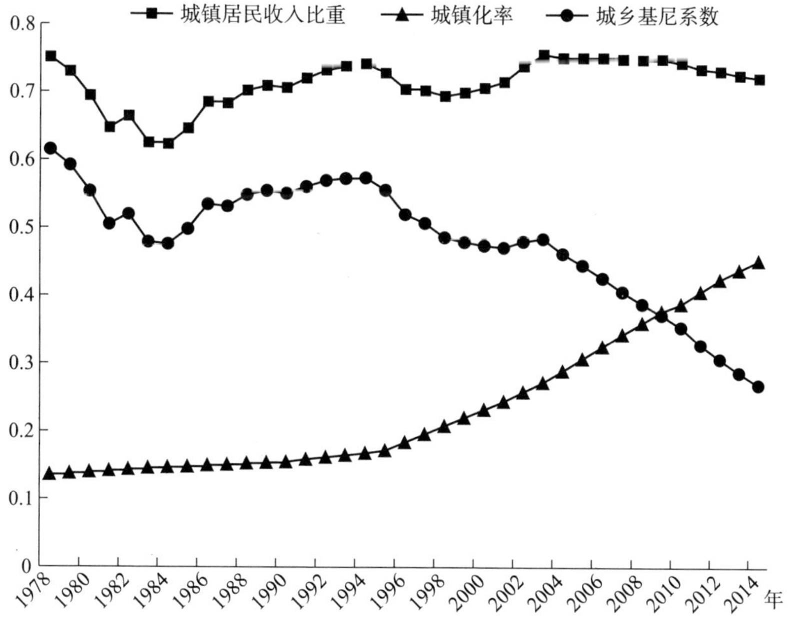

图 5－18　1978—2014 年主体区城乡基尼系数变化

2. 空间特征分析

基于城乡收入比在 Arc GIS 软件中可视化析出，可进一步了解河南省各地区城乡收入的空间分异状态。由 2014 年城乡收入比分布图 5－19 可知，郑州、焦作、济源和许昌的城乡收入比较低，分别是 1.811：1、1.915：1 和 1.915：1 和 1.957，形成中北部小范围的集中区。城乡收入比在 2.001～2.500 的地区有 7 个，一方面在城乡收入比低水平区东北侧形成小范围集中区，另一方面在西南部外围形成连绵分布区。城乡收入比在 2.501～3.000 之间的地区有 5 个，除濮阳分布在东北部外，其余 5 市在西南部、中南部、东部形成横贯东西的连绵分布区。总体看来，河南省中北部地区城乡差距相对较小，北部差别次之，南部差别较大。

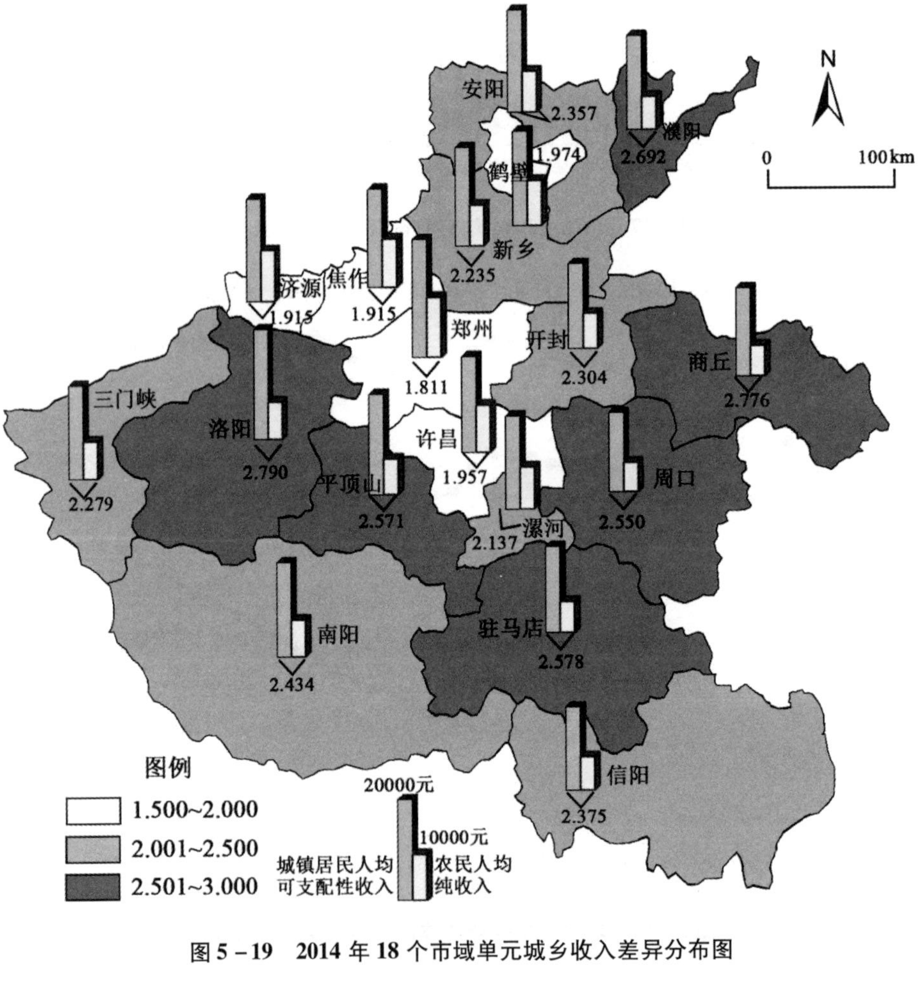

图 5－19　2014 年 18 个市域单元城乡收入差异分布图

为深入了解城乡收入差别的空间分异特征，本书采用普通 Kringing 插值方法，分析河南省县域尺度城乡收入比的空间分异状况。由图 5－20 可知，空间分异格局十分明显，在河南省中部、北部地区城乡收入比较小，在郑州附近形成低值集聚中心；而在西南部、南部、东部城乡收入比较高，且在局部形成集聚中心。究其原因，由于河南县域城镇居民人均可支配性收入、农村人均可支配性收入高值区的集聚分布，导致了河南省中部、北部地区城乡收入比较小。由于全省西部、南部、东部局部地区城镇收入值较高、农村纯收入较低，因而形成城乡收入比较大的集聚核心，城乡收入差距在全区最大。从上述分析可知，无论是市域还是县域，城乡收入比的地域差别很大且分布格局明显，并且有很多区域的比值在 2.5 以上。因此河南省在改善城乡收入地区分异方面，仍有很长的一段路要走。

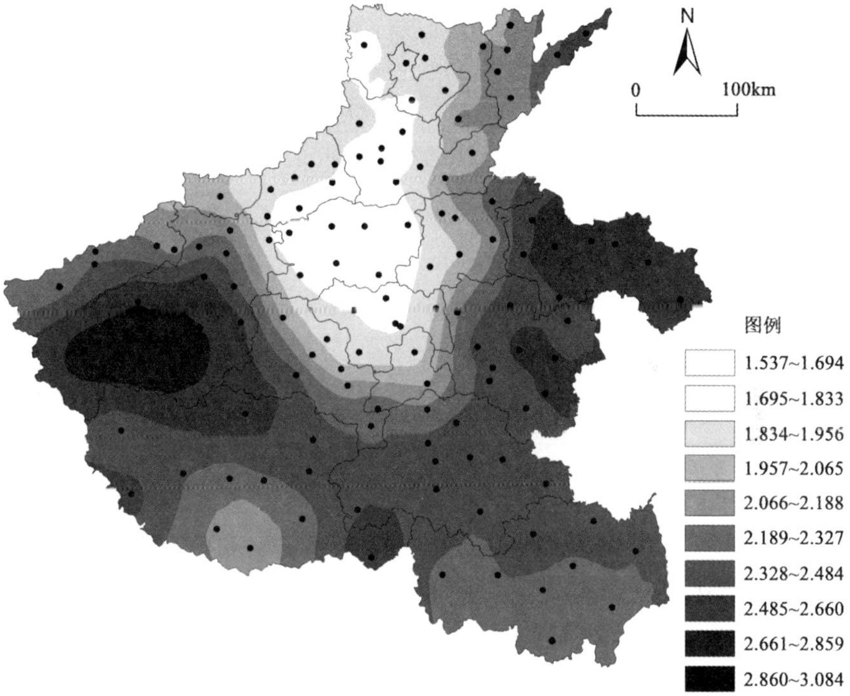

图 5－20　2014 年县域单元城乡收入比的普通 kriging 插值图

（三）基于综合指标的城乡统筹发展状态

1. 评价方法与数据来源

根据指标选取的科学性、典型性、主导性等原则，参考相关研究成果，从基础、经济、社会、公共服务、动态5个方面选取25个指标构建评价体系。具体而言，选择人均耕地面积、单位土地经济产值、单位GDP能耗、单位面积粮食产量、人口城市化率5个指标反映对城乡统筹发展的基础支撑；选择非农产业比重、二元对比系数、经济外向度、人均城乡收入比、城乡固定资产投资比5个指标反映城乡经济协调状况；选择人均城乡消费比、城乡恩格尔系数比、人均城乡文化娱乐支出比、城乡社会零售品总额比、城镇登记失业率5个指标反映城乡社会统筹发展的状态；选择人均公共服务财政支出、城镇基本养老保险人数比重、城乡社区事务支出占财政支出的比重、交通线密度、每万人拥有的卫生技术人员反映城乡公共服务的统筹发展状态；选择城乡固定资产投资增长率、人均GDP增长率、农业产业增长率、财政支农支出比重反映城乡统筹发展的动态变化。

在评价时，采用主成分分析方法计算综合发展水平。首先，对基础、经济、社会、公共服务、动态5个子系统分别进行主成分计算，之后将每个主成分的方差贡献率作为权重进行加权求和，得出每个子系统综合得分。其次，将每个子系统得出的综合得分作为指标进行主成分计算，同样根据方差贡献率进行加权求和，最终求出综合得分（城乡统筹发展水平）。数据主要来源于1996—2015年《河南统计年鉴》及2015年各市统计年鉴。

2. 结果分析

（1）时间特征。根据综合指标的计算方法，采集相关指标数据，借助于SPSS、Excel软件计算1995—2014年河南省城乡统筹发展水平，结果见表5-19。

表5-19　1995—2014年河南省城乡统筹发展水平变动情况

年份	基础子系统	经济子系统	社会子系统	公共服务子系统	动态子系统	综合得分
1995	-1.2840	0.4670	0.6302	-1.2398	0.8804	-1.1765
1996	-1.0330	1.0463	1.3832	-1.1790	0.4757	-1.3038
1997	-0.8862	1.0544	0.8864	-1.1118	-0.2966	-0.9656
1998	-0.7942	1.3878	0.9119	-0.7442	-0.7023	-0.8156
1999	-0.5595	0.9211	0.5944	-0.5595	-0.7630	-0.5076
2000	-0.4670	0.5201	0.7253	-0.4332	-0.6284	-0.4190
2001	-0.4188	0.3247	0.4428	-0.4018	-0.5935	-0.2949
2002	-0.6859	-0.0141	-0.0571	-0.3404	-0.5517	-0.1695
2003	-0.7641	-0.7942	-0.1611	-0.2258	-0.4031	-0.0012
2004	-0.4679	-0.4563	-0.4162	-0.0441	0.9350	-0.1430

续表

年份	基础子系统	经济子系统	社会子系统	公共服务子系统	动态子系统	综合得分
2005	-0.2637	-0.5017	-0.6041	0.0783	0.8113	0.0325
2006	-0.0078	0.7525	-0.5070	0.3333	0.6913	0.3065
2007	0.1649	-0.6804	-0.5209	0.7238	0.6420	0.4065
2008	0.3431	-0.5632	-0.5676	1.0219	0.3125	0.6048
2009	0.4781	-0.4594	-0.5845	0.8299	0.0420	0.6205
2010	0.8504	-0.2899	-0.7563	0.2313	-0.0708	0.5666
2011	1.1745	-0.3272	-0.8144	0.3375	0.1921	0.6584
2012	1.3779	-0.3323	-0.4837	0.4742	-0.1247	0.7448
2013	1.5392	-0.2240	-0.2077	0.7873	-0.3702	0.8500
2014	1.7039	-0.3264	0.1064	1.2401	-0.4781	1.0059

由表5-19可知，除1995—1996年、2003—2004年、2008—2010年小幅下降外，整个研究期城乡统筹水平呈现波动上升趋势。从分项指标看，基础子系统得分总体呈相对稳定的上升趋势，先有1995年的-1.2840逐步提高到2001年的-0.4188，2002年、2003年略微下降后，又由2004年的-0.4679大幅提升到2014年的1.7039。这表明城乡统筹发展的自然、经济等方面的基础较好，对整体水平提高的支撑作用明显。经济子系统得分变化较为复杂，先有1995年的0.4670上升到1998年的0.9119，之后大幅下降为2006年的-0.7525,2007年之后又波动变化为2014年的-0.3264。社会子系统得分在1995—2001年呈忽高忽低的波动下降状态，2003年之后基本呈下降趋势，直至2012年才有所反弹。这表明社会子系统水平对整体统筹水平的提高有遏制作用，整个研究期的社会问题较多，城乡二元结构有所加剧。公共服务系统得分整体呈现稳步上升的状态，这表明研究期河南省基础设施、公共服务设施投入不断提高，城乡建设的硬件水平也不断提升。动态子系统得分整体呈波动下降状态，其中1995—1999年大幅下降，2000—2004年波动上升，2005年之后波动下降。不难发现，动态子系统得分在前期、后期与整体统筹水平呈相反的趋势，中期变化也更为剧烈一些。这表明河南省城乡统筹水平的动态变化趋势不稳定，受多方面因素的交织影响。

从城乡统筹的子系统支撑作用看，基础资源的稳定支撑与公共服务供给有效提升是基本保障，城乡经济差异的缩小是统筹发展的主导因素，城乡社会差距的缩小是城乡统筹亟须改善的方向，动态水平的稳定提升是城乡统筹的持续保证。从现实情况看，河南省城乡经济差异有进一步扩大的趋势，城乡教育、住房、医疗卫生、社会保障等方面的差距依然很大，社会主义新农村和新型社区建设的成绩与问题并存，资源与生态环境承受的压力也进一步加重，城乡统筹发展面临的矛盾也日趋增多。因此，处理好5个子系统之间的协调关系，搭建好新型城镇化的本土承载平台，构建现代城乡体系，稳妥推进社会主义新农村与产业集聚区建设，方能形成城乡一体化发展的新格局。

（2）空间特征。同样地，利用主成分分析法计算18个省辖市的城乡统筹发展水平，采用Jenks Natural Break分类法将其划分为5类（图5－21），以分析其空间分异状态。

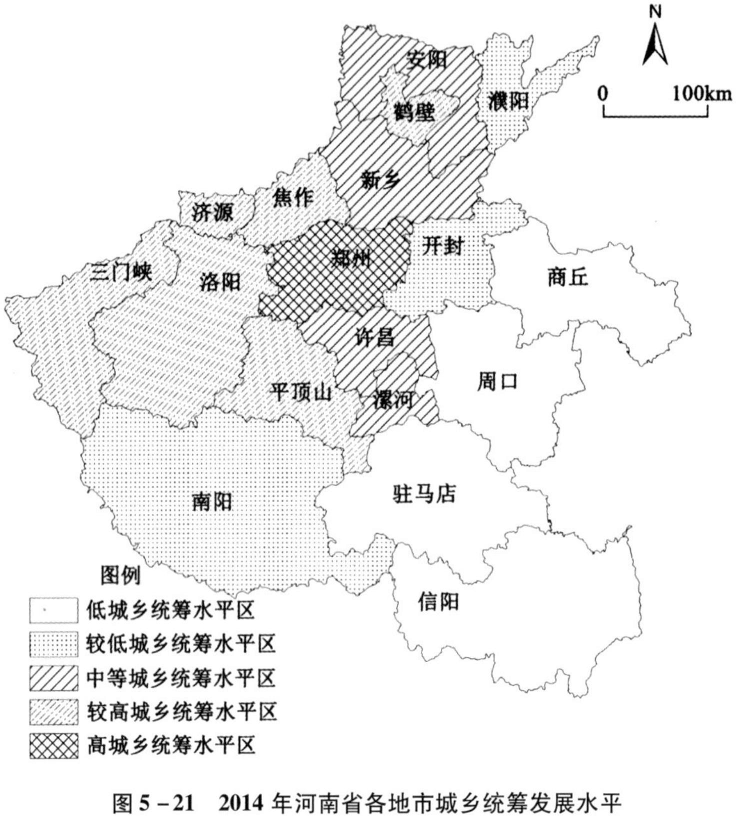

图5－21　2014年河南省各地市城乡统筹发展水平

由图5－21可知，高城乡统筹发展区仅有一个，为核心城市郑州；较高城乡统筹发展区为焦作、济源、三门峡、洛阳、平顶山与鹤壁，除鹤壁外其余五市在西北部集中分布；中等水平区为安阳、新乡、许昌和漯河，在郑州南北两侧沿京广线分布；较低城乡统筹水平区为开封、濮阳、南阳，低水平区为商丘、驻马店、周口与信阳，两种类型区主要分布在南部、东南部的广大地区。对比子系统得分看，基础、经济、公共服务3个子系统的空间分异情况与总体统筹发展水平类似，呈现以中部、西北部、北部组成的高值区与南部、东南部组成低值区的“西北—东南”分异状态。社会、动态子系统的空间分异情况与总体统筹发展水平相差很大，甚至呈相反的分布状态，具体而言，郑州、焦作整体统筹发展水平位居前两个发展层次，而动态子系统得分处在较低的等级层次；南阳、驻马店在整体统筹发展水平中处于统筹水平较低的层次，而在社会、动态系统中反而处在较高的层次。

可以说，城乡统筹发展水平高、较高的地区，一般是城镇化水平高、经济社会发展水平高、基础设施投资力度大、公共服务均等化覆盖率相对较高的地区，而社会问题较突出，动态变化趋势不稳定。这表明在快速城镇化背景下虽然城乡建设水平大幅提升，城乡人民的物质生活水平不断改善，但城乡之间仍然存在着教育差距、医疗差距、社会保障差距等，城乡居民心里感知与体验也差异很大，并由此引致各类社会问题与矛盾，也带来城乡动态子系统变化的震荡起伏。反观城乡统筹发展水平较低的地区，虽然城镇化水平不高、经济社会发展基础薄弱、城乡建设水平差异相对较大，但城乡统筹的动态推进过程相对稳定，城乡社会的二元结构相对不强。因此，在今后城乡统筹进程中，不仅要注重东南部、南部地区城乡基础、经济与公共服务水平的提升，也要注重高水平区社会问题的解决，使两者均处在有利的调控范围，才能更好地推进城乡统筹水平向更高的一个层次。

六、经济—社会—资源环境的耦合状态

（一）基本理念

在“三化”协调发展中，经济、社会和资源环境三个系统是相互影响、密切联系的。首先，经济发展通过物质生产活动为社会系统的有序运转提供资金与物质支持，而社会发展为经济活动提出新的发展目标并为经济发展提供的人力资源、基础设施等必要的外在要素。其次，资源环境系统是社会系统赖以生存和发展的物质基础，并为社会事业的全面发展提供基础支撑和空间条件，而社会事业的进步是资源环境系统满足人类需求的最好体现。最后，经济发展，一方面可为资源环境的改善与治理提供资金和技术支撑，促进资源的集约化利用，优化生态环境。而资源环境系统的改善和优化无疑为经济发展提供了基础支撑和环境保障，从而进一步地助推经济发展。另一方面，经济系统中的各种生产与消费活动必将其废弃物排放至资源环境系统，一旦超出环境承载力就会

造成环境污染、生态破坏等问题，从而影响经济活动的资源支撑和环境保障，导致经济发展的缓慢或倒退（方创琳、杨玉梅，2006）。由上述分析可知，经济、社会与资源环境三个系统相互影响，既有对立又有统一，既有竞争又有合作，三者协同运转才能促使城市—区域系统效益和效应达到最大化。

中原经济区是我国“三化”协调示范区和先行先试区，伴随着中部崛起、全国主体功能区开发、中原经济区规划建设等战略政策的不断深化，城镇化建设必将进一步快速推进，经济社会发展与资源环境的矛盾必将进一步复杂和激化，由此引发的各种问题也必将成为人们关注的焦点问题之一。因此，研究中原经济区“三化”发展进程中的经济—社会—资源环境系统的耦合作用关系，对保障国家粮食战略安全、实现“三化”协调战略主题等有重大意义。

（二）评价模型

1. 复合系统的有序度分析

设变量 $u_i(i=1,2,\cdots\cdots,m)$ 是经济、社会与资源环境系统的有序度参量，u_{ij}为第 i 个序参量的第 j 个指标，其值为 $X_{ij}(i=1,2,\cdots\cdots,n)$。$a_{ij}$、$b_{ij}$是系统各有序度参量的上、下限值。则经济、社会与资源环境系统对复合系统有序的贡献系数 u_{ij}可表示为：

$$u_{ij}=(X_{ij}-b_{ij})/(a_{ij}-b_{ij})\text{，}u_{ij}\text{为效益型或正向指标} \quad (5-11)$$

$$u_{ij}=(b_{ij}-X_{ij})/(a_{ij}-b_{ij})\text{，}u_{ij}\text{为效益型或逆向指标} \quad (5-12)$$

式中，u_{ij}为变量对系统的贡献大小。按照上式中构造的贡献系数具有如下特点：u_{ij}反映了各指标达到目标的满意度，u_{ij}趋近 0 表示最不满意，u_{ij}趋近 1 为最满意。由于经济、社会与资源环境是三个不同而又相互影响的子系统，对子系统内各个序参量的有序程度的总贡献可通过集成方法来实现，在实际部门中一般采用几何平均法和线性加权和法：

$$u_i=\sum_{j=1}^{m}\lambda_{ij}u_{ij},\sum_{j=1}^{m}\lambda_{ij}=1 \quad (5-13)$$

式中，u_i为子系统对总系统有序度的贡献，λ_{ij}为各个有序度参量的权重，本文采用熵权法确定权重。

2. 复合系统的耦合模型

设f_1、f_2、f_3分别代表经济系统、社会系统与资源环境系统，为了分析这三个系统在演化过程中竞争、合作关系，引入参数 $b_{ij}(i,j=1,2,3)$，称为系统 j 对系统 i 的竞争影响力参数，可得出经济系统、社会系统与资源环境系统的耦合演化模型（范斐、孙才志、王雪妮，2013）：

$$\frac{dx_1}{d_t}=f_1\ (x_1,\ x_2\ x_3)=Y_1=a_1\ x_1(1-x_1-b_{12}x_2-b_{13}x_3) \qquad (5-14)$$

$$\frac{dx_2}{d_t}=f_2\ (x_1,\ x_2\ x_3)=Y_2=a_2\ x_2(1-x_2-b_{21}x_1-b_{23}x_3) \qquad (5-15)$$

$$\frac{dx_3}{d_t}=f_3\ (x_1,\ x_2\ x_3)=Y_3=a_3\ x_3(1-x_3-b_{31}x_1-b_{32}x_2) \qquad (5-16)$$

式中，x_1、x_2、x_3分别代表F_1、F_2、F_3的有序度发展水平；a_l、a_2、a_3分别为F_1、F_2、F_3的增殖系数，反映经济系统、社会系统与资源环境系统三者在整个复合系统中的发展程度。演化方程（5－14）体现了资源环境系统、经济系统对社会系统的影响是通过影响参数b_{12}、b_{13}起作用的，资源环境改善或恶化与经济的发展都会影响社会系统的有序度水平。演化方程（5－15）则体现了资源环境系统、社会系统对经济系统的影响是通过影响参数b_{21}、b_{23}起作用的，资源环境改善或恶化、社会稳定与基础设施完善状况都会为经济发展起到促进或制约作用。演化方程（5－16）则体现了社会系统、经济系统对资源环境系统的影响是通过影响参数b_{31}、b_{32}起作用的，社会与经济的发展会对资源环境产生影响，这种影响可能是社会与经济的发展会挤占资源环境的空间，从而使之恶化；也可能是社会与经济的发展会改进生产技术，提高生产效率，从而促进资源环境系统改善。

若$a_i(i=1,\ 2,\ 3)>0$，说明系统自身在整体上处于进化的状态；当$a_i(i=1,\ 2,\ 3)<0$，则说明系统自身在整体上处于退化状态。若$b_{ij}(i,\ j=1,\ 2,\ 3)>0$，说明$j$系统与$i$系统之间是一种竞争关系，$j$系统自身的进化反而不利于$i$系统的发展，$i$系统的发展水平受到了不同程度的限制；当$b_{ij}(i,\ j=1,\ 2,\ 3)<0$，说明$j$系统与$i$系统之间是一种合作关系，$j$系统的进化有利于$i$系统的发展，这是一种相互促进的协同作用。

3\. 复合系统的耦合演化模型分析

第一步：计算演化方程稳定点。由导数意义可知，当$f_1(x_1,\ x_2,\ x_3)=0$，$f_2(x_1,\ x_2,\ x_3)=0$，$f_3(x_1,\ x_2,\ x_3)=0$时出现平衡点。因此，可得出5个平衡点：$P_1(0,\ 0,\ 0)$，$P_2(0,\ 0,\ 1)$，$P_3(0,\ 1,\ 0)$，$P_4(1,\ 0,\ 0)$，$P_5(Z_1/Z,\ Z_2/Z,\ Z_3/Z)$，其中：

$$Z=\begin{vmatrix}1 & b_{12} & b_{13}\\ b_{21} & 1 & b_{23}\\ b_{31} & b_{32} & 1\end{vmatrix},\ Z_1=\begin{vmatrix}1 & b_{12} & b_{13}\\ 1 & 1 & b_{23}\\ 1 & b_{32} & 1\end{vmatrix},\ Z_2=\begin{vmatrix}1 & 1 & b_{13}\\ b_{21} & 1 & b_{23}\\ b_{31} & 1 & 1\end{vmatrix},\ Z_3=\begin{vmatrix}1 & b_{12} & 1\\ b_{21} & 1 & 1\\ b_{31} & b_{32} & 1\end{vmatrix}$$

那么 P_5点的坐标为：

$$x_4 = \frac{1 - b_{23}b_{32} + b_{12}b_{23} - b_{12} + b_{13}b_{32} - b_{13}}{1 + b_{12}b_{23}b_{31} + b_{13}b_{21}b_{32} - b_{23}b_{32} - b_{12}b_{21} - b_{13}b_{31}} \quad (5-17)$$

$$x_5 = \frac{1 - b_{23} + b_{23}b_{31} - b_{21} + b_{13}b_{21} - b_{13}b_{31}}{1 + b_{12}b_{23}b_{31} + b_{13}b_{21}b_{32} - b_{23}b_{32} - b_{12}b_{21} - b_{13}b_{31}} \quad (5-18)$$

$$x_6 = \frac{1 - b_{32} + b_{31}b_{12} - b_{12}b_{21} + b_{21}b_{32} - b_{31}}{1 + b_{12}b_{23}b_{31} + b_{13}b_{21}b_{32} - b_{23}b_{32} - b_{12}b_{21} - b_{13}b_{31}} \quad (5-19)$$

微分方程平衡点（x_4，x_5，x_6）稳定程度的判断准则如下：

$$r = \frac{\partial f_1(x_4, x_5, x_6)}{\partial x_4} + \frac{\partial f_2(x_4, x_5, x_6)}{\partial x_5} + \frac{\partial f_3(x_4, x_5, x_6)}{\partial x_6} \quad (5-20)$$

$$s = \begin{cases} \dfrac{\partial f_1(x_4, x_5, x_6)}{\partial x_4} & \dfrac{\partial f_1(x_4, x_5, x_6)}{\partial x_5} & \dfrac{\partial f_1(x_4, x_5, x_6)}{\partial x_6} \\ \dfrac{\partial f_2(x_4, x_5, x_6)}{\partial x_4} & \dfrac{\partial f_2(x_4, x_5, x_6)}{\partial x_5} & \dfrac{\partial f_2(x_4, x_5, x_6)}{\partial x_6} \\ \dfrac{\partial f_3(x_4, x_5, x_6)}{\partial x_4} & \dfrac{\partial f_3(x_4, x_5, x_6)}{\partial x_5} & \dfrac{\partial f_3(x_4, x_5, x_6)}{\partial x_6} \end{cases} \quad (5-21)$$

$$\begin{aligned} t = & -\frac{\partial f_1(x_4, x_5, x_6)}{\partial x_4} * \frac{\partial f_2(x_4, x_5, x_6)}{\partial x_5} - \frac{\partial f_1(x_4, x_5, x_6)}{\partial x_4} * \\ & \frac{\partial f_3(x_4, x_5, x_6)}{\partial x_6} - \frac{\partial f_2(x_4, x_5, x_6)}{\partial x_5} * \frac{\partial f_1(x_4, x_5, x_6)}{\partial x_4} + \\ & \frac{\partial f_2(x_4, x_5, x_6)}{\partial x_6} * \frac{\partial f_3(x_4, x_5, x_6)}{\partial x_5} + \frac{\partial f_1(x_4, x_5, x_6)}{\partial x_5} * \\ & \frac{\partial f_2(x_4, x_5, x_6)}{\partial x_4} + \frac{\partial f_1(x_4, x_5, x_6)}{\partial x_6} * \frac{\partial f_3(x_4, x_5, x_6)}{\partial x_4} \end{aligned} \quad (5-22)$$

当 $r<0$，$s<0$，$t<0$ 时，平衡点（x_4，x_5，x_6）稳定；当 $r\geqslant 0$，$s\geqslant 0$，$t\geqslant 0$ 时，平衡点（x_4，x_5，x_6）不稳定，其中：

$$\frac{\partial f_1}{\partial x_1} = a_1(1 - 2x_1 - b_{12}x_2 - b_{13}x_3), \quad \frac{\partial f_1}{\partial x_2} = -a_1 b_{12}x_1, \quad \frac{\partial f_1}{\partial x_3} = -a_1 b_{13}x_1 \quad (5-23)$$

$$\frac{\partial f_2}{\partial x_2} = a_2(1 - 2x_2 - b_{21}x_1 - b_{23}x_3), \quad \frac{\partial f_2}{\partial x_1} = -a_2 b_{21}x_2, \quad \frac{\partial f_2}{\partial x_3} = -a_2 b_{23}x_2 \quad (5-24)$$

$$\frac{\partial f_3}{\partial x_3} = a_3(1 - 2x_3 - b_{31}x_1 - b_{32}x_2), \quad \frac{\partial f_3}{\partial x_1} = -a_3 b_{31}x_3, \quad \frac{\partial f_3}{\partial x_2} = -a_3 b_{32}x_3 \quad (5-25)$$

通过计算可知其他四个平衡点的 r、s、t 值，如表 5－21 所示。

表 5－21　其他四个平衡点的具体坐标公式

平衡点	r	s	t
$P_1(0,0,0)$	$a_1+a_2+a_3$	$a_1a_2a_3$	$-a_1a_2+a_1a_3+a_2a_3$
$P_2(0,0,1)$	$(a_1+a_2+a_3)-(2a_3+a_1b_{13}+a_2b_{23})$	$-a_1a_2a_3(1-b_{13})(1-b_{23})$	$a_2(1-b_{21})[a_1-a_3(1-b_{31})]+a_1a_3(1-b_{31})$
$P_3(0,1,0)$	$(a_1+a_2+a_3)-(2a_2+a_1b_{12}+a_3b_{32})$	$-a_1a_2a_3(1-b_{12})(1-b_{32})$	$a_1(1-b_{12})[a_2-a_3(1-b_{32})]+a_2a_3(1-b_{32})$
$P_4(1,0,0)$	$(a_1+a_2+a_3)-(2a_1+a_2b_{21}+a_3b_{31})$	$-a_1a_2a_3(1-b_{21})(1-b_{31})$	$a_1(1-b_{13})[a_3-a_2(1-b_{23})]+a_2a_3(1-b_{23})$

第二步，模型各平衡点的内涵解释。毋庸置疑，经济、社会、资源环境复合系统的最终发展将趋于稳定，因此，稳定点代表着系统的最终目标状态。$P_1(0,0,0)$ 是不稳定点，在该点三个系统不会发生任何改变。$P_2(1,0,0)$、$P_3(0,1,0)$、$P_4(1,0,0)$ 分别为经济系统、社会系统、资源环境系统的极值点，因为这三个点是某一系统通过挤压其他两个系统而达到的最大值。某一个系统达到极限最优，即为1，而另外两个系统则随之消失，即为0，这反映系统存在的独立状态，不是期望的耦合的竞合结果。平衡点 $P_5(x_4,x_5,x_6)$ 反映系统 f_1、f_2、f_3 都存在着不同的演进，这种演进对应着系统有序度的增减，因此分析该平衡点，可得知系统耦合进化的两种情况：

第一，部分竞争替代。对应着稳定点 $P_2(1,0,0)$、$P_3(0,1,0)$、$P_4(1,0,0)$。当资源环境系统、经济系统对社会系统施加的竞争力较强烈时（$b_{12}>1$ 且 $b_{13}>l$），社会系统会出现负增长，这表明过度地将资源环境保护和经济发展同时强调时，会引起社会系统的衰退；当社会系统、资源环境系统对经济系统施加的竞争力较强烈时（$b_{21}>1$ 且 $b_{23}>l$），经济系统将出现衰退，太过重视社会系统的发展与资源环境的保护，而忽视经济系统的发展，将会导致经济系统的停滞不前甚至是快速倒退。当经济系统、社会系统对资源环境系统施加的竞争力较强烈时（$b_{31}>1$ 且 $b_{32}>l$），资源环境的有序度将出现负增长，表明要使资源环境好转，就要适度控制经济系统与社会系统的发展。

第二，部分竞争共存。对应着稳定点 P_5，经济系统、社会系统、资源环境系统之间相互竞争的影响力是不对等的。经济系统、社会系统、资源环境系统存在着竞争与合作，如果满足一定的条件，则这三个系统可以共同发展，向着一个稳定的结构状态 $P_5(x_4,x_5,x_6)$ 耦合演进。

4. 耦合模型的计算方法

在模型的计算方法方面，常用的参数求解是最人似然法、最小二乘法等，但由于求解稳定点的方程是非线性方程，通过常用方法进行求解往往达不到令人满意的结果，另外最大似然法还需要参数的确切分布，鉴于此，本文应用加速遗传算法（Accelerating Genetic Algorithm）进行模型参数求解。

加速遗传算法具有适用性强、稳健性好、计算精度高以及技术参数设计简明等特点，因此加速遗传算法在各类优化问题中开始广泛应用，假设一般优化问题为：

$$\min f(c_1, c_2, \cdots, c_p)$$

$$a_j \leqslant c_j \leqslant b_j \tag{5-26}$$

式中，$[c_j]$ 为 p 个变量；$[a_j, b_j]$ 为 c_j 叫为 p 的初始变化区间；f 为非负的优化准则函数。根据标准遗传算法中各算子的寻优性能，用前两次进化迭代运算所产生的优秀个体的变量变化空间作为变量新的初始变化区间，算法进入变量初始变化空间的离散和编码（范斐、孙才志、王雪妮，2013）。如此加速循环计算，直到最优个体的优化准则函数值小于某一设定值或算法运行达到预定加速循环次数，此时就把当前群体中最佳个体或某个优秀个体指定为加速遗传算法的结果。

（三）结果分析

1. 复合系统的有序度分析

根据科学性、系统性、典型性等原则，通过对1995年以来相关研究中指标的频度分析，构建“经济—社会—资源环境”复合系统的指标体系，共四级41个指标（表5-22）。具体而言，在经济系统方面，从经济发展、经济效益、经济结构三个方面选取13个指标；在社会系统方面，从人口结构、社会事业发展、生活质量提升三个方面选取14指标；资源环境系统方面，从资源条件、资源利用和环境质量三个方面选取14个指标。关于指标权重，本文采用熵权法进行计算。值得说明的是，2011年《指导意见》的出台，标志着中原经济区正式上升为国家战略，从而强调了不以牺牲农业与粮食、生态与环境为代价的现代化战略，因此本书选择1995—2011年这个时间段来分析中原经济区“经济—社会—资源环境”复合系统的耦合变化情况。

表5-22 经济—社会—资源环境耦合水平的评价体系

目标层	准则层	领域层	指标层
经济社会与资源环境耦合系统	经济子系统	经济发展	人均GDP
			地均GDP
			人均工业产值
			人均固定资产投资
			人均地方财政收入
			人均城乡收入
		经济效益	总资产贡献率
			农业机械化率
			全员劳动生产率
		经济结构	工业增加值占GDP的比重
			第三产业增加值占GDP的比重
			科技支出在财政收入的比重
			经济外向度
	社会子系统	人口结构	人口城镇化率
			非农产业从业人员比重
		各项事业发展	城乡收入比
			人均社会消费品总额
			人均邮电业务量
			人均科教文卫事业支出
			人均城市道路面积
			人均图书拥有量
		生活质量提升	万人拥有的教师数
			万人拥有的床位数
			万人拥有的科技人员
			基础设施投资占地方财政支出的预算比
			移动电话普及率
			燃气普及率
	资源环境系统	资源条件	人均耕地面积
			人均水资源拥有量
			建成区面积
			森林覆盖率

续表

目标层	准则层	领域层	指标层
		资源利用	万元 GDP 能耗
			工业废弃物利用率
			生活垃圾利用量
		环境质量	城市绿化覆盖率
			人均公园绿地面积
			单位工业产值废气排放量
			单位工业产值废水排放量
			单位工业产值固体废弃物排放量
			工业污染源治理投资
			人工造林面积

根据指标体系和相应年份相关统计年鉴的相关数据，分析中原经济区1995—2011 年的统计数据，根据有序度计算公式，可得出中原经济区经济、社会与资源环境系统的有序度（表 5－23）。

表 5－23　经济系统、社会系统与资源环境系统的综合耦合度指数

年份	经济系统有序度	社会系统有序度	资源环境系统有序度	综合耦合度指数
1995	0. 1142	0. 1326	0. 1796	0. 3770
1996	0. 1138	0. 1380	0. 1767	0. 3779
1997	0. 1136	0. 1431	0. 1731	0. 3785
1998	0. 1161	0. 1478	0. 1812	0. 3852
1999	0. 1191	0. 1501	0. 1781	0. 3861
2000	0. 1269	0. 1540	0. 2048	0. 4024
2001	0. 1248	0. 1616	0. 1903	0. 3986
2002	0. 1310	0. 1659	0. 2127	0. 4121
2003	0. 1467	0. 1739	0. 2375	0. 4314
2004	0. 1536	0. 1836	0. 2384	0. 4380
2005	0. 1706	0. 1951	0. 2471	0. 4519
2006	0. 1875	0. 2106	0. 2447	0. 4629
2007	0. 2093	0. 2306	0. 2576	0. 4822
2008	0. 2308	0. 2490	0. 2682	0. 4993
2009	0. 2364	0. 2684	0. 2749	0. 5098
2010	0. 2611	0. 2853	0. 2610	0. 5188
2011	0. 2931	0. 3200	0. 2833	0. 5467

从各系统的有序度参量看，经济子系统、社会子系统的有序度分别从1995年的0.1142、0.1326逐步增至2011年的0.2931、0.3200，且两者上升趋势也基本一致。这表明1995年以来，中原经济区经济社会发展保持了较好的发展态势，产业结构逐步优化，居民生活水平不断提高，城乡各项社会事业有序发展。资源环境子系统有序度参量值由1995年0.1796波动上升至2011年的0.2833，增长空间有限且升降幅度震荡较大。这表明，虽然资源环境系统有序度有了一定程度的提高，但其受经济社会快速发展带来的压力越来越大，有时不堪重负而出现资源过度开发、环境承载力大幅下降等资源环境问题。从三个系统有序度组成的综合耦合度指数看，其值由1995年的0.3770以年均2.36%的增长幅度升至2011年的0.5467，整体变化呈较好发展趋势。这表明，虽然在该阶段中原经济区经济社会发展对资源环境系统造成了一定的损害，但系统整体耦合水平处于较好的上升状态，未出现停滞不前或者退化。

2. 复合系统竞争与合作关系的评价分析

根据表5－23的结果，把经济、社会与资源环境三个系统的有序度参量指标的具体数据进行中间差分，代入遗传加速算法公式5－27进行求解。

$$
\begin{aligned}
z_1 &= \min \sum_{i=1}^{17} [y_1 - a_1 x_1(1 - x_1 - b_{12} x_2 - b_{13} x_3)]^2 \\
z_2 &= \min \sum_{i=1}^{17} [y_2 - a_2 x_2(1 - x_2 - b_{21} x_1 - b_{23} x_3)]^2 \\
z_3 &= \min \sum_{i=1}^{17} [y_3 - a_3 x_3(1 - x_3 - b_{31} x_1 - b_{32} x_2)]^2
\end{aligned}
\quad (5-27)
$$

式中，变量 a、b 的初始变化区间分别为［－1，1］、［－3，3］，那么可以求得 a_1、b_{12}与 b_{13}，a_2、b_{21}与 b_{23}；a_3、b_{31}与 b_{32}的估计值如表5－24所示。

表5－24　模型参数估计表

	a_i	b_{ij1}	b_{ij2}
社会系统	0.0723	－0.9686	0.0361
经济系统	0.0877	0.0219	0.5761
资源环境系统	0.0335	0.1012	0.9069

由表5－24可看出，由于 $a_1>0$、$a_2>0$、$a_3>0$，因此中原经济区经济、社会与资源环境系统均有所发展，特别是近年来围绕中原经济区规划建设、郑州航空港经济综合实验区建设等机遇，积极推进五级城镇体系协调发展、郑汴一

体化、产业集聚区与新型社区建设，不断加大基础设施建设力度，资源环境系统持续改善，经济社会发展一直处于稳中有快的发展水平。

由 b_{12} 与 b_{21} 可知，中原经济区社会系统和经济系统是一种输赢互补关系，经济发展促使财政收入更为充足，进而带动社会各项事业的进步和民生关系的改善，因此经济系统对社会系统表现为一种合作作用。而和谐社会的构建、社会事业的进步的最终目的都是让人民得利益、得实惠，是以提高居民生活质量为宗旨的，这也就决定了中原经济区范围内各级政府不能把经济发展速度作为唯一的发展目标，因此，社会系统在一定程度上对经济系统表现出竞争关系。

由 b_{13} 与 b_{31} 可知，中原经济区社会系统与资源环境系统是一种竞争关系，社会系统有序度水平的提升阻碍对资源环境系统的保护与改善，而资源环境系统有序度的提升又反过来延缓了社会系统的发展。究其原因，这主要是由于社会系统、资源环境系统在空间具有不可替代性，以及生产要素在使用和分配上具有排他性与独占性。因为各类生产要素在区域中的赋存总量是一定的，若将一定量的某种资源或者一定数目的资金投入到社会或资源环境系统中，那么必然会对另外一种系统形成竞争。

由 b_{23} 与 b_{32} 可知，中原经济区经济系统与资源环境系统是一种互促共进的关系。这主要是由于中原经济区各地通过加强对资源环境系统的保护，改善了地区经济发展的区域基质环境和投资环境，也带动了现代服务业、金融商贸业等第三产业的快速发展，也制约工业化发展中粗放型方式，从而激发了经济发展的新活力，因而资源环境系统的保护与提升对经济系统表现出一种合作作用。与此同时，中原经济区各地注重发展循环经济、低碳城市与生态城市，改善区域生态环境质量，加大对环保产业的投资力度，建立了一套相对完善的区域生态环境保护机制，从而实现了经济系统与资源环境系统的协调发展。

通过上述公式计算可知，中原经济区经济、社会与资源环境三个系统共同发展，向着一个稳定结构状态 Q_5（3.5137，2.7104，3.1025）转化。3.5137、2.7104 与 3.1025 分别表示经济、社会与资源环境系统有序度在目前条件下的极限值，即随着复合系统的发展，经济、社会与资源环境系统处于一种协同进化状态。经济、社会与资源环境的竞争演化、协同发展是中原经济区经济—社会—资源环境复合系统整体发展的动力。通过竞争，激发了经济、社会与资源环境系统演化的活力；通过合作，扩大了中原经济区经济、社会与资源环境系统的发展空间，最终向着一个稳定点 Q_5 发展。但也不排除随着中原经济区规划建设、郑州航空港经济综合实验区建设过程中各地不断加强体制和机制创新，形成新的发展活力和动力，从而迈向一个更高水平的稳定点协同进化。

可以说，中原经济区经济、社会系统与资源环境系统的交互耦合关系表现如下：一方面，经济、社会系统有序度水平的提高通过人口集聚、城市扩张、产业升级等对生态环境产生胁迫，倘若经济社会发展速度过快，超出了生态环境的承载限度，城镇化进程最终会受到遏制；另一方面，资源环境系统有序度水平的提高又通过限制人口、排斥资本和干预政策对经济社会发展产生约束。因此减少经济社会发展对资源环境系统的胁迫效应，减少资源环境系统有序提升对经济社会发展的约束影响，使经济、社会系统与资源环境系统处于良好的竞合关系，各地区的耦合协调水平会处在不同级别的协同。如《规划》所述，中原经济区“五化”协调发展最重要、最关键的前置语是“两不牺牲”，即“不以牺牲农业和粮食、生态和环境为代价”。因此，在以新型城镇化引领的中原经济区“五化”协调发展进程中，一定要坚持可持续发展战略，转变以破坏环境和极度消耗资源为代价的经济增长方式，发展循环经济与低碳城市，改善和维护区域生态系统，以实现经济—社会—资源环境复合系统综合效益与效应的最大化。

七、小结

本章从耦合的本源出发，基于城市—区域系统理论，分析了“五化”协调发展的耦合内涵和状态评价内容。在此基础上，通过相关定量评价模型对中原经济区“五化”协调的耦合状态进行评价，主要结论如下：

（1）城镇与城镇的耦合状态：从城镇体系四大结构看，等级层次结构中区域性中心城市、地区性中心城市、地方性中心城市、中心镇与新型社区的数量和级别不尽合理，城镇体系的规模序列处于中等发育水平尚未形成完整的序列结构，职能类型结构处于较低的发展阶段，空间布局结构须根据战略政策的实施进一步优化。

（2）城镇与产业的耦合状态：三次产业结构及其内部结构逐渐优化，产业集聚区建设势头迅猛，但仍面临承接产业转移、调控升级等难题；产业结构偏离度与理想状态均有较大差异，第二产业偏离度最大，第一产业偏离度次之，第三产业偏离度最小；城镇化率虽以每年增加 1.33 个百分点的速度快速提高，但城镇化整体水平仍严重滞后于同期的工业化水平和产业结构比重。

（3）城镇与区域的耦合状态：核心城市的带动能力不强，核心增长板块的辐射范围不够大，各省辖市市区空间综合影响范围不均衡。

（4）城镇与乡村的耦合状态：虽然城乡各项建设快速发展，城乡规划与建设管理改革不断推进，城镇带动乡村发展的作用日益增强，新型社区规划建设成效与问题并存，城乡一体化建设取得重要进展。但从城乡差距的单指标和综合指标分析看，城乡差距依然较大，地区之间差异明显，城乡统筹发展的力度须进一步加强。

（5）经济—社会—资源环境耦合状态：从三个系统有序度组成的耦合度指数看，其值由 1995 年的 0.3770 以年均 2.36% 的增长幅度升至 2011 年的 0.5467，整体变化呈较好的发展趋势。从现实情况看，1995 年以来中原经济区经济、社会系统有序度水平保持了较好的发展态势；资源环境子系统有序度有了一定程度的提高，但其受经济社会快速发展带来的压力越来越大，有时不堪重负而出现资源过度开发、环境承载力大幅下降等资源环境问题。

第八章

中原经济区“五化”协调发展的优化组织

基于城市—区域系统整合框架，第四、五章对“五化”协调发展的基本状态、耦合状态进行了评价与分析，从定量与定性相结合两个维度透视了中原经济区“五化”发展的成效与问题，为中原经济区“五化”协调发展的优化组织打下了基础。但“五化”协调发展应达到什么样的目标？“五化”协调发展应怎样进行调控？上述问题是中原经济区“五化”协调发展之路必须要正视的问题。要解答上述问题，只有在弄清“五化”协调的发展方向和制定好调控的方略，才能更好地为“五化”协调的优化组织“对症下药”。因此，本章根据研究框架的设计和研究的最终目标，结合第四、五章“五化”协调发展的状态评价结果，提出中原经济区“五化”协调优化组织的实现路径。可以说，基于城市—区域系统理论剖析“五化”协调的机理，定量评价“五化”协调的状态水平，都是为该关键问题准备的。因此，本章重点从以下三个方面进行分析：①基于城市—区域整合框架，提出中原经济区“五化”协调发展的控制论证；②根据中原经济区“五化”协调基本状态评价结果，从时空两个维度进行定位推进，提出“五化”协调发展优化组织的具体途径；③根据中原经济区“五化”耦合状态评价结果，基于城市—区域系统整合理论，从城镇与城镇、城镇与产业、城镇与区域、城镇与乡村、经济—社会—资源环境方面提出优化组织路径。

一、中原经济区“五化”协调发展的控制论证

实现城市—区域系统中“五化”的协同运转，就是要在城—区整合、城乡一体、产城融合、人地协调的互动中优化资源要素的合理配置，突出集约节约、提高科技含量，倡导资源节约、环境友好，提升信息化的助推力，致力于城乡

发展走上生产发达、生活富裕、生态文明的可持续发展道路，人口、产业、生产要素的集中度明显提高，努力建成生态高效的现代产业体系和现代城镇体系，形成以城促产、以产带城、城乡统筹、城乡一体的良性互动局面。根据中原经济区“五化”协调发展的前提条件、状态评价分析，结合第三章“五化”协调发展的原则要求，须将以下方面作为今后发展的调控重点和战略导向：

1. 努力确保“两不牺牲”

不以牺牲农业与粮食、生态与环境为代价，是探索中原经济区“五化”协调科学发展的基本前提和庄严承诺。1995 年以来，中原经济区各市为推动“五化”协调发展进行了许多的尝试，取得了一些积极的成果，但却出现了两种不协调的现象：一些地区经济发展了，但粮食生产产量和环境保护质量下降了；另外一些地区粮食实现了增产、生态环境水平得到改善，但经济发展却滞后于其他地区。协调难度之大，是因为“五化”之间虽然存在着内在的有机关联和实现途径的耦合，但真正实现“五化”之间的相互协调确实存在着诸多矛盾，如新型城镇化、新型工业化与稳定粮食生产和确保粮食产量的矛盾，推动“五化”协调进程与土地红线制约的矛盾，“五化”协调发展与资源环境条件约束的矛盾等。

“两不牺牲”的前置条件也倒逼着中原经济区必须进行“五化”协调发展内涵创新和模式创新。一方面，要在“五化”协调发展进程中，通过稳定耕地面积、提升粮食单产、创新农业现代化发展的机制体制、完善支农惠农政策，巩固粮食生产稳定增长的基础，不断提升粮食生产的综合生产能力，把中原经济区建设成为我国粮食生产的核心区和优质区，确保粮食的生产能力。另一方面，要在“五化”协调发展中，实现农业发展由粗放型向集约型转变，由资源占用、消耗式发展向依靠科技进步与提高农民素质的转变，由家庭分散经营向适度规模经营的转变，建成较为完善的现代农业支撑体系，实现农民人均家庭收入的持续增加、区域生态环境的改善和农业综合效益的不断提高。

2. 建立现代产业体系

①现代农业方面：加大支农惠农政策的力度，积极发展现代化农业，努力实现用现代物质条件装备农业，用现代科学技术改造农业，用现代经营形式推进农业，用现代经营理念引领农业，培育和发展新型农民，提高农业生产的机械化、集约化、信息化水平，提高资源利用率、土地生产潜力、农业劳动生产率，提高农业的综合效益。②现代工业方面：应做大做强高成长性产业（如汽车装备、电子信息、高端制造等），改造具有产业优势的传统产业（如化工、

钢铁、纺织等)，加快淘汰落后产能的企业，按照产业集聚区建设要求，形成带动能力强的特色产业集群。应积极培育战略性新兴产业，加快产业化生产基地建设，重点推进新材料、新能源、生物医药、航空物流、高端装备等先导产业，大力发展环保节能型产业。应进一步完善高新技术业发展的政策支撑体系，制定高新技术产业的前瞻规划和路线图规划，对高新技术业的走势做出预测和引导，培育具备一定优势的高新技术产业领域，引导成长性好、竞争力强的企业与国内外高端要素进行结合，推动高新技术产业的规模扩张和成果转化。③现代服务业方面：提高现代服务业的规模化、品牌化、特色化、网络化发展水平，改造并提升商贸、餐饮等传统服务业，加快发展现代航空物流业、金融保险产业等生产性服务业，积极发展信息服务、咨询服务、科技服务、服务外包、会展服务等新型业态，大力拓展生活性服务业领域。

3. 构建现代城镇（乡）体系

从“五化”协调发展内涵出发，以实现城市—区域系统综合发展为发展目标，就必须统筹推进大中小城市、小城镇及新型社区建设，就必须充分发挥各级别城镇的独特优势和角色分工，形成全国区域性中心城市、地区性中心城市、地方性中心城市、中心镇、新型社区层次分明、结构合理、功能互补、协调发展的现代城镇体系，从而达到“五化”协调发展、互促共进之目的。也就是说现代城镇（乡）体系建设为各级别城镇发展进行了明确的职能定位，使其各司其职又相互协作。具体而言，统筹规划布局区域内各级别城镇及新型社区的发展格局，完善交通一体、产城融合、产业链接等联动发展机制，建设现代城镇体系，支撑区域内各项事业的稳步前行。

在全国区域性中心城市建设方面，要促进中心城市复合式发展，增强核心增长极的区域竞争力。在地区性中心城市建设方面，要根据城市之间的优势、互补关系，发挥城市新区建设的优势，吸纳带动周边基础较好的城镇组团一体化发展，培育整体竞争优势。在地方性中心城市建设方面，要倡导城市的内涵式发展，提高城市资源利用效率、基础设施水平、人居环境质量和城市人文素质，提升城市吸引力、凝聚力和综合承载能力。在中心镇建设方面，要注重建制镇之间的集聚式发展，充分发挥小城镇统筹城乡的重要节点作用，着力推动土地集约利用、人口集中居住，考虑将基础好的发展成为小城市，提高县域城镇的辐射能力和其带动农村发展能力。在新型社区建设方面，要科学规划，分类推进，整合村庄、土地、人口、产业等资源要素，促进农业规模经营、农民多元就业，改善生活环境和生产条件，使其真正推动统筹城乡联动发展。

4. 促进城乡统筹发展

即在新型城镇化引领下促使城市与乡村统筹发展，形成“五化”协调发展的可持续发展格局。城乡统筹发展是城市—区域系统中“五化”协调发展的三大实现途径之一，它不仅包含了经济范畴，还涉及城乡经济和社会发展中的物质文明、精神文明、政治文明等各个方面。具体而言，必须达到：①统筹城乡经济的一体化发展。把农民致富与农村城镇化相结合，藏富于民，长富于民，增加农村居民经济收入，改善城乡居民在经济上的差距。这是城乡统筹发展的基础，是搞好其他一切城乡发展的根本。②统筹城乡社会文化的一体化发展。城乡社会文化的一体化发展是城乡统筹的重要内容，把教育城乡居民、改善居民观念及提高居民素质结合起来，鼓励物质文明、精神文明共同发展，带动农村现代文明的繁荣，从而推动农村经济社会发展与进步，实现城与乡的协调。③统筹城乡民主政治的一体化发展。在政治方面，切实做到全体公民尤其是农民平等享有公平、公正的待遇，尊重城乡居民的各项政治权利，充分体现“人民当家做主”的政权性质。④统筹城乡社会管理的一体化发展。以分类推进为基本原则，全面开放小城镇的落户限制，有序放开中小城镇的落户限制，切实解决好农民进城的户籍、教育、住房、社会保障等方面的问题，同时积极探索城镇建设用地规模增长与农业转移人口落户挂钩的政策。

二、基于“五化”基本状态的优化组织

（一）“五化”协调发展的时序定位和整合

1. 新型城镇化的时序定位与整合

（1）注重经济效益的提升与产业结构的优化。从1995—2014年新型城镇化经济效益与产业结构子系统的变化特征看，前期呈现不稳定波动变化，2006年之后才呈现稳定提高的状态，这表明经济高效发展的持续性还不是很稳定，有待进一步提升的空间。所以在今后的经济发展中，一方面要保持稳定的增长率和变化率，降低资源开发的强度、提高资源的综合利用率，发展低碳经济、循环经济、绿色经济和生态经济，从而达到经济综合发展质量的提升，满足城乡居民的各种发展需要；另一方面要充分利用国际国内两种资源、两个市场，积极开展国际合作和交流，加快融入全球商品价值链，大力拓展对外开发的深度和广度，着力提高对外开发的层级，构建内外互动、互利互赢、安全高效的经济开放支撑体系，将中原经济区建设成为我国内陆开放高地。

（2）统筹社会子系统各方面的全面发展。社会子系统各方面的协调发展不是仅靠投资建设、资金援助、经济补偿等方面的给予和帮扶就能解决的，因为城乡统筹发展包括社会保障、教育公平、就业指导、文化提升等多方面的庞大工程。因此，统筹社会子系统的全面发展，就要求在制定各类发展政策时，从经济、社会、文化等综合发展的角度进行总体把握，要切切实实地考虑各种民生问题，从惠民的小事情、小细节、小问题出发，深入基层组织访问与调研，真正做到为人民服务。另外，由于长期的城乡二元结构，农村的各项事业发展都落后于城镇，因此今后在制定各种政策时更需要加强对农村的倾斜力度，在提升城镇各种发展能力的基础上对农村进行反哺、支持，使城乡居民都能共享发展带来的福利。

（3）注重统筹城乡各子系统的协调发展。从1995—2014年城乡统筹子系统的变化特征看，虽然系统整体水平处于稳步上升状态但提升的幅度较小且有波动，这表明城乡各方面的协调发展还需要下大力气进行统筹。因此，中原经济区经济社会事业在快速发展的同时，要注重协调城乡之间的步伐，不能为城镇快速发展而牺牲农村的各项利益，要注意协调城乡发展的速度和效率，加大对农村产业、乡镇企业的扶持力度，促进一二三产业融入发展，打造具有中原地域特色的农业产业化集群，逐步形成农村产业化、企业化的链条。此外，在促进城乡公共服务均等化方面，要持续提高一体化的综合交通、电力电信、各类管线、公共设施等的规划建设与共建共享，为城乡统筹发展提供基础性保障工作。

（4）加强对生态环境的保护力度。从1995—2014年环境子系统的变化特征看，其整体增长的速度和提升的幅度有限，有时还出现波动下降，这表明城镇化发展对生态环境有较大影响，造成了一些资源环境问题的出现。因此，在促进中原经济区经济社会事业发展的同时，减少对资源环境系统的压力和负担，否则可能会因为各种生态环境问题而导致经济社会发展的不持续性。在今后发展中，要加强资源性区域生态系统恢复和生态建设，注重发展低碳、绿色、环保的产业链条，积极开展废弃物的综合利用，构建可持续发展型的区域生态系统，调整生态功能保护内的产业结构，从而为新型城镇化的健康推进提供良好的生态环境保障。

2. 新型工业化的时序定位与整合

（1）注重规模与效益水平的持续提升。从1995—2014年工业发展实力、工业化发展进程、工业化发展效益看，整体呈较好的发展态势且与新型工业化水平呈现类似的发展趋势，特别是自 2005 年之后大幅度快速上升。这表明中原经济区自新型工业化战略提出以来，无论是规模实力还是发展效益水平有明显的改善与提升，并且两者对整体的贡献力较大。因此，在今后的新型工业化推进中，要努力把追求未来产业制高点和支撑现实发展结合起来，大力发展先进制造业，培育和壮大高新技术产业，加快发展现代服务业，改造和提升传统产业和基础产业，推进产城融合发展，优化产业的空间布局和集聚发展，加快构建结构合理、特色鲜明、节能环保、竞争力强的现代产业支撑体系，发挥新型工业化的主导作用，继续把提高产业发展的增长点放到提高质量和效益上来。

（2）大力增强科技与研发的支撑作用。从 1995—2014 年工业科技、R&D 支撑作用看，与总体水平特征类似呈现逐步提高的状态，并且对整体水平提高的贡献率非常大。这表明科技与研发支撑作用的提高对新型工业化水平的提升发挥了重大的作用。因此，在今后发展中，要依托比较优势，找准战略突破口，把握全球科技、信息产业发展的新趋势和产业融合发展带来的新机遇，以产业集聚发展吸引高端产业入驻，培育并壮大以高新技术产业为支撑的战略新兴产业，在具有中原特色的优势领域推进产业结构升级。根据中原地区的实际条件，重点发展新一代信息技术、新能源、新能源汽车、新材料、生物医药、节能环保、高端制造等基础支撑性强、发展潜力大的新兴产业。此外，在改造与提升传统产业方面，要依托传统优势产业进行驱动创新工程建设，培育一批基础好、潜力大、持续性强的战略性产业，建设一批国家级、省级的研发中心、技术创新联盟等创新平台，加大产学研投入力度，突破一些核心关键技术，推动优势产业链向高端化延伸，实施新型产品的推介、应用工程，把具有地域优势的战略性新兴产业培育成新的支柱产业。

（3）进一步提升工业的环保能力。从 1995—2014 年工业环保能力子系统水平看，其变动曲线整体呈现波动上升状态，2008 年之前以保持平稳状态，2008 年之后呈现小幅波动上升。这表明工业经济的发展对资源环境的压力还是很大，需进一步提升环境保护的能力。在今后发展中，要按照 3R（Reduce、Reuse、Recycle）原则，加快推进循环经济试点市县、产业集聚区建设，促进产业发展尤其是工业发展向“三低一高”即低投入、低消耗、低排放和高效益转变；要统筹好资源开发、资源利用、废弃物产生、资源的再利用和社会消费等关键环节，构建资源环境循环利用体系，打造煤炭、有色、非金融、农业和再生资源等循环产业链条，积极培育机电再制造产业、节能环保产业、再生资源利用产业等新兴产业，促进资源的合理开发利用和集约节约利用；以煤炭、冶金、火电、建材、造纸、食品等行业为重点，提高资源利用的效率；以循环经济试点市县、产业集聚区为平台，创新循经济发展模式，形成一批具有中原特色和时代特色的新型工业化示范区、示范企业。此外，要加强土地、水、矿产资源等重要资源的开发、保护和管理，提高对中原经济区建设的保障力度。

3. 新型农业现代化的时序定位与整合

（1）着力调整与优化农业产业结构。从1995—2014年农业整体发展水平和农业经济效益水平看，除个别年份外，该子系统水平保持较稳定的上升状态，这表明该阶段中原经济区农业经济发展质量和效益很好，需保持这种状态。但从中原经济区“三化”耦合状态中的第一产业结构看，其粮食作物、经济作物的比重仍较大，仍需要进一步调整与优化产业结构。结合中原经济区的农区特点，要在保障粮食战略的基础上，需不断调整和优化其产业结构，提升农业对其他经济社会发展活动的保障力度。具体而言，要积极发展特色高效农业，大力发展蔬菜、花卉、水果、茶叶等特色高效经济作物，培育一批中原特色的农业品牌，加快特色花卉品种的生产布局和基地化生产加工，继续发展烟草、油料、棉花等大宗经济作物，加快发展茶叶、中药材、果蔬等特色产品；要围绕完善畜牧业服务体系、建设畜产品产业集聚区、创新畜牧业发展机制三大战略任务，实施现代畜牧业跨越式发展工程，重点抓好生猪、肉牛、奶牛、肉羊、家禽五大产业优势进行区域开发，完善良种繁育培养、饲料饲草供应、畜产品流动、动物疫情防控、质量安全保障、科技创新推广六大服务体系，重点开发符合消费趋势、产品附加值高、市场空间大的新产品，推进全区畜产品加工业向精深加工产业转变。

（2）提高农业发展的机械化、规模化与产业化水平。从1995—2014年农业机械化水平看，该子系统呈波动上升状态，尤其近几年上升幅度相对较大，这表明中原经济区农业现代化在农业基础设施建设、生产条件改善、经济投入—产出等方面均取得较好的发展。因此，在今后的建设中，应进一步推进农业科技和农业经营体制创新，培育和壮大一批起点高、潜力大、带动能力强的龙头企业和示范性基地，发展不同模式的新型专业合作经济组织，全面提高农业发展的现代化水平，加快构建粮食安全保障体系与现代农业体系，从根本上提高农业资源利用率、劳动生产率和土地产出率；加快发展农业产业化集群，以优势资源为基础，建成一批高标准的原料生产基地，引导有条件的加工型优势产业融入产业集聚区，形成一批发展潜力大、科技含量高、产品竞争力强的龙头企业群体，充分发挥农民专业合作社和专业村的作用，不断创新农业产业化的发展模式。

（3）继续提高农业发展的社会化服务水平。从1995—2014年农业社会现代化水平看，整体状况和总体类似，但2008年出现较大幅度下降，且2009年之后增长幅度明显下降，这表明中原经济区农业现代化水平近期表现出不稳定的迹象，其水平有待进一步提高。因此，在今后建设中，要进一步增强以城带乡、工业反哺农业的能力，培育新型农民增强农业现代化的人才支撑，持续提升农村社会发展的各项保障，让农民乐于居住在自己的家乡并乐于从事与农业相关的各个行业，加快就地城镇化进程，逐步缩小与城镇居民的各项社会保障差距，最终实现农村社会发展水平的全面提升。

（4）加强对农业生态环境的保护工作。从1995—2014年农业生态环境现代化水平看，整体波动变化较大，呈现不稳定状态，2003年之后与社会发展水平、新型农业现代化综合水平呈现相反的趋势，这表明中原经济区农业现代化发展在一定程度上对环境造成了破坏或者说产生了严重影响。因此，在今后建设中，需加强饮用水源地的生态环境保护，严格控制入河污染物质的排放，加大城镇与新型社区生活污水、垃圾处理设施的建设，提高污水的处理率与垃圾的无害化处理率；加强农村面源的污染防治，引导农村科学使用农药、化肥，畜禽养殖的污染治理，尤其要保护好农村水源地；加强地质灾害防治、矿山环境恢复治理及农村地质环境的调查与评价，健全农村环境监管体制，完善农村环境的监测体系，提高农村环境监管和整治能力；加大对乡镇集镇区和农村地区小工厂、小作坊等方面的督查，取缔和关闭一些对当地污染较大的企业，还农村居民优质的生活环境；此外，还应加强对农村居民的环保宣传，增强农村居民对地区环境保护的认同感和责任感。

4. 信息化的时序定位与整合

（1）不断优化信息化发展环境。从1995—2014年信息化发展环境支撑水平看，整体呈波动上升的趋势，但增幅较小。这表明该阶段中原经济区信息化对城镇化、工业化、农业现代化的支撑力虽不断增强，但支撑力度仍有所不够，有待进一步加强。因此，在今后建设中，应推动互联网与农业生产、经营、管理、服务各环节的加速融合，并将物联网、大数据等技术开发运用到农业中的各个方面，培育一批网络化、智能化、精准化的现代种养及营销模式，提升信息化对新型农业现代化水平的支撑力度；深化互联网与制造业的融合，鼓励制造业骨干企业构建基于互联网的产业链协作系统，运用物联网、云计算、大数据等技术，整合产品生命周期数据，为产品创新、生产组织提供决策支撑；加快服务业信息化，依托信息网络，改造和提升传统服务业，构建网络增值服务、在线服务、网络营销、网络支付等便民服务业务平台，力争做到“小事不出门、大事不出城”。

（2）提高信息产业竞争力。从1995—2014年信息产业发展水平看，整体波动变化幅度不大。这表明中原经济区在信息产业方面的能力还较弱，须进一步增强其规模和效益水平。因此，在今后建设中，需坚持创新发展，扩大邮政业的有效供给，强化大数据、云计算、互联网、物联网等信息技术，以及智能终端、自动分拣、数据派单、数据分单、运载工具、智慧仓储、机器人等共性关键技术的研发应用；大力发展基于3G、下一代互联网、广播电视数字网等新型传输方式的数字视听产业，推动电信增值服务和融合业务发展，形成网络出版、网络视频、移动多媒体等新兴产业链；培养和引进信息化人才，率先发展知识密集型产业，并加快产业向价值链高端迁移，做强做大信息产业；加大对科技型创新企业研发支持力度，落实企业研发费用，完善技术交易和企业孵化机制，完善公共服务平台，提高科技型中小微企业自主创新和可持续发展能力。

（3）不断深化信息技术应用。从1995—2014年信息资源和技术利用水平看，总体呈现逐步提高的状态，2009年之后增幅提高较大，这表明中原经济区互联网、电信、交通通讯等方面发展均取得较好的发展，须进一步增强信息技术对经济社会发展水平的支撑。因此，在今后建设中，要进一步做好电信运营商和用户实施城市光纤入户改造和农村光纤到村工程，形成城镇“百兆到户、千兆进楼、百万兆出口”网络覆盖能力，推进农村“光纤到村”；鼓励广电运营商建设移动数字多媒体广播系统（CMMB）发射台，建设覆盖全省省辖市、省直管县中心城区的移动电视网络；促进新一代通信技术的研发与应用，支持移动通信网络优化升级，从而提供方便快捷的信息化环境；积极推进电信网、广播电视网和互联网升级改造，开展“三网”融合应用服务。推进全省有线电视网络数字化、高清化整体转换工作，完成“三网”融合省级视频播控平台建设工作；在互联网发展的基础上，拓展应用领域，实施智能公共设施、智能交通等工程，逐步实现城市管理和服务智能化。

（4）提高信息化的教育与科技支撑。从1995—2014年信息教育、科技方面看，虽然整体上有所上升，但与其他子系统相比，相对较弱，这表明中原经济区科技研究与开发、教育人才等方面的水平还存在着很大的缺陷。因此，在今后建设中，中原经济区需依托国家重大人才工程，加大对信息化领军人才的支持力度，培养高水平创新团队和信息化管理人才，提高区域在配置人才资源的能力；构建以高等教育、职业教育为主体，增设信息技术应用课程，建立信息化人才培养实训基地，同时支持与海外高水平机构联合开展人才培养等；组织实施一批省重大科技专项、自主创新专项等，强化信息化对科技创新的支持，以鼓励互联网企业参与省产业技术创新战略联盟建设，提升相关产业“互联网+”融合水平。

（5）夯实信息化基础设施的支撑作用。从1995—2014年信息基础设施建设看，该子系统呈现波动上升状态且2011年后增幅较大，是信息化综合水平提高的重要“助推器”。因此，在今后建设中，应统筹规划信息基础设施布局，深化电信业改革，统筹国家现代化建设需求，实现信息基础设施共建共享，推进区域和城乡协调发展；加快实施“宽带中原”战略，推进宽带网络光纤化改造和“全光网”河南建设，增强移动通信网络服务能力，促进网间互联互通。实施光纤城市、宽带乡村工程，积极推动中原城市群创建“宽带中国”示范城市群；加快推进第四代移动通信网络、公共场所高速无线接入网建设，积极推动下一代互联网商用部署，推进网络设施的共建共享，加快建设宽带、融合、安全、泛在的新一代信息基础设施；加快构建关键信息基础设施安全保障体系，加强党政机关以及重点领域网站的安全防护，建立政府、行业与企业网络安全信息有序共享机制。

（二）“五化”协调发展的空间定位与整合

1. 新型工业化的空间定位与整合

（1）明确各省辖市的产业空间定位。依托郑州、洛阳等国家级创新性城市和郑洛新国家创新示范区提供的政策和资源优势，加快构建“内聚外联”式的总部经济培育和政策支撑体系，进一步增强国家区域性中心城市的综合服务能力和辐射带动能力，吸引高端产业、高端环节、高端价值链向心集聚，加快商务中心区和特色服务核心区建设，形成企业总部的集聚效应与溢出效应。通过引导周边地区主动接受区域性、地区性中心城市一般加工环节的产业转移，通过交通一体、产业链接、生态共建、服务共享、管理一体等措施，引导大中小城市、小城镇及新型社区建立分工协作关系，推进区域产业分工演进，形成新的“核心—外围”产业空间布局。以跨省界的“产业经济协作区”为载体，创新区际合作机制、合作模式与合作方式，搭建跨省域的产业合作平台，促进产业的互补发展与错位对接，豫北与长治、晋城、运城、邯郸、邢台、菏泽、聊城等地区重点发展钢铁、化工、有色、建材、装备制造等产业，联合打造全国重要的重化工基地；豫东与淮北、亳州、阜阳、宿州等地区，重点发展食品、纺织、煤化工等优势产业，建设特色资源产品生产加工基地；南阳市整合与提升汽车零部件、纺织、光电子、医药等优势产业，形成全国重要的汽车及零部件、纺织、光电和纺织产业基地。

（2）优化产业组织的空间结构。在空间发展战略引导下，全区的产业布局应以城市相互作用强度较大的发展轴带主线，以线（产业轴带）聚点（产城集群发展区）、组点成面（五大分区），形成不同类型、规模的增量产业重点向“米”字形开发地带集聚，五大分区（中原城市群地区、北部地区、黄淮地区、西北地区、西南地区）呈“中心放射”状展开的一体化、网络型、开放式的空间发展格局（图6－2）。

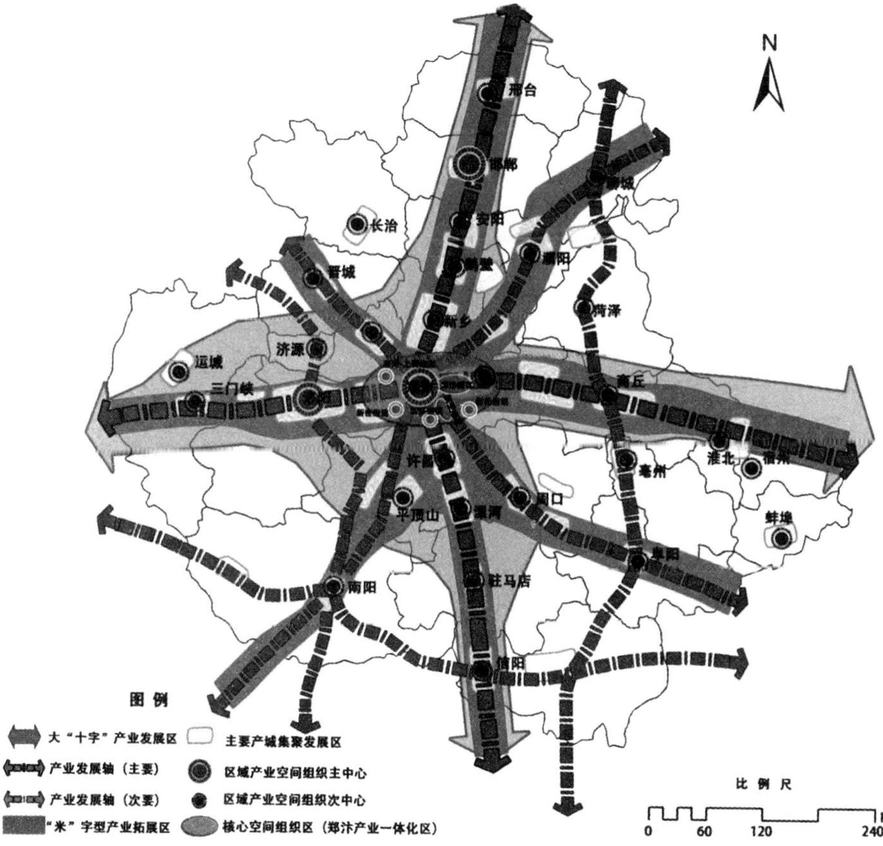

图6－2　中原经济区产业发展空间组织图

2. 新型城镇化的空间定位与整合

（1）推进新型城镇化的空间层次。根据中原经济区新型城镇化水平的空间分布格局，结合中原经济区空间结构特征和区际联系，可将全区的30个市域单元划分为三个层次推进区（图6-3）：第一层次新型城镇化推进区，包括郑州、洛阳、济源、三门峡、晋城、运城、长治、焦作、新乡、鹤壁、安阳、开封、许昌、漯河、平顶山、邯郸、邢台、聊城、濮阳和菏泽；第二层次新型城镇化推进区，主要位于南部、西南部区域，包括南阳、驻马店、信阳；第三层次新型城镇化推进区，主要位于东南部区域，包括周口、商丘、淮北、宿州、亳州、阜阳、蚌埠。

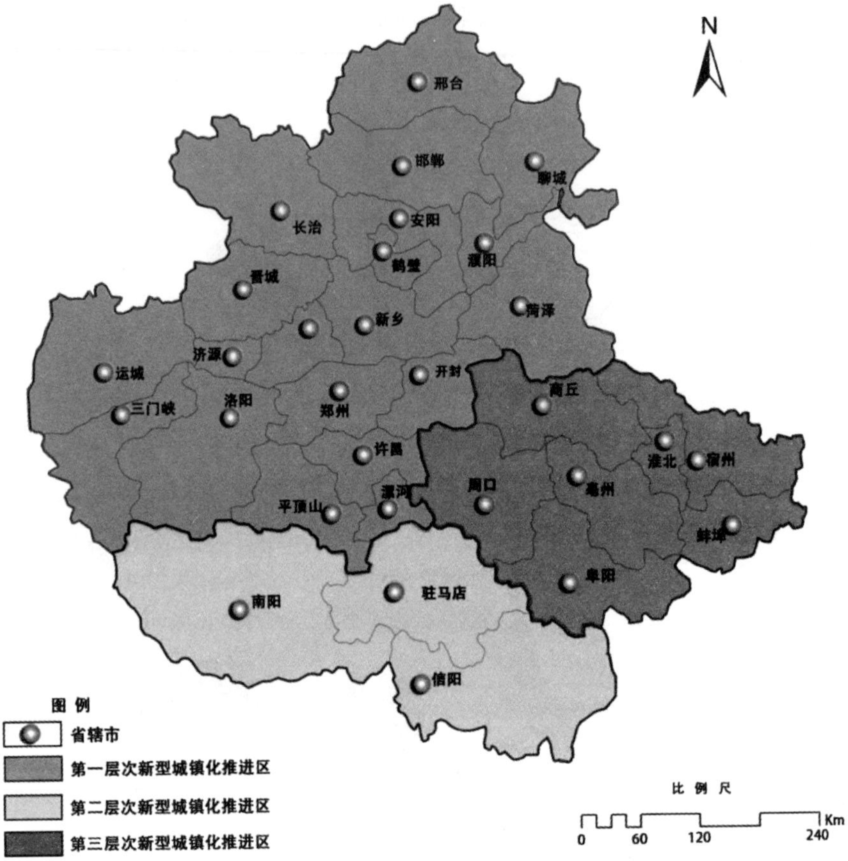

图6-3　中原经济区新型城镇化推进分级图

（2）第一层次推进区的空间定位与整合。省会郑州市一方面要加快中心城区及其城镇组团、中心镇及新型社区的一体化发展和融合，使其迅速成为全国区域性中心城市和中原城市群的核心增长极，这是推进郑州市新型城镇化发展的首要任务；另一方面郑州市要借助于向东发展的优势条件，积极推进郑州新区与开封新区的空间融合，发挥郑汴一体化各功能组团的互补优势，大力推进郑州大都市区建设。另外，整合郑州城市边缘区、城乡结合部的乡村发展模式，完善郊区发展的各项规划编制和管理工作，促使城郊的融合、协调发展。

黄河以北地区。该部分区域新焦济、青兰产业带横贯其中，有晋东南、豫北地区的重工业密集区，产业基础较好，水资源、煤炭资源丰富，具有重工业连片发展的优势条件。所以该区域在推进新型城镇化建设时，一方面要充分结合中心城区、产业集聚区的空间辐射能力，就地进行农村城镇化，提高本土城镇化的质量；另一方面，要结合新乡、焦作、安阳、濮阳等地区新型社区建设的成功经验，根据当地特色逐步地引导农村地区居民向集中的新型社区迁移，扎实推进新农村建设的各项工作。

黄河以南地区。该区域除三门峡外都是中原城市群所包括的城市，也是中原经济区经济、社会子系统水平较好的地区。因此，在今后发展中，一方面要下大功夫对中原城市群内部各市城乡发展进行统一部署，以提高区域城市之间尤其是与郑汴一体化区域之间的有机互动强度，从而提高整个中原城市群区域的城乡关联、协调水平；另一方面要发挥城乡一体化试点县市建设的示范作用，将巩义、义马等地建设的成功经验进行推广，形成自上而下和自下而上的城乡统筹发展共同推进模式。此外，许昌、漯河、平顶山城市组团自 2009 年起开始进行各种新型社区规划，各级政府也着力推行新型社区规划建设，但这一措施要注意适度调整资金引入的方式、农村旧民居的改造方式，不能一刀切、一个模式推进，要根据各地情况因地制宜地推进，更要讲究策略和手段。

（3）第二层次推进区的空间定位与整合。该区域由河南省的南部、西南部新型城镇化水平较低的城市组成，这些城市之间存在明显的边界效应。因此，在今后发展，一方面要注意保持这些城市人口土地城镇化进程的有序推进，另一方面要加大省际合作开发建设的力度，提升该区域的整体城镇化水平。具体而言，该区域应积极与南部的武汉都市圈相联系，并通过京广大动脉形成的产业轴与长江中下游经济区相联系，融入中部崛起的政策、体系之中；同时也需要融入东西向的宁西铁路形成的产业轴，实现与以上海为中心的长三角经济圈的空间联合发展。在与核心增长板块的互动方面，要积极迎接中部核心区的经济辐射，遵循市场规律，实现资金、资源、劳动力等要素的交流融合，形成陕东南、豫南、鄂北地区与中原城市群优势互补的新型合作关系。加快城镇网络体系建设，推进豫西南、豫南地区经济增长与城镇化进程，提高城镇化质量，逐步推进建设以南阳、信阳为核心、中小城市为支点、小城镇为基点的城乡一体化式城镇体系。优化该区域第二、第三产业的空间布局，加大对豫西南、豫南区的建设资金、教育资金的投资力度，使其具备经济腾飞的条件，推动区域产业的跨越式发展。

(4) 第三层次推进区的空间定位与整合。该区域是中原经济区新型城镇化水平较为落后的地区。由第五章的分析结果可知，除蚌埠、淮北、亳州城乡社会公共服务协调水平较高于其他地区外，经济、社会、环境子系统的发展水平均落后于其他的区域。这表明近年来虽然该区域基础设施、公共服务等建设水平出现好转的态势，但其经济、社会、环境的发展却没有发生实质性的改变。因此，在今后的发展中，该区域要注重解决提高城乡之间的经济协调，减少城乡社会矛盾等方面的问题，争取促使城乡在基础设施、公共服务水平提高的同时帮助农民解决城乡收入差距、就业、教育公平，民生等方面的问题，要注重区域经济、社会、公共服务建设的持续性，提高各项建设的动态适应性，为新型城镇化的推进奠定基础。

3. 新型农业现代化的空间定位与整合

(1) 围绕中心城市建设都市农业区。根据城市组团发展和城市新区建设的需要对城乡过渡带、郊区的农业进行合理布局和市场调控，发挥都市农业在生产、生活、生态"三生"等方面的功能优势，满足城市发展的多方面需求。在今后发展中，应按照新型农业现代化发展的内涵要求，积极拓展都市农业衍生服务功能，大力发展具有观光、休闲、旅游、生态、科技示范功能的城市服务型农业，实现城市郊区化、郊区城镇化与农业现代化的协调推进。围绕各省辖市发展定位，对都市农业进行分层布局。具体而言，在省辖市市区，以优化环境、改善生态、美化城市、服务城市为目的，重点发展城市景观农业、会展农业、森林公园等。在城市郊区，以"三生"功能为重点，重点发展绿色蔬菜、高档花卉苗木等精准设施农业，结合农业科技的创新转化，建设农业高新科技示范园区，积极发展集自采、休闲、娱乐于一体的休闲观光农业园区。对郑汴都市区而言，应大力发展都市型鲜活、半成品等食品产业和现代农产品物流产业，重点建设郑州食品产业基地和雨润郑州国际农产品采购中心等项目。

(2) 在黄淮海平原、南襄盆地、北部西部山前平原建设规模高效农业区。该区域农业自然资源条件好、综合机械化水平高、粮食产量丰，是中原经济区粮食战略安全的核心区。在今后发展中，该区域应以实现农业标准化生产与工业精深加工链条的无缝对接为目标，重点提升大宗农产品的产业化发展水平，全力拓展产品加工深度和资源利用深度，强化保障性基本农产品生产功能，建设成为农业现代化与工业现代化协调发展的示范区。具体而言，应加快推进粮食、棉花、油料、肉类、乳品等大宗农产品标准化生产基地建设，提升粮食、油料、肉类、禽蛋、饲料、酿酒、棉纺等方面的精深加工能力，建设符合地域特色的农产品加工集聚区，努力把该区域建设成为国家粮食稳定增长核心区、大宗农畜产品生产供应保障区、农业产业化发展示范区。

（3）在南部、西北部山地丘陵区建设生态绿色农业区。该区域植被覆盖率高、生态环境优、空气质量好，是中原经济区建设绿色、生态、有机农业的有利区域，也是建设绿色高效农业经济示范区的战略选择区。结合区域生态环境特点和绿色农产品标准要求，在这一区域大力发展生态绿色农业，应突出优势农产品的区域特色和快速致富功能，将其建设成为农业现代化与生态环境协调发展的重点区域。一方面，该区域应重点发展肉牛、肉羊等食草型畜牧业和林果、中药材、茶叶、食用菌、烟叶、桑蚕等优势特色农产品以及绿色粮油等；另一方面应突出优质水果、道地药材、优质茶叶等标准化生产基地、生态农业示范园区建设。此外，应积极引进特色农产品加工龙头企业，培育一批全国知名的优势绿色农产品品牌，加快生产加工基地与国内外知名物流网络的结合，促进特色农产品出口外销，实现农业增效与生态建设的双赢。

（4）大力发展现代农业先导示范区。发展新型农业现代化先导示范区，对其他类似地区的示范带动和借鉴意义重大。中原经济区应以郑汴新区、郑州航空港经济综合实验区建设为契机，加快发展新区的现代农业建设，使该区域成为内陆交通枢纽的现代农业的先导示范区，为河南省、中原经济区乃至中部地区现代农业发展起到现代农业的示范、辐射、服务作用。加快郑汴新区、郑州航空港经济综合实验区的现代农业发展，应围绕农业深加工产品链，建设农产品加工业产业集聚区，尽快发挥其对全区现代农业发展的引领作用。在该区域农业先导示范区建设中，应通过整合投资和产业融合，建立以规模化生产基地、精深加工基地和物流节点为主的全链条、全循环现代农业产业体系，并结合城镇建设和新型社区建设，逐步推动产业、人口、土地、村镇集聚。

4. 信息化的空间定位与整合

（1）推进信息化的空间层次。根据中原经济区信息水平的空间分布格局，结合中原经济区区域空间结构特征和区际联系，可将中原经济区 30 个市域单元的信息化推进策略分为三个层次：第一层次信息化推进区，包括郑州、洛阳、开封、新乡、焦作、济源、晋城、长治、鹤壁、安阳、运城、三门峡；第二层次信息化推进区，包括南阳、平顶山、许昌、漯河、周口、驻马店、信阳，主要位于南部、西南部；第三层次信息化推进区，包括周口、阜阳、亳州、淮北、蚌埠、商丘、淮北、宿州、菏泽、濮阳、聊城、邯郸、邢台，主要位于东南部、东部、东北部区域。

（2）第一层次推进区的空间定位与整合。省会郑州一方面充分发挥国家级互联网骨干直联点综合带动作用，积极参与国家互联网骨干架构优化调整，提升我省区域国际通信能力，打造通达世界、国内一流的现代信息通信枢纽。另一方面抓好郑州国家级信息化和工业化融合试验区建设工作，发展信息化与工业化融合产生的新兴产业，促进产业结构升级。除此之外，要进一步推进郑州大都市区建设的规划建设，推动都市区内各个城市信息化基础设施的一体化建设以及信息资源的共建共享。

黄河以北地区。该部分区域新焦济、青兰产业带横贯其中，有晋东南、豫北地区的重工业密集区，产业基础较好，水资源、煤炭资源丰富，具有重工业连片发展的优势条件。因此在推进信息化建设时，推进信息化与工业化深度融合，以智能制造为突破口，加强信息技术与制造产品的融合创新，提升研发、生产、管理和服务的智能化水平。另外，新乡、焦作、安阳等地区应在推进信息资源与技术利用、信息教育与科技的支撑力提升的基础上，着力提升信息产业对整体区域经济社会发展的支撑。

黄河以南地区。该区域内洛阳在信息化水平的各项子系统均保持较高的水平，三门峡与运城在信息资源与技术利用水平方面优势较为明显。因此，在今后发展中，一方面洛阳要进一步提升信息化各子系统的支撑力，使其发挥对豫西地区的辐射带动作用，进一步增强其与郑州的联动能力。另一方面，三门峡要发挥阿里巴巴·三门峡产业带运营优势，大力发展平台经济，加快建设网络经济大市，把网络经济作为创新发展、跨越发展的切入点和突破口，不断强化基础支撑、平台支撑和人才支撑，推动以电子商务为先导的网络经济加速发展，搭建面向中西部的网络经济发展平台。此外，要进一步促进运城工业化与信息化的深度融合，以“智慧运城”建设为引领，加快信息基础设施建设，推动工业大数据、物联网等新技术的应用。

第二层次推进区的空间定位与整合。该区域由两部分组成，一部分是全区信息化水平一般的南部区域，另一部分是西南部、中南部信息化较低的区域，两部分之间存在着明显的边界效应。在今后发展中，南部地区要努力提升该城市自身的信息化水平，进一步推进工业化与信息化的融入，在实现各“化”实力逐步提升的基础上发挥信息化的加速助推作用。西南部、中南部信息化发展较低的区域，在加强自身信息基础设施建设的基础上，要加强与郑州、洛阳核心城市的互动效应，促使其带动该区域信息化的发展。同时，该区域要加强与南部区域的信息基础设施共建共享，形成互促共进的联动效应，提升边界效应区的信息化水平的正向影响。

第三层次推进区的空间定位与整合。该区域除中东部、东北部与安徽省的蚌埠市发展水平相对较好，其余区域信息化发展水平较为落后。这表明该区域在信息化发展环境、信息产业、信息资源与技术等子系统方面发展都呈现相对较弱的状态。因此，在今后的发展中，该区域要着力发展其自身优势，解决经济相对落后的局面，为发展信息环境奠定基础。此外，该区域须加强区际联动并建立合作平台，从多方联动的角度努力提升信息科技、技术、教育等方面支撑，加大信息基础设施的共建共享，促进信息化朝着较好的方向发展。

三、基于“五化”耦合状态的优化组织

（一）总体优化组织理念

“引”做动词，牵、拉、导、引起、使出现之意；“领”做名词，指脖子、衣领、大纲等，做动词，带、引、率、导之意。“引领”自然是牵引、拉动、带动、引导、率领、领导之意。这使我们联想到一句成语“提纲挈领”。一件事，抓住纲，纲举目张；一件衣服，提起领，领立衣展。新型城镇化引领“五化”协调发展就是要统筹城乡发展、促进城乡一体化，把新型城镇化作为扩大内需、增加投资的重要增长点，把新型城镇化作为破解“五化”协调的战略重点，发挥新型城镇对其他两化的支撑、保障和服务功能，发挥新型城镇化对于加快经济社会全面发展的“拉动、带动、引导、率领”作用。本书认为新型城镇化引领中原经济区“五化”协调应包括培育一种动力机制、引领其他四化发展、引领三条发展途径、引领四项基本建设等四大方面。

1. 引领培育一种动力机制

为引领“五化”协调发展培育一种动力机制，是新型城镇化引领的力量源泉和发力渠道。引领培育一种动力机制，可从三方面入手。其一，培育经济发展机制，包括社会生产方式的变革，经济发展要素的集聚，经济结构的优化升级。其二，社会发展机制，包括人口素质的提升，城乡体系的重构，城乡一体的统筹，社会管理的创新，科技教育的进步。其三，城乡环境优化机制，包括城乡生态环境的优化，居民生活环境的优化，城乡投资环境的优化，信息化环境的优化。

2. 引领其他四化发展

（1）新型城镇化引领新型工业化。新型工业化是新兴工业大省——河南省的战略选择，在“五化”协调科学发展中发挥主导作用。时代的迫切需求必然

选择新型城镇化作为新型工业化的引领。引领的践行途径为：搭建承载新型工业化人力、资源、服务、管理的多级承载平台。通过加强规划统筹、产城统筹、区域统筹、管理统筹等途径，推进新型城镇化和新型工业化的互动发展，是新型城镇化引领新型工业化的关键。

（2）新型城镇化引领新型农业现代化。新型农业现代化的影响因素多样，内容十分丰富，在“三化”协调科学发展中发挥重要的基础作用。新型城镇化与新型农业现代化协调互动，其引领作用有多种现实表征，例如：新型城镇化提高了新型农业现代化的产业化水平，推动了新型社区建设，促进了农业产业结构的优化和调整，为新型农业现代化的发展提供了技术与资金支持等。新型城镇化引领新型农业现代化的践行途径包括：完善现代城镇体系，引导人口集聚分布和资源规模整合；完善现代产业体系，引导农业产业结构调整和集聚发展；延伸城镇基础设施建设体系，加快城乡经济一体化；完善农业现代服务体系，实现农业可持续发展。

（3）新型城镇化引领新信息化。信息化在“五化”协调发展中起着全面融入的作用，对支撑城镇的现代化建设、产业竞争力的提升、城乡统筹发展等方面起着重要的推动作用。新型城镇化引领信息化，一方面引领了信息化基础设施的加快建设，为城镇化的各种要素交流提供“通道”支撑；另一方面加速了城镇与城镇、城镇与乡村、城镇与区域之间的相互作用联系，为城镇建设与管理、城乡统筹与协调、产业结构升级与优化、居民之间相互交流、企业的生产与销售等提供了信息平台支撑。

（4）新型城镇化引领绿色化。绿色化突出表现在对生态环境的保护和资源环境问题的治理，成为新型城镇化不得不面临和解决的问题。新型城镇化强调资源节约、环境友好、生态优化，就是要引领着城镇的各项建设要不以牺牲生态与环境为代价，引领着人口—经济—社会—资源环境系统的可持续发展。在当今资源环境问题频发的当下，新型城镇化的绿色化诉求和绿色 GDP 追求，也引领着我国经济社会的发展不仅重视规模与效益水平的提升，更要重视“绿水青山就是金山银山”的绿色化价值。

3. 引领三条发展途径

（1）新型城镇化引领产业集群发展。产业集群发展分为若干种类，有独特的形成条件与动力机制。新型城镇化引领产业集群发展的作用机理为：新型城镇化加快了新型工业化进程，催生了产业集群载体，集聚了产业发展要素，扩大了内需市场空间。全国区域性中心城市、地区性中心城市、地方性中心城市产业集群的选择和发展方向各有不同。加快新型城镇化引领产业集群发展的对策有：构建现代城镇体系，搭建产业集群平台；完善城镇服务功能，提升综合承载能力；发挥市场机制作用，促进要素合理流动；加强政府规划引导，细化产业扶持政策；节约集约利用土地，保障产业用地需要；积极承接产业转移，实施链式集群招商。

（2）新型城镇化引领产城融合发展。产城融合发展概念新颖，特征鲜明，新型城镇化引领产城融合发展具有重大的战略意义。新型城镇化与产城融合发展有复杂的战略关系，主要体现在：新型城镇化的“三集中”（工业向园区集中、土地向规模集中、人口向城镇集中）与产城融合，新型城镇化的“四难题”（资金如何筹措、政策如何执行、农民工如何融入、社会利益如何调整）与产城融合，新型城镇化的“广集聚”（新型城镇化伴随着各种经济要素空间集聚的过程，存在着广泛而巨大的发展带动效应）与产城融合，新型城镇化的“强辐射”（新型城镇化促进要素资源在更大的范围内互补流动，不断拓展城镇发展的新空间，为城镇化建设发挥更强的辐射带动作用）与产城融合。新型城镇化引领产城融合发展的主要途径为：承接产业转移，创新城镇产业结构，节约集约用地，建设城镇产业集聚区，推动信息化构建城镇产业创新体系，改革金融体制创建城镇产业投融资平台。

（3）新型城镇化引领城乡统筹发展。城乡统筹、城乡一体的理论基础深厚，概念有鲜明的时代特征与地方特色。新型城镇化引领城乡统筹发展的作用机理比较复杂，引领的主要内容有：①引领现代城镇（乡）体系建设，包括搭建城市—区域系统层次平台、搭建中心城市层次平台、搭建县域层次平台、搭建建制镇层次的承载平台，搭建新型社区层次的承载平台。②引领新型社区建设，在明了其时代意义的基础上，抓住社区建设的关键问题，分类推行不同的建设模式，时刻注意总结经验教训。③引领支撑体系建设，包括构建资源共享平台，促进资源的合理流动；深化户籍制度改革，加快农民市民化进程；探索土地制度改革，促进土地的合理流转；加强人力资源开发，引导劳动力就地转移；重视乡村文化保护，延续乡村文脉的传承；加强生态工程建设，增强生态系统承载力。

4. 引领四项基本建设

（1）新型城镇化引领城镇体系建设。特色城镇化之路的时代需求，新型城镇化战略的体系支撑，中原经济区建设以及中原崛起、河南振兴、富民强省的战略选择等，都要求新型城镇化引领城镇体系建设。新型城镇化引领的作用机理、推进策略与战略重点决定了引领的主要方式为：其一，引领城镇体系的结构调整，包括城镇体系等级层次结构调整，规模序列结构调整，职能类型结构调整，以及空间布局结构调整。其二，引领城镇体系的功能组织，包括城镇体系建设的核心组织，内聚组织，城市群组织，外联组织，以及区域支撑组织。

（2）新型城镇化引领基础设施建设。基础设施种类繁多，其建设在“三化”协调科学发展中占据十分重要的地位，新型城镇化引领基础设施建设非常必要。在新型城镇化引领的作用下，基础设施建设的主要内容包括综合交通运输体系建设、能源保障体系建设、水利基础设施体系建设、信息服务体系建设、公共服务体系建设等。完善组织保障、强化要素投入、坚持绿色发展、注重科技创新、创新投融资机制、构建人才高地等，是新型城镇化引领下基础设施建设的保障措施。

（3）新型城镇化引领生态环境建设。城乡生态环境建设牵涉甚广，是“不以牺牲生态与环境为代价”的主要保障。在新型城镇化引领作用下，生态环境建设的任务是：其一，城区生态环境建设，包括综合治理城区环境污染，优化城区开放空间系统，实施城区绿化工程，推动城区水系营造等。其二，区域生态环境建设，包括城区周边生态环境建设，村庄农田生态环境建设，江河湖泊生态环境建设，山地丘陵生态环境建设等。

（4）新型城镇化引领社会管理建设。社会管理内涵丰富，类型繁多，具有鲜明的时代特征，强化与创新社会管理是“三化”协调科学发展的重要支撑。当前，城镇化进程中的社会管理存在理念模糊、方式单薄、载体狭窄、法规缺失、人才匮乏等诸多问题。在新型城镇化引领的作用下，社会管理的主要途径包括：健全社会管理宏观机制，完善城乡社会保障体系，改革城乡户籍管理制度，建立新型社区的管理体制，完善经济、社会组织的管理，强化社会和谐与安定等。

（二）优化城镇体系的功能组织

1. 内聚组织

所谓内聚，是以城市群的核心城市为主体，激活核心带动力，营造现代都市区，以非均衡发展作先导，构建能够带动城市群快速发展的“核心增长极”（王发曾、闫卫阳、刘静玉，2011）。对于中原经济区而言，应做好以下两方面的功能组织：

（1）郑州与郑汴一体化区域的功能组织。要中原经济区城镇体系建设的核心组织，必须做好以下两项工作：一是建设全国中心城市——郑州，提高其中心带动作用；二是加快建设郑汴新区发展，推进郑汴一体化进程。

郑州作为中原城市群、河南省、中原经济区的核心城市，必须不断加快自身的各项建设，率先走出一条以新型城镇化引领的“五化”协调发展之路，努力建设成为中原经济区的核心增长极、全国中心城市，在中原经济区的建设中发挥好龙头作用、重心作用和示范带动作用。具体而言，要做好以下几点：第一，促进产业升级，提升自身综合竞争力。大力实施工业强市、服务业优先、都市农业提升的产业优化升级战略，着力推进高成长性产业发展；着力做强现代服务业，加快区域性现代商贸中心、物流中心、金融中心建设；坚持用工业的、景观的、生态的理念，加快现代高效农业和都市农业发展。第二，推进城镇组团发展，加快新型城镇化进程。按照郑州市发展的“双核六城十组团”的格局，加快郑州城区和郑州新区的联动发展，加快周边卫星城镇和中心城区的融合发展，加快新型社区的规划建设，促进各功能板块的协调发展。第三，郑州航空经济综合实验区建设。按照“培育大产业、建设大枢纽、塑造大都市”的理念，依托郑州国内大型航空枢纽建设，通过促进对航空依赖性较强的高端制造业、现代服务业的加速集聚和人口的加快转移，构建带动中原经济区发展的核心发展动力，建设郑州航空大都市区。

郑汴一体化地区的一级中心城市为郑州，副中心城市为开封，郑州和开封分别处于区域西、东部分的中心点上，二者的整合优势对中原城市群、河南省和中原经济区具有强大的中心凝聚力。二级重点城镇为巩义、荥阳、新密、新郑、兰考，一般城镇为登封、尉氏、通许、杞县、中牟、开封县，均为县级市、县的中心城镇，靠它们的辐射和带动，可促进郑汴地区经济的全面发展。三级城镇为其他建制镇，是郑汴地区本土城镇化的重要结点。郑汴一体化地区东西长、南北窄，东西向的空间差异比较明显。西部是地方工业集中发展的地域，已形成一定的规模。中部是该区域的核心发展区，经济实力强大，社会发展先进，基础设施完备。东部是农业经济相对发达的地区，工业基础较薄弱，企业数量少且规模较小。据此，可将郑汴一体化地区划分为5个功能区（图6－4）：①郑州、开封市区和中牟县组成的核心功能区；②上街、巩义、荥阳、新密部分乡镇组成的工业密集区；③登封、新郑、新密部分乡镇组成的绿色资源品牌区；④开封市、开封县一带历史文化旅游区；⑤兰考、尉氏、通许县域绿色农业和园艺产品区（王发曾、闫卫阳、刘静玉，2011）。

（2）郑州大都市区的功能组织。郑州大都市区是以郑汴新区为核心，以发达的交通通道为依托，以一体化的规划为指导，以组团发展、产城融合、复合

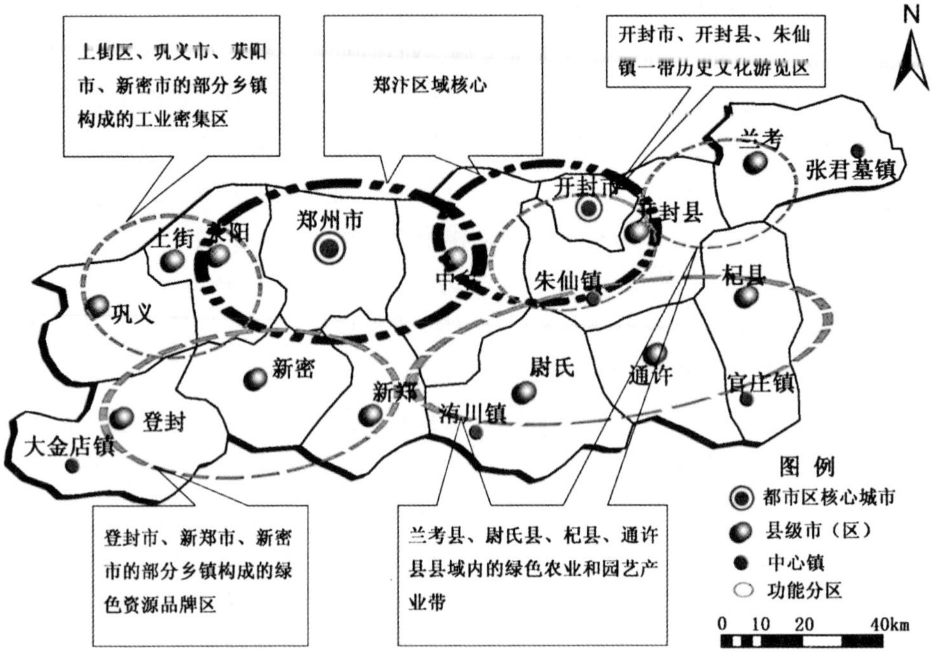

图6－4　郑汴一体化地区的功能组织

型、生态型为发展路径，吸引带动其他区域快速发展，促进郑汴各功能区间相互联系与协作，构筑功能布局合理、空间利用高效、产业特色突出、社会和谐、环境友好、对周边辐射带动作用明显的现代化城市集群。按照都市区的空间发展规律，参照《中原城市群发展规划》的定位及相关研究成果（王发曾，2014），提出2020年、2030年、2040年郑州大都市区的空间组织方略：

2020年前后的郑州大都市区：在多年郑汴一体化发展与郑、汴新区建设的基础上，凭郑州航空港经济综合实验区与郑州都市区之强势，坚定不移地建设包括郑州与开封全域的“郑汴都市区”，打造中原经济区的“核心增长极”。

2030年前后的大郑州都市圈与都市带：在多年沿黄经济带开发建设的基础上，以城市新区与产业集聚区建设为契机，发挥郑州、开封、新乡、焦作四城联动的效应，建设“郑汴新焦都市圈”（图6－5），打造中原经济区的“核心增长板块”；在多年陇海沿线开发建设的基础上，借中原副核心城市洛阳与沿线工业城镇之力，发挥洛阳—郑州—开封工业走廊的产业优势，建设“郑汴洛都市带”（图6－5），并沿陇海线向西向东延伸，打造中原经济区的“核心增长轴”。

2040年前后的大郑州都市连绵区：在多年中原城市群九市建设的基础上，充分利用在国家发展空间格局中的优越区位与已有的整合基础，发挥陇

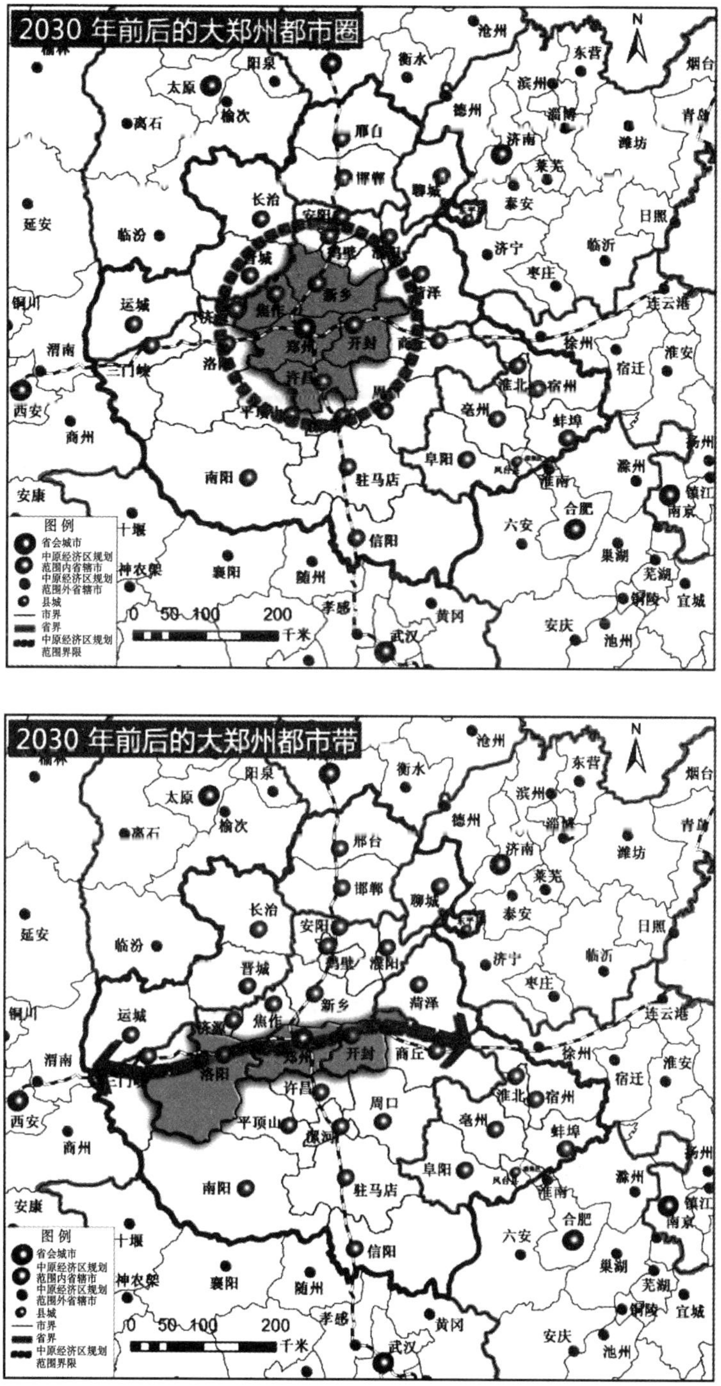

图 6－5　2030 年郑汴都市区的战略组织

海—京广黄金大十字交叉的承东启西、联南通北效应，建设“中原都市连绵区”（图6－6），打造中原经济区的“核心增长区域”。

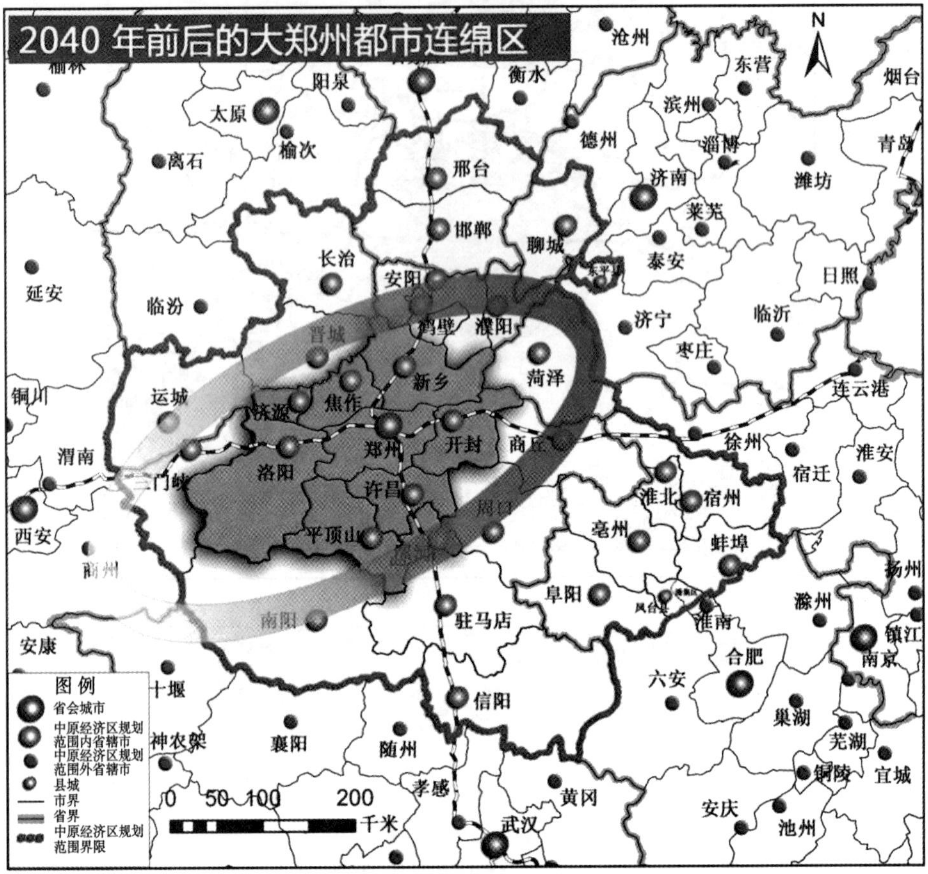

图6－6　2040年中原都市区的战略组织

2. 核心板块的功能组织

中原经济区的核心板块组织，就是要加强中原城市群建设，促进城市群区域城镇布局走向网络化发展。就是要按照核心带动、轴带发展、节点提升、对接周边的要求，提升郑州中心城市的辐射带动能力，巩固提高洛阳副中心城市地位，联动周边城市，增强地区性中心城市综合承载带动能力，推动城际轨道交通体系和高速铁路建设，加强城市功能互补和产业分工，加快产业集聚，实现交通一体、产业链接、服务共享、生态共建，促进大中小城市协调发展，形成辐射带动能力强、经济联系紧密、城市层级分明、体系结构合理、具有国际竞争力的开放型城市群，努力构建放射状、网络化、板块式的城市群发展格局。①

在重点城镇布局和建设方面，中原城市群应着力构建以郑汴都市区为核心增长极，以郑州、洛阳为主副核心城市，以其他7个省辖市为重要节点，以中小城市和小城镇为补充的多层次、网络化的现代城镇体系。进一步强化郑州市的核心地位，提升洛阳市的副核心地位，发展壮大其他节点城镇，促进新乡、焦作、洛阳、许昌与郑汴都市区的“五星联动”，积极发展中小城市和小城镇。完善中原城市群联动发展机制，推进交通一体、产业链接、服务共享、生态共建，形成具有较强竞争力的开放型城市群，建成沿陇海经济带的核心区域和全国重要的城镇密集区。加快郑州都市区建设，提升交通枢纽、商务、物流、金融等服务功能，提升全国重要的区域性中心城市地位。高水平规划建设郑汴新区，大力发展先进制造业、电子信息产业和现代服务业，建设内陆开发开放高地，打造“三化”协调发展先导区，形成中原经济区最具活力的发展区域。推进教育、医疗、信息资源共享，实现电信、金融同城，加快郑汴一体化进程。推动郑州至开封、洛阳、新乡、许昌、焦作之间多层次快速交通网建设，促进城际功能对接，实现郑州与周边城市融合发展。②

中原城市群地区城镇空间组织的基本思路是，以郑汴都市区为核心组成圈层结构，以东西发展轴线、南北发展轴线、东北—西南发展轴线和西北—东南发展轴线作为城市群圈层结构的牵引轴线，构成中原城市群城镇化的辐射轴线（图6－7）。

首先，强化发展东西向发展轴、南北向发展轴，积极发展东北—西南向轴线和西北—东南向轴线。沿黄河一线，陇海铁路、连霍高速公路、310国道组成的复合交通轴线构成了中原城市群的东西向发展轴，在这个发展轴上分布着开封市区、郑州市区、荥阳市、巩义市、偃师市、孟州市、洛阳市区等城市，是中原城市群的城镇发展轴。应该继续强化这个方向上的城镇化发展，促进开封县、中牟县、孟津县、新安县等的发展，并进一步促进伊川县、宜阳县的发展，在适当的时候将这些县撤县建市或撤县建区，以促进它们的进一步发展。在南北方向上，京广铁路、京港澳高速公路、107国道构成了中原城市群的南北向发展轴，在南北向发展轴上分布着辉县市、卫辉市、新乡市区、荥阳市、

① 河南省发展与改革委员会：《河南省建设中原经济区纲要》，2012年6月12日，见 http：//www.hndrc.gov.cn/fzgh/3041.jhtml。

② 河南省发展与改革委员会：《河南省建设中原经济区纲要》，2012年6月12日，见 http：//www.hndrc.gov.cn/fzgh/3041.jhtml。

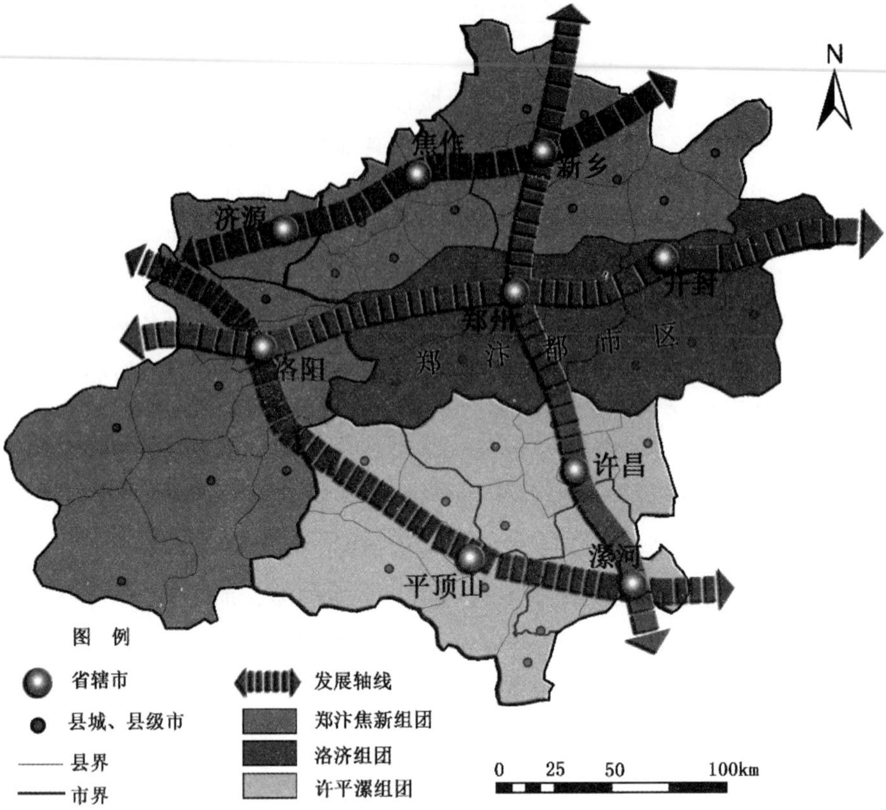

图6-7 中原城市群城镇体系的空间组织

郑州市区、新密市、新郑市、长葛市、禹州市、许昌市区、漯河市区等城市，是中原城市群地区南北方向上的城镇发展轴。应该强化这个方向上的城镇化进程，促进新乡县、获嘉县、武陟县、许昌县、襄城县、临颍县、舞阳县等的发展，在适当的时候，将这些县撤县建区或撤县建市，以促进它们的进一步发展。同时，次一级的新乡—焦作—济源城镇发展轴线、洛阳—平顶山—漯河城镇发展轴线（图6-7）。

其次，强化中原城市群地区的城镇空间组团。中原城市群内部存在郑汴焦新城镇组团、洛济城镇组团和许平漯城镇组团等三大城镇组团（王发曾、闫卫阳、刘静玉，2014），但是各个组团内部离散化状态依旧比较明显，为此，需要通过一定措施加速这些城镇组团的整合发展。另外，通过经济、社会、基础设施整合，加快郑汴都市区的发展，加速中原城市群核心城镇组团的发展（图6-7）。

再次，扩展中原城市群地区的圈层结构。中原城市群地区的圈层结构为：郑州和开封两市组成其核心圈层；以核心圈层为中心，卫辉市、辉县市、新乡市区、焦作市区、沁阳市、济源市、孟州市、偃师市、洛阳市区、汝州市、禹州市、许昌市区、禹州市、平顶山市区、舞钢市等城市，加上许昌县、获嘉县、孟津县、新安县、宜阳县、伊川县、临颍县、舞阳县等共同组成中原城市群的紧密圈层。核心圈层和紧密圈层构成中原城市群现在的空间范围。考虑到中原城市群的未来发展，濮阳市（含辖县，下同）、鹤壁市、安阳市、商丘市、周口市、驻马店市、南阳市、三门峡市组成其外围圈层。这三大圈层和河南省提出的“一极两圈三层”的区域空间结构相对应。

最后，根据成长三角理论，依据各个城镇的发展程度，组织强化郑汴焦新城镇组团、许平漯城镇组团和洛济城镇组团的发展，以形成中原城市群内部的成长三角。强化“主角”、推进“副角”的发展，以加速城镇组团的整合发展（图6－7）。

3. 外联组织

所谓外联，是指以城市群与经济区其他城市为骨干，营造区域现代城镇体系，以相对均衡发展为目标，联动经济区发展的外在动力，构建能够承经济区健康发展的“区域支撑体系”（王发曾、闫卫阳、刘静玉，2011）。等级层次、规模序列、职能类型和空间布局是城镇体系的四大结构，新型城镇化引领下的城镇体系建设必然引起四大结构的调整与升级，从而为中原经济区建设形成大中小城市和小城镇协调发展的城镇化格局提供支撑。

（1）等级层次结构组织。随着新型城镇化引领下城镇体系建设的逐步推进，河南省中心带动战略的实施，以及郑汴都市区的营建等，中原经济区现代城镇体系的等级层次结构将不断优化升级，各种资源要素将得到高效利用，经济、文化、科技、信息将进一步协调发展。届时，各等级城镇的持续发展将有新的发展台阶，中原经济区城镇体系建设也将在以郑州市为主核、洛阳市为副核的“双核”牵引下，逐步由非均衡增长向相对均衡增长迈进。

根据第五章中城镇体系等级层次构成情况和区域城镇化发展趋势，本书提出中原经济区五级现代城镇体系结构的基本框架（表6－4、图6－8）：

表6－4　2020年中原经济区城镇体系的等级层次

等级名称		城市	个数	个数
区域性中心城市	一级区域性中心城市	郑州市	1	5
区域性中心城市	二级区域性中心城市	洛阳市、邯郸市、信阳市、商丘市	4	5

续表

等级名称		城市	个数	个数
地区性中心城市	一级地区性中心城市	晋城市、南阳市、聊城市、焦作市、新乡市、长治市、邢台市、平顶山市、安阳市、三门峡市、许昌市、濮阳市、周口市、蚌埠市	14	25
	二级地区性中心城市	菏泽市、漯河市、淮北市、运城市、鹤壁市、开封市、济源市、驻马店市、阜阳市、亳州市、宿州市	11	
地方性中心城市	一级地方性中心城市	巩义市、禹州市、永城市、武安市、新密市、新郑市、荥阳市、林州市、南宫市、沙河市、潞城市、高平市、登封市、邓州市、灵宝市、偃师市、项城市、长葛市、舞钢市、辉县市、卫辉市、孟州市、沁阳市、汝州市、义马市、永济市、河津市、临清市、界首市、固始县、中牟县、临颍县、长垣县、滑县、新安县、武陟县、潢川县、太康县、夏邑县、睢县、新蔡县、兰考县、濉溪县、涉县、襄垣县、泽州县、阳城县、高唐县、凤台县、涡阳县	50	201
	二级地方性中心城市	安阳县、濮阳县、许昌县、邯郸县、长治县、开封县、邢台县、磁县、镇平县、舞阳县、西平县、伊川县、上蔡县、唐河县、郸城县、新野县、淮阳县、鹿邑县、沈丘县、新乡县、淅川县、泌阳县、尉氏县、商水县、民权县、西峡县、平舆县、西华县、鄢陵县、方城县、杞县、汝南县、宝丰县、桐柏县、新县、茌平县、莘县、临猗县、闻喜县、萧县、东平县、郓城县、东明县、五河县、临泉县、太和县	46	
	三级地方性中心城市	息县、虞城县、光山县、博爱县、罗山县、淮滨县、襄城县、修武县、宜阳县、温县、叶县、商城县、栾川县、原阳县、渑池县、鲁山县、柘城县、内乡县、正阳县、扶沟县、封丘县、遂平县、淇县、嵩县、确山县、通许县、宁陵县、汤阴县、浚县、孟津县、获嘉县、陕县、南召县、清丰县、内黄县、社旗县、延津县、郏县、洛宁县、范县、卢氏县、南乐县、汝阳县、台前县、临漳县、成安县、大名县、肥乡县、永年县、邱县、鸡泽县、广平县、馆陶县、魏县、曲周县、临城县、内邱县、柏乡县、隆尧县、任县、南和县、宁晋县、巨鹿县、新河县、广宗县、平乡县、魏县、清河县、临西县、屯留县、平顺县、黎城县、壶关县、长子县、武乡县、沁县、沁源县、沁水县、陵川县、芮城县、万荣县、新绛县、稷山县、夏县、绛县、平陆县、垣曲县、阳谷县、东阿县、冠县、曹县、单县、成武县、巨野县、鄄城县、定陶县、怀远县、固镇县、阜南县、颍上县、砀山县、灵璧县、泗县、蒙城县、利辛县	105	

续表

等级名称		城市	个数	个数
中心镇	特色中心镇	县域内的特色中心镇、经济发展实力强劲的重点镇	约 500	约 3000
	一般中心镇	县域内充当村域经济发展重心的一般建制镇	约 2500	
基点型小城镇	支撑性集镇	乡政府所在的集镇，非建制镇	约 2000	
	新型社区	县（市）域村镇体系规划和村庄布局规划确定的中心村（社区）	约 4000 个	

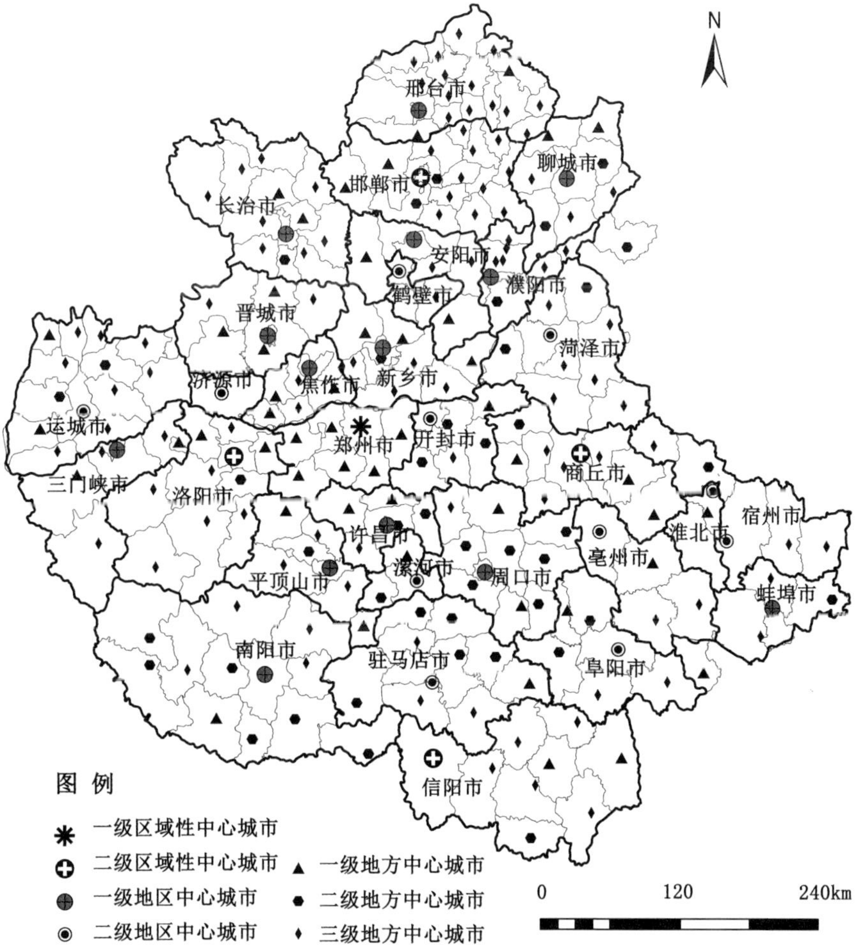

图 6 -8　2020 年中原经济区城镇体系的等级层次

一级区域性中心城市郑州，二级区域性中心城市洛阳、邯郸、信阳、商丘市将成为中原经济区的主、副核心城市，五核联动牵引整个经济区发展。

二级地区性中心城市有望实现与一级地区性中心城市的有机联动、协调互动和均衡发展。随着县级市综合实力的不断壮大，河南省直管县试点、省扩权县政策的逐步实施，经济实力强劲的县级市以及发展条件较好的县（市）有望发展成为一级地方性中心城市。随着县域城镇体系的承载承接作用逐渐完善，一些发展较快的安阳县、濮阳县、许昌县、镇平县、舞阳县、西平县、伊川县、上蔡县、唐河县、郸城县、新野县、淮阳县、鹿邑县等县的综合实力将进一步提升，将发展成为二级地方性中心城市。随着河南省特色中心镇试点工程的逐步推进，特色经济突出、景观资源丰富、设施基础较好，且具有较大发展潜力的中心镇将成为乡镇经济社会发展率先发展区。另外，中原经济区将新型社区建设作为统筹城乡发展的结合点、推进城乡一体化的切入点、促进农村发展的增长点，可将其发展成为现代城镇体系的基点型小城镇。预计到2020年，通过不同级别城镇的发展与升级，中原经济区现代城镇体系的等级层次结构将确立。

（2）规模序列结构调整。随着新型城镇化进程的逐步加快，中原经济区城镇体系的规模序列结构也必将随之发生变化。合理调控和组织各城镇的市区非农业人口与城镇人口，使当前的城镇体系由中间位序城镇较多、小城镇低水平发育的状态向高水平均衡阶段过渡，是构建中原经济区现代城镇体系规模序列结构的有效途径。

调整城镇非农业人口的依据是：第一，根据近15年来中原经济区248个城镇非农业人口，采用Dps7.05中的GM（1，1）模型，对自然状态下的非农业人口进行测算的结果。第二，根据中共河南省委《关于科学推进新型城镇化的指导意见》的发展目标：2020年河南省常住人口城镇化率力争达到56%，20万人以上规模的城市达100个左右。第三，参考《河南省全面建设小康社会规划纲要》、248个城镇总体规划、土地规划中确定的市（镇）区人口规模数。第四，考虑户籍制度改革可能带来的非农业人口的额外增长，以及在城镇工作、生活的农村户籍人口的客观存在。第五，适当考虑在中小城市附近或城中村、城乡结合部的新型社区人口。

根据以上依据，结合第五章城镇体系中对各城镇的定位、功能和发展态势，可对2020年中原经济区各级别城镇的非农业人口、城镇人口进行调控，见表6－5、图6－9。

表 6－5　2020 年中原经济区各城镇非农业人口、城镇人口调控值（万人）

级别（以市区、镇区非农业人口计）	城市名称（非农业人口调控值/城镇人口调控值）
一级（200 万以上的超大城市）	郑州市（450/550）、邯郸市（220/320）、洛阳市（200/300）
二级（100 万～200 万的特大城市）	南阳市（130/180）、新乡市（125/170）、开封市（120/170）、商丘市（110/150）、安阳市（110/150）、淮北市（110/150）、平顶山市（104/145）、焦作市（102/140）、蚌埠市（100/135）、菏泽市（100/135）、邢台市（100/135）
三级（50 万～100 万的大城市）	长治市（90/110）、许昌市（85/110）、聊城市（80/105）、宿州市（75/103）、驻马店市（75/103）、濮阳市（75/100）、周口市（75/100）、信阳市（75/100）、漯河市（75/95）、阜阳市（70/90）、晋城市（70/90）、运城市（70/90）、亳州市（65/90）、鹤壁市（65/90）、济源市（60/76）、三门峡（60/76）、固始县（51/60）、项城市（51/60）、临清市（50/60）、临泉县（50/60）
四级（20 万～50 万的中等城市）	邓州市（40/55）、伊川县（38/45）、魏县（38/45）、单县（38/45）、巩义市（38/45）、永城市（38/45）、偃师市（38/45）、长垣县（37/44）、临漳县（37/44）、潢川县（37/44）、荥阳市（35/42）、淮滨县（35/42）、巨野县（35/41）、太和县（35/41）、禹州市（33/39）、林州市（33/39）、登封市（33/39）、大名县（33/39）、曹县（33/39）、凤台县（33/39）、滑县（33/39）、茌平县（33/39）、尉氏县（33/39）、鄢陵县（33/39）、方城县（33/39）、温县（33/39）、原阳县（33/39）、新郑市（31/38）、宁晋县（31/38）、阳谷县（30/37）、高唐县（31/38）、上蔡县（30/37）、渑池县（30/37）、汤阴县（30/37）、桐柏县（30/37）、长葛市（30/36）、濉溪县（30/36）、扶沟县（29/35）、郓城县（29/35））、许昌县（28/34））、成武县（28/34）、平舆县（28/34）、确山县（28/33）、怀远县（28/33）、息县（27/32）、柘城县（27/32）、霍邱县（26/31）、新密市（25/30）、灵宝市（25/30）、东明县（25/30）、辉县市（25/30）、夏邑县（25/30）、义马市（25/30）、鄄城县（25/30）、武安市（25/30）、莘县（25/30）、淮阳县（25/30）、成安县（25/30）、鸡泽县（25/30）、鹿邑县（25/30）、襄城县（25/30）、冠县（25/29）、定陶县（23/28）、商城县（23/28）、太康县（23/28）、新野县（23/28）、舞钢市（23/28）、沈丘县（23/28）、东阿县（23/28）、光山县（23/28）、陕县（23/28）、汝州市（23/27）、西平县（23/27）、威县（23/27）、河津市（23/27）、泌阳县（23/27）、宜阳县（23/27）、兰考县（23/27）、正阳县（23/27）、社旗县（23/27）、临颍县（22/26）、沙河市（22/26）、唐河县（22/26）、郸城县（22/26）、民权县（22/26）、罗山县（22/26）、邯郸县（22/26）、汝南县（22/26）、磁县（21/25）、肥乡县（21/25）、永济市（21/25）、安阳县（21/25）、中牟县（21/25）、濮阳县（21/25）、新安县（21/25）、沁阳市（21/25）、镇平县（21/25）、西峡县（21/25）、西华县（21/25）、虞城县（21/25）、封丘县（21/25）、南宫市（21/25）、利辛县（21/25）

续表

级别（以市区、镇区非农业人口计）	城市名称（非农业人口调控值/城镇人口调控值）
五级（20万以下的小城镇）	武陟县（20/24）、新乡县（20/24）、杞县（20/24）、遂平县（20/24）、清丰县（20/24）、睢县（19/23）、舞阳县（19/23）、卫辉市（19/23）、鲁山县（18/22）、隆尧县（18/22）、高平市（18/22）、通许县（18/22）、延津县（18/22）、泗县（18/21）、孟州市（18/21）、博爱县（18/20）、内乡县（18/20）、开封县（18/20）、界首市（18/20）、蒙城县（18/20）、宁陵县（18/20）、浚县（18/20）、获嘉县（18/20）、新县（18/20）、台前县（18/20）、叶县（17/19）、广平县（17/19）、任县（17/19）、固镇县（17/19）、阜南县（16/18）、商水县（16/18）、新蔡县（16/18）、邢台县（16/18）、永年县（16/18）、邱县（16/18）、修武县（16/18）、栾川县（16/18）、馆陶县（16/18）、临西县（16/18）、襄垣县（16/18）、卢氏县（16/18）、五河县（16/18）、汝阳县（16/18）、潞城市（15/17）、泽州县（15/17）、涡阳县（15/17）、淅川县（15/17）、宝丰县（15/17）、淇县（15/17）、内黄县（15/17）、郏县（15/17）、洛宁县（15/17）、范县（15/17）、阳城县（15/17）、闻喜县（15/17）、临猗县（15/17）、南和县（15/16）、南乐县（14/16）、曲周县（14/16）、萧县（14/16）、灵璧县（14/16）、垣曲县（14/16）、长治县（14/15）、屯留县（14/15）、颍上县（14/15）、嵩县（13/15）、平乡县（13/15）、沁县（13/15）、孟津县（13/15）、南召县（13/15）、芮城县（13/15）、泽州县（13/15）、沁水县（13/14）、绛县（13/14）、内邱县（13/14）、新绛县（13/14）、稷山县（13/14）、清河县（13/13）、巨鹿县（13/13）、柏乡县（13/13）、临城县（11/12）、陵川县（11/12）、长子县（11/12）、平陆县（11/12）、万荣县（11/12）、武乡县（11/12）、黎城县（11/11）、壶关县（11/11）、砀山县（11/11）、夏县（11/11）、新河县（10/10）、广宗县（10/10）、沁源县（10/10）、平顺县（10/10）

由表6-5中2020年248城镇的市（镇）区非农业人口调控值可知：中原经济区将拥有三座200万人口以上的超大城市，其中一座超过了300万；100万~200万人口的城市数目和人口数量均明显增加，50万~100万人口的大城市数目和人口规模大幅增加；20万~50万人口的中等城市数目有所增加，20万以下的小城镇大幅减小。至2020年，郑州市区非农业人口达到340万，城镇人口达到500万，仍为首位的超大城市；邯郸市区非农业人口达到220万，城镇人口达到320万，仍为第二位的超大城市；洛阳市区非农业人口达到210万，城镇人口达到300万，仍为第三位的超大城市；南阳市、新乡市、开封市、商丘市、安阳市、淮北市、平顶山市、蚌埠市、菏泽市、邢台市成为市区非农业人口100万以上的特大城市，城镇人口基本上都在150万以上；长治市、许昌市、聊城市、宿州市、驻马店市、濮阳市、周口市、信阳市、三门峡市、漯河市、阜阳市、晋城市、运城市、亳州市、鹤壁市、济源市以及固始县、项城市、临清市、临泉县成为市（镇）区非农业人口50万以上的大城市，城镇人口在

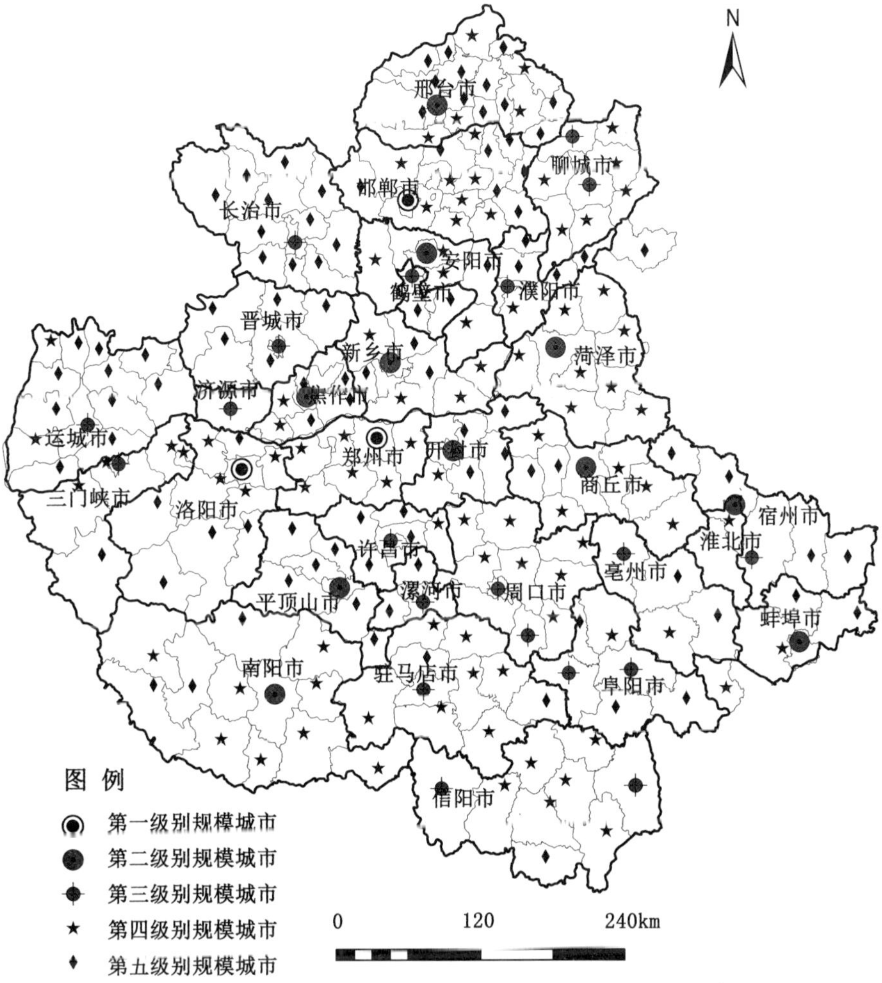

图 6 – 9　2020 年中原经济区的规模序列结构

60 万 ~95 万；其他的县级市和县城的非农业人口均在 10 万以上，其中许多将成为 20 万以上的中等规模城镇，部分城镇的城镇人口将接近 50 万。

展望 2030 年，中原经济区现有的城镇中，超大城市有可能增至 6 个，特大城市有可能增至 15 个，大城市有可能增至 60 个左右，中等城市的数量将稳定在 80 个左右，现有的县级市、县城有可能都进入 20 万人以上的大、中城市行列。届时，随着新型城镇化的健康发展与县域经济水平的大幅提高，现有的中心镇、一般性建制镇以及新设置的镇将会蓬勃发展，一批新兴的小城镇将出现在中原大地。大中小城市和小城镇协调发展，经济支撑有力、基础设施完善、服务功能健全、人居环境优美、发展协调有序的现代城镇体系将在中原经济区建设中真正起到中心带动作用。

（3）职能类型结构调整。随着新型城镇化建设力度的不断加大，中原经济区的经济发展地位将越来越突出，现有的城镇体系职能类型已不能满足区域经济发展的要求，优化中原经济区现代城镇体系的职能类型结构势在必行。基本原则和理念是：其一，参照前文计算得出的中原经济区城镇体系的职能类型结构，从城镇体系等级层次结构优化的框架出发，结合各城镇职能类型的主导产业、支柱产业、优势产业的现状与未来趋势，协调好城镇之间的产业联系和空间布局类型的互补，突出城镇发展的优势经济职能，强调城镇的趋异和互补。其二，明晰全国区域性中心城市、地区性中心城市向综合类型的城市定位发展，突出一级地方性中心城市、二级地方性中心城市的主导经济职能，发挥三级地方性中心城市的突出职能，促使现代城镇体系的城市职能类型向既有综合又含突出职能的高级城镇体系职能类型升级。

中原经济区现代城镇体系职能类型结构的调整策略是：首先，分析每一个城镇自然资源、区位条件、主导产业和现有的社会经济基础，确定其产业发展的方向和经济发展的优势行业。其次，根据城镇的优势行业，确定其城镇发展的优势职能，此类部门应具有良好的经济效益和全面的带动作用，并作为整个城市未来一个阶段经济发展的核心部门。然后确定与主导优势产业、部门密切关联的产业部门，确定其城镇发展的突出职能。最后，从河南省与周围省份的区际经济协作关系和市场竞争的角度出发，协调中原经济区各个城镇的优势职能和突出职能，使之各具特色，搭配合理，既突出城镇自身和所在区域的优势，又避免水平的结构趋同，构成层次有序、结构合理的现代城镇职能体系。

按照上述的调整理念与调整策略，预计到2020年中原经济区城市、城镇之间的区内、区际联系更为密切，分工协作经过职能的优化调整逐步向理想化方向发展。全国区域性中心城市、一级地区性中心城市的职能综合性大为加强，辐射范围进一步扩大，中心功能的集聚效应明显。二级地区性中心城市的服务业、科教文卫业、批发与零售贸易餐饮业、公共管理与社会组织业等职能在工业职能、交通通信职能的基础上逐步突出，由此形成的产业群对城市与区域的互动发展带动力增强。一级地方性中心城市、二级地方性中心城市的职能专业化程度较高，三级地方性中心城市发展的优势经济职能突出，中心镇、基点型小城镇的特色产业迅速发展。总之，高等级层次城市向综合性发展，中等级层次的城市的突出职能强度进一步提升，低等级层次城镇逐步向专业化、职能化方向发展，现代城镇体系的整体功能得到最大程度的发挥。

（4）空间结构的优化组织。遵从城镇体系空间组织的基本规律，从中原经济区城镇体系的空间整合基础和空间发展态势出发，结合空间整合的相关理论和模式（陆玉麒，1998；陈玮玮，2006；姚士谋、陈振光、朱英明，2006；周春山，2007；王发曾、刘静玉、徐晓霞等，2007；刘晓丽、方创琳、王发曾，2008；吴得文、毛汉英、张小雷等，2009；丁志伟、王发曾，2012；周春山、叶昌东，2013；王发曾、闫卫阳、刘静玉等，2014），探索中原经济区城镇体系空间整合的基本路径。

核心增长极的模式选择与路径取向。郑州作为我国中部重要的区域性中心城市，必须选择距离较近、有合作基础的开封作为其构建一体化大都市区的重要伙伴，以提升其综合竞争力，扩展辐射带动效应。开封与郑州两市建成区边缘距离仅有30km，且有陇海铁路、G310、郑开大道和G30等四条交通主干道相连，加之郑汴城际铁路、郑徐铁路的贯通，二者具有一体化发展得天独厚的优越条件。根据国务院《指导意见》和《河南省建设中原经济区纲要》，加快郑汴都市区建设已成为中原经济区建设的重要内容。郑州与开封应积极利用现有的四条主要交通联系通道以及未来的城际快速轨道，加强交流与合作，实现两城在经济、政治、文化等方面的对接，加快郑汴一体化进程，完善郑汴区域的功能组织，使郑汴都市区快速成长为中原经济区的核心增长极。

郑汴洛城市走廊的模式选择与路径取向。郑—汴—洛城市廊道位于我国京广、陇海铁路相交的中部“黄金大十字”的横向地带，开封、中牟、郑州、荥阳、巩义、偃师、洛阳等城镇密集分布，如珍珠状串在一起。如上所述，郑汴洛发展轴是中原经济区城市联系强度最强的动脉，发展势头强劲。在推进郑汴一体化、建设郑汴洛工业走廊、建设郑汴都市区等发展战略以及沿线发展条件不断改善的背景下，廊道地区城镇的综合实力显著增强。随着郑—汴—洛轻轨、郑汴城际铁路的建设以及沿线地带工业园区、农业示范区的发展，郑—汴—洛城市廊道必将成为中原经济区经济快速增长的核心地带（图6-10）。

中心带动战略的模式选择与路径取向。虽然郑汴都市区作为中原经济区的核心增长极不可取代，但其综合实力与全国其他经济区核心城市相比不占明显优势，单靠其牵引整个中原经济区的整体发展，力量显得单薄。中原经济区现代城镇体系空间布局走多核牵引道路符合实际情况与发展需求。洛阳与郑州市区仅有117km之隔，历史文化积淀丰富、工业基础雄厚，对郑州市的牵引力可以提供强有力的支撑（王发曾、刘静玉、徐晓霞等，2007）。邯郸综合实力较强，是北部最重要的联通城市和晋冀鲁豫四省的要冲。信阳与商丘分别位于中原经济区的东、南大门，中心性强度较高，是交界区域重要

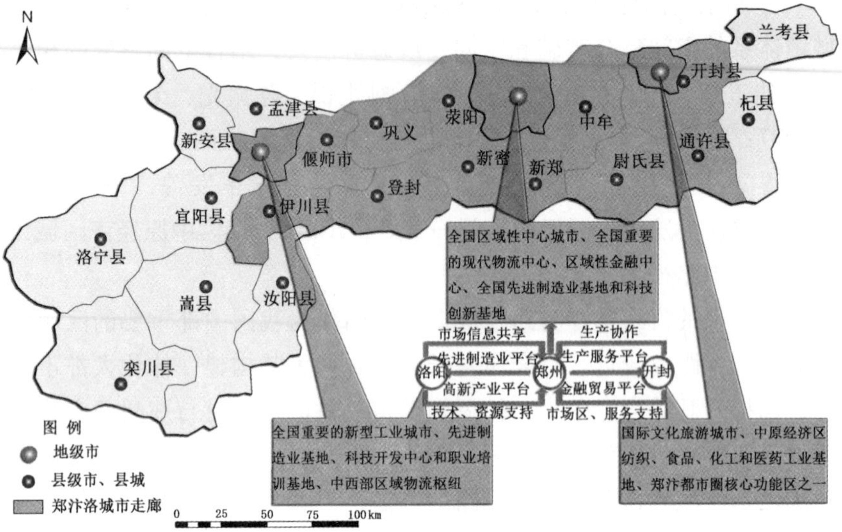

图 6－10　郑汴洛城市走廊的空间组织

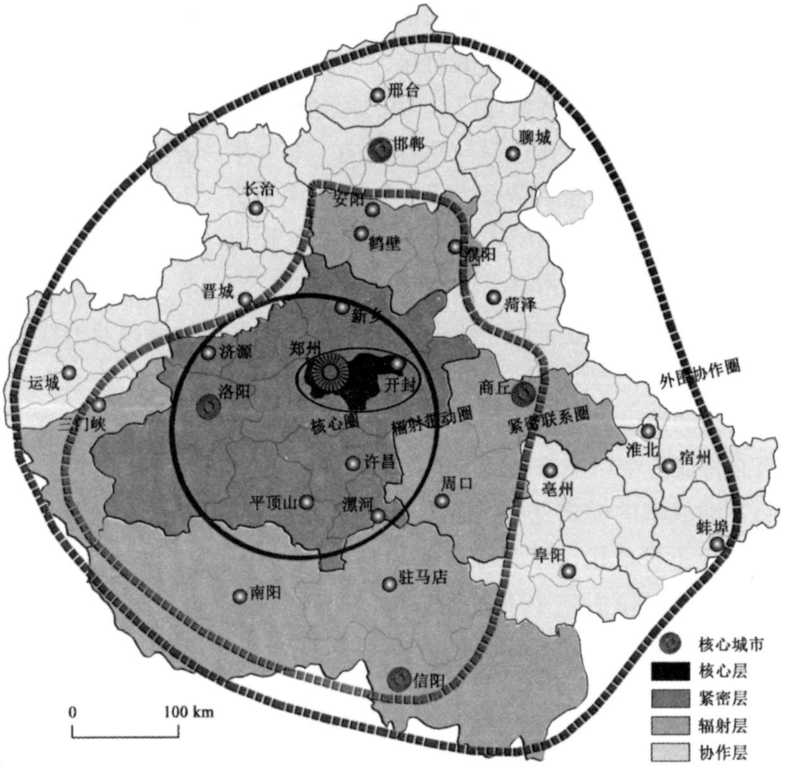

图 6－11　中原经济区“五核、四圈层”结构图

的经济、交通、文化中心，也是富有特色的产业集聚地。洛阳、邯郸、信阳、商丘四市分别从西、北、南、东方向给予郑汴都市区有力支撑，形成“一正四副”五核联动的局面。“五核”整合是中原经济区现代城镇体系空间整合的重要途径（图6－11）。

圈层推动的模式选择与路径取向。从圈层布局来看，中原经济区内部正在形成以郑州市为中心的“四圈层”结构，分别是核心圈层、紧密圈层、辐射圈层、协作圈层。核心圈层为郑汴一体化地区，紧密层为中原城市群9城市地区。辐射圈层是中原经济区主体区河南省其他9个城市的辐射带动区。协作圈层是紧邻主体区的周边省份14个城市进行紧密联系的协作区。同时，努力形成以郑州市为中心的“0.5小时交通圈”“1小时交通圈”和“1.5小时交通圈”，实现0.5、1、1.5个小时到达第二、第三、第四圈层内省辖市的联通格局。只有形成核心圈层、紧密圈层、辐射圈层与协作圈层良性互动的发展局面，中原经济区现代城镇体系的空间整合才能真正实现。

核心板块网络化的模式选择与路径取向。由核心板块的网络化组织基础分析可知，必须要加强中原城市群（传统9市）东南部、西南部的轴带建设，促进整个城市群形成等级合理、网脉畅通的全域网络化格局（图6－12）。须做好以下3点：①要强化郑州的核心地位，提升洛阳的副核心地位，发展壮大其他节点城镇，促进以郑汴都市区为中心的新乡、焦作、洛阳、许昌的“五星联

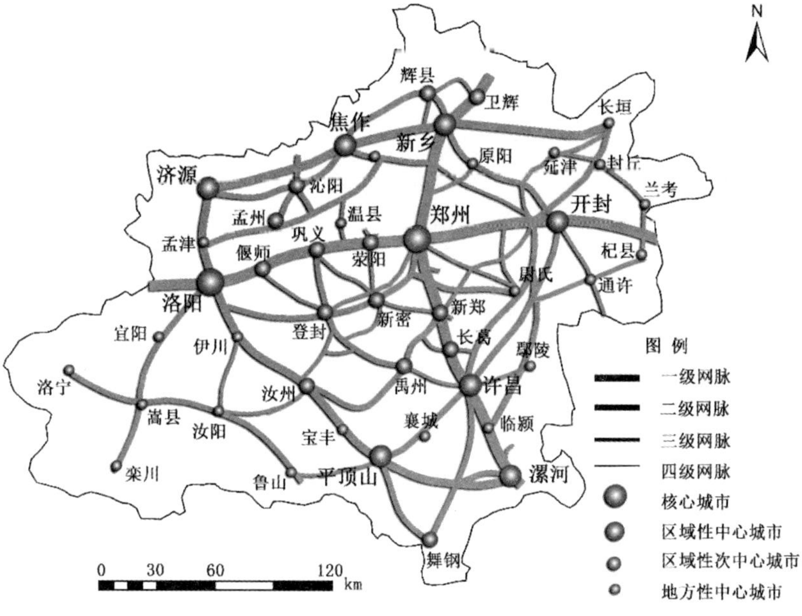

图6－12　中原城市群的网络化发展格局

动"，形成郑州大都市区。②要对核心城市外的其他7市进行高标准进行规划建设，重点加强城市的经济职能及区域联系，从提高整个城市群的功能和区域影响力出发，明确职能分工和发展重点。③应着重通过职能分工，体现城市群的整体化和开放性，通过洛阳带动豫西的发展，通过开封带动豫东的发展，通过新乡、焦作、许昌、平顶山、漯河带动和影响城市周边其他区域的发展，努力实现中原城市群的网络式发展。

组团分区的模式选择与路径取向。结合各省辖市的多边形发展的空间潜势，可采取"四多边形"的整合模式（图6－13）。具体而言，中南部的平顶山、漯河、许昌3个城市可整合为一体化发展的成长三角形（王发曾、刘静玉、徐晓霞等，2007；刘晓丽、方创琳、王发曾，2008；王发曾、张改素、丁志伟等，2014），与该三角形共边的许昌、周口、漯河可整合为另一个成长三角形。同时，"许昌—平顶山—漯河—周口"又共同组成了中原经济区中南部的成长四边形。

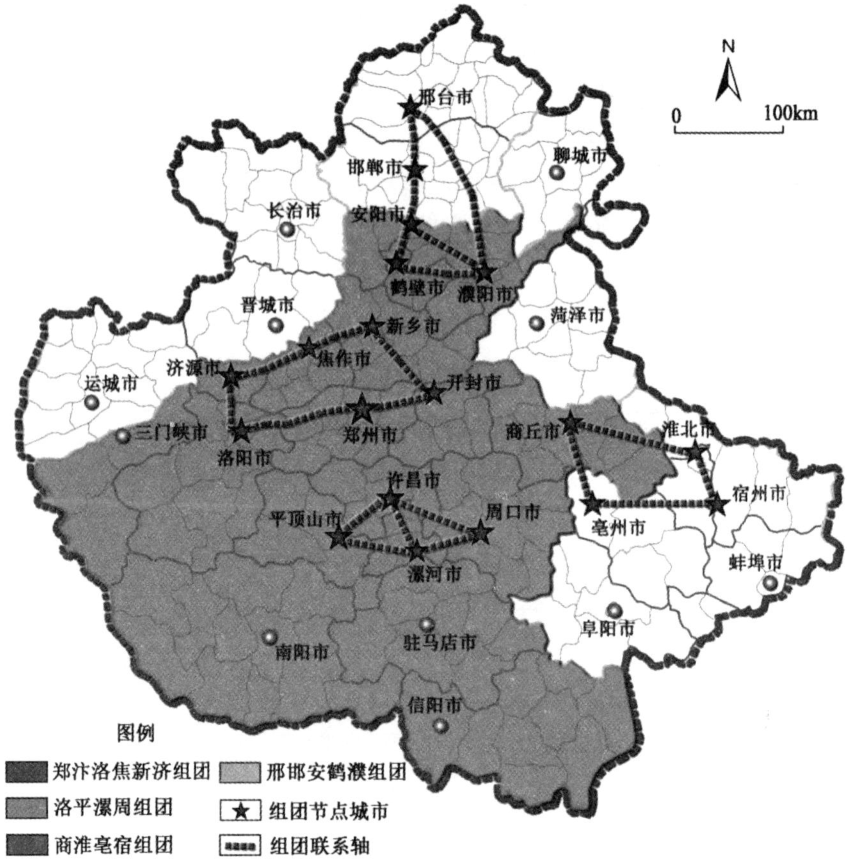

图6－13　中原经济区"四多边形"结构图

中部核心区的洛阳、焦作、新乡、许昌与郑汴都市区的“五星联动”，形成了成长多边形，未来可能形成“大郑州都市区”。北部冀豫交界处的邢台、邯郸、安阳、濮阳、鹤壁也可根据空间形态形成不同形式的三角形进行空间整合。东部豫皖交界处的商丘、淮北、亳州、宿州可按照成长四边形进行组团整合。

根据中原经济区城镇体系的圈层定位和组合特征，可将其分为五片区逐一进行整合考虑（图6－14）。其一，中部的中原城市群片区，可以郑汴都市区为核心增长极，加强9市彼此间的互动强度，形成网络化的增长板块。其二，北部的邢台、邯郸、安阳、濮阳、鹤壁、聊城和菏泽可发展为钢铁制造、石油化工、机械加工、农产品加工、文化旅游为主的北部综合性发展片区。其三，西部的三门峡、长治、晋城与运城，可考虑将矿产资源开发、农副产品加工、林业果品业作为战略重点，形成西部城镇协调区。其四，南部的南阳、驻马店、信阳可重点发展生态农业、矿产资源开发加工、复合式旅游、玉石加工等项目，通过3市的联动发展形成南部城镇协调区。其五，东部的商丘、周口、阜阳、

图6－14　中原经济区“五片区”结构图

亳州、宿州、蚌埠可发展高效农业、煤炭深加工、化工建材、纺织医药、生物化工、轻纺服装、新能源技术等产业，通过主体区与外围区城镇间产业的协作发展，形成东部城镇协调区。

轴带组织的模式选择与路径取向。中原经济区城镇体系依托高铁、铁路、国道、高速公路以及区域性重要公路，已经形成东西向的淮—商—开—郑—洛—三（陇兰产业带）重点发展轴带，南北向的邢—邯—安—新—郑—许—驻—信（京广产业带）重点发展轴带。两大重点发展轴带在郑州相交，形成中原经济区城市发展的“黄金十字架”，对整个经济区城镇体系的空间整合具有举足轻重的作用。黄河以北连接新乡、焦作、济源、菏泽的铁路、公路以及沿线重要的省道组成的复合发展轴带。黄河以南洛阳、平顶山、漯河、周口、阜阳方向上在漯阜铁路的基础上，依托沿线重要的铁路、公路也形成了重要的复合发展轴带。另外依托宁西铁路、京九铁路和青蓝高速及其沿线的主要公路也正逐渐形成三条重要的发展轴带。以上 7 个发展轴带与中原经济区的产业发展轴带相对应，成为整个经济区城镇发展的 7 条重要经脉，中原经济区城镇体系的空间结构可根据这 7 条轴带进行空间整合（图 6 - 15）。此外，应进一步加强以郑州为中心的陆路通道（陇海）、京广通道、济南—郑州—重庆通道、太原—郑州—合肥通道的规划建设，形成支撑中原经济区与周边经济区相连接的外联通道（图 6 - 15）。

4. 区域支撑组织

在中原经济区的空间结构布局中，中原城市群是其核心增长板块，它对于郑汴核心增长极的辐射带动和外围辐射层的扩散起着至关重要的作用。所以中原经济区今后的区域支撑组织中，一方面要进一步加强城镇之间联系强度，进而提高城镇的“内聚力”和综合竞争力，另一方面要进一步加强薄弱地带的建设，提升中原经济区整体道路网建设、物流联系、通信能力等薄弱环节的建设水平，以提高与外围区环境的“外联度”和协作能力。

在新型城镇化引领中原经济区建设中，如何形成中原城市群与中原经济区的联动机制，带动外围协作区和省际联动更是重中之重。在今后的城镇建设中，要强化洛阳、三门峡、济源、焦作协同发展，巩固在陕晋豫毗邻地区的领先地位，发挥在与关中—天水经济区、太原城市圈对接互动中的中坚作用。促进安阳、鹤壁、濮阳联动发展，凸显在晋冀鲁豫毗邻地区的优势，成为与环渤海经济圈衔接联系的前沿。推动商丘、周口、驻马店、信阳、南阳合作发展，增强在豫皖鄂陕毗邻地区和淮海经济协作区中的影响力，发挥承接东部产业转移的

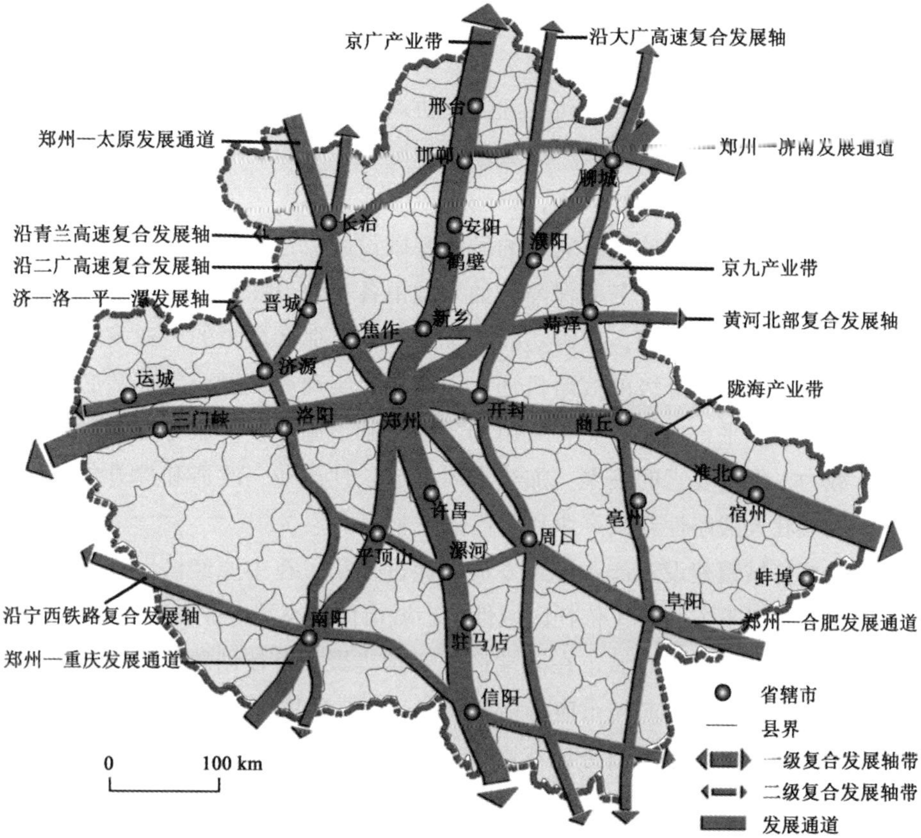

图 6－15　中原经济区“七带”结构图

前锋作用和对接沿长江中游经济带的骨干作用（卢展工，2011）。要发挥安阳、濮阳、商丘、三门峡、南阳、信阳等市与周边地区的经济合作优势，在强化建设京广、陇海两大发展轴的基础上，规划建设郑州至济南、重庆、合肥、太原等四大综合通道，深化经济、社会、文化等交流合作，重点建设 6 个协作区——豫晋陕黄河金三角地区；焦作、晋城、长治地区；安阳、邯郸、邢台地区；濮阳、菏泽、聊城及泰安东平县地区；商丘、周口、淮北、蚌埠、亳州、阜阳及淮南凤台县地区；南襄盆地区。探索跨省协调机制，逐步形成中部地区的联动板块，进而实现中部崛起的整体目标。

（三）推动城镇与产业的融合发展

1. 发挥城镇的载体平台功能，促进产业集聚发展

在“五化”协调发展的实现通道中，产城融合发展对于缓解资源环境压

力、实现产业升级发展、人口集聚和城镇功能培育的协同推进，促进经济—社会—资源环境复合系统中各要素的合理流动和良性循环，具有多方面的重要意义。在新型城镇化的引领下推动"五化"协调发展必然要求城镇与产业之间互动融合发展，走以城促产、以产兴城之路。城镇是产业发展的载体平台，城镇等级、规模及其经济容量的大小，影响着产业在城镇发展的规模与速度，以及其他要素集聚的规模与速度。完善的城镇基础设施、公共服务设施能为产业升级和产业集聚发展提供服务和保障，如果城镇各项建设滞后，城镇规模结构和内部空间布局结构不合理，城镇功能定位不准确，那么城镇的产业发展也会受阻，失去向高端方面升级的战略机遇。因此，要实现产城融合发展，必须要发挥好城镇的载体平台功能，完善城镇的各项基础设施、公共服务建设，提高城镇的承载力，促进要素的集聚，加快发展高成长性产业，改造和提升传统优势产业，发展壮大战略性新兴产业和现代服务业。

要发挥好城镇建设对产业集聚发展的促进作用，在中原经济区今后的建设中应着力做好以下方面：①依托区域性中心城市促进高端产业要素集聚。郑州、邯郸、洛阳等区域性中心城市在高端产业要素集聚、科技创新等方面具有一定优势，因此，区域性中心城市应将培育高端产业要素集聚作为城市发展新动力，以此来解决产业升级难、商务成本高、旧城区改造慢、可用土地少、能源约束紧、环保任务重等难题。要加快区域性中心城市金融产业园建设，打造金融集聚核心功能区，突出金融集聚的功能，增强金融产业对区域经济结构升级的支撑作用。②依托地区性中心城市促进人口和产业集聚。地区性中心城市担负着新型城镇化过程中人口、产业集聚的重要任务，一方面应通过培育壮大主导产业，加快传统产业的改造与升级，推动第二产业与第三产业的融合发展，提升城镇产业升级，促进产业集聚发展；另一方面应统筹旧城区改造和新城市建设，加强基础设施建设的有机对接，完善城市的各项功能，改善人居环境，增强人口的集聚能力。③依托地方性中心城市和小城镇发展特色产业集群。发挥地方性中心城市和小城镇劳动力等要素成本的优势，大规模承接产业转移，结合本地特色发展劳动密集型、传统工艺型等特色产业集群。④加快老工业基地、资源型城市的产业转型。推动老工业基地城市、资源型市改造传统产业，发展高端、精细、深加工产业，培育壮大新兴产业，扩大服务业发展规模，提高城市综合竞争力。

2. 依托城镇载体建设，增强产城融合发展的活力

新型城镇化的有序推进和现代产业体系的构建都需要合适的载体平台为其

提供发展空间，这些载体建设有利于在较短时间内构筑资金、技术、信息、人才集聚平台，增强承接产业转移的吸引力和承载力，促进高端产业要素集聚，更好地发挥规模效应、聚散效应。中原经济区近些年来加大载体平台建设力度，成效显著。其中，城市组团和城市新区作为新型城镇化的载体正在加快推进，产业集聚区和现代产业园区作为新型工业化、产业转型升级的载体已经形成一定规模，商务中心区和特色商业区也成为城区经济和现代服务业发展的载体，目前正在全区展开建设。新型城镇化引领“五化”协调发展战略的推动需进一步完善城市组团、城市新区、产业集聚区、商务中心区、特色商业区等载体建设，加快促进产业集聚发展，创造更多的就业岗位，增强城镇的综合承载力。

加快中原经济区城市组团载体建设，须做好以下三点：①统筹中心城区、组团城镇规划建设。修编或完善相关城市规划，从城市—区域一体化建设的视域出发，统筹考虑中心城区和城市组团的空间布局、土地利用、产业发展等地域特点，合理安排城市组团的空间布局，科学确定城市组团的拓展方向、组合模式和发展定位。②构建功能互补的产业格局。城市组团要充分发挥自然条件、资源禀赋、交通优势，大力发展与中心城区主导产业协作的关联产业和基础产业，形成与中心城区互补发展、链式发展的产业体系。③加强中心城区与组团城镇之间综合交通体系建设。推进中心城区主要道路向组团城镇延伸，加快中心城区与组团城镇之间网络式、放射状快速通道、轨道交通等通道建设，形成综合式、立体化、网络型现代交通体系。

加快中原经济区各城市新区建设，一方面要着力完善城市新区规划体系，完善基础设施、公共服务体系建设，推进城市新区功能区开发，吸引高端产业要素集聚，促进城市新区现代服务业和高端制造业建设；另一方面需创新城市新区的机制体制，提高要素保障能力和运行效率，使其成为集居住、商务、生态等功能于一体的宜居宜业、生态优化的现代化复合型新城区。

加快中原经济区各产业集聚区载体平台建设，要以优势主导产业和地域特色产业为支撑，大力推动产城融合发展，带动地方经济社会发展，使其真正成为各区域增强城镇发展活力的新载体。基于此，今后须做好以下三点：①严格执行产业集聚区的各项规划。一方面要坚持产业集聚区规划与土地利用规划、空间布局规划等规划相互衔接、有机融合，另一方面要从产城融合的理念出发，严格按照产业规划和空间规划布局产业、商业以及配套设施。②培育高成长性产业。重点引进龙头型、基地型企业，带动同类产业、配套关联产业的集聚发展，加快形成一批特色产业集聚，成为城镇经济发展的新增长点。③完善基础设施建设。按照产业集聚区、城市总体规划建设的要求，建设好产业集聚区内外的道路、交通、给排水、燃气等设施，配套建设研发中心、孵化园等科技创新支撑平台，推进产业集聚区辐射范围内的村庄向城镇社区转变，把产业集聚区建设成为集工作、居住、生活于一体的复合型产业集聚区。

大力发展中原经济区各市的商务中心区和特色商业区建设，须做好以下三点：①全面提升郑州新区中央商务区的地位。突出强化金融、总部经济、科研和高端商务功能，推进高端服务业集聚发展，将郑州建设成为服务中原、辐射中西部的区域性金融中心、总部经济中心、高端服务业中心和综合会展中心。②积极推进地区性中心城市、地方性中心城市中心商务服务区建设。各市建设中心商务功能区，重点要结合老城区改造和新城区建设，采用商务、商贸等功能的混合或突出特色的形式，统筹规划建设，突出城市特色，满足产业集聚区和经济社会发展的需要，尽快形成规模。③因地制宜发展特色商业区。按照科学规划、强化特色、突出内涵、提升效益的原则，规划建设一批特色商业街区、科技创业园、文化休闲娱乐区、文化创意区等生产性服务业集聚区，拓展商业市场空间，增强城镇发展的活力。

3. 依托新型社区建设，促进现代化农业发展

新型社区建设可以减少农业从业人员，增加人均拥有耕地资源量，促进农业的规模化、机械化、产业化经营，从而有利于提高资源利用率、土地产出率和农业劳动力率，加快农业的现代化进程。以新型社区建设促进现代农业发展，要把新型社区建设与土地流转结合起来，合力推进农业的机械化生产和产业化经营，加快农民的就业安置和转移，促进人口集聚和土地集约利用。鼓励进入新型社区的居民把土地承包给规模经营主体，推动农业的现代化规模运营。通过迁村并点、土地整治节约出来的用地指标，优先用于现代农业的产业化发展，规划建设农民创业园，按照"一村一品"的发展模式，重点种植高效农业、现代畜牧业和农产品加工业，为农民就地就近转移就业提供空间。要选择基础条件好、发展潜力大的农产品生产区，建设规模化、标准化、专业化的农产品生产基地，壮大龙头企业，培育特色品牌，打造一批"全链条、全循环、高品质、高效益"的现代化农业产业集聚和专业村。另外，一些山区型新型社区，可发展"观光游""农家乐""休闲度假"等项目，打造集生态静养、特色农产品供应、观光旅游、康疗保健于一体的农业现代化示范园，促进一二三产业联动发展。

（四）增强城镇带动区域发展的能力

1. 强化核心城市郑州的综合辐射力

郑州市作为中原经济区的核心城市和河南省的省会城市，正努力建设国家

中心城市，是辐射、带动全区经济社会发展的核心动力。在推动“五化”协调的城市—区域系统整合中，郑州市作为“龙头”城市迫切需要勇于担当、走在前列，从全区发展的视野通盘考虑，将中心城区、城市新区建设与周边城镇的建设联动起来，使所辖县市成为具有机组成部分，推动郑汴都市区的营建。此外，郑州市不仅要发挥中心城市的集聚优势，还需通过乘数作用、涓滴作用带动起周边区域的发展，用综合经济影响区的概念而不受行政区域的制约，增强其对周边的辐射带动作用，与周边区域形成互动互联的现代化都市区，从而凸显其核心城市的“龙头”辐射效应，带动全区经济社会的全面发展。

强化核心城市郑州的辐射带动力，须做好以下三点：①按照整个市域城镇化的理念，全面推进郑州市域城镇的组团发展，构建以双城区（老城区和郑州新区）、郑州航空港经济综合实验区为核心，外围县级市、县城为组团支撑、小城镇为节点的现代化都市区发展格局，提升郑州在全国城镇体系中的地位和实力。②以郑州航空港经济综合实验区建设的契机，以发展航空物流业、高端服务业为突破口，积极承接国内外产业转移，促进高端制造业（包括：航空设备制造及维修业、电子信息、生物医药以及其他制造业）、现代服务业集聚和人口集中，大力发展临空经济，打造内陆改革开放高地和全球重要的航空货运集散中心，建设低碳、绿色、环保的智慧型航空港都市区，培育中原经济区新的增长点，带动全区产业结构的调整与优化。③加快“四区”（郑州老城区、郑州新区、郑州航空港综合实验区、郑上“二化”协调发展区）的互动建设，有机疏解部分老城区功能，推进中心商务区、城市综合商业区、特色商业街区在新区的建设，推动老城区功能的提升和新城区的合理开发，形成双城的互动发展。四是要推进郑汴都市区建设，加快郑汴各方面的一体化建设步伐，积极推动郑州南北部分与许昌、新乡的对接与融入，打造中原经济区现代化建设的先行先试区。

2. 加快城市组团式发展和城乡一体化示范区建设

城市组团是指距离省辖市中心城区30km左右，空间相对独立、基本服务功能完善、与中心城区分工合理、联系密切的城区，包括中心城区周边基础较好的县城、县级市市区和符合条件的特定功能区。中心城市的组团式发展，有利于提高城市综合承载和辐射带动能力，壮大中心城区发展规模，带动外围组团加快发展；有利于补充完善城市功能，形成以大带小、以小补大、相互促进的城市集群优势；有利于发挥后发优势，科学引导和优化城市发展形态，避免中心城市规模过度无序膨胀，避免出现“大城市病”；有利于整合空间资源，形成统筹发展的格局。当前全区正在处在加快推进中心城市复合型新区建设的阶段，一些与中心城区联系紧密的县城、县级市虽不在城市新区，也不在省直管的范围，但将其作为城镇组团纳入中心城市组团发展战略十分适合。通过中心城市组团式发展，将这部分县城、县级市作为中心城区的外围组团，有利于整合空间资源，拓展中心城市发展空间，吸引产业和人口集聚，增强中心城市综合实力，激发组团区域经济内在活力，为中原经济区建设注入新的动力。

城乡一体化示范区是依托中心城市，体现三次产业复合和经济、生态、人居功能复合的区域。2009 年以来，主体区先后设立了郑州、开封、洛阳、平原、焦作、许昌、漯河、南阳、安阳、商丘、平顶山、三门峡、鹤壁、濮阳、驻马店、周口、信阳、济源等 18 个城乡一体化示范区。近年来，中原经济区各省辖市市区应结合实际，扎实推进规划、基础设施建设和招商引资等各项工作，形成了良好的工作基础、较好的发展态势。在今后建设中，各省辖市的城乡一体化示范区应围绕各自的功能地位，完善基础设施建设，进一步加大招商引资力度和产业项目建设，搭建大投融资平台，全面启动综合配套改革，使城市的城乡一体化示范区成为新的增长点和宜居宜业的现代化新城。

3. 提升地区性中心城市的辐射带动作用

除核心城市郑州与区域性中心城市洛阳、邯郸之外，地区性中心城市是实现产城融合、城乡统筹的主导力量。但总的看来，除新乡、焦作等少数城市外，大多数省辖市的综合经济实力还比较弱，难以发挥区域的辐射带动作用。要提升中原经济区各地区性中心城市的辐射带动作用，须做好以下几点：①统筹推进旧城区的改造和城市复合型新区建设，推动中心城市组团式发展，构建多中心增长空间，推动中心城市发展方式的转变和城市转型，增强中心城市以大带小、以城带乡的主导作用。②推进中心城区棚户区、旧住宅区、城中村等地方的改造和特色商业区的开发，推动现有城市功能的调整和空间整合置换，培育综合商业商务服务区，提升辐射带动效应。③完善城市新区建设，推动现代服务业和高端制造业集聚，强化三次产业复合和经济、生态、人居功能复合，成为中心城区功能拓展的主导区域、城乡一体化的先行区和地区性增长极。④整合城市空间发展形态，将中心城区周边复合条件的县城、县级市市区和特定功能区纳入统一规划建设区，构建便捷的交通通道，提升特色制造业、服务业和人口集聚的支撑力，形成功能互补、集群发展的中心城市发展空间。

4. 推进中小城市内涵式发展

推进中小城市内涵式发展是构建现代城镇体系、增强城市发展活力和可持续发展能力的重要举措，是加快中原城市群发展、中原经济区建设的具体实践。要推进中原经济区中小城市的内涵式发展，须做好以下两点：①促进县域中心城市内涵式发展。推动中小城市老城区集中连片改造，以内涵式发展为城镇化开辟新的发展空间；完善城市基础设施和公共服务设施，优化城市功能分区，加快特色商业区和商务中心区建设；发挥中小城市在促进城乡互动、吸纳农村人口就近转移等方面的重要载体作用，推动城乡之间公共资源均衡布局和生产要素自由流动；支持有条件的县城逐步发展为中等城市，全面提高城市资源利用效率、基础设施水平、人居环境质量和城市人文素质，提升城市吸引力、凝聚力和综合承载能力；加大对巩义市、兰考县、汝州市、滑县、长垣县、邓州市、永城市、固始县、鹿邑县、新蔡县10个省直管县（市）的支持力度，引导县城、县级市走内涵式发展之路。②引导中心镇集聚式发展。在今后的中心镇建设中，要着力发挥小城镇在城乡统筹的重要节点作用，强化小城镇对周边农村的生产生活服务功能，推动土地集约利用、人口集中居住，支持基础较好的中心镇逐步发展成为小城市，提高承接中心城市辐射能力和带动农村发展能力。根据中心镇的主导产业、区域位置、功能定位、城市组团要求，可将中心镇分为7种类型：中心城市周边镇、工业主导型城镇、商贸带动型城镇、交通枢纽型城镇、矿产资源开发型城镇、历史文化及旅游服务型城镇、边界窗口型城镇。各省辖市应根据不同类型中心镇的发展环境条件和发展特征制定相应的发展引导措施，坚持分类指导、合理布局与适度发展的原则，加快集镇区与乡村基础设施的共建共享，因地制宜发展特色产业优势，提升其服务农业农村发展的能力。

5. 增强新型社区的战略基点作用

要发挥好新型社区建设在“三化”协调发展中的战略基点作用，今后须做好以下几点：①加强规划的引导作用，高水平编制规划内容。一方面需把新型社区建设纳入到城镇体系规划中，按照县域村镇体系规划、土地利用总体规划、产业发展规划、社区建设规划、产业集聚区规划五规合一的要求，高水平编制各项规划；另一方面，需高标准组织规划评审工作，增强规划的前瞻性、协调性和可操作性。②要根据不同的村庄类型和村域经济发展的不同阶段，因地制宜选择建设模式。目前中原经济区建设中已经摸索出了六种建设模式，即中心镇拓展型、中心村升级型、产业集聚区带动型、龙头企业支持型、移民搬迁型、旅游带动型（张占仓、蔡建霞，2013）。各地区应从资金筹措、村庄建设的实际情况出发，依托区位优势和产业基础，综合考虑自然景观、生态宜居和文化传承等方面的因素，选择适合本地特色的新型社区建设模式来做。③产业支撑，促进农民就业。新型社区建设一旦没有产业支撑，农民集中建设起来的社区就如同空中楼阁华丽而不实用，无法带动村域经济向前发展。因此，一定要选择体现地方特色的新型社区建设与构建特色产业体系有机结合起来，因地制宜地选择产业发展项目，搭建产业发展的就业平台，积极发展第二、三产业，带动农村居民就地就近转移就业，多渠道增加农民收入。④尊重农民意愿，发挥农民的主体作用。新型社区建设的目的就是要促进农村地区经济社会发展，就是要改善农民的生产生活条件和促进农民就业，因此建设新型社区必须从保护农民利益出发，发挥农民参与的热情和积极性。新型社区该不该建、什么时候建、建在哪里，必须充分尊重农民意愿，保障农民的知情权、参与权、决策权、监督权等权利，切实把新型社区建设的各道流程理顺。各级领导干部要耐心地和农民讲解建设的必要性，要在思想认识上和情感上端正对农民群众的态度，无论是政府支持型社区、企业参与型社区还是群众自筹型社区，都要设身处地地为农民着想，让农民理解清楚、领悟到位、参与进去，最终使农民得实惠，使政府得大局和民心。

（五）推动城乡经济社会的一体化发展

1. 统筹城镇、乡村的一体化规划建设

（1）完善城镇（乡）体系规划。在新型城镇化的引领下，要充分考虑区域发展的自然条件、资源禀赋、历史背景、经济基础、社会文化与城镇体系的现状和问题，以区域创新体制为主导，以社会生产力发展为动力，以政策机制为调控阀，通过调整结构、组织功能、控制城镇化进程，为充分发挥城镇体系的区域带动效应创造条件，使城镇体系在自身建设和带动区域发展中渐趋完善，最终使城市—区域系统综合发展的总进程纳入共生互控的良性循环轨道。中原经济区要完善城镇（乡）体系规划，必须：①把中心城市看作是城市—区域系统的“极核”，不仅要体现其主导职能和个体优势，更要体现其在城市—区域系统中的地位和作用。②加强城市—区域系统、城镇体系的组织规划，将结构规划、功能规划、城镇化进程规划融为一体，形成相互衔接的规划建设指导体系。③加强中心城市综合发展规划，将城市总体规划、分区规划、详细规划、专项规划等融为一体进行整体谋划，它可以使各部门的工作有机地结合在一起，并将整个城市规划与管理纳入一个完整的系统。④规划不仅要重视综合交通、电力电信、给排水、防震减灾等硬要素，也要重视历史保护、文化传承、文脉延续、非物质文化遗产保护等软要素。

（2）统筹新型社区规划。新型社区规划要充分对接县域村镇体系规划、产业发展规划、土地利用总体规划、产业集聚区规划等规划，充分发挥规划的引导和调控作用，促进规划建设的科学运行。在具体规划建设中，一定要结合本地特色，综合考虑地形地貌、交通条件、产业定位、环境条件和文化传承等因素，按照新型社区建设标准，合理确定新型社区的区位、规模与空间布局，统筹综合交通、电力电信、给排水、文体卫生、能源、广播电信等基础设施、公共服务设施建设，高标准规划建设、高质量推进建设，不断改善农村居民的生产生活条件，缩小城乡各方面的差距。

（3）统筹产业集聚区规划。按照合理确定数量与位置、充分体现产业集聚、适当兼顾地区平衡和带动地区发展等要求，选择区位条件好、产业定位明确、空间条件优越、符合环保生态要求的区域，规划建设产业集聚区，为发展优势产业集群、承接大型项目、培育“龙头”企业构建战略性载体平台。科学确定产业集聚区的规划层次和规模，合理划分产业功能分区、城市配套分区、生态功能区、预留发展用地等，提出各功能块区规划建设的发展导向和具体要求，稳步推进产业集聚区建设。

（4）统筹城乡一体化示范区规划。按照中心城区规划、城市组团规划的要求，把建设复合型的城乡一体化示范区作为统筹城乡发展、加快城市区域化进程的重要突破口，通过城乡一体化示范区建设，提高中心城区的核心辐射作用，带动城市边缘区、城郊过渡区、城乡过渡带等区域的一体发展。通过各省辖市城乡一体化示范区的规划建设，将其作为不断优化城市用地结构和效率结构的重点区，以集约节约发展为导向，促进城市用地类型合理置换和合理利用。通过中心城区与城乡一体化示范区的规划对接，将城乡一体化示范区作为不断优化城市空间布局、完善城市基础设施建设的重点区，以快速、迅捷的交通、信息网络和优质的公共服务环境，提升中原经济区各市的城市形象和特色。

2. 统筹城镇、乡村产业的联动式发展

（1）推动产业在城镇、乡村之间的转移。伴随着新型城镇化、新型工业化的有力推进，城镇的土地资源日益减少，土地的使用成本不断增加，同时劳动力成本也在不断上升，推动着一些技术相对低端、占用土地成本较多、劳动力密集型的企业逐步向城镇边缘区、城郊过渡带推移。由于城镇周边区农村具有明显的地缘优势，与城镇相比，土地资源、自然资源、劳动力资源等相对充足和低廉，城镇产业向乡村转移便成为促进城乡产业互动发展的重要形式，以由此推动城镇产业的优化调整和乡村产业的配套完善。产业在城镇、乡村之间的转移既是统筹城乡经济发展、缩小城乡差距的必然选择，也是优化城乡资源要素配置、统筹城乡各方面一体化发展的必然选择。当然，在具体实施产业转移时，既要考虑资源的优化配置和资源利用效率的提升，也要考虑这种产业转移对区域经济社会发展的持续性影响，还有尽量避免产业转移带来的污染，以及对自然生态系统的破坏。

（2）推动产业在城镇、乡村之间的整合发展。统筹城镇、乡村产业的联动式发展最重要的举措就是推动城乡产业的整合发展，要根据城镇、农村的不同发展阶段、发展基础及各自的发展特色，在整合城乡链条关联的同时，注重城乡产业通过规划整理实现整合发展。要重点根据城镇、乡村的不同特质和资源禀赋，以产业协作和产业联合为重点，实现城乡产业的协调发展。具体而言，乡村地区要充分发挥农业的发展优势，以丰富的农副产品资源以及劳动力资源为支撑，围绕农业加工业，重点发展高附加值产业，推动农业和乡村产业结构的优化升级；城镇地区要以产业升级为主，在将成熟技术、成型产品转移给乡村地区时，同时要积极以信息化、科技化为支撑推动新型工业化进程，着力发展现代服务业和新兴产业，提升城镇的辐射带动能力。此外，还应加强城镇、乡村产业的分工，突出各自的发展优势，从而实现城乡产业的内部合理化组织程度、外部协调化程度的提高，使城乡产业的总体布局更为合理、城乡产业比例结构更为协调，使城乡产业之间的联系更为紧密，进而促进城乡产业发展质量的进一步提升。

3. 统筹城镇、乡村基础设施的一体化建设

基础设施是促进城市—区域系统中“五化”协调运转的重要“经脉”，加强城乡基础设施的一体化建设对于统筹城乡经济社会发展具有重要的保障意义。通过着力构建覆盖城乡的“路网”“水网”“电网”“气网”“生态保护网”等通道，促进城乡基础设施的共享共建、一体化发展，不断推动城乡之间各种资源流、信息流、能量流的有效运转。要推动城乡基础设施的一体化建设，要做好以下两方面的工作：①推动城镇、乡村交通设施的联网运行。一方面要加快城镇交通设施的统筹建设，重点支持中原城市群城际轨道交通和客运系统的建设，推动郑汴都市区、洛阳市等重点区域的轨道交通联网建设，加快城镇快速通道、主干道、立体高架通道建设，完善城镇立体交通体系，提供城镇的辐射带动作用和支撑保障能力。另一方面要加大对乡村地区交通网络体系建设的投入，以公路通道为骨架，以现有的县道、村镇道路为基础进行道路延长和拓宽，形成网络状的村镇体系道路体系，同时着重将村镇骨架干道与城镇道路网联通，构建开放式、网络化的城

乡交通格局，推动城乡一体化建设。②加快实施城镇、乡村信息网络的一体化建设。一方面要高度重视城镇、乡村信息网络建设，推动城镇、乡村之间广播电视网、电信网、互联网的“三网融合”，积极建设重大应用网络平台及信息系统，促进城乡之间网络资源的共享和互动。另一方面要健全农村信息服务体系，加强乡村地区远程网络建设，实现城乡信息资源共享。

4. 统筹城镇、乡村社会保障体系的一体化建设

近年来中原经济区新型城镇化建设快速推进，劳动力和居民在城镇、乡村之间流动的规模扩大、速度增快，凸显出城乡社会保障制度的差异和矛盾，给经济社会的健康发展和社会稳定带来很大压力，因此需要在政策、体制、制度等方面打破城乡参保身份的界限，提高城乡社会保障的层次和水平，加快统筹城镇、乡村社会保障体系的一体化建设。具体而言，须做好以下方面工作：①推进城乡各项社会保障政策的衔接。通过研究制定城镇与乡村、城镇与城镇之间的养老、医疗等社会保险转移的衔接办法，实现进城镇落户农民养老、医疗保险的顺畅转移和有机衔接。农村低保政策和新农保政策的衔接应遵循叠加实施的原则，努力实现政策效应的最大化。②扩大社会保障的覆盖范围。加快建设覆盖城乡居民的社会保障体系，稳步提高社会保障水平。加快实现新型社区和城镇居民社会养老保险制度的全面覆盖，稳步扩大乡村地区低保的覆盖面。在城镇未就业的家庭成员，可按照有关规定自主选择城镇或乡村社保。支持外来就业人员以个人身份参加职工养老、医疗保险、工伤保险、失业保险和生育保险。完善低收入困难群体的基本生活保障体系，及时将符合条件的农民纳入城镇低保范围。③完善社会救济援助体系建设。完善养老、社会福利机构的基础设施建设，建立健全城乡残疾人、优抚对象、困难群体等特殊群体的社会保障机制。加强社会救助体系建设，一方面对转户进城农民在劳动年龄内有就业愿望但没有就业的人员免费办理失业登记，另一方面对符合就业困难人员认定的人员提供公益性岗位安置等救援服务保障。④完善住房保障体系建设。加强以公共租赁房为重点的保障性住房工程建设，建立健全廉租房与公租房的建设、分配和管理机制，将有稳定职业并在城镇居民一年以上的务工人员纳入城镇住房保障体系。支持开展利用公积金贷款进行住房试点建设，增加中低收入居民住房的供给保障。

（六）促进经济—社会—资源环境系统的可持续发展

1. 突出人地和谐，发展循环经济

以人地和谐理念为指导，建立循环经济体系。对企业和员工进行培训，灌

输循环经济的思想，指明循环经济对经济—社会—资源环境良性耦合的重要意义，对促进可持续经济发展的重要意义。明确各类规划建设的最终目的，以生态文明思想为指导，坚持产城融合发展，坚持节约和集约利用资源，保护生态环境。因地制宜发展高新技术产业、环保产业，加大环保和科技投入，改变以往的粗放型的经济发展模式，实现劳动密集型、资源密集型向科技密集型、资金密集型产业的转变，实现向资源节约、生态环境友好型的转变。合理高效利用土地、自然资源、资金、劳动力等要素资源，推进集约节约利用土地、节能减排增效，加强资源综合利用，发展循环经济，推进人口、资源、环境和经济社会协调发展。

2. 有效衔接各类规划，形成有机指导“体系”

在中原经济区建设的现实推进过程中，各类规划起着全局性、总揽性、指导性的作用。因此，在今后的中原经济区规划建设中，一定区域的经济、社会、资源环境等方面的发展，一定要注意以经批准的区域总体规划和城市（城镇）总体发展规划为依据，并在空间上与土地利用规划、城镇体系规划、主体功能区规划、生态功能区规划、各类环境保护规划等重大规划的主要内容实现精准衔接，使之形成一个有机指导“体系”。保持城市（城镇）景观的连续性，整体性，维护良好的区域生态形象。在控制性详细规划和修建性详细规划实施的过程中，要与相关的施工部门保持紧密联系，重视资源环境保护，确保规划意图的顺利落实；要注重生活设施建设与生产设施建设的相互协调配套，充实与完善各类功能；要本着以人为本的原则，统筹安排基础设施和公共服务设施，合理配置公共空间，减少产业园区内部通勤成本；要合理利用土地资源，集约和节约用地，使各类规划建设形成一种集约用地的风尚。

3. 促进产城融合发展，关注当地实际

如第三、五章“五化”协调发展的标志和推进路径所述，要促进经济—社会—资源环境系统的良性耦合，也必须走产城融合发展之路。因此，在今后中原经济区建设中，要促进产业链条的扩展和延伸与完善，改变以往单一的生产经营模式，促进形成精细化、专业化的生产方式，促进合作经营；要科学定位主导产业，培育关联产业，促进资源的循环利用，提高协同效应，形成互促共进的企业集群，发挥产业集聚的优势和效应；要提高品牌意识，以主导产业为依托培育本土品牌，充分考虑市场因素的影响，促进当地产业的健康发展；要综合分析地区经济社会发展现状、产业基础、资源环境承载能力，着眼区域统筹和城乡统筹，对当地产业的定位、发展目标、功能组织和空间布局等战略问题进行前瞻性研究，制定合理的发展目标和发展方向。此外，各类产业集聚区、城市新区、新型社区规划建设要利国利民，应当高度重视被征地拆迁农民的安置问题，按照国家有关政策解决好这些村民的困难和生计问题。

4. 优化城市—区域开放空间系统

如第五章中原经济区经济—社会—资源环境耦合的评价结果可知，虽然经济、社会、资源环境的有序度均出现不同程度的提升，但资源环境系统承受的压力越来越大，出现了各类生态环境问题。而生态环境问题的整治，不能“头疼医头、脚痛医脚”，而应以经济—社会—资源环境系统发展的整体、协调、融合、持续原则出发，优化城市—区域开放空间系统。具体而言，应做好以下三个方面：①优化城市—区域开放系统的空间结构。“五化”协调发展必然要综合考虑城镇用地条件、人口分布模式、经济发展水平、未来发展趋势等来进行城镇内部功能结构的调整优化，与此同时，考虑城市职能的特点、生活居住空间、商贸服务空间、交通运营空间、行政文化空间、生产仓储空间与开放空间的关系，构建一个科学的开放空间结构体系。同时，结构优化须从静态布局、动态扩展和功能定位三个方面综合考虑。②优化开放空间系统的圈层一体化。其圈层结构可分为：外围圈层、主体圈层和内里圈层。三个圈层相互依存，相互影响，持续不断地进行能力与物质的交换，维持着城区生态系统的良性循环和永续发展。因此，在优化区域生态环境系统时，要促进三者的一体化组织。其中主体圈层与外围圈层的一体化，要保护好二者开放空间的通达性；主体圈层与内里圈层的一体化，要处理好二者开放空间的融通，即多方沟通，融为一体。三个圈层的一体化使开放空间真正成为一个有机系统，各类生态环境空间实现了有机相连、相融，生态城市建设由此获得强大的空间支持。③优化开放空间系统组成要素。城市开放空间系统的要素的优化应遵循城市生态规律，创造优质的生态环境、运行环境、建设环境、生活环境与景观环境，为生态城市建设奠定空间基础。利用暂未开发和弹性置换用地，提高市区绿化覆盖率和绿地率，科学合理地扩充和廓清道路、广场用地，提高市区道路网密度和人均交通用地面积。合理调整绿色、灰色与蓝色开放空间布局结构与功能发挥，贯彻一体化原则，做到林、园、水成点、线、面密切结合，对内交通、对外交通、广场协调发展，横道、竖道、环道有机结合。

第七章

结语

一、主要结论

本书基于城市—区域系统理论，辨析了新型城镇化、新型工业化、新型农业现代化、信息化、绿色化“五化”内在关系，解析了“五化”协同运转的机理，对中原经济区“五化”协调的状态进行评价，最后根据实证研究结果提出了“五化”协调的优化组织，主要研究结论如下：

（一）“五化”在城市—区域系统中的运行机理

总结表述如下：在城市—区域系统组成的区域内，新型城镇化、新型工业化和新型农业现代化、信息化、绿色化五个方面相互联系、相互支撑，共同支撑系统的协同运转并组成的社会系统工程。中心城市是城市—区域系统的核心和发动机，承担着区域经济增长、技术进步和创新灵魂，其工业化成果为农业现代化提供技术、生产力资源和农产品加工支撑，为城镇化提供产业链动力、城市建设资金和就业容量；中心城市的各种物质、能量和信息要素通过乘数、涓滴效应，通过城镇化作用沿廊道载体向城市边缘区、乡村地区扩散，为农业现代化、工业化提供强大的区域中心带动机能和群体带动机能；广大的乡村基质平台为城市—区域系统城镇化、工业化提供土地、资源、环境、生态等方面的保障，使中心城市的发展能力进一步增强，整体功能更强大，进一步提升中心城市的发展及在城市—区域系统中的核心作用。信息化在城市与区域的互动中，全面融入城乡、产业发展等各个环节，加速推进其他“化”的健康发展。绿色化是城市—区域系统整合发展的重要目标，是其他“化”健康发展的价值导向和内在要求。

（二）“五化”协调发展的基本状态

1.“单化”发展水平

1995年以来，新型城镇化、新型工业化、新型农业现代化水平都呈现不同程度的提高。其中新型城镇化水平在2005年之前呈小幅波动，2005之后呈稳步提升的趋势；新型工业化呈现“先缓后急”的上升态势，并且在2005年之后快速提高；新型农业现代化除1997年出现小幅下降外，新型农业现代化水平不断提高，并且2004年之后增长幅度较大。信息化水平总体呈现上升趋势，并且在2007年之后快速提高。

从空间分布看，新型城镇化、新型工业化呈现比较类似的空间格局，郑州均为高水平区域，第二、三等级城市围绕两者形成西北部的集中分布区，较低、低水平区分布在东南部广大区域，形成西北—东南的分异格局。而新型农业现代化与前面其他“单化”空间分布差异较大，南阳为高水平区，较高水平区一方面分布在高水平区，另一方面分布在北部地区。中等水平区分布在高水平、较高水平区周围。较低水平区、低水平区分布在中等水平区周围。在信息化空间分布中，高水平区与较高水平区分别为郑州与洛阳，集中分布在中部、中西部。中等水平区与较低水平区在较高水平、高水平区周围分布。低水平区主要分布在东部地区。从整个分布格局看，后三种类型的区域占据了绝对主导并形成大范围连绵分布区，高水平区、较高水平区分布范围小且在郑州及其北侧小范围集中，整个区域的分布格局极其不平衡且局部差异大。

2.“双化”协调状态

新型城镇化、新型农业现代化“双化”的综合协调度指数的变化特征与新型城镇化、新型工业化“双化”的综合协调度指数的变化特征类似：1995—1997年呈现下降趋势，1998年以来呈现波动上升状态。新型工业化、新型农业现代化“双化”的综合协调度指数的变化特征与新型工业化、信息化“双化”的综合协调度指数的变化特征相一致：1995—2004年呈现波动下降，2005以来年呈现波动上升状态且近期上升幅度较大。新型城镇化、信息化“双化”的综合协调度指数的变化特征表现为：1995—1996出现明显下降；1996—2002年之间呈现上升状态，2002—2009年呈现波动下降状态，2009年至今整体呈现波动快速增长状态。信息化、新型农业现代化“双化”的综合协调度指数的变化特征表现为：1995—2006年之间呈现波动上升状态，2007—2009年呈现下降状态，2010年以后呈现快速增长趋势。

从空间分布看，新型城镇化与信息化的"双化"协调等级未出现Ⅴ级协调区，Ⅳ级协调区为郑州，Ⅲ级协调区在郑州周边分布，Ⅱ级协调区分布较广且占区域的主要分布格局，Ⅰ级协调区较少且分布在区域外围区。总体看来，新型城镇化与信息化的协调程度不够好，呈现以郑州为中心的中北部集中区协调性较好，多数地区相对较弱的分异格局。从新型工业化与信息化、新型城镇化与新型工业化的协调度分布看，除具体等级的市域单元有所变化外与新型城镇化、信息化"双化"协调状态类似：Ⅱ级协调等级区占据了绝对主导并形成大范围连绵分布区，Ⅲ级协调区发育不充分，Ⅴ级、Ⅳ级协调区较少且分布在中西部地区，Ⅰ级协调等级区较少且主要分布在外围区，整个区域的分布格局极其不平衡且局部差异大。新型农业现代化与信息化、新型工业化与新型农业现代化各市域协调分布相类似：未出现Ⅴ级、Ⅰ级协调等级区，Ⅳ级协调区较少，Ⅱ级、Ⅲ级协调区两者占据了绝对主导并形成大范围连绵分布区。新型城镇化与新型农业现代化的协调分布特征为：Ⅴ级、Ⅰ级协调等级区未出现，Ⅲ级、Ⅳ级协调区与Ⅱ级协调区以南北轴为界分布范围各占一半，整个区域的空间分异格局明显。

3. "三化"协调状态

新型城镇化、新型工业化和新型农业现代化的综合协调度指数总体呈现波动上升状态：1995—1997 年呈现下降状态，1998—2004 年呈现波动下降状态，2005 年以来呈现波动上升且近期波动幅度较大。新型工业化、新型农业现代化、信息化的综合协调度指数总体呈现波动上升状态：1995—2000 年呈现波动下降状态，2001 年以来呈现波动上升且 2004 年以来波动幅度较大。新型城镇化、新型农业现代化、信息化的综合协调度指数发生较大的波动：1995—2006 呈缓慢波动上升状态，2007—2009 年呈现波动下降状态，2010 年以来呈现波动剧烈上升状态。新型城镇化、新型工业化、信息化的综合协调度指数呈现波动变化状态：1995—1997 年呈现下降状态，1998—2003 呈现缓慢上升状态，2004 年有所下降，2005 年以来呈现波动上升状态。

从空间分布看，新型城镇化、新型工业化、新型农业现代化协调发展的综合协调度与新型城镇化、新型农业现代化、信息化协调发展的综合协调度类似，其特征为：Ⅴ级协调等级区未出现；Ⅳ级协调区较少且分布在中西部地区，协调区主要在西部、西北部集聚分布，部分分布在东南部；Ⅱ级协调区占据了绝对主导并在东南部形成大范围连绵分布区；Ⅰ级协调等级区均为南阳。新型城镇化、新型工业化、信息化协调发展的综合协调度空间分异特征为：Ⅴ级、Ⅲ

级协调等级区均未出现，Ⅳ级协调区仅为郑州，Ⅱ级协调区占据了绝对主导并形成大范围的连绵分布区，Ⅰ级协调等级区主要分布在区域外围。

4. 整体协调状态

中原经济区整体的综合协调度指数总体呈现波动上升状态：1996 年之前呈现下降状态，1997 年以来呈现波动上升且 2009 年以来上升幅度较大。从空间分布看，郑州、洛阳、晋城均处于Ⅳ级协调状态。处于Ⅲ级协调等级的市域有 19 个，占全区的 63.3%，是全区的主要分布类型。该类型主要围绕Ⅳ级协调等级区分布，并与Ⅳ级协调等级区在西北地区形成较大范围的集聚。Ⅱ级协调等级区有 7 个市域单元，占区域总数的 23.3%，分别是邯郸、宿州、亳州、商丘、周口、驻马店、信阳。除邯郸外，Ⅱ级类型区的市域单元主要分布于全区的东南地区。南阳市处于Ⅰ级协调等级区，孤零地分布在西南部。

5. 原因解读

"单化"发展水平的时序变化主要受发展基础、战略导向、发展政策的影响；"双化"协调、"三化"协调以及整体协调水平的时序变化除受发展基础、战略政策影响外，主要受的"化"与"化"差异水平影响。从空间分异看，"单化"发展水平的空间分异主要受经济社会发展水平、主要子系统水平影响大；"双化"协调、"三化"协调以及整体协调水平的空间分异除受"单化"发展水平影响外，主要受互动水平、差异水平的影响，此外区位条件、发展政策也是重要的影响因素。

（三）"五化"协调发展的耦合状态

1. 城镇与城镇的耦合状态

从城镇体系四大结构看，等级层次结构中区域性中心城市、地区性中心城市、地方性中心城市的数量与等级不尽合理，空间分布不均衡；城镇体系的规模序列结构的位序—规模结构、金字塔构成情况、城市首位律、分形维度等离理想结构尚有很大差距，处于中等发育水平尚未形成完整的序列结构；职能类型结构处于较低的发展阶段，大型城市的突出、优势职能表现较为单一，中等城市、小城市专业化程度较低，城市发展优势不突出，城市职能综合性不强；空间布局结构符合空间结构特征，但须根据战略政策的实施进一步优化。

2. 城镇与产业的耦合状态

三次产业结构及其内部结构逐渐向合理化方向演进，但仍存在产业结构不合理，产业结构相似度高，空间分布差异大等问题；产业集聚区建设势头迅猛，但仍面临承接产业转移、调控升级等难题；产业结构偏离度与理想状态均有较大差异，第二产业偏离度最大，第一产业偏离度次之，第三产业偏离度最小；城镇化虽率以每年增加 1.33 个百分点的速度快速提高，但城镇化整体水平仍严重滞后于同期的工业化水平和产业结构比重，产城融合的程度有待进一步增强。

3. 城镇与区域的耦合状态

核心城市的综合实力不强，其空间综合影响范围与客观存在范围相比小很多，对陕西省东部、湖北省北部的辐射能力极弱；核心增长板块的综合竞争力不强，其空间综合影响范围与核心城市类似，须大幅提升其辐射空间；各省辖市市区综合实力差异大，彼此之间空间综合影响范围不均衡，空间相互作用格局须进一步调控与优化。

4. 城镇与乡村的耦合状态

虽然城乡各项建设快速发展，城乡规划与建设管理改革不断推进，城镇带动乡村发展的作用日益增强，新型社区规划建设成效显著，城乡一体化建设取得重要进展，但从单一指标和综合指标分析看，城乡差距依然较大且波动变化，城乡差距的空间分布差异很大且分布格局明显。因此，全区改善城乡收入差异的任务很重，城乡统筹发展的力度须进一步加强，且有很长的一段路要走。

5. 经济—社会—资源环境的耦合状态

从三个系统有序度组成的综合协调度指数看，其值由 1995 年的 0.3770 以年均 2.36% 的增长幅度升至 2011 年的 0.5467，整体变化呈较好的发展趋势。这表明，虽然在该阶段中原经济区经济社会发展对资源环境系统造成了一定的损害，但系统整体协同水平处于较好的上升状态，未出现停滞不前或者退化。从现实情况看，1995 年以来，中原经济区经济、社会系统有序度水平保持了较好的发展态势，产业结构逐步优化，居民生活水平不断提高；资源环境子系统有序度有了一定程度的提高，但其受经济社会快速发展带来的压力越来越大，有时不堪重负而出现资源过度开发、环境承载力大幅下降等资源环境问题。

（四）“五化”在城市—区域系统中的优化组织

结合“五化”协调发展的基本状态评价，中原经济区“五化”协调发展的时序定位与空间整合应从从以下方面优化组织：

（1）在新型工业化时序定位与整合方面，应从提高产业发展的质量和效益、大力发展战略性新兴产业、促进资源环境系统的良性循环等方面优化组织；在新型工业化空间定位与整合方面，应从明确各省辖市的产业空间定位、整合区域产业空间结构两方面进行优化组织。

（2）在新型城镇化时序定位与整合方面，应从注重经济子系统的稳步提升、统筹社会子系统各方面的全面发展、注重城乡各方面保障制度建设、加强对生态环境的保护力度等方面优化组织；在新型城镇化空间定位与整合方面，可将全区分为三个推进层区：第一层次新型城镇化推进区，包括郑州、洛阳、济源、三门峡、晋城、运城、长治、焦作、新乡、鹤壁、安阳、开封、许昌、漯河、平顶山、邯郸、邢台、聊城、濮阳和菏泽；第二层次新型城镇化推进区，主要位于南部、西南部区域，包括南阳、驻马店、信阳；第三层次新型城镇化推进区，主要位于东南部区域，包括周口、商丘、淮北、宿州、亳州、阜阳、蚌埠。

（3）在新型农业现代化的时序定位与整合方面，应从着力调整与优化农业产业结构、提高农业发展的规模化与产业化水平、持续提高农业社会化服务水平、加强对农业生态环境的保护工作等方面进行优化组织；在新型农业现代化空间定位与整合方面，应从围绕中心城市建设都市农业区、在黄淮海平原、南襄盆地、北部西部山前平原建设规模高效农业区、在南部、西北部山地丘陵区建设生态绿色农业区、大力发展现代农业先导示范区等方面进行优化组织。

（4）在信息化时序定位与空间整合方面，应从不断优化信息化发展环境、提高信息产业竞争力、不断深化信息技术应用、提高信息化的教育与科技支撑、夯实信息化基础设施的支撑作用等方面进行时空定位。在信息化空间定位与整合方面，根据中原经济区信息水平的空间分布格局，结合中原经济区区域空间结构特征和区际联系，可将中原经济区30个市域单元分为三个层次推进区：第一层次信息化推进区，包括郑州、洛阳、开封、新乡、焦作、济源、晋城、长治、鹤壁、安阳、运城、三门峡；第二层次信息化推进区，包括南阳、平顶山、许昌、漯河、周口、驻马店、信阳，主要位于南部、西南部；第三层次信息化推进区，包括周口、阜阳、亳州、淮北、蚌埠、商丘、淮北、宿州、菏泽、濮阳、聊城、邯郸、邢台，主要位于东南部、东部、东北部区域。

结合“五化”协调的耦合状态评价，中原经济区“五化”协调的优化组织应坚持新型城镇化引领，从优化城镇体系的功能组织，增强城镇带动区域发展的能力，推动城镇与产业的融合发展，推动城乡经济社会的一体化发展、促进经济—社会—资源环境可持续发展等五个方面着力推进，五个方面的具体推进措施见第六章内容。其中在城镇体系组织方面，应从提高郑汴一体化区域的核心竞争力，组建现代化郑州大都市区，构建富有中原特色的五级城镇体系结构，形成联动的区域增长板块等方面进行功能组织。

二、研究特色与创新之处

（1）基于本书提出的城市—区域系统理论，以“经济区建设为背景——‘五化’协调发展为目标——城市—区域系统整合为框架”的线索展开研究，将经济区、“五化”与城市—区域系统结为有机整体，不仅从理论上阐释了“五化”协调发展的内在机理，而且以中原经济区为案例区，评价了该地区“五化”协调发展的状态水平，提出了“五化”协调发展的具体实现路径。此外，本书六部分研究内容可浓缩为“基础理论——必然性——系统整合——内在机理——趋势调控——实现途径”，还可进一步浓缩为“基础——机理——途径”。这样的设计符合“出发点——过程——落脚点”的科学研究的内在规律，为研究的综合分析、综合判识和综合论证，以及各部分的关联照应、融会贯通和有机整合提供了条件。

（2）系统评价了“五化”协调的状态水平。本书基于“五化”协调的内涵，对“五化”协调的基本状态（包含“单化”发展水平、“双化”协调发展水平、“三化”协调发展水平、总体协调发展水平四个方面）、耦合状态（包含城镇与城镇、城镇与产业、城镇与区域、城镇与乡村、可持续发展状态）、趋势状态进行综合评价，定量、定性结合地分析了“五化”协调发展存在的问题和推进的路径。这不仅有助于揭示“五化”在城市—区域系统内变化的复杂性、动态性，而且有助于进一步完善相关定量评价模型，还能为中原经济区“五化”协调的有序推进和合理组织提供理论依据。

三、不足与展望

作为中原经济区的核心战略定位，“五化”协调发展是一项极为复杂的社会系统工程，新型城镇化、新型工业化、新型农业现代化、信息化、绿色化都对系统整体具有独特的作用方式与运行机制。本书基于城市—区域系统理论对“五化”协调发展机理的分析仅仅提供了一个范式，其内在机理、耦合机制仍需进一步探究。需要指出的是，由于“五化”协调发展涉及方面众多，本文基于城市—区域系统理论对“五化”协调发展水平、耦合水平及趋势分析也仅仅是从宏观层面研究了其时序和空间分异特征，对“五化”协调发展的动态演变机理和空间分异格局探讨比较薄弱，也可能影响对个别细节问题深度研究。因此，今后的研究应加强以下方面的工作：

1. 城市—区域系统理论的深化研究

本文基于加权 voronio 模型构建的城市—区域系统模型，虽然从理论上解析了“五化”协调运转的内在机理，在但等级结构整合、功能组织的优化、系统整体功能的发挥等方面挖掘的深度不够，且随着系统理论、协同理论、可持续发展理论研究深度的逐步加强、实证分析范围的不断拓展，城市—区域系统理论中优化组织的内容尚显单一、理应更加丰富，适用性更要不断增强。虽然中原经济区“五化”协调发展的经过定性定量分析，提出了多项整合路径和推动策略，在中原经济区“五化”协调合理推进方面取得了一定成果，但城市—区域系统内“五化”变化的复杂性，需进行动态监控和优化模拟才能更好地调控。因此，通过建模实现“五化”的定量化调控将是下一步研究的主要内容。

2. 指标体系有待进一步完善

完善的城市—区域系统特征评价指标体系与“五化”协调发展的综合评价指标体系能为城市、区域制定发展政策提供重要支持。然而新型城镇化水平、新型工业化水平、新型农业现代化水平、信息化水平的评价指标体系及“五化”耦合状态评价指标体系设计多领域、多方面的工作，加之数据获取的难度和各省年鉴的不统一性，造成一部分指标难以进行有效的统一，因此中原经济区“三化”协调的指标体系研究有待进一步深入。建立一套完整的、有效的指标体系是一个复杂工程，可以预见，该部分工作将会是以后工作的重难点。

3. 研究空间尺度进一步细化

基于更小研究单元对“五化”进行状态评价和空间关联分析可从深层次探究空间分异规律，更小的空间尺度也易于发现区域经济发展的空间依赖性和空间异质性。而本文对县域尺度与市域尺度的比较研究没有涉及，以后可进行该方面的对比研究，以深化对“五化”微观机制的透视。

此外，本书对“五化”协调发展的空间分异形成机理的探究较少，以后可从定性与定量两方面进行深入探讨。由于数据采集难度的原因，本文选取的截面数据年份仍较少，选择更多年份进行深入研究也是本书努力的方向。

参考文献

[1] Abente D. Industrialization and Urbanization in Latin America (Book Review) [J]. Growth & Change, 1987, 18 (2): 88 -89.

[2] Alsharif A A A, Pradhan B. Urban Sprawl Analysis of Tripoli Metropolitan City (Libya) Using Remote Sensing Data and Multivariate Logistic Regression Model [J]. Journal of the Indian Society of Remote Sensing, 2013: 1 -15.

[3] Amini A, Kung K, Kang C, et al. The Impact of Social Segregation on Human Mobility in Developing and Urbanized Regions [J]. arXiv preprint arXiv: 1401.5743, 2014.

[4] Armstrong W, McGee T G. Theatres of Accumulation: Studies in Asian and Latin American urbanization [M]. London, New York: Routledge, 2013.

[5] Basile R, Donati C, Pittiglio R. Industry Structure and Employment Growth: Evidence from Semiparametric Geoadditive Models [J]. MPRApaper (47621), 2013.

[6] Becker C M, Morrison A R. Urbanization in transforming economies [J]. Handbook of regional and urban economics, 1999, 3: 1673 -1790.

[7] Bertinelli L, Black D. Urbanization and growth [J]. Journal of Urban Economics, 2004, 56 (1): 80 -96.

[8] Bertinelli L, Zou B. Does Urbanization Foster Human Capital Accumulation [J]. The Journal of Developing Areas, 2008, 41 (2): 171 -182.

[9] Black D, Henderson J V. Urban Evolution in the USA [M]. Providence: Brown University, 1998.

[10] Black D, Henderson J V. Spatial Evolution of Population and Industry [J]. The American Economic Review (AEA Papers and Proceedings), 1999, 89 (2): 321 -327.

[11] Boeke J H. Economics and Economic Policy of Dual Societies as Exemplified by Indonesia [M]. New York: Institute of Pacific, 1953.

[12] Boix C, Abramson S F. The Roots of the Industrial Revolution: Political Institutions or (Socially Embedded) Know-How? [C]. APSA 2013 Annual Meeting

Paper, 2013.

[13] Bruinsma G J N. Urbanization and urban crime: Dutch geographical and environmental research [J]. Crime and Justice, 2007, 35 (1): 453 - 502.

[14] Button K L. Urban Economics: Theory and Policy [M]. London: The Macmillan Press Ltd, 1976.

[15] Chenery H B, Syrquin M. Patterns of Development, 1950—1970 [M]. Oxford: Oxford University Press, 1975.

[16] Christiaensen L, Weerdt J, Todo Y. Urbanization and Poverty Reduction: The Role of Rural Diversification and Secondary Towns [J]. Agricultural Economics, 2013, 44 (4 - 5): 435 - 447.

[17] Collins S M. Lessons from Korean economic growth [J]. The American Economic Review, 1990: 104 - 107.

[18] Cottrell P L. Industrial Finance, 1830—1914: The Finance and Organization of English Manufacturing Industry [M]. London, New York: Routledge, 2013.

[19] Davis J C, Henderson J V. Evidence on the Political Economy of the Urbanization Process [J]. Journal of Urban Economics, 2003, 53 (1): 98 - 125.

[20] Duggan E P. The Impact of Industrialization on an Urban Labor Market: Birmingham, England, 1770—1860 [J]. Journal of Economic History, 1974, 34 (1): 277 - 279

[21] Easterlin R A, Angelescu L, Zweig J S. The Impact of Modern Development Economic Growth on Urban-rural Differences in Subjective Well-being [J]. World development, 2011, 39 (12): 2187 - 2198.

[22] Essoh P A, Ukwayi J K. Industrialization, Urbanization and Moral Decay in Nigeria [J]. Annals of Humanities and Development Studies, 2013, 2 (2): 108 - 119.

[23] Erkut G, Sezgin E. Institutional Change and New Challenges [J]. Spatial Planning Systems and Practices in Europe: A Comparative Perspective on Continuity and Changes, 2014, 236 - 237.

[24] Fu S, Hong J. Testing Urbanization Economies in Manufacturing Industries: Urban Diversity or Urban Size? [J]. Journal of Regional Science, 2011, 51 (3): 585 - 603.

[25] Gollin D, Jedwab R, Vollrath D. Urbanization with and without Structural Transformation [C]. 2013 Meeting Papers. Society for Economic Dynamics, No. 344, 2013.

[26] Gregg H, Luis A. Globalization, Industrialization and Urbanization in Pre-World War II Southeast Asia [J]. Explorations in Economic History, 2011, 48 (1): 20 – 36.

[27] Hagedorn R B, Miller J P, Labovitz S. Industrialization, Urbanization and Deviant Behavior: Examination of Some Basic Issues [J]. Pacific Sociological Review, 1971, 14 (2): 177 – 195.

[28] Hartdog R. Growth without Limits: Some Case Studies of 20th-century Urbanization [J]. International Planning Studies, 1999, 4 (1): 95 – 130.

[29] Henderson J V. Economic theory and the cities [M]. Orlando, FL: Academic Press, 1985.

[30] Henderson V. The urbanization process and economic growth: The so-what question [J]. Journal of Economic Growth, 2003, 8 (1): 47 – 71.

[31] Henderson J V, Wang H G. Aspects of the rural-urban transformation of countries [J]. Journal of Economic Geography, 2005, 5 (1): 23 – 42.

[32] Henderson J V. Cities and development [J]. Journal of Regional Science, 2010, 50 (1): 515 – 540.

[33] Higgins B. Economic development [M]. New York: WW Norton & Company, 1959.

[34] Hofmann A, Wan G. Determinants of Urbanization [J]. ADB Economics Working Paper Series, 2013, 355: 1 – 31.

[35] Jess G, Kevin W. Dairy industrialization in the First Place: Urbanization, Immigration, and Political Economy in Los Angeles County, 1920 – 1970 [J]. Rural Sociology, 2003, 68 (4): 467 – 490.

[36] Kim K S, Pak C. Sources of economic growth in Korea, 1963—1982 [M]. Seoul: Korea Development Institute, 1985.

[37] Kim S. Industrialization and Urbanization: Did the Steam Engine Contribute to the Growth of Cities in the United States? [J]. Explorations in Economic History, 2005, 42 (5): 586 – 598.

[38] Kim Y W. Industrialization and Urbanization in Korea [J]. Korea Journal, 1999, 39 (3): 28 – 35.

[39] Kuznets S. Economic Growth and Income Inequality [J]. The American Economic Review, 1955, 45 (1): 1 – 28.

[40] Lampard E E. The History of Cities in Economically Advanced Areas [J].

Economic Development and Cultural Change, 1955, 3 (2): 81 -136.

[41] Laumas P S, Williams M. Urbanization and Economic Development [J]. Eastern Economic Journal, 1984, 10 (3): 328 -332.

[42] Lewis B D. Urbanization and Economic Growth in Indonesia: Good News, Bad News and (Possible) Local Government Mitigation [J]. Regional Studies, 2013, (ahead-of-print): 1 -16.

[43] Lewis W A. Economic Development with Unlimited Supply of Labor [J]. The Manchester School, 1954, 22 (2): 139 -191.

[44] Li Y, Wang X, Zhu Q, et al. Assessing the Spatial and Temporal Differences in the Impacts of Factor Allocation and Urbanization on Urban - rural Income Disparity in China, 2004 - 2010 [J]. Habitat International, 2014, 42: 76 -82.

[45] Lindley J, Machin S. Labour Market Polarization, Urbanization and Skill-Biased Consumption [J]. 2013-cesifo-group. de (online) .

[46] Ling T Y J. Industry Spatial Clustering in Taiwan [J]. Journal of Comparative Asian development, 2010, 9 (1): 103 -132.

[47] Long H L, Zou J, Liu Y S. Differentiation of Rural Development Driven by Industrialization and Urbanization in Eastern Coastal China [J]. Habitat International, 2009, 33 (4): 454 -462.

[48] Lu Z, Huang Q H, Lu T, et al. The Process and Problems ofIndustrialization and Urbanizationin China. The Chinese Economy, 2007, 40 (1): 6 -30.

[49] Lucas R E. On the Mechanics of Economic Development [J]. Journal of Monetary Economics, 1988, 22 (1): 3 -42.

[50] Makoto H, Tomobe K. Urbanization, Industrialization, and Mortality in Modern Japan: A Spatio-temporal Perspective [J]. Annals of GIS, 2012, 18 (1): 57 -70.

[51] McKelvey B. American Urbanization: A Comparative History [M]. Scott, Foresman, 1973.

[52] Michaels G, Rauch F, Redding S J. Urbanization and Structural Transformation [J]. The Quarterly Journal of Economics, 2012, 127 (2): 535 -586.

[53] Mills E S, Song B N. Korea's Urbanization and Urban Problems, 1945—1975 [M]. Korea Development Institute, 1977.

[54] Moir H. Dynamic Relationships between Labor Force Structure, Urbanization, and Development [J]. Economic Development & Cultural Change, 1977, 26

(1): 17 -25.

[55] Moir H. Relationships between Urbanization Level and the Industrial Structure of the Labor Force [J]. Economic Development and Cultural Change, 1976, 25 (1): 123 -135.

[56] Moomaw R L, Shatter A M. Urbanization and Economic Development: A Bias toward Large Cities? [J]. Journal of Urban Economics, 1996, 40 (1): 13 -37.

[57] Moore W E. Urbanization and Industrialization of the Labor Force in a Developing Economy [J]. The American Economic Review, 1955, 45 (2): 156 -157.

[58] Morgan P. Industrialization, Urbanization, and the Attack on Italian Drinking Culture [M]. New York: Federal Legal Publications Inc, 1989.

[59] Morris R J, Rodger R. The Victorian city: a reader in British urban history, 1820—1914 [M]. Addison-Wesley Longman Ltd, 1993.

[60] Mosk C. Japanese industrial history: technology, urbanization, and economic growth [M]. ME Sharpe, 2001.

[61] Muhammad A, Ishfaq A. Industrial Development, Agricultural Growth, Urbanization and Environmental Kuznets Curve in Pakistan [C]. MPRA Paper (No. 33469), 2011.

[62] Mumford L. The City in History: Its Origins, Its Transformations, and Its Prospects [M]. Houghton Mifflin Harcourt, 1961.

[63] Nunes B F, Wilson R H. Urbanization, Industrialization, and Economic Development: A Few Observations [J]. Revista Econômica Do Nordeste, 1979, 10 (3): 759 -772.

[64] Ouyyanont P. Underdevelopment and Industrialization in Pre-War Thailand [J]. Australian Economic History Review, 2012, 25 (1): 43 -60.

[65] Pandy S M. Nature and Determinants of Urbanization in a Developing Economy: The Case of India [J]. Economic Development and Cultural Change, 1977, 25 (2): 265 -278.

[66] Pearce D. Economics of Natural Resources and the Environment [M]. New York: Harvester Wheatsheaf, 1990.

[67] Persky J. The Dominance of the Rural-industrial South, 1900—1930 [J]. Journal of Regional Science, 1973, 13 (3): 409 -419.

[68] Peterson L. Industrialization, Urbanization and Workers' Culture: The "New" Social History and the German Proletariat in the Nineteenth Century [M].

Berkeley: University of California Press, 1975.

[69] Renaud B. National Urbanization Policy in Developing Countries [M]. Oxford: Oxford University Press, 1981

[70] Sadorsky P. Do Urbanization and Industrialization Affect Energy Intensity in Developing Countries? [J]. Energy Economics, 2013, 37: 52 - 59.

[71] Seward R R. The Family versus Industrialization and Urbanization: Occupational Roles as a Potential Link [C]. Annual Meeting of the Midwestern Sociological Society, 1976.

[72] Shafizadeh Moghadam H, Helbich M. Spatiotemporal Urbanization Processes in the Megacity of Mumbai, India: A Markov Chains-cellular Automata Urban Growth Model [J]. Applied Geography, 2013, 40: 140 - 149.

[73] Smith Jr D F, Florida R. Agglomeration and Industrial Location: An Econometric Analysis of Japanese-affiliated Manufacturing Establishments in Automotive-related Industries [J]. Journal of Urban Economics, 1994, 36 (1): 23 - 41.

[74] Shelley L I. Crime and modernization——The Impact of Industrialization and Urbanization on Crime [M]. Carbondale: Southern Illinois University Press, 1981.

[75] Suzuki H, Cervero R, Iuchi K. Transforming Cities with Transit: Transit and Land-use Integration for Sustainable Urban Development [M]. New York: World Bank Publications, 2013.

[76] Taeuber I B. Family, Migrationand Industrialization in Japan [J]. American Sociological Review, 1951, 16 (2): 149 - 157.

[77] Todaro, M P. A Model of Labor Migration and Urban Unemployment in Less Developed Countries [J]. The American Economic Review, 1969, 59 (1): 138 - 148.

[78] Turok I, McGranahan G. Urbanization and Economic Growth: The Arguments and Evidence for Africa and Asia [J]. Environment and Urbanization, 2013, 25 (2): 465 - 482.

[79] Van den Berg L, Drewett R, Klaassen L H. et al. Urban Europe: A Study of Growth and Decline [M]. Oxford: Pergamon Press Edition, 1982.

[80] Voigtländer N, Voth H J. The Three Horsemen of Riches: Plague, War, and Urbanization in Early Modern Europe [J]. The Review of Economic Studies, 2013, 80 (2): 774 - 811.

[81] Von Bertalanffy L. General System Theory [J]. General systems, 1956, 1: 1-10.

[82] Waley P. Distinctive Patterns of Industrial Urbanization in Modern Tokyo, c. 1880 - 1930 [J]. Journal of Historical Geography, 2009, 35 (3): 405-427.

[83] Wallimann I. Can the World Industrialization Project Be Sustained? [J]. Monthly Review: An Independent Socialist Magazine, 1994, 45 (10): 41.

[84] Walton J, Sween J A. Urbanization, Industrialization and Voting in Mexico: A Longitudinal Analysis of Official and Opposition Party Support [J]. Social Science Quarterly, 1971, 52 (3): 721-745.

[85] Weber A. Theory of the Location of Industries [M]. Chicago: University of Chicago Press, 1929.

[86] Xuc-chuan S U. Agglomeration of Factors, Industrial Cluster and Megalopolis In the Urbanization [J]. Journal of Central University of Finance & Economics, 2004, 1: 11.

[87] Yamada H, Tokuoka K. A Study of the Urbanization Process in Post War Japan [J]. Review of Urban & Regional Development Studies, 1991, 3 (2): 152-169.

[88] Yasuhiro S, Kazuhiro. Population Concentration, Urbanization and Demographic Transition [J]. Journal of Urban Economics, 2005, 58 (1): 45-61.

[89] Young A. Inequality, the Urban-Rural Gap, and Migration [J]. The Quarterly Journal of Economics, 2013, 128 (4): 1727-1785.

[90] Young D, Deng H H. Urbanization, Agriculture and Industrialization in China, 1952—91 [J]. Urban Studies (Routledge), 1998, 35 (9): 1439-1455.

[91] Zhang X B, Mount T D, Boisvert R N. Industrialization, Urbanization and Land Use in China [J]. Journal of Chinese Economic & Business Studies, 2004, 2 (3): 207-224.

[92] 安春华，乔旭宁，赵永江，等．中原经济区范围界定研究 [J]．地域研究与开发，2010，29 (6)：138-144.

[93] 白献民，常石明．引领中原崛起的“灯塔”——河南省十一届人大五次会议代表热议《河南省建设中原经济区纲要（草案）》[J]．人大建设，2012 (3)：3-6.

[94] 蔡世忠．中原经济区建设中“三化”协调发展的实证研究 [J]．农业科技管理，2012，31 (3)：13-23.

［95］蔡世忠．中原经济区农区“三化”协调发展的现状评估与实现路径［J］．现代农业科技，2013（9）：307－309，314.

［96］曹建海，李海舰．论新型工业化的道路［J］．中国工业经济，2003（1）：56－62.

［97］陈辉．推进“工业化、城镇化、农业现代化”同步发展的机制设计与措施［J］．中国集体经济，2011（6）：35－36.

［98］陈江龙，高金龙，卫云龙．工业化、城镇化和农业现代化“三化融合”的内涵与机制——以江苏省为例［J］．农业现代化研究，2013，34（3）：274－278.

［99］陈隆文．论中原经济区的范围、定位及作用［J］．河南城建学院学报，2012，21（4）：64－70.

［100］陈明星，陆大道，张华．中国城市化水平的综合测度及动力因子分析［J］．地理学报，2009，64（4）：387－398.

［101］陈雯，Dietrich Soyez，左文芳．工业绿色化：工业环境地理学研究动向［J］．地理研究，2013，22（5）：601－608.

［102］陈彦光．中国人口转变、城市化和产业结构演变的对应关系研究［J］．地理研究，2010，9（12）：2109－2119.

［103］陈忠暖，高权，王帅．中国省际城镇化综合水平及其空间分异［J］．经济地理，2014，34（6）：54－59.

［104］慈福义．基于循环经济的区域新型工业化产业结构与布局问题探［J］．特区经济，2006（4）：28－30.

［105］崔向阳．新型工业化道路内涵探析［J］．社会科学辑刊，2003（3）：74－78.

［106］丁志伟．河南省城市—区域系统空间结构分析与优化研究［D］．开封：河南大学硕士学位论文，2011.

［107］丁志伟．中原经济区“三化”协调发展的状态评价与优化组织［D］．开封：河南大学博士学位论文，2014

［108］丁志伟，王发曾．城市—区域系统内涵与机理研究——从城市、城市体系、城市群到城市—区域系统［J］．人文地理，2012，27（2）：92－96.

［109］丁志伟，王发曾．河南省城市—区域系统空间发展态势与布局优化［J］．地域研究与开发，2012，31（4）：79－85

［110］丁志伟，王发曾，殷胜磊．基于成长能力评价模型的中原城市群空间发展态势［J］．河南科学，2010，28（10）：1348－1352.

［111］丁志伟，徐冲，王发曾．郑汴洛城市廊道的“走廊城市”建设

[J]. 国土与自然资源研究, 2011 (2): 14 - 15.

[112] 丁志伟, 张改素, 王发曾. 中原经济区“三化”协调的内在机理与定量分析 [J]. 地理科学, 2013, 33 (4): 402 - 409.

[113] 丁志伟, 张改素, 王发曾. 中原经济区现代城镇体系的规模与等级结构研究 [J]. 中国人口·资源与环境, 2013, 23 (s1): 15 - 18.

[114] 丁志伟, 张改素, 徐晓霞. 1949 年以来河南省的城镇化进程及城镇密集区研究 [J]. 资源开发与市场, 2011, 27 (10): 911 - 915, 944.

[115] 董栓成. “工业化、城镇化、农业现代化”协调发展的定量分析——以河南省为例 [J]. 经济研究导刊, 2011 (17): 12 - 14.

[116] 窦颖颖. 中原经济区旅游合作模式与保障机制研究 [D]. 开封: 河南大学硕士学位论文, 2011.

[117] 段晶晶, 李同昇. 县域城乡关联度评价指标体系构建与应用——以大西安为例 [J]. 人文地理, 2010, 25 (4): 82 - 86.

[118] 范斐, 孙才志, 王雪妮. 社会、经济与资源环境复合系统协同进化模型的构建和应用 [J]. 系统工程理论与实践, 2013, 33 (2): 413 - 419.

[119] 范辉, 刘卫东, 张恒义. 浙江省“四化”协调发展的时空演变 [J]. 地域研究与开发, 2015, 34 (1): 19 - 25.

[120] 方创琳, 杨玉梅. 城市化与生态环境交互耦合系统的基本定律 [J]. 干旱区地理, 2006, 29 (1): 3 - 10.

[121] 冯德显, 贾晶, 杨延哲, 等. 中原城市群一体化发展战略构想 [J]. 地域研究与开发, 2003, 22 (6): 43 - 48.

[122] 冯健, 刘玉, 王永海. 多层次城镇化: 城乡发展的综合视角及实证分析 [J]. 地理研究, 2007, 26 (6): 1197 - 1208.

[123] 冯献, 李宁辉. 长江干流地区“三化”协调发展水平综合评价: 以沿长江 40 个城市 (地区) 为例 [J]. 华东经济管理, 2014, 28 (6): 70 - 75.

[124] 冯煜雯. 关中经济区新型城镇化发展路径探析 [J]. 陕西社会主义学院学报, 2011 (4): 38 - 40.

[125] 高峰. 江苏新型城镇化之路: 进程、挑战与走向 [J]. 苏州大学学报 (哲学社会科学版), 2011 (4): 106 - 114.

[126] 葛成军, 俞花美, 焦鹏. 海南省经济—资源—环境协调发展探析 (II) ——协调发展定量评价 [J]. 生态经济, 2012 (11): 70 - 73.

[127] 耿明斋. 对新型城镇化引领“三化”协调发展的几点认识 [J]. 经济经纬, 2012 (4): 4 - 5.

[128] 龚迎春，冯娟，罗静．中原经济区“三化”协调发展水平的时空特征研究［J］．地域研究与开发，2013，32（3）：158－161，171.

[129] 顾朝林，柴彦威，蔡建明，等．中国城市地理［M］．北京：商务印书馆，1999.

[130] 顾朝林，于涛方，李王鸣，等．中国城市化格局·过程·机理［M］．北京：科学出版社，2008.

[131] 郭庚茂．打造中原城市群“一极两圈三层”格局加快构建现代城镇体系［N］．郑州日报，2009，3月23日（03版）.

[132] 郭庚茂．政府工作报告——2011年1月17日在河南省第十一届人民代表大会第四次会议上［J］．河南省人民政府公报，2011（4）：3－21.

[133] 郭俊华，卫玲，孟楠．2014．中国“四化”进程协调状态测度研究［J］．区域经济评论，2014（5）：33－38.

[134] 郭书田．中国农村现代化问题探析——农村工业化、城镇化和农业现代化问题研究［J］．农村经济问题，1991（11）：3－6.

[135] 郭克莎．中国工业发展战略及政策的选择［J］．中国社会科学，2004（1）：30－41.

[136] 国务院．中华人民共和国国民经济和社会发展第十二个五年规划纲要［N］．人民日报，2011，3月17日（第01版）.

[137] 国务院．关于支持河南省加快建设中原经济区的指导意见［N］．河南日报，2011，10月8日（第01版）.

[138] 国务院发展与改革委员会．中原经济区规划（2012—2020）［N］．河南日报，2012，12月3日（第03版）.

[139] 韩长赋．加快推进农业现代化努力实现“三化”同步发展［J］．农业经济问题，2011（11）：4－7.

[140] 河南省社科联．新型城镇化引领“三化”协调科学发展100题［M］．郑州：河南人民出版社，2012.

[141] 河南省人民政府办公厅．河南省人民政府关于印发河南省国民经济与社会发展第十一个五年规划纲要的通知［J］．河南省人民政府公报，2006（7）：2－37.

[142] 河南省人民政府办公厅．河南省人民政府关于印发河南省国民经济与社会发展第十二个五年规划纲要的通知［J］．河南省人民政府公报，2011（12）：2－60.

[143] 河南省人民政府办公厅．河南省人民政府办公厅关于印发河南省农

业和农村经济发展“十二五”规划的通知［J］. 河南省人民政府公报，2011（11）：16-37.

［144］河南省人民政府. 中共河南省委河南省人民政府关于印发《河南省全面建设小康社会规划纲要》的通知.［EB/OL］http：//news. sina. com. cn/c/2003-08-20/0515597284s. shtml2003-8-20.

［145］贺叶玺. 工业化、城镇化和农业现代化共生关系研究［J］. 改革与发展，2011（5）：54-58.

［146］洪银兴. 新型工业化道路的经济学分析［J］. 贵州财经学院学报，2003（1）：1-6.

［147］胡建锋. “三化”协调发展与农村转移劳动力就业［J］. 理论导刊，2013（9）：93-95.

［148］胡锦涛. 高举中国特色社会主义伟大旗帜，为夺取全面建设小康社会新胜利而奋斗——在中国共产党第十七次全国代表大会上的报告［J］. 求是，2007（21）：3-22.

［149］胡锦涛. 坚定不移沿着中国特色社会主义道路前进，为全面建成小康社会而奋斗——在中国共产党第十八次全国代表大会上的报告［N］. 人民日报，2012，11月9日（第01版）.

［150］胡俊平. 中原经济区“三化”协调发展测度与路径选择［D］. 郑州：郑州大学硕士学位论文，2012.

［151］胡艳兴，潘竟虎，陈蜓，等. 2015. 基于ESDA和GWR的中国地级及以上城市四化协调发展时空分异格局［J］. 经济地理，2015，35（5）：45-54.

［152］黄范章. 从世界的视野看我国新型工业化道路［J］. 中国工业经济，2003（6）：50-54.

［153］黄金川，方创琳. 城市化与生态环境交互耦合机制与规律性分析［J］. 地理研究，2003，22（2）：211-220.

［154］黄祥芳，陈建成，周伟. 江西省11市“四化”耦合协调发展水平测度［J］. 城市问题，2015（3）：67-74.

［155］黄亚平，陈瞻，谢来荣. 新型城镇化背景下异地城镇化的特征及趋势［J］. 城市发展研究，2011，18（8）：11-16.

［156］简新华，向琳. 新型工业化道路的特点和优越性［J］. 管理世界，2003（7）：139-149.

［157］姜会明，王振华. 吉林省工业化、城镇化与农业现代化关系实证分析［J］. 地理科学，2012，32（5）：591-595.

[158] 江泽民. 全面建设小康社会，开创中国特色社会主义事业新局面——在中国共产党第十六次全国代表大会上的报告 [J]. 求是，2002 (22)：3-19.

[159] 金虎斌. 中原经济区"三化"协调发展实证研究 [J]. 征信，2013 (1)：89-92.

[160] 康芸，李晓鸣. 试论农业现代化的内涵和政策选择 [J]. 中国农村经济，2000 (9)：9-14.

[161] 柯福艳. 统筹城乡背景下城镇化与农业现代化互促共进长效机制研究 [J]. 农村经济，2011 (5)：36-39.

[162] 雷明. 资源—经济一体化核算研究——整体架构、连接账户设计 [J]. 系统工程理论与实践，1996 (9)：42-63.

[163] 李斌，陈军. 中国新型工业化研究综述 [J]. 特区经济，2007 (8)：276-278.

[164] 李斌，刘琳. 湖南省信息化对经济增长贡献的实证研究 [J]. 经济地理，2009，29 (10)：1685-1690.

[165] 李飞，宋玉祥，潘志. 老工业基地新型工业化水平评估及发展研究——以辽宁为例 [J]. 经济问题，2009 (12)：123-125.

[166] 李国平. 我国工业化与城镇化的协调关系分析与评估 [J]. 地域研究与开发，2008，27 (5)：6-11，16.

[167] 李剑. 关中地区城市化与资源环境耦合机制及其协调发展研究 [D]. 西安：西北大学硕士学位论文，2011.

[168] 李君茹. 河南省新"四化"协调发展状况评价研究 [J]. 信阳师范学院学报：哲学社会科学版，2015，35 (3)：53-56.

[169] 李文强，陈宪. 新型工业化理论研究的发展 [J]. 上海经济研究，2011 (5)：16-24.

[170] 李小建. 新型城镇化中的协调思想分析 [J]. 中国人口·资源与环境，2014，24 (2)：47-53.

[171] 李昕，文婧，林坚. 土地城镇化及相关问题研究综述 [J]. 地理科学进展，2012，31 (8)：1042-4049.

[172] 李裕瑞，王婧，刘彦随，等. 中国"四化"协调发展的区域格局及其影响因素 [J]. 地理学报，2014，69 (2)：199-212.

[173] 李政新，白玉. 加快新型农村社区建设是实现新型城镇化的有效途径——关于河南安阳滑县锦和新城建设的实践与思考 [J]. 农村·农业·农民

（A 版）, 2011（4）：60 – 61.

［174］林倩茹，罗芳，许凡．我国四化协调发展水平测度及区域比较分析［J］．资源开发与市场，2014，30（10）：1169 – 1173，1273.

［175］领导决策信息编辑部．解读《河南省全面建设小康社会规划纲要》［J］．领导决策信息，2005（22）：32.

［176］刘晨光，李二玲，覃成林．中国城乡协调发展空间格局与演化研究法［J］．人文地理，2012，27（2）：97 – 102.

［177］刘继生，陈彦光．城镇体系等级结构的分形维数及测算方法［J］．地理研究，1998，17（1）：82 – 89.

［178］刘建铭．关于农区工业化、城镇化与农业现代化互动发展的思考［J］．经济经纬，2004（2）：64 – 66.

［179］刘维新．城乡一体视野下的中国新型“城镇化”［J］．上海城市管理职业技术学院学报，2009（1）：11 – 14.

［180］刘晓丽，方创琳，王发曾．中原城市群的空间组合特征和整合模式［J］．地理研究，2008，27（2）：409 – 420.

［181］刘涛，曹广忠，边雪，等．城镇化与工业化及经济社会发展的协调性评价及规律性探讨［J］．人文地理，2010，25（6）：47 – 52.

［182］刘彦随，杨忍．中国县域城镇化的空间特征与形成机理［J］．地理学报，2012，67（8）：1011 – 1020.

［183］刘艳军，李诚固．东北地区产业结构演变的城镇化响应机理与调控［J］．地理学报，2009，64（2）：154 – 166.

［184］刘耀彬，王启仿．改革开放以来中国工业化与城市化协调发展分析［J］．经济地理，2004，24（5）：600 – 603，613.

［185］龙冬平，李同昇，苗园园，等．中国农业现代化发展水平空间分异及类型［J］．地理学报，2014，69（2）：213 – 226.

［186］卢华丽．中部六省新型工业化水平比较研究［J］．商业现代化，2007（33）：233.

［187］卢科．集约式城镇化——开创有中国特色的新型城镇化模式［J］．小城镇建设，2005（12）：68 – 69.

［188］陆玉麒．区域发展中的空间结构研究［M］．南京：南京大学出版社，1998.

［189］路燕，孟俊杰，蔡世忠．河南省农区发展特点和“三化”协调发展路径研究［J］．农业现代化研究，2013，34（1）：46 – 49.

［190］卢展工．深入贯彻落实科学发展观全面推进中原经济区建设为加快中原崛起河南振兴而努力奋斗［N］．河南日报，2011，11 月 7 日（第 01 版）．

［191］卢展工．推进“三化”协调发展，持续探索中原经济区科学发展路子［J］．农村·农业·农民，2012（1）：13－15.

［192］吕政．我国新型工业化道路探讨［J］．经济与管理研究，2003（2）：3－6，10.

罗奎，方创琳，马海涛．中国城市化与非农就业增长的空间格局及关系类型［J］．地理科学进展，2014，33（4）：457－466.

［193］罗永乐．西部地区新型工业化水平动态分析——基于西部大开发的视角［J］．经济地理，2012，32（2）：27－32.

［194］罗煜．试论我国新型城镇化道路［J］．决策探索（下半月），2008（10）：40－41.

［195］马恩成．珠江三角洲的乡村工业化、城镇化与农业现代化、城乡一体化［J］．中国农村经济，1995（8）：47－49.

［196］马世骏，王如松．社会—经济—自然复合生态系统［J］．生态学报，1984，4（1）：1－9.

［197］孟俊杰，田建民，蔡世忠．河南省“三化”同步发展水平测度研究［J］．农业技术经济，2012（8）：65－71.

［198］孟秋菊．现代农业与农业现代化概念辨析［J］．农业现代化研究，2008，29（3）：267－271.

［199］米增渝．信息化与中国农村新型工业化［J］．中国软科学，2012（6）：43－50.

［200］苗洁，吴海峰．国内外工业化、城镇化和农业现代化协调发展的经验及其当代启示［J］．毛泽东邓小平理论研究，2012（11）：89－97.

［201］宁越敏．中国城市化的特点、问题及治理［J］．南京社会科学，2012（10）：19－27.

［202］牛静敏．郑州都市区建设“三化”协调发展研究［J］．经济师，2013（3）：227－228，234.

［203］牛晓春，杜忠潮，李同昇．基于新型城镇化视角的区域城镇化水平评价——以陕西省 10 个省辖市为例［J］．干旱区地理，2013，36（2）：354－363.

［204］庞瑞芝，李鹏．中国新型工业化增长绩效的区域差异及动态演进［J］．经济研究，2011（11）：36－47，59.

［205］彭红碧，杨峰．新型城镇化道路的科学内涵［J］．经济研究，2010

(4)：75－78.

［206］平萍，朱殿勇，张建新．省委九届六次全会在郑举行，全会听取讨论了《省委常委会2013年工作报告》，审议通过了《中共河南省委关于科学推进新型城镇化的指导意见》［N］．河南日报，2013，12月26日（01版）．

［207］钱丽，陈忠卫，肖仁桥．中国区域工业化、城镇化与农业现代化耦合协调度及其影响因素研究［J］．经济问题探索，2012（11）：10－17.

［208］秦耀辰，苗长虹，高建华，等．中原经济区科学发展研究［J］．北京：科学出版社，2011.

［209］覃成林，张华，毛超．区域经济协调发展：概念辨析、判断标准评价方法［J］．经济体制改革，2011（4）：34－38.

［210］仇保兴．中国特色的城镇化模式之辩——“C模式”：超越“A模式”的诱惑和“B模式”的泥淖［J］．城市规划，2008，32（11）：9－14

［211］仇保兴．中国的新型城镇化之路［J］．中国农村观察，2010（4）：56－58.

［212］邱红．2014．蚌埠市“四化”协调发展实证分析［J］．商业经济，2014（7）：57－60.

［213］渠爱雪．江苏省新型工业化水平综合测度研究［J］．经济地理，2006，26（1）：55－65.

［214］冉启秀，周兵．新型工业化和新型城镇化协调发展研究——基于重庆市全国统筹城乡综合配套改革试验区的实证［J］．重庆工商大学学报（西部论坛），2008，18（2）：39－45.

［215］任保平．新型工业化：中国经济发展战略的创新［J］．经济学家，2003（3）：4－11.

［216］任保平，洪银兴．新型工业化道路：中国21世纪工业化发展路径的转型［J］．人文杂志，2004（1）：60－66.

［217］任志安，赵静静．皖北地区“四化”协调发展的实证研究［J］．区域经济评论，2014（3）：87－91.

［218］邵立民，邵晨阳．在工业化和城镇化深入发展中同步推进农业现代化的对策与建议［J］．农业工程，2011，1（4）：88－92.

［219］盛学良，董雅文，Toon J. 城市化对生态环境的影响与对策［J］．环境导报，2001（6）：8－9.

［220］石涛．中原经济区“四化”发展动态效率分解及协调度测度［J］．区域经济评论，2014（3）：125－129.

[221] 石涛．城镇化对“四化”协调动态发展的影响［J］．商业研究，2014（2）：15－23.

[222] 史雅娟．中原城市群空间格局的多中心网络化研究［D］．开封：河南大学博士学位论文，2013.

[223] 宋超山，马俊杰，杨风，等．城市化与资源环境系统耦合研究——以西安市为例［J］．干旱区资源与环境，2010，24（5）：86－90.

[224] 宋周莺，刘卫东．中国信息化发展进程及其时空格局分析［J］．地理科学，2013，33（3）：257－265.

[225] 苏荣．推进新型城镇化，实现崛起新跨越［J］．求是，2008（13）：24－26.

[226] 隋映辉．协调发展论［D］．青岛：青岛海洋大学出版社，1990.

[227] 孙平军，丁四保．人口—经济—空间视角的东北城市化空间分异研究［J］．经济地理，2011，31（7）：1094－1100.

[228] 孙政才．在工业化、城镇化、农业现代化进程中加快发展农业农村经济［J］．农村工作通讯，2009（16）：6－9.

[229] 孙致陆，周加来．城市化、农业现代化与农民收入增加［J］．广西财经学院学报，2009（12）：6－15

[230] 唐娅娇，谭丹．长株潭城市群推进低碳城镇化的思考［J］．经济地理，2011，31（5）：770－772.

[231] 唐娅娇，李晓燕．低碳路径下推进长株潭城市群新型城镇化的思考［J］．特区经济，2011（7）：199－200.

[232] 万邦合．加快农村工业化、城镇化进程是实现农业现代化的战略抉择［J］．农业管理科学，1996（4）：11－13.

[233] 王贝．中国工业化、城镇化和农业现代化关系实证研究［J］．城市问题，2011（9）：21－25.

[234] 王秉建，程久苗．安徽省新型工业化水平的灰色关联综合评价［J］．统计教育，2008（1）：58－60.

[235] 王发曾．中原经济区的新型城镇化之路［J］．经济地理，2010，30（12）：1972－1977.

[236] 王发曾．中原城市群的深度整合：内聚、外联与提升［J］．中州学刊，2011（6）：87－89.

[237] 王发曾．中原经济区的“三化”协调发展之路［J］．人文地理，2012，27（3）：55－59.

[238] 王发曾．新型城镇化引领三化协调科学发展［M］．北京：人民出版社，2012.

[239] 王发曾．中原经济区建设需全方位融入信息化要素［N］．河南日报，2013，5月8日（第11版）．

[240] 王发曾．三化协调与四化同步：中原经济区的战略选择［J］．地域研究与开发，2013，32（5）：36－40.

[241] 王发曾．科学谋划大郑州都市地区［N］．河南日报，2014，2月12日（04版）．

[242] 王发曾，刘静玉．我国城市群整合发展的基础与实践［J］．地理科学进展，2007，26（5）：88－99.

[243] 王发曾，刘静玉，徐晓霞，等．中原城市群整合研究［M］．北京：科学出版社，2007.

[244] 王发曾，闫卫阳，刘静玉．省域城市群深度整合的理论与实践研究［J］．地理科学，2011，31（3）：280－286.

[245] 王发曾，闫卫阳，刘静玉，等．中原经济区主体区现代城镇体系研究［M］．北京：科学出版社，2014.

[246] 王发曾，张改素，丁志伟，等．中原经济区城市体系空间组织研究［J］．地理科学进展，2014，33（2）：153－168.

[247] 王发曾，袁中金，陈太政．河南省城市体系功能组织研究［J］．地理学报，1992，47（3）：274－283.

[248] 王国敏，周庆元．我国农业现代化测评体系的构建与应用［J］．经济纵横，2012（2）：69－74.

[249] 王健，张悦玲．三化同步背景下县域经济与城镇化协调发展机制研究［J］．北方经济，2011（7）：5－7.

[250] 王立华，罗怀玉．“三化联动”是农业剩余劳动力转移的有效途径［J］．开发研究，2000（4）：59－60.

[251] 王琴．汉川市县域经济“一主三化”发展模式研究［D］．武汉：华中科技大学硕士学位论文，2007.

[252] 王士君．城市相互作用与整合发展的理论与实证研究［D］．长春：东北师范大学博士学位论文，2004.

[253] 王士君．城市相互作用与整合发展［M］．北京：商务印书馆，2009.

[254] 王新红．中原经济区发展的评价及路径设计［D］．焦作：河南理工大学硕士学位论文，2011.

[255] 王新顺．河南实施《中原城市群总体发展规划纲要》[N]．中华建筑报，2006，6 月 24 日（第 09 版）．

[256] 王洋，方创琳，王振波．中国县域城镇化水平的综合评价及类型区划分 [J]．地理研究，2012，31（7）：1305－1316.

[257] 王永苏．试论中原经济区工业化、城镇化、农业现代化协调发展 [J]．中州学刊，2011（3）：73－76.

[258] 王宜虎，陈雯．江苏沿江各市工业绿色化程度的模糊评价 [J]．长江流域资源与环境，2008，17（2）：170－174.

[259] 王瑜炜，秦辉．中国信息化与新型工业化耦合格局及其变化机制分析 [J]．经济地理，2014，34（2）：93－100.

[260] 吴大进，曹力，陈立华．协同学原理和应用 [M]．武汉：华中理工大学出版社，1990.

[261] 吴得文，毛汉英，张小雷，等．福建省区域空间结构演化及优化 [J]．地理科学进展，2009，28（2）：293－300.

[262] 吴海峰，苗洁，陈明星．河南省"三化"协调发展的历程、成就与经验 [J]．经济研究参考，2012（49）：35－59.

[263] 吴晓旭．河南"三化"协调发展评价研究 [J]．商业研究，2012（7）：149－156.

[264] 吴晓旭．我国中部地区城市化、工业化和农业现代化"三化"协调发展研究——以赣湘鄂豫四省为例 [J]．农业现代化研究，2012，33（1）：1－7.

[265] 吴一平，陈素云，孙德中．中原经济区三化协调路径及关键问题研究 [J]．中国农业科学，2012，45（21）：4528－4533.

[266] 吴一洲，吴次芳，王琳，等．浙江省新型工业化地域差异及其机理研究 [J]．地理科学，2009，29（4）：508－514.

[267] 吴玉鸣，柏玲．广西城市化与环境系统的耦合协调测度与互动分析 [J]．地理科学，2011，31（12）：1474－1479.

[268] 吴振球，谢香，钟宁波．基于 VAR 中国城市化、工业化对第三产业发展影响的实证研究 [J]．中央财经大学学报，2011（4）：63－67，77.

[269] 伍国勇．基于现代多功能农业的工业化、城镇化和农业现代化"三化"同步协调发展研究 [J]．农业现代化研究，2011，32（4）：385－389.

[270] 武均琰．河南省统筹"三化"协调发展的复合型城市研究 [D]．开封：河南大学硕士学位论文，2011.

[271] 夏春萍．工业化、城镇化与农业现代化的互动关系研究 [J]．统计与决策，2010 (10)：125－127.

[272] 夏兴园，曾芒．论新型工业化道路——工业化、信息化与世界工厂机遇 [J]．中南财经政法大学学报，2004 (3)：54－58.

[273] 夏征农．辞海 [M]．上海：上海辞书出版社，1999.

[274] 肖石英．充分发挥人力资源优势实现湘潭新型工业化 [J]．湘潭师范学院学报（社会科学版），2008，30 (1)：42－44.

[275] 谢德禄，李琼，王小明．建立新型工业化的指标体系与评价标准探讨 [J]．重庆三峡学院学报，2004，20 (3)：57－61.

[276] 徐建华．以城镇化为动力加快烟台转方式调结构进程 [J]．青岛农业大学学报（社会科学版），2010，22 (4)：45－50.

[277] 徐君．中原经济区新型工业化、新型城镇化、农业现代化协调发展评价 [J]．技术经济，2012，31 (3)：72－75.

[278] 徐维祥，舒季君，唐根年．2014．中国工业化、信息化、城镇化、农业现代化同步发展测度 [J]．经济地理，2014，34 (9)：1－6.

[279] 徐维祥，陈国亮，舒季君，等．2015．基于空间连续性的“四化同步区”形成与演化机理研究 [J]．中国工业经济，2015 (5)：18－31.

[280] 许学强，周一星，宁越敏．城市地理学 [M]．北京：高等教育出版社，1997.

[281] 许学强，周一星，宁越敏．城市地理学 [M]．北京：高等教育出版社，2006.

[282] 徐志华，茅丽华，潘卫兵．国外“三化”发展的理论、实践及启示 [J]．农业工程，2012，2 (1)：104－110.

[283] 宣杏云．农业社会化服务体系发展的必然趋势 [J]．世界经济与政治，1991 (6)：34－38.

[284] 闫卫阳，郭庆胜，李圣权．基于加权 Voronoi 图的城市经济区划分方法探讨 [J]．华中师范大学学报（自然科学版），2003，37 (4)：568－570

[285] 闫卫阳，刘静玉．城市职能分类与职能调整的理论与方法探讨——以河南省为例 [J]．河南大学学报（自然科学版），2009，39 (3)：265－270.

[286] 闫卫阳，王发曾，秦耀辰．城市空间相互作用理论模型的演进与机理 [J]．地理科学进展，2009，28 (4)：511－518.

[287] 杨焕彩．加快推进新型城镇化 [J]．山东经济战略研究，2010 (7)：4－9.

［288］杨建仁，刘卫东．基于灰色关联分析和层次分析法的新型工业化水平综合评价——以中部六省为例［J］．数学的实践与认识，2011，41（2）：122－132.

［289］杨丽，孔令英．兵团新型工业化进程评价［J］．新疆农垦经济，2011（6）：63－66.

［290］杨迅周，黄剑波，邹涛．河南省“三化”协调发展评价研究［J］．河南科学，2011，29（12）：1524－1527.

［291］杨迅周，杨延哲，刘爱荣．中原城市群空间整合战略探讨［J］．地域研究与开发，2004，23（5）：33－37.

［292］姚士谋，陆大道，王聪，等．中国城镇化需要综合性的科学思维——探索适应中国国情的城镇化方式［J］．地理研究，2011，30（11）：1947－1955.

［293］姚士谋，陈振光，朱英明．中国城市群（第三版）［M］．合肥：中国科学技术大学出版社大学出版社，2006.

［294］叶裕民，黄壬侠．中国新型工业化与城市化互动机制研究［J］．西南民族大学学报（人文社科版），2004，25（6）：1－10.

［295］余瑞林，刘承良，熊剑平，等．武汉城市圈社会经济—资源—环境耦合的演化分析［J］．地理科学，2012，32（5）：120－126.

［296］丁正松，李同昇，龙冬平，等．陕、甘、宁三省（区）农业现代化水平格局演变及其动因分析［J］．地理科学，2014，34（4）：411－419.

［297］喻新安．建设中原经济区若干问题研究［J］．中州学刊，2010（5）：72－79.

［298］喻新安，陈明星，王建国，等．中原经济区研究［M］．郑州：河南人民出版社，2010.

［299］喻新安，谷建全，王玲杰．新型城镇化引领论［M］．北京：人民出版社，2012.

［300］喻新安，顾永东．中原经济区策论［M］．北京：经济管理出版社，2011.

［301］喻新安，完世伟，王玲杰．河南经济发展报告（2012）：中原经济区“三化”协调发展［M］．北京：社会科学文献出版社，2012.

［302］喻新安，吴海峰．新型三化协调论［M］．北京：人民出版社，2012.

［303］原丰．新型农业现代化强基固本［N］．河南日报，2011，11月30日（01版）．

［304］袁晓玲，景行军，杨万平，等．新“四化”的互动机理及其发展水平测度［J］．城市问题，2013（11）：54－60.

[305] 云德奎. 农业产业化乡村工业化农村城镇化构筑农业现代化——对内蒙古较发达地区农村经济发展的思考 [J]. 农业经济问题, 2001 (7): 57-58.

[306] 曾宪初, 张洁燕, 路志宏, 等. 湖北农业产业化现代化、农村工业化城镇化的现状、问题与对策 [J]. 湖北社会科学, 2006 (2): 72-79.

[307] 曾志伟, 汤放华, 易纯, 等. 新型城镇化新型度评价研究——以环长株潭城市群为例 [J]. 城市发展研究, 2012, 19 (3): 125-128.

[308] 张改素. 河南省城乡统筹发展的时空特征与定位推进研究 [D]. 开封: 河南大学硕士学位论文, 2012.

[309] 张改素, 王发曾, 丁志伟. 河南省城乡统筹发展的时空特征与定位推进 [J]. 人文地理, 2013, 28 (4): 89-95.

[310] 张洁云. 城乡一体视野下的新型城镇化问题研究——以江苏省南通市通州区为例 [J]. 南通纺织职业技术学院学报 (综合版), 2011, 11 (1): 63-68.

[311] 张琳, 邱少华. 新型工业化、信息化、城镇化和农业现代化协调发展评价研究 [J]. 山东社会科学, 2014 (4): 124-129, 139.

[312] 张岭峻, 笪晓军. 实施新型城镇化战略, 促进城乡一体化发展——以甘肃省为例 [J]. 城乡建设, 2010 (10): 28-30.

[313] 张术环, 王环, 张慎霞. 农业现代化内涵浅析 [J]. 农业经济, 2004 (11): 14-15.

[314] 张晓东, 朱德海. 中国区域经济与环境协调度预测分析 [J]. 资源科学, 2003, 25 (2): 1-6.

[315] 张旺, 周跃云, 胡光伟. 超大城市“新三化”的时空耦合协调性分析——以中国十大城市为例 [J]. 地理科学, 2013, 33 (5): 562-569.

[316] 张旺, 周跃云, 谢世雄. 中国城市低碳绿色发展的格局及其差异分析: 以地级以上城市 GDP 值前 110 强为例 [J]. 世界地理研究, 2013, 22 (4): 134-142, 73.

[317] 张文忠, 王传胜, 吕昕, 等. 珠江三角洲土地利用变化与工业化、城市化的耦合关系 [J]. 地理学报, 2012, 58 (5): 677-685.

[318] 张新光. 农业现代化的规律性与中国农业的现代化 [J]. 河北经贸大学学报, 2008, 29 (6): 22-28.

[319] 张占仓. 河南省新型城镇化战略研究 [J]. 经济地理, 2010, 30 (9): 1462-1467.

[320] 张占仓. 如何破解“三化”协调难题 [J]. 中州学刊, 2011 (6): 85 - 87.

[321] 张占仓. 三化协调发展的河南实践 [M]. 北京: 人民出版社, 2012.

[322] 张占仓, 蔡建霞. 河南省新型城镇化战略实施的亮点研究 [J]. 经济地理, 2013, 33 (7): 53 - 58.

[323] 张占仓, 杨延哲, 杨迅周. 中原城市群发展特征及空间焦点 [J]. 河南科学, 2005, 23 (1): 133 - 137.

[324] 长子中. 推进“三化”同步发展面临的机遇、问题 [J]. 中国农业信息, 2011 (6): 4 - 5.

[325] 张协嵩, 郑庆昌, 刘其赟. 福建省小城镇综合改革建设试点评价指标体系研究 [J]. 福建农林大学学报 (哲学社会科学版), 2013, 16 (2): 25 - 30.

[326] 赵景阳, 郭艳红, 米庆华. 广义农业现代化的内涵与评价研究——以广东省为例 [J]. 农业现代化研究, 2007, 28 (1): 28 - 31, 46.

[327] 赵鹏. 同步推进中国工业化城镇化农业现代化 [J]. 中共中央党校学报, 2011, 15 (4): 44 - 48.

[328] 赵山. 农村工业化、农业现代化和农村城镇化的关系探讨 [J]. 乡镇经济, 2001 (5): 9 - 10.

[329] 郑英隆. 论经济全球化条件下中国新型工业化的特殊性 [J]. 经济评论, 2003 (4): 46 - 48.

[330] 郑重. 探索农业现代化、工业化、城镇化之路 [J]. 改革, 1995 (4): 101 - 105.

[331] 中共河南省委宣传部. 解读中原经济区 [M]. 郑州: 河南人民出版社, 2011.

[332] 中共河南省委宣传部. 中共河南省第九次代表大会报告关键词解读 [M]. 郑州: 河南人民出版社, 2012.

[333] 中共绍兴县委党校课题组. 新型城镇化: 发展动力、制约因素及其思路对策 [J]. 资料通讯, 2007 (6): 29 - 33.

[334] 中共中央, 国务院. 国家新型城镇化规划 (2014 - 2020) [N]. 人民日报, 2014, 3 月 17 日 (第 01 版).

[335] 中原经济区国土规划编制工作领导小组办公室. 中原经济区国土规划 2011—2030 (河南部分) [M]. 郑州: 中原经济区国土规划编制工作办公室, 2013.

[336] 周春山. 城市空间结构与形态 [M]. 北京: 科学出版社, 2007.

[337] 周春山, 叶昌东. 中国城市空间结构研究评述 [J]. 地理科学进展, 2013, 32 (7): 1030－1038.

[338] 周建群. 我国新型工业化、城镇化和农业现代化“三化”协同发展理论与实证研究 [J]. 科学社会主义, 2013 (2): 110－115.

[339] 周宏. 现代汉语辞海 [M]. 北京: 光明日报出版社, 2003.

[340] 周战强, 乔志敏. 工业化、城镇化与农业现代化 [J]. 城市发展研究, 2012, 19 (10): 12－15.

[341] 朱殿勇. 中原城市群全力“起跑”《中原城市群总体发展规划纲要》发布 [N]. 河南日报, 2006, 6月13日. [EB/OL] http://news.sina.com.cn/o/2006－06－13/07279188696s.shtml, 2006－06－13.

[342] 朱传耿, 孙姗姗, 李志江. 2008. 中国人口城市化的影响要素与空间格局 [J]. 地理研究, 27 (1): 13－22.

[343] 朱俊成, 张敏, 宋成舜, 等. 武汉都市圈多中心城市—区域结构及其协同共生 [J]. 城市发展研究, 2012, 19 (3): 7－14.

[344] 朱廷春, 王德忠. 政府在推行新型工业化中的作用分析 [J]. 经济学家, 2004 (2): 117－119.

[345] 朱琰洁. 中部六省“四化”发展动态效率及协调度测度研究 [J]. 商业时代, 2014 (24): 136－138.

[346] 朱宇. 51.27%的城镇化率是否高估了中国城镇化水平: 国际背景下的思考 [J]. 人口研究, 2012, 36 (2): 31－36.

[347] 祖佳嬉, 叶长盛, 雷慧敏. 江西省县域“三化”协调发展度空间格局演变及其障碍因子诊断 [J]. 地域研究与开发, 2015, 34 (2): 34－39.

索 引

C

差异水平 ………………………… 015
城市—区域综合发展理论 ……… 055
城市相互作用理论 ……………… 053
城乡一体化理论 ………………… 053
城镇与城镇的耦合 ……………… 015
城镇与区域的耦合 ……………… 015
城镇与乡村的耦合 ……………… 015
城镇中心强度 …………………… 244
初级网络化结构 ………………… 224

F

发展水平 ………………………… 005
分形理论 ………………………… 210

H

复合系统的耦合模型 …………… 018
核心板块的功能组织 …………… 294
互动水平 ………………………… 049

J

结构偏离度 ……………………… 018
经济—社会—资源环境耦合 …… 031

K

扩展断裂点模型 ………………… 010

L

绿色化 …………………………… 001

N

内聚组织 ………………………… 057

O

耦合、融合、整合 ……………… 028

Q

区域整体理论 …………………… 054
区域支撑组织 …………………… 290
圈层式布局结构 ………………… 222

S

“三化”协调 …………………… 001
熵权灰色关联 …………………… 018
首位度指数 ……………………… 210
“四化”协调 …………………… 029

W

外联组织 ………………………… 057
“五化”耦合 …………………… 015
“五化”协调发展 ……………… 001

X

系统理论 ………………………… 015
新型城镇化 ……………………… 001
新型工业化 ……………………… 001
新型农业现代化 ………………… 001
信息化 …………………………… 001

Z

中原经济区 ……………………… 001
轴带式布局结构 ………………… 224
综合协调度指数 ………………… 124

致　谢

时光荏苒，白驹过隙！回想起博士期间论文写作的点点滴滴，历历在目。在攻读博士学位期间，本人围绕中原经济区核心战略主题“三化”协调发展进行博士论文写作，在经历选题申请、开题报告、综合考试、反复修改、毕业答辩、答辩后修改等环节后，博士论文《中原经济区“三化”协调发展的状态评价与优化组织》最终在2014年5月份完成并提交学校。在博士学位论文的基础上，结合最近信息化、绿色化等新的研究内容，我完成了自己首部著作《中原经济区“五化”协调发展的状态评价与优化组织》。以博士论文为基础形成的这本书，凝聚了我太多汗水与心血，也承载了太多的期望。在即将付梓之际，衷心地向帮助过我的所有老师、同学致以最诚挚的谢意！

首先感谢我的硕士生和博士生导师王发曾教授，承蒙恩师在学习方面之悉心指导与教诲，在钻研精神方面之鼓励，在生活方面之时时关怀，为人处事方面之熏陶，学生受益匪浅。在博士论文写作期间，从开题报告的修改，论文框架的拟定，论文的撰写、修改、完善到最终的定稿，每一个环节、每一处细节都倾注了导师的心血，学生感激不尽。在书稿完善期间，从“五化”战略高度的指引，书稿写作进度的监督，重要内容的讨论到书稿序言的形成，在精神上时时感动着我，学生敬佩不已。导师博闻强识，品德高尚，治学严谨，言传身教，学生毕生难忘。导师对前沿动态之深刻见解，对不同学术观念之争鸣，对学术用语之咬文嚼字，学生谨记于心。导师所带领的“城市—区域综合发展”科研团队激励着我不断前进，让我在以往研究的基础上不断提升，学生感动不已。

感谢人文地理导师组的秦耀辰教授，秦老师淡泊名利而又奋力进取的处事风格，治学严谨的态度和开拓创新的学术理念指引着我在科研之路中勇往直前。感谢苗长虹教授，苗老师对“协调”内涵之独到见解，让我时时铭记，不断激励我思索。当论文遇到写作瓶颈时，苗老师开阔的视野、活跃的思路让我对“五化”协调发展有了更深的认识。感谢孔云峰教授，孔老师在空间分析、地理统计分析方面给予的指导，使我在“五化”协调发展空间规律探索方面有了得力工具。感谢李二玲教授，李老师在开题报告上对模型的改进建议和在计算地理学课程中的传道授业，使我在模型改进方面受益匪浅。感谢徐晓霞教授、刘静玉教授，你们作为导师组的指导老师，时时关注书稿的进展并经常进行学术交流，学生深受感动。

感谢清华大学建筑学院城市规划系顾朝林教授，顾老师在开题报告上对协调发展的格局、过程、机理之见解，对书稿的框架设计完善和核心内容的进一步深入提供了宝贵的建议，让我受益颇多。感谢中国科学院政策与管理科学研究所的王铮研究员，王老师对研究述评的“痛说革命家史”，对写作过程的“为伊消得人憔悴”，对高度境界的“蓦然回首，那人却在灯火阑珊处”，让我敬佩不已。感谢毛汉英、姚士谋、宁越敏、柴彦威、周春山、张占仓等多位老师对书稿的建议，你们的肯定与建议是对我博士论文成书的莫大支持和帮助。

感谢博士论文写作过程中给予指导与建议的李小建、梁留科、高建华、乔家君、丁圣彦等老师，诸位老师的关怀与鼓励是不断完善的重要动力。感谢博士研究生期间给予帮助的闫峻、刘会军、朱连奇、秦明周、翟秋敏、秦奋等老师，诸位老师的关心与支持是书稿成书的重要保障。感谢陈太政、李斌、陈郁、陈蜀园、蒋引娣等老师，诸位老师提供的设备和资料是论文写作的重要保证。感谢赵建吉、吕可文、张鹏岩、任星、许家伟、杨建涛等学长给予的帮助，感谢同届同学王岩松、潘少奇、卢训令、党兰学、王海江、茹乐峰、海贝贝、吴娜琳、路超君、崔彩辉、苗茹、刘晓静、李一豪等的帮助，你们的成长与进步时时激励着我前进。

感谢我院城市与区域研究室的每一位成员。徐晓霞、刘静玉、闫卫阳、赵威、陈玉英、鲁丰先等老师对博士论文进展的关心，催促着我在博士期间不断成长；李晓莉、王胜男、程金龙、郭志富、史雅娟等师兄师姐对书稿的建议与帮助，促使我不断提高写作水平；张改素、卜书朋、毛达、孙方、崔祥、吴小乐、胥亚男等师弟师妹的支持和帮助推进了书稿的进展。城市与区域研究室的各位同仁，你们是我科研道路上最强有力的支撑。

特别感谢我协助指导的硕士研究生刘晓阳、王敏、温倩倩、李燕菲，帮助更新了第四章、第五章、第六章的数据和图件，让书稿的内容更好地呈现在读者面前。希望你们在书稿的更新中找到新的科研方向，为硕士学位论文写作打下基础。

最后感谢我的家人，父母对这个家庭的支持和奉献，为我的成长倾注了大量的心血，养育之恩，终生难忘。妹妹的早日工作与辛苦持家，为我的求学之路注入了强大的精神动力，兄妹之情，血脉相连。感谢我的妻子张改素老师，你不仅给我生活上和精神上关怀，还在学术上给我帮助、支持与鼓励，你是我最坚强的“后防”。

和博士论文最终完稿的心情一样，希望这段文字一直激励着我成长：

此时此刻，内心没有即将完成的满足感，却有对本书还须进一步完善的处处感怀；

此时此刻，内心没有一丝的平静感，却有太多对本书写作点点滴滴的回顾与思索；

此时此刻，内心没有对成千上万文字的太多感慨，却有对本书灵魂的对话与思考；

此时此刻，没有停滞不前的“止步”情绪，却有对“学无止境、追求真知”的新动力……

丁志伟

2017 年 1 月于河南大学

城市—区域综合发展系列丛书

河南大学“城市—区域综合发展”是教育部黄河中下游数字地理重点实验室支撑的研究方向。该方向的源头为我国著名人文地理学家李长傅教授对20世纪中叶中原地区历史时期城镇体系的研究，传续于李润田、黄以柱等教授的城镇化和区域发展研究。经过几十年的积淀，逐渐形成了现阶段以王发曾教授为代表的中原地区城市—区域综合发展为特色的研究团队。该团队基于城乡发展的本源，深入研究城市—区域系统的运行机理及其优化，不仅注重理论创新，更强调服务于中原地区的经济社会建设的社会责任。在《地理学报》《地理研究》《城市规划》《地理科学》《人文地理》等刊物发表论文50余篇，近期在中国经济出版社已出版和将要出版的专著包括：

中原经济区建设热点问题解读

ISBN 978-7-5136-4103-6

丁志伟　王发曾 / 主编

2016年1月

48.00元

解读中原地区三大国家战略规划与“一带一路”战略

ISBN 978-7-5136-4671-0

张改素　丁志伟 / 主编

2017年5月

48.00元

中原经济区“五化”协调发展的状态评价与优化组织

ISBN 978-7-5136-4670-3

丁志伟 / 著

2017年5月

78.00元

城市—区域系统综合发展的理论与实践

丁志伟　王发曾 / 著

2017年9月

基于新型城镇化的中原经济区城乡统筹发展研究

张改素 / 著

2017年9月